经全国职业教育教材审定委员会审定
"十四五"职业教育国家规划教材

心理健康教育（第二版）

主　编◎朱爱胜　陈昌凯
副主编◎余新年　钱　怡　刘福莲　徐　悦
编　委◎林佳燕　路晓丽　经卫国

南京大学出版社

图书在版编目(CIP)数据

心理健康教育 / 朱爱胜,陈昌凯主编. -- 2版.
南京:南京大学出版社,2025.1.(2025.8重印) -- ISBN 978-7-305-28832-6

Ⅰ.G444

中国国家版本馆 CIP 数据核字第 2025PD1738 号

出版发行	南京大学出版社
社　　址	南京市汉口路22号　　邮　编　210093
书　　名	**心理健康教育** XINLI JIANKANG JIAOYU
主　　编	朱爱胜　陈昌凯
责任编辑	曹思佳　　　　　　编辑热线　(025)83305645
照　　排	南京布克文化发展有限公司
印　　刷	南京人文印务有限公司
开　　本	787mm×1092mm　1/16 开　印张　18　字数　427千字
版　　次	2025年1月第2版
印　　次	2025年8月第2次印刷
ISBN	978-7-305-28832-6
定　　价	53.00元

网　　址　http://www.njupco.com
官方微博　http://weibo.com/njupco
官方微信号　njupress
销售咨询热线　(025)84461646

* 版权所有,侵权必究
* 凡购买南大版图书,如有印装质量问题,请与所购
　图书销售部门联系调换

目 录 Contents

模块一　阳光普照心房——心理健康

单元一　谁的心态好——心理健康的内涵与标准 …………………………… 002
单元二　烦恼谁能懂——大学生心理发展特点与影响因素 ………………… 008
单元三　爱我知多少——大学生常见心理行为问题与调适方法 …………… 013

模块二　绽放生命之美——珍爱生命

单元一　人生的历程与生命的敬畏！——生命历程与意义 ………………… 021
单元二　生命有哪些不能承受之重？——心理危机与应对 ………………… 030
单元三　为人生护航的资源在哪里？——心理求助的途径 ………………… 035

模块三　共创美好生活——适应环境

单元一　谁适应得好？——适应概述 ………………………………………… 046
单元二　懵懂生活几多愁？——大学生常见的适应问题 …………………… 050
单元三　问题总有解决之道——大学生有效适应的途径 …………………… 055

模块四　探索心灵之我——认识自己

单元一　你真的了解自己吗？——认识自己，不盲目 ……………………… 066
单元二　你认可自己吗？——悦纳自我，做最好的自己 …………………… 070
单元三　你敢于挑战自己吗？——超越自己，不畏惧 ……………………… 074

模块五　成为有魅力的人——完善人格

单元一　人格魔方有几面？——人格概述 …………………………………… 083
单元二　人格魔方出错了？——人格偏差的识别 …………………………… 091
单元三　如何健康转动人格魔方？——健康人格的秘诀 …………………… 094

模块六　成为会学习的人——开发潜能

单元一　大学学习大不同——认识大学学习 ………………………………… 105
单元二　大学学习适应的偏差及调适——常见学习问题 …………………… 111

001

单元三　考试焦虑我不怕——从容赴考有信心·················119

模块七　成为情绪的主人——管控情绪

单元一　掀起情绪的神秘面纱——认识情绪·················127
单元二　情绪的背后到底有什么？——理解情绪·················133
单元三　承受痛苦的智慧——调节情绪·················144

模块八　成为不气馁的人——应对压力

单元一　压力山大的痛——正确认识压力·················155
单元二　练就百折不挠——压力与挫折应对·················160
单元三　你是拖延症患者吗？——时间管理·················169

模块九　洞察数字世界——善用网络

单元一　网络知多少？——认识网络心理·················178
单元二　网络成瘾你中招了吗？——网络心理问题·················185
单元三　健康网络心理及行为培养——善用网络·················196

模块十　成为会交往的人——处世智慧

单元一　人最多能承受多久孤独？——人际交往的意义·················202
单元二　人际交往的障碍是什么？——人际交往的问题·················206
单元三　人际交往也是一门艺术！——人际交往的策略·················211

模块十一　解密爱情真谛——爱情心理

单元一　揭开神秘面纱——爱情概述·················219
单元二　学会保护自己——亲密关系与性心理·················227
单元三　没路时就该转弯了——学会分手和面对失恋·················231

模块十二　发挥生命之能——生涯规划

单元一　我的未来有方向——生涯目标·················241
单元二　找到未来路——择业准备·················245
单元三　生涯我做主——职场发展·················252

模块十三　走出生命沼泽——异常心理

单元一　心理健康的灰色地带——正确认识异常心理·················261
单元二　我们不是矫情——正确认识强迫症、焦虑症、恐惧症·················265
单元三　无法言说的痛——正确认识精神分裂症、抑郁症、双相情感障碍·················272

后记·················280

模块一
阳光普照心房——心理健康

> 尊重生命,尊重他人也尊重自己的生命,是生命进程中的伴随物,也是心理健康的一个条件。
> ——埃里希·弗洛姆
>
> 人类心灵深处,有许多沉睡的力量;唤醒这些人们从未梦想过的力量,巧妙运用,便能彻底改变一生。
> ——澳瑞森·梅伦

本模块学习目标

1. 了解现代健康的意义,认识心理健康的误区。
2. 掌握心理健康的内涵与判断标准。
3. 了解大学生心理发展的特点及其影响因素。
4. 学会识别、预防心理疾病和维护心理健康。

在当前"健康中国"建设规划的实施进程中,我们已经对健康的重大意义达成了共识:对于一个人来说,健康是享受幸福生活的前提;对于一个国家来说,健康是开创美好未来的根基;对于一个民族而言,健康是屹立于世界民族之林的基础。大学生处于人生最活跃、最丰富多彩的青年期,面临学业、生活、恋爱、交往、就业等一系列现实问题,良好的健康状态可以提高个体的生活质量,增强个体的学习能力,使个体适应复杂的社会现实,并有助于发挥心理潜能,完善自我功能,成为追求幸福的进取者。什么是健康?在"大健康"的理念下,心理健康的概念与标准又是什么?基于大学生心理发展特点和新环境的变化,新时代大学生可能会表现出哪些日常心理与行为问题?

单元一　谁的心态好——心理健康的内涵与标准

案例导入

大学生活挑战不会少,但办法总比问题多

大学中,有不少同学受心理困扰所累,难以真正解放身心、专注发展自我。例如,一些同学由于高考失利,没有进入理想的大学,心理上产生了巨大的落差,可能因此自怨自艾、失去信心;有的同学在中学时曾受到老师器重和同学的崇拜,进入大学后不再是被关注的焦点,产生自我认同的危机;还有部分同学,过去只看重学习成绩,缺少其他能力或特长的培养,进入大学后看到别的同学因能力特长在校园和社会上"如鱼得水",获得鲜花掌声不断,他们的自我认识和评价也可能发生动摇;还有少数同学因原生家庭环境不够理想,导致存在一些心理困惑等。总之,进入大学,我们需要面对的成长过程中出现的困难和挑战与之前相比是有过之而无不及的,如果这种种困惑、迷茫的心理状态调整不好,容易产生心理障碍,最终影响我们的心理健康和人生发展。

点评

健康良好的心理状态是取得成功的基础。无论我们暂时处于什么样的境遇、面对什么样的苦难,要坚信,我们是可以寻找办法来帮助自己走出困境的,前提是我们能够正视问题,积极寻求专业的心理帮助,任何时候都不放弃自我。学校的心理健康教育中心竭诚希望帮助同学们开启一段"把握人生、适应生活"的心灵成长之旅,帮助同学们适应大学的生活、感受成长的幸福、绽放精彩的青春!

知识链接

一、现代健康新概念

古希腊哲学家赫拉克利特指出:"如果没有健康,智慧就难以表现,文化无从施展,力量不能战斗,财富变成废物,知识也无法应用。"健康是人的第一财富,有了健康就有了希望,有了希望就有可能去实现一切。对于大学生来说,健康更是学业成就、事业成功、生活充实快乐的基础。健康,是人们熟悉和关切的话题,是一个永远和丰富的概念。健康观的演变如下图所示。

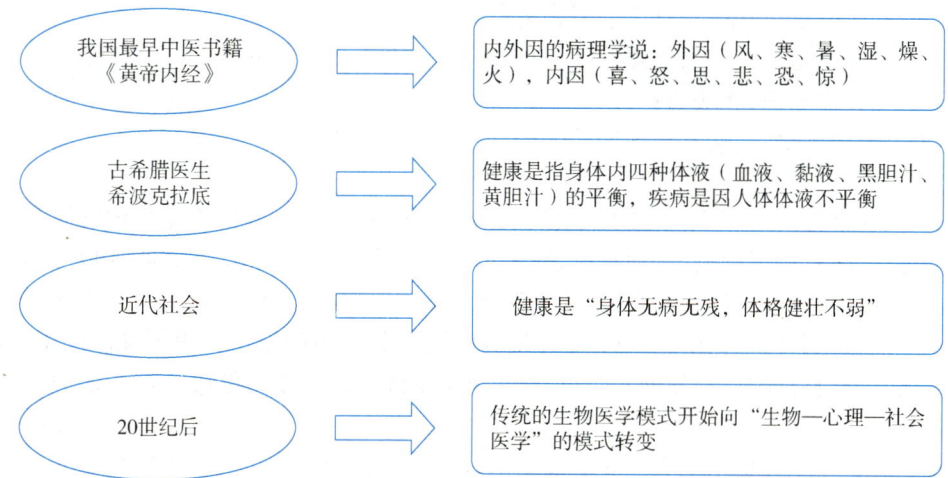

健康观的演变过程

1946年,世界卫生组织在《世界卫生组织宣言》中给出了健康的定义:健康是指生理、心理和社会适应均良好的状态,而不仅仅是指没有疾病或者体质健壮。1989年世界卫生组织进一步提出了21世纪健康新概念:健康不仅是没有疾病,而且包括躯体健康、心理健康、社会适应良好和道德健康。现代健康越来越受到关注和重视。

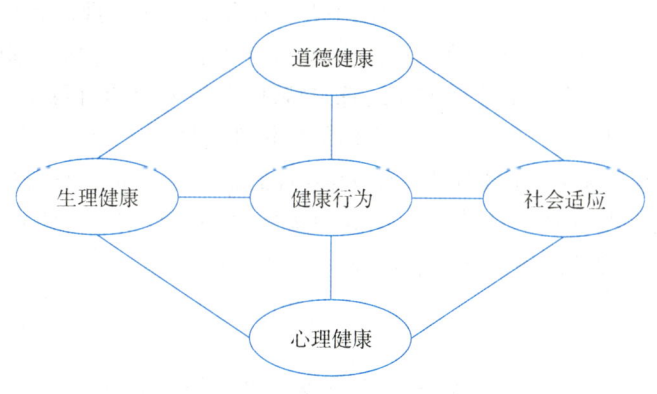

现代健康观

世界卫生组织还明确提出了健康的10条具体标准:

1. 有足够充沛的精力,能从容不迫地应付日常生活和工作压力,不感到过分疲惫和紧张;
2. 积极乐观,勇于承担责任,心胸开阔;
3. 善于休息,睡眠良好;
4. 能适应外界环境的各种变化,应变能力强;
5. 能够抵抗一般性的感冒和传染病;
6. 体重适当,身体均匀,站立时头、肩、臂的位置协调;

7. 反应敏锐,眼睛明亮,眼睑不发炎;
8. 牙齿清洁,无空洞、无痛感、无出血现象,牙龈颜色正常;
9. 头发有光泽,无头屑;
10. 肌肉丰满,皮肤有弹性。

由这 10 条标准可以看出,健康包括身体和心理两方面,人体健康是生理健康和心理健康的统一,两者相互影响、相辅相成,缺一不可。当生理产生疾病时,其心理也必然受到影响,会产生情绪低落、烦躁不安、容易发怒等情况,从而导致心理不适。对于正在成长中的大学生而言,身体健康固然重要,但心理健康更有其突出的地位。为了确保健康,有意识地规划、调整自己的心理发展,主动改善心理健康状态,已成为健康心理学研究的首要问题。

世界卫生组织还提出了人的身心健康的八大标准,即"五快"和"三良",这是我们自我检测身心健康的指标。"五快"是食得快、便得快、睡得快、说得快、走得快;"三良"是指良好的个性、良好的处世能力和良好的人际关系。

二、心理健康的内涵与标准

(一)心理健康的内涵

心理健康是心理学、社会学、精神病学、心理卫生等多学科共同关心的重要问题,对于心理健康的定义至今没有统一的概念。国内外学者大都认同心理健康标准具有复杂性,文化差异、社会差异、个体差异均在其中。基于国内外学者对心理健康概念的研究,我们认为心理健康的人应具有以下几个方面的基本特征:①有充分的自我安全感;②充分了解自己,并对自己的能力做适当的评估;③生活的目标切合实际;④与现实环境保持接触;⑤能保持人格的完整与和谐;⑥具有从经验中学习的能力;⑦能保持良好的人际关系;⑧适度的情绪表达与控制;⑨在不违背社会规范的条件下,对个人的基本需要予以恰当的满足;⑩在不违背社会规范的条件下,能做有限的个性发挥。①

(二)心理健康的判断标准

1. 社会适应标准

以社会中大多数人的常态为参照标准,观察当事人是否适应常态从而进行判断。

2. 统计学标准

依据对大量正常心理特征的测量取得一个常模,把测试者的心理测试结果与常模进行比较,从而判断其心理健康状况。比如新生心理测试,通过结果与常模的比较,筛选出可能存在心理问题的学生,进而进行心理辅导和观察。

3. 经验标准

被测试者按照自己的主观感受来判断自己的健康状况,研究人员根据自己的经验对被测试者的心理健康状况进行判断。由于遗传因素、环境因素等原因,经验标准更强调个

---

① 美国著名人本主义心理学家马斯洛认为,只有心理健康的人才能充分开拓并运用自己的天赋、能力和潜力,他相信所有人都具备达到心理健康的先天素质,人本主义心理学的任务就是帮助人们实现这些潜能,他和米特尔曼提出了心理健康的人具有的十种标准。

别差异。

4. 医学检验标准

有些心理障碍是大脑器质性改变和躯体障碍的结果,医学检查能够发现器官的异常变化。根据临床症状、体征和辅助检查(如脑电图、脑血流图、CT等),可以判断被测试者的心理障碍及其成因。

心理健康的标准不是绝对的,它只是一个参考系统。但学者都比较倾向地认为:心理健康是生活在一定的社会环境中的个体,在高级神经功能正常的情况下,智力正常、情绪稳定、行为适度,具有协调关系和适应环境的能力特征。

大学生处于人生发展变化的重大转折时期,有的心理学家称青年期是"暴风骤雨、疾风怒涛时期""心理上的断乳期",大学生心理健康越来越受到重视。

> 根据我国大学生的实际情况,评判大学生心理健康的标准主要有以下几点:
> 1. 智力正常,衡量大学生智力是否正常,关键在于其是否正常地、充分地发挥了自我效能,即有强烈的求知欲,乐于学习,积极参加活动。
> 2. 情绪健康,标志是情绪稳定,心情愉快。
> 3. 意志健全,标志在于行动的自觉性、果断性、顽强性和自制力等方面。
> 4. 人格完整,指有健全统一的人格,个人所想、所说、所做协调。
> 5. 悦纳自我,指有正确的自我评价,既不自傲,也不自卑,能自尊、自强、自爱。
> 6. 人际关系和谐,表现为乐于与人交往,能客观评价自己与他人,宽以待人,助人为乐。
> 7. 社会适应正常,指个体与客观环境保持良好的适应、协调。
> 8. 心理行为符合大学生的年龄特征,指心理年龄既不老龄化,也不过于幼稚,行为符合常规要求。

三、正确理解心理健康

(一)心理不健康≠心理和行为异常

心理不健康与不健康的心理和行为表现不能等同。心理不健康是指一种持续的不良状态。偶尔出现一些不健康的心理和行为并不等于心理不健康,更不等于已患有心理疾病。人的心理健康与人们所处的时代、环境、年龄、文化背景等各方面的因素有关,所以不能仅仅以一种行为或者一个偶然的事件来判断他人或自己的心理是否健康。

(二)心理健康不是静止的标准

心理健康不是一个静止的理想标准,绝对、永远心理健康的人是没有的。心理健康与不健康之间并没有一条绝对的分界线,而是一种连续、不断变化的状态。我国心理学者岳晓东将人的精神健康比作白色,精神不健康比作黑色,认为在白色与黑色之间存在一个巨大的缓冲区域——灰色。可见,心理健康的状态具有连续性。从良好的心理健康状态到严重的心理疾病之间有一个渐进的连续过程。在许多情况下,异常心理与正常心理、变态心理与常态心理之间没有绝对的界限,只有程度的差异。

(三) 心理健康是一个动态性的概念

心理健康的状态不是固定不变的而是一个动态发展的过程。心理健康的水平随着个人的成长、经验的积累、环境的改变及自我保健意识的发展而不断发展变化。心理健康的标准是一种理想尺度,它不仅为人们提供了衡量心理健康的标准,而且为人们指明了提高心理健康水平的努力方向。每一个人在自己现有的基础上不断努力,都可以追求心理健康发展的更高层次,发挥自己的潜能。

延伸阅读

布雷迪的猴子

这是一个著名的心理学实验。实验人员选择两只健康的猴子,并在实验前对其进行详细体检,没有发现任何躯体疾病。实验开始,将两只活泼的猴子分别缚在两张电椅上,电流是每20秒激发一次。被电击的滋味当然不好受,它们开始嚎叫挣扎。然而,猴子不愧为灵长类动物,甲猴子很快发现,它的电椅上有一个压杆(事实上是电源开关),只要在电流袭来之前压一下压杆,就可免遭电击之痛。而乙猴子却发现,它的电椅上没有压杆。于是,甲猴子就担负起压杆的责任,它紧张地估算着电流袭来的时间……结果是,要么两只猴子同时逃脱电击,要么它们一起受苦。是逃脱还是受苦,这完全取决于甲猴子,于是甲猴子就背负着超强的心理负荷和责任感,而乙猴子虽然很无奈,但无所用心、无所事事。这样过了二十几天,甲猴子得了严重的胃溃疡,乙猴子却安然无恙。

心理健康新观点

当今,人们对心理健康的理解有以下4个新观点:①心理健康是人的一种相对的状态,而不是"十全十美";②心理健康是人较长一段时间内的持续的心理状态,一个人偶尔出现的异常心理或行为及轻微的情绪失调,如果在一定时间内能恢复正常,则不能认为这个人的心理是不健康的;③人的心理健康可以用一系列具体标准来描述,但这种描述通常是对人的一种全面的理想要求,人不一定能全部做到;④人们对心理健康的理解逐渐趋于多元模式,人们认为造成心理不健康的因素并不是单一的,而是生物、心理和社会共同作用的结果。

互动活动

正向思维习惯的养成[①]

1. 在笔记本上罗列让你心情不好的几件事和相应的消极看法。

---

① 杨眉:《心理关键词影响你的一生》,广东出版集团花城出版社,2011年版。

事　件	消极思维
例①：被朋友误会	我们的友情完了，他再也不会理我了
例②：被老师批评了	我完了，老师再也不关注我了

2. 从例①开始想，当出现消极思维时，在心里对自己说一声"停"！

事　件	消极思维	喊停
例①：被朋友误会	我们的友情完了，他再也不会理我了	停
例②：被老师批评了	我完了，老师再也不关注我了	停

3. 再从例①做起，对应每一个消极思维做至少一个积极思维的新解释。

注：积极思维就是指从事物的好处入手去进行解释，这样做不是要我们不注意事物的另一面，而是让有消极思维习惯的人能够学习从事物的积极面去看问题。此举不仅有助于我们改善心情，更有助于我们对问题的解决。

例题如下：

事　件	消极思维	喊停	积极思维
例①：被朋友误会	我们的友情完了，他再也不会理我了	停	误会表明我们之间现在需要增加沟通和了解，我们的友情会因为误会的消除从而更牢固
例②：被老师批评了	我完了，老师再也不关注我了	停	老师批评我是因为看重我，这正好是个人成长的机会

4. 与朋友分享完成上述练习后的感受和发现。
5. 在本子上记下你的感想。
6. 在日常生活中用上述方法养成从积极思维角度解释问题的习惯。

单元二 烦恼谁能懂——大学生心理发展特点与影响因素

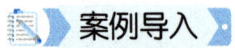 案例导入

困惑不期而至,未来路在何方?

以下案例节选自三封网络咨询信件:

我都不知道该如何启齿,高中时我是一个喜欢诗词歌赋的男生。上了大学之后,突然发现自己的爱好有些与众不同,周围的同学都喜欢打游戏、打篮球,而我在和他们交往时显得十分格格不入,有的同学还开我的玩笑,我只是和他们的兴趣爱好不同而已,这让我十分困惑。我是不是应该重新发展一些爱好或是放弃自我的一部分?

——大一新生 不知道如何是好的小明

我是一名来自农村的女孩,家庭较为贫困,长期的封闭环境造就了我内向的性格。尽管有时候我会积极地参加班级活动,但那只是为了掩饰内心的空虚。有时候我真的很寂寞,很无聊,十分想找个知己聊聊天,但我又怕别人会打心眼里嘲笑我。我真的羡慕那些有男朋友或者人缘好的同学,我也十分渴望和异性交往,但是我很害羞,也不知道该怎么样和异性朋友进行交往。在步入大学之前,我的主要任务就是学习,可当我考入大学之后,又感觉十分迷茫,对未来既充满了希望,又感觉到有点忧愁和担心。我真的不知道该怎么办,谁来拯救我的生活和我的人生?

大二多愁善感的女生 婉 君

转眼间大学生活即将逝去,面对人生道路的十字路口,有些同学选择了考地方公务员,有些准备专升本、考研,有些准备找工作,还有一些仍然还在混日子。我却十分迷茫和困惑,父母想让我继续学习,提升学历,以后找一份稳定的工作。比如,当教师、考公务员等。而我其实想准备工作,去经济发达的城市在企业里工作,或者毕业之后想创业,大干一场等。但有时我又很矛盾,父母有人脉、路子广,我要是听从父母的安排,走这条路显然容易,自己出去找工作会不会四处碰壁?我开始怀疑我的能力,动摇我的梦想。我感觉自己就站在十字路口,不知道选择何方前进,我该怎么办?

大三毕业的烦恼 薇 薇

点评

在这三封网络咨询信件中,你可以看到处在青春期的大学生们正在经历着各种各样

成长的烦恼,这些莫名的多愁善感、充满矛盾的内心、理智与激情的冲突等正是青年期的典型特点。青年期是个性发展和性格成熟的重要时期,是由"自然人"到"社会人"发展,完成社会化任务的关键时期,要面临许多心理挑战和问题。同时这一时期又是大学生人格发展的黄金时期,是心理发展最宝贵、最富有特色的时期,其特质就是心理发展具有很大可塑性。

> **知识链接**

一、大学生生理发展特点

青年期是个体生理发育成熟的时期,是人体生长发育的第二个高峰期。生理上的巨大变化是青年期不同于其他人生阶段的重要特征,个体的身高、体重迅速增长,各内脏器官如心、肺、肝脏功能趋向成熟,各项指标均达到或接近成人标准。其主要表现为以下几点。①生长发育形态。形态生长发育完全成熟的年龄在22岁左右。此时身高、坐高均达最大值。②生理功能。脉搏频率随年龄的增长而逐渐减慢,18—19岁时趋于稳定。18—25岁城市青年的脉搏频率:男子平均为75.2次/分钟,女子平均为77.5次/分钟。肺活量随年龄增长而增大。男青少年从12—13岁起增长加快,19—20岁趋于稳定。18—25岁城市男青年的肺活量平均为4 124毫升,女青年的肺活量平均为2 871毫升。③身体素质。中国青少年身体素质的各项指标,男性的发展高峰均在19—22岁,23岁后缓慢下降,是单峰型;女性在11—14岁出现发展的第1波峰,14—17岁趋于停滞或有所下降,18岁后回升,19—25岁出现发展的第2波峰,是双峰型。④青春发育期特征。青春发育期的第二性征,男女均在19—20岁发育完成。⑤脑的发育。进入青春期后,脑的发展不论在形态上还是功能上都已成熟。

(大学生生理发育处于身体快速发展和趋于成熟阶段)　　(身高、体重有了较大增长,身体的力量、速度、柔韧性等素质增强)

(身体内部各器官、系统结构功能基本成熟)　　(脑的功能发达和完善,记忆力、理解力、思维能力显著提高)

二、大学生心理发展特点

18—24岁的大学生处于青年后期,即霍尔提出的由"疾风怒涛"状态向"相对平稳"状态的过渡时期,是人的"第二次诞生"。在这一时期,大学生的人格形成、自我意识蓬勃发展、社会生活领域迅速扩大。大学生虽然脱离了孩子的群体,但暂不能履行成人的责任和义务,处于"边缘人"状态。因此,这一时期又被称为"心理的延续偿付期",即大学生可以暂时合法地延续偿付必须承担的社会责任和义务。具体心理发展特点表现在以下四个方面。

- 智力发展进入高峰期。尤其是理论型抽象思维发展迅速并居于主导地位。但思维过于偏激,易带主观片面性

- 情绪情感丰富。尤其社会性情感(道德感、理智感和美感)得到了充分发展,但情绪波动较大并表现两极性

- 意志水平明显提高。多数已自觉确定理想目标,并克服困难继续前进。但仍表现出一定的惰性、依赖性、冲动性和持久力不足

- 自我意识逐渐成熟和完善。尤其独立性、自尊、自信心和竞争力不断增强。但自我认识存在偏差,往往不能正确评价自己,自我评价过高或过低

三、大学生心理发展的影响因素

内因和外因从主客观方面对当代大学生的心理健康产生影响。大学生个人、家庭、社会都有责任和义务不断探讨大学生心理发展的规律和特点,积极寻求克服和解决大学生心理和行为问题的措施和办法。

(一)个体因素

人的整体素质和健康情况有较大差异。有的大学生在探索自我、思考人生的过程中经历各种内心评价和认知的矛盾和迷惘,不合理认知容易诱发大学生心理问题;有的大学生性格孤僻、心胸狭窄、急躁冲动、固执多疑、爱慕虚荣,这些人格缺陷也容易引发心理问题;部分大学生自制力差,对于挫折缺乏必要的承受能力,遇到矛盾和困难就怨天尤人、灰心丧气,陷入消极的心理状态,导致心理问题;还有的大学生不能合理调节自己的情绪,容易走向极端,产生焦虑等心理障碍。

(二)家庭因素

从个体心理发展来看,遗传和家庭的作用不可忽视。精神分裂等疾病是遗传性心理疾病。早期经验和家庭环境对孩子的影响是终身的。国内外许多学者对恐怖症、强迫症、焦虑症、抑郁症与个体早年生活环境、家庭关系进行了研究,结果如下。

生长环境	与父母关系	人的心理发展
单调、贫乏、恐惧	过度保护或过度惩罚	孤独、无助、过分依赖或过分谴责
良好的照顾和氛围	支持性和亲密的关系	信任感和安全感

成长氛围影响人的心理健康

敌意中长大的孩子,学会了争斗; 虐待中长大的孩子,学会伤害别人; 支配中长大的孩子,学会了依赖; 干涉中长大的孩子,被动和胆怯; 娇宠中长大的孩子,学会了任性; 否决中长大的孩子,他反对社会; 忽视中长大的孩子,他情绪孤僻;	专制中长大的孩子,他喜欢反抗; 民主中长大的孩子,领导能力强; 鼓励中长大的孩子,学会了自信; 公平中长大的孩子,抱有正义感; 宽容中长大的孩子,学会了耐心; 赞赏中长大的孩子,学会喜欢自己; 爱之中长大的孩子,会爱人如己

(三) 社会环境因素

社会环境包括校外的大环境和校内的小环境。社会大环境包括政治环境、意识形态、经济状况等因素。随着社会的发展,大学生价值观受到西方多元文化思潮的冲击,容易出现一些心理问题。例如,大学生婚前同居带来的心理问题,在就业前出现就业焦虑等心理问题。另外,在经济全球化、信息现代化的时代,网络已经成为人们生活、学习和工作中不可或缺的一部分。但是鉴于大学生自身的发展特点,网络已经影响了他们心理与行为的发展。一些大学生沦陷于网络,不但影响了正常的生活、学习和交往,还损害了身心健康,主要表现在情感反应障碍、人际关系萎缩、自我分裂、社会理想淡化等。

学校小环境包括校风、社会团体、班风等。校风集中反映学校的集体态度和行为方式,校风对学生的心理作用主要表现在强制作用、激励作用和心理健康的发展。校风、班风差,学生行为散漫,往往会导致学生心理问题增多。宿舍氛围也影响到大学生的人际关系,宽松温馨的宿舍氛围有助于学生的健康成长,反之,不利于学生身心的健康成长。此外,良好的师生关系也是促进大学生减少心理和行为问题的关键性因素之一。

延伸阅读

原生家庭的概念

近些年来,随着人们对家庭教育的重视,原生家庭的概念常常出现在日常的谈话之中,那么什么是原生家庭呢?

想一想,你的家庭里有哪些成员?有爸爸、妈妈,或者爷爷奶奶和姥姥姥爷,甚至还有姑姑和舅舅,表妹和堂兄……他们都是家庭成员,但并不是通常意义上的原生家庭。原生家庭特指父母和未婚的子女住在一起组成的家庭,即每个人出生和成长的地方。我们和我们的父母组成我们的原生家庭,父母和他们各自的父母组成他们各自的原生家庭。作为每个人出生和成长的地方,原生家庭不断刻画和塑造着每个人。

健康家庭的特性

■ 家庭成员都接纳彼此,并且在地位上是平等的。

- 家庭成员间注重彼此信任、诚实及开放。
- 家庭成员间有一致沟通的模式。
- 家庭成员间彼此支持。
- 家庭成员间共同承担责任。
- 家庭成员相聚时有说有笑、兴致盎然。
- 家庭成员间重视家庭传统及仪式。
- 家庭成员间接纳彼此的差异,同时庆幸每个成员拥有其独特性。
- 家庭成员间尊重彼此的隐私。
- 家庭成员的各种感受都被接纳与处理。
- 家庭成员被鼓励去冒险以及从错误中学习成长。

互动活动

什么时候我们开始意识到自己是成年人了?又是什么时候我们觉得虽然自己在法律上已经成人,但实际上还只是一个被父母庇护的孩子?试着回答下列问题,并在全班分享讨论。

(1) 我长大成人,当_____

(2) 我认为我现在还没有长大,因为_____

(3) 问一问你的同学,看看他们是否认为自己是成年人。

(4) 问问年长的家人,看看他们是在什么时候认为自己长大成人的。你的家人是否把你当作成年人看待?

(5) 分析人们对基本的成年问题(责任、独立等)的反应。

单元三　爱我知多少——大学生常见心理行为问题与调适方法

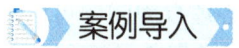 案例导入

为什么活着这么痛苦？

小敏(化名)，女，某大专院校学生，长头发、小眼睛，身材修长，是一个活泼开朗、能言善辩的女孩子。

她在优越的环境中长大，过着衣食无忧的生活，由于父母都是自主创业，工作比较忙，从小就把她送到乡下的外婆家抚养，直到上中学时外婆病逝，才回到城里和父母生活。父母因从小没能很好地照顾她，有点愧疚，她回到家之后更是受到父母的格外呵护，享受着"小公主"般的待遇。由于父母疏于管教，她的学习成绩不是很好。

新生入学之后，她参加了学校各类学生干部的竞选，但结果都以失败告终。面对接连的打击，一向好胜的她陷入了自我否定的泥潭。出于性格较强势，在与同学相处的过程也很少忍让，长此以往，寝室的同学都不敢惹她了，人际关系也开始出现了危机，总怀疑别人在议论她，对每个室友都充满了敌意。每次看到别人高兴地在一起玩或者学习时，内心充满了孤独感；晚上常常做噩梦，睡眠出现问题，精神状态不佳；没有胃口，常常不知道自己为什么发脾气，也很难控制自己的消极情绪，最终变成了同学中的"另类"。她很痛苦，也努力尝试改变自己，但坚持不下来。精神萎靡、对生活缺乏热情、自我否定几乎表现在她生活的所有内容中，甚至产生了自闭的状态。

小敏同学因家庭环境的影响在高中的时候就谈恋爱了，男朋友和她也是同班同学，这样的美好时光一直持续到高中毕业，他们各自去读了自己的学校。虽然分隔两地，但一直有联系，保持恋人关系。这样的生活一直持续到大学第二学期。一天中午小敏在睡觉时，突然手机响了，打开一看是男朋友发的信息，上面写着"小敏，我们分手吧！"打电话过去得到同样的结果，躺在床上的她越想越觉得委屈。她感到空前的绝望和无助，不知道生活下去还有什么意义，于是她产生了极端的想法。

事后，父母感到事态的严重性，带小敏到医院做了全面的检查，心理医生说小敏得了"抑郁症"。给小敏开了一些药，并建议小敏不要压抑自己的情绪，要相信自己一定行的，可以出去散散心，多做有氧运动和体育锻炼……经过一段时间的治疗，病情有明显好转，又恢复到原来那个活泼开朗、能言善辩的小女孩。

随着我国经济社会快速发展，生活节奏明显加快，心理应激因素日益增加，焦虑症、抑郁症等常见精神障碍及心理行为问题逐年增多，心理应激事件及精神障碍患者肇事肇祸案(事)件偶有发生，老年痴呆症、儿童孤独症等特定人群疾病受到社会各界广泛关注。世

界卫生组织指出,心理行为问题在世界范围内还将持续增多,应当引起各国政府的高度重视。心理健康和精神卫生问题多数可以通过自我调适、家庭支持等方式缓解,也有一些需要得到社会心理支持、疏导等帮助,严重的需要接受专业治疗。[①]

知识链接

一、什么是心理行为问题

心理行为问题是指各种心理及行为异常的情形。我们一般认为心理行为问题可以分为两种:发展性问题和障碍性问题。其中发展性问题就是在某一发展阶段个体可能遇到的问题。如果个体不能顺利地完成这个发展阶段的任务,就可能会出现问题,这些问题是常人都可能遇到的。障碍性问题则是指人们在生活、学习、工作及各种人际关系中遇到了困难和烦恼,心理难以适应,最终导致了较为严重的心理疾病,例如上述案例中的抑郁症。

二、大学生常见的心理行为问题

(一)发展性问题

1. 新生适应问题

大学新生迈入人生的另一殿堂——大学,接踵而来的是对大学新的环境、新的人际关系、新的学习方法和新的大学生活的适应问题。人在新的环境里会产生一定的不适应,并且大学老师不能每天都照顾到每个学生的学习和生活,大学的同学只有上课时在一起,有些同学感觉到孤单,没有知心朋友,有话无处说。新的学习方法和大学生活让一部分同学在无目标中荒废了大学时光。

2. 大学生学业问题

"多门课程不及格,天之骄子纷纷写下悔过书""对付散漫大学生,重点高校无奈人盯人防守""面临退学,给校长写血书信誓旦旦改过自新,没多久又继续旷课打游戏",这部分同学主要的问题是学习没有目标、没有动力、没有责任感。还有另一种大学生,他们往往赋予学习太多的使命,如拿奖学金、改善家里条件、改变命运等,这部分同学往往学习动机过强、压力过大,导致学习效率下降,甚至出现考试焦虑和心理问题。

3. 大学生人际关系问题

斯普兰格曾说,"在人的一生中,再也没有像青年时期那样强烈地渴望被理解的时期了;没有任何人会像青年那样,站在遥远的地方呼唤理解"。数据调查显示,大学生人际关系问题占大学生心理问题的三分之一。大学生人际关系问题主要表现为不敢交往、不愿交往、不易交往、不擅交往、不懂交往。大部分大学生随着心理发展的不断成熟和在实践中不断积累的人际交往经验,能够逐渐学会真诚待人,助人为乐,最终解决人际关系问题。

4. 大学生恋爱与性心理问题

爱情对于大学生来说是一个充满迷惑和诱惑的话题。莫里哀曾说:"恋爱是一所

---

① 《党的二十大报告学习辅导百问》编写组:党的二十大报告学习辅导百问,学习出版社、党建读物出版社,2022年版。

学校,教我们重新做人!"然而,由于部分大学生缺乏正确的恋爱观,不懂得恋爱的艺术,恋爱出现动机多样化、周期短、频率快、悲剧多的现象,这也使一部分大学生对爱情产生失落感、虚无感,甚至对人生产生缺失感、幻灭感。大学生处于身心发展时期,性生理开始成熟,性心理发展相对落后,以正确的方式合理引导,才能使大学生身心健康地成长。

5. 生涯与就业心理问题

进入大学之前,很多人的目标就是考上大学。可是考上大学之后都迷茫了,甚至不知道自己辛苦努力考大学的初心何在,失去了继续奋斗的动力,这是缺少必要的生涯规划的表现。李大钊曾说:"希望你们年轻一代,应能像蜡烛为人照明那样,有一分热,发一分光,忠诚而踏实地为人类伟大的事业贡献自己的力量。"就业是大学生人生中的重要转折,就业过程中的择业是大学生就业的关键一步。不少大学生在大学期间没有对自己的职业生涯进行规划,在择业时存在种种的迷茫和能力的缺陷,就业成为不少大学生心头的大山。面临就业无法找到就业方向,心情焦虑,害怕失败,逃避就业,也有同学出现就业攀比等心理。这也要求高校老师要帮助学生做好职业生涯规划,让学生树立正确的职业观,合理调节自己的就业预期,实现职业生涯顺利发展。

6. 情绪与压力问题

进入大学之后,大学生远离家乡和亲人,进入了一个全新的环境,要学习承担各方面的压力。可是有的学生却不懂得如何求助和减压,反而用一些增加压力的方式来解决问题,使压力越来越大,陷入了消极情绪的怪圈。还有一些因为经济困难、网络上当受骗、遭遇家庭变故、身患疾病等,也容易出现心理和行为问题。

(二) 障碍性问题

1. 焦虑症

焦虑是常见的一种情绪状态,比如,快考试了,如果你觉得自己没复习好,就会紧张担心,这就是焦虑。这时,你通常会抓紧时间复习应考,积极去做能减轻焦虑的事情。这种焦虑是一种保护性反应,也称为生理性焦虑。当焦虑的严重程度和客观事件或处境明显不符或者持续时间过长时,就变成了病理性焦虑,称为焦虑症状,符合相关诊断标准的话,就会诊断为焦虑症(也称为焦虑障碍)。焦虑症的治疗可以采用放松疗法,即通过放松身体、深呼吸、冥想等方法进行训练,效果很好。

2. 强迫症

强迫症是以反复出现强迫观念和强迫动作为基本特征的一种神经症性障碍。周期性地闯入强迫观念和仪式性行为、强迫行为,是一种令身体机能受损的慢性疾病,严重影响个体的日常生活。患者的痛苦是能意识到强迫症状是异常的,但又无法摆脱。强迫症的治疗可以采用精神分析疗法,通过自由联想、移情分析把个体潜意识当中的冲突带到意识层面,个体的冲突得到解决,强迫症也就自然减轻或者消失了。其实很多人都有强迫行为,只要不觉痛苦,也不影响正常的生活和工作,就不算病态,也无须治疗。

3. 抑郁症

抑郁症是一种常见的精神疾患,具体特征表现在以下几个方面:①情绪低落,失去兴趣;②失眠,食欲减退;③自责或无价值感;④疲乏,注意力不集中;⑤社交功能严重受损;⑥有轻生的念头。轻度到中度抑郁可以通过谈话疗法(如认知—行为疗法)得到有效治疗。抗抑郁药可以有效治疗中度到重度抑郁,但不是治疗轻度抑郁的首选方法。管理抑郁必须纳入社会心理方面的内容,包括确认压力因素和支持系统,让患者维持或恢复社交网络和社会活动。

4. 双相情感障碍

双相情感障碍通常包括躁狂期和抑郁期,其间有情绪正常期。躁狂发作时,患者情绪亢奋或烦躁,过度活跃,急于表达,自尊心膨胀,睡眠需求减少。有躁狂期但没有抑郁期的人也被归为双向情感障碍。稳定情绪的药物和社会心理支持都是治疗双相情感障碍急性期和预防复发的有效方法。

5. 精神分裂症

精神分裂是一种严重的精神疾病,症状为思考方式及情绪反应出现崩溃,常见幻觉、妄想及胡言乱语,严重者会有自毁及伤人的倾向,并出现社会或职业功能退化。精神分裂症最初通常发生在青春期或成年早期,常常由强烈的心理压力导致的。最初患者回避社会,显得情感迟钝或肤浅,并且难以和他人沟通,可能忽视个人卫生、学校功课或者工作。药物治疗和社会心理支持都是有效的方法。有适当的治疗和社会支持,患者可以过上富有成效的生活并逐渐融入社会。

延伸阅读

简单是一种方法

橄榄树嘲笑无花果树说:"你的叶子到冬天时就落光了,光秃秃的树枝真难看,哪像我终年翠绿,美丽无比。"不久,一场大雪降临了,橄榄树身上都是翠绿的叶子,雪堆积在上面,最后由于重量太大把树枝压断了,橄榄树的美丽也遭到了破坏。而无花果树由于叶子已经落尽,全身简单,雪穿过树枝落在地上,结果无花果树安然无恙。外表的美丽不一定适应环境,有时是一种负担,而且往往会为生存带来麻烦或灾难。相反,平平常常倒能活得自由自在。因此,不如放下你外表虚荣的美丽,或者是不实的身份和地位,踏踏实实地去体会真实简单的生活,相信这样你将获得更多的乐趣。

互动活动

一、活动的主题与目的

活动的主题:了解精神病患者的另一个世界。

活动的目的:使学生对精神疾病的病因、临床表现,以及精神病患者的个性和思维特点有更感性直观的认识,提高学生对于精神病患者的共情能力。

二、活动理论依据

人本主义心理学重视个人的价值,维护个人的尊严和权利,主张解放个性,使个性得到充分的、自由的发展,强调人积极向上的本质,认为人具有潜在的善性。人本主义提倡自我实现,强调人的成长和发展。所谓自我实现就是一个人力求变成他想变成的样子,这里有两层含义,即人类共性的充分展现和个人潜能(个体差异)的自我实现趋于完美。人本主义最具特色的疗法是"当事人中心疗法",由美国心理学家罗杰斯于20世纪40年代创立。"当事人中心疗法"是指以平等伙伴的身份去理解当事人的问题和情绪,为其提供一种自由表达和宣泄的机会,并帮助其体验自我价值,实现人格成长。在心理辅导过程中,咨询师要充分体现三个工作要点:一是真诚一致,即咨询师所表达的内容与他自己内在的体验是一致的,不说言不由衷的话,不摆专家架子,不以说教者的姿态自居,应与当事人坦诚交流;二是无条件积极关注,即积极地、非批判性地接纳态度;三是同理心,即能够准确地感受到当事人所体验的情感和个人意义。

三、活动的内容与方法

活动由教师提问、分享讨论、教师点评三个环节组成。活动以班级为单位,将班级成员分为若干小组,每个小组6—8人为宜。

第一个环节:观看影片。集体观看荣获2001年奥斯卡金像奖的电影《美丽的心灵》;或1998年获奥斯卡电影最佳原创剧本奖的电影《骄阳似我》。

第二个环节:小组讨论。讨论主题可以是:影片中的主角罹患了什么精神疾病或有什么性质的心理问题?表现出哪些异常的精神症状?这些症状说明了什么问题?心理问题或精神疾病给当事人的事业或生活带来了哪些影响?为什么当事人都拒绝接受治疗?这些阻抗说明了什么?最后他们的心理问题和精神疾病是如何被解决的?影片中哪些对白和情景让你感动,并说明它为什么触动了你?

第三个环节:教师点评。点评要点有以下几点。①如何看待心理问题,心理障碍和精神疾病的病因和病理机制是什么?②为什么药物或者催眠之类的治疗对案例中的当事人不能奏效?而人本主义的心理治疗却能让当事人带病生活,为所当为,让聪明才智的潜能得以充分展现?③幻觉和妄想甚至没有彻底消失,但为何天才的灵感和数学才能却同样敏锐?影片名曰"美丽的心灵",这是指谁?这意味着什么?

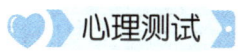

自我和谐量表(SCCS)

下面是一些个人对自己看法的陈述,填答时,请您看清每句话的意思,然后选一个数字("1"代表该句话完全不符合您的情况,"2"代表比较不符合您的情况,"3"代表不确定,"4"代表比较符合您的情况,"5"代表完全符合您的情况)以代表该句话与您现在对自己的看法相符合的程度,每个人对自己的看法都有其独特性,因此答案是没有对错的,您只要如实回答就行了。

题 项	完全不符合——完全符合				
1. 我周围的人往往觉得我对自己的看法有些矛盾	1	2	3	4	5
2. 有时我会对自己在某些地方的表现不满意	1	2	3	4	5
3. 每当遇到困难,我总是首先分析造成困难的原因	1	2	3	4	5

(续表)

题　项	完全不符合——完全符合				
4. 我很难恰当表达我对别人的情感	1	2	3	4	5
5. 我对很多事情都有自己的观点，但我并不要求别人也与我一样	1	2	3	4	5
6. 我一旦形成对事物的某种看法，就不会再改变	1	2	3	4	5
7. 我经常对自己的行为不满意	1	2	3	4	5
8. 尽管有时候做一些不愿意的事，但我基本上是按自己意愿办事的	1	2	3	4	5
9. 一件事好就是好，不好就是不好，没有什么可含糊的	1	2	3	4	5
10. 如果我在某件事上不顺利，我就往往会怀疑自己的能力	1	2	3	4	5
11. 我至少有几个知心朋友	1	2	3	4	5
12. 我觉得我所做的很多事情都是不该做的	1	2	3	4	5
13. 不论别人怎么说，我的观点绝不改变	1	2	3	4	5
14. 别人常常会误解我的好意	1	2	3	4	5
15. 很多情况下我不得不对自己的能力表示怀疑	1	2	3	4	5
16. 我朋友中有些是与我截然不同的人，这并不影响我们的关系	1	2	3	4	5
17. 与朋友交往过多容易暴露自己的隐私	1	2	3	4	5
18. 我很了解自己对周围人的情感	1	2	3	4	5
19. 我觉得自己目前的处境与我的要求相距太远	1	2	3	4	5
20. 我很少去想自己所做的事情是否应该	1	2	3	4	5
21. 我所遇到的很多问题都无法自己解决	1	2	3	4	5
22. 我很清楚自己是什么样的人	1	2	3	4	5
23. 我很能自如地表达自己所要表达的意思	1	2	3	4	5
24. 如果有足够的证据，我也可以改变自己的观点	1	2	3	4	5
25. 我很少考虑自己是一个什么样的人	1	2	3	4	5
26. 把心里话告诉别人不仅得不到帮助，还可能招致麻烦	1	2	3	4	5
27. 在遇到问题时，我总觉得别人都离我很远	1	2	3	4	5
28. 我觉得很难发挥出自己应有的水平	1	2	3	4	5
29. 我很担心自己的所作所为会引起别人的误解	1	2	3	4	5
30. 如果我发现自己某些方面表现不佳，总希望尽快弥补	1	2	3	4	5
31. 每个人都在忙自己的事，很难与他们沟通	1	2	3	4	5
32. 我认为能力再强的人也可能遇上难题	1	2	3	4	5
33. 我经常感到自己是孤独无援的	1	2	3	4	5
34. 一旦遇到麻烦，无论怎么做都无济于事	1	2	3	4	5
35. 我总能清楚地了解自己的感受	1	2	3	4	5

计分方法与结果解释：

本量表经因素分析得到三个分量表："自我与经验的不和谐""自我的灵活性"及"自我的刻板性"。各分量表的得分为其所包含的项目分直接相加。三个分量表包含的项目分别为：

自我与经验的不和谐	1、4、7、10、12、14、15、17、19、21、23、27、28、29、31、33，共 16 项
自我的灵活性	2、3、5、8、11、16、18、22、24、30、32、35，共 12 项
自我的刻板性	6、9、13、20、25、26、34，共 7 项

"自我与经验的不和谐"反映的是自我与经验之间的关系，包含对能力和情感的自我评价、自我一致性、无助感等，它所产生的症状更多地反映了对经验的不合理期望；"自我的灵活性"与敌对和恐怖的相关显著，可能预示了自我改变的刻板和僵化；"自我的刻板性"不仅同质性信度较低，而且仅与偏执有显著相关，说明分量表的含义有待进一步研究。计算三个量表总分的方法是将"自我的灵活性"项目反向计分，再与其他两个分量表得分相加，得分越高自我和谐程度越低。在大学生中，可以低于 74 分为低分组，75—102 分为中间组，103 分以上为高分组。

自我反思与探索

1. 应如何科学地理解"健康"的概念？
2. 如何才能保持心理健康？
3. 大学生心理健康的标准有哪些？
4. 影响大学生心理健康的因素有哪些？
5. 大学生有哪些日常心理行为问题？

走进心理健康

模块二
绽放生命之美——珍爱生命

> 人如果知道了为什么而活,那他就可以面对任何生活。 ——尼采
> 世界上只有一种英雄主义,就是看清生活的真相之后依然热爱生活。
> ——罗曼·罗兰
> 生命究竟有没有意义,并非我的责任,但是怎样安排此生却是我的责任。
> ——塞黑

本模块学习目标

1. 了解生命的历程,感悟生命的意义,对生命产生敬畏。
2. 了解大学生心理危机产生的诱因、类型,能识别自杀风险。
3. 学习心理咨询理论,掌握心理问题求助的资源与途径。

生命是一个过程,在我们生命的过程中并不仅仅只有鲜花与笑声,还有荆棘与泪水,会遇到许多艰辛、困扰、挫折,和幸福、快乐一样,它们都是生命的一部分。我们所拥有的生命,不仅仅属于我们自己,还和父母、亲友、社会息息相关,我们在任何挫折与不幸面前,都没有权力草率地处置自己的生命。

单元一　人生的历程与生命的敬畏！——生命历程与意义

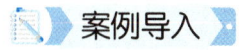 案例导入

（一）重拾生活的勇气

大学校园里,阳光照不进林晨的内心。由于自幼父母关系不佳,加上长期借住在叔叔家,亲情的缺失让他性格自卑。临近毕业,求职接连碰壁,更令他不堪重负。那时,林晨行为异常,突然挨个与舍友握手,还送出精心准备的贺卡。细心的老师察觉异样,主动找他谈心:"碰上难事了吧,和老师说说。"林晨低着头,哽咽着倾诉痛苦。老师耐心听完,开导道:"求职困境是暂时的,每次克服困难都是成长。你为人友善,做事负责,这些都是优点。"老师的话像光一样,穿透林晨心中的阴霾。

林晨开始重新审视自己,想起社团活动时,因认真负责成功组织校园公益活动,收获同学们的称赞;想起在学习过程中攻克难题的喜悦。他意识到,自己并非一无是处。此后,林晨积极调整心态,主动参加招聘会,精心准备简历,不断总结面试经验。一次次尝试中,他重拾信心。最终,他收到心仪公司的录用通知。那一刻,他眼中有光,笑容重现。林晨的经历证明,无论生活多难,勇敢面对、心怀希望,生命就能绽放光彩。

点评

生命的意义是坚韧、奉献与梦想交织的画卷。无论身处何方,扮演何种角色,都能从中找到生命意义,绽放光彩,成为照亮世界的光。

（二）100元的价值

在一次演讲会上,一位著名的演说家没讲一句开场白,手里却高举着一张100元的钞票。面对会议室里的200个人,他问:"谁要这100元?"一只只手举了起来。他接着说:"我打算把这100元送给你们中的一位,但在这之前,请允许我做一件事。"他说着将钞票揉成一团,然后问:"谁还要?"仍有人举起手来。他又说:"那么,假如我这样做又会怎样呢?"他把钞票扔到地上,又踏上一只脚,并且用脚碾它。而后他拾起钞票,钞票已变得又脏又皱。"现在谁还要?"还是有人举起手来。"朋友们,你们已经上了一堂很有意义的课。无论我如何对待这张钞票,你们还是想要它,因为它并没贬值,它依旧值100元。"

人生路上,我们会无数次被自己的决定或碰到的逆境击倒、欺凌甚至碾得粉身碎骨,我们觉得自己似乎一文不值。但无论发生了什么,或将要发生什么,你们永远不会丧失价值,你们依然是无价之宝。生命的价值不依赖他人对我们的所作所为,也不仰仗我们结交的人物,而是取决于我们本身!我们是独特的,永远不要忘记这一点!

点评

无论遭遇怎样不堪的经历,100元的价值始终没有变。生命中,我们可能会遇到无数次困境,甚至对自己的价值产生怀疑。我们的价值毋庸置疑,生命的价值并不依赖于他人对我们的所作所为,而在于我们内心对自己价值的确信。

知识链接

一、认识生命

(一)生命的存在状态

生命存在的形态分为生命的生物性存在、生命的精神性存在、生命的社会性存在。

1. 生命的生物性存在

人是生物性的存在,生物性是人的生命最基本的特性,是人的生命社会性、精神性存在的基础和前提。人的生命作为一个自然生理性的肉体生命而存在,人的生长和发展必须服从生物界的法则和规律。所以,衣食住行、生老病死是每个人都必须经历的,也是每一个人无法逃避的。

2. 生命的精神性存在

人之所以为人,就在于人不仅仅是为了满足自己的自然生命而活着,还要追求超越生物性存在的精神存在。人要规划自己的人生,创造自己的价值,指导和提升生物性的存在。正是有了生命的精神性存在,人的生命才有了人文意义和价值,有了理性的意蕴和道德的升华。

3. 生命的社会性存在

一个人要想生存下去,就必须参与社会活动,在与人的沟通、交往和互动中保存自己的生命,追求生命的意义,实现生命的价值。正是这种社会性存在,使人们在面对千变万化的社会生活时,有一种生命的智慧和坚定的信念;使人们在面对有生有死、有爱有恨、有聚有散、有得有失的有限人生和无奈命运时,有一种豁达的胸怀和安然的态度。

(二)生命存在的特征

生命存在的特征包括生命的不可逆性、生命的有限性、生命的不可换性、生命的完整性和生命的创造性。

1. 生命的不可逆性

生命的宝贵就在于它的不可重复性。人的生命只有一次,失去了就永远不会回来。从胚胎起,生命便一直生长、发育、发展,直到衰亡。它绝不会"倒行逆施",返老还童。正是这种特征,才使得人们更加关注、珍惜和呵护自己的生命。

2. 生命的有限性

生命的有限性表现在三个方面。第一,生命存在时间的有限性。第二,生命的无常性。生老病死、旦夕祸福不可预测,任何人都逃脱不了,都必然会走向死亡。第三,个体生命的存在不能离群索居,不食人间烟火,每个人都需要别人的帮助、支持和关怀。正是这种有限性,才能促使人去努力思考、发奋创造、积极生活,实现生命的意义。

3. 生命的不可换性

生命为个体所私有,相互不能交换,彼此不可代替。生命对每个人来说只有一次,任何人都是无法复制的剧本。每个人都有自己的需求、兴趣、特长和认知思维方式,展现出不同的特色。

> **延伸阅读**
>
> #### 李文波:守礁 28 年的南海卫士
>
> 李文波,男,1964 年出生,山东平度人,中国海军南海守礁士兵。
>
> 李文波 21 岁毕业于中国海洋大学,当年入伍,三年后赴南沙永暑礁守礁。
>
> 20 多年来,他先后 29 次赴南沙执行守礁任务,累计守礁 97 个月,向联合国教科文组织和军内外气象部门提供水文气象数据 140 多万组,创造了国内守礁次数最多、时间最长、成果最丰的纪录,受到了联合国教科文组织的高度评价。
>
> 长期恶劣环境下的生活使李文波的身体大不如从前,风湿病越来越重,但他仍然坚持一次不落地守礁,还经常顶替战友。除了坚守岗位,李文波还不断创新,为守礁工作总结经验,编写教材。他设计出了南沙第一套水文气象月报表程序,还编撰完成了《海洋水文气象观测教材》。
>
> 为了守礁,李文波亏欠家里太多。他新婚 5 天后回到南沙,20 多年来,与妻子真正在一起的时间不到 3 年。2003 年 4 月,李文波第一次回到老家,才知道母亲已经卧病在床 3 年。2005 年 9 月,母亲病危,李文波回到老家陪伴母亲仅 10 天就接到执行南沙守礁的命令,在前往南沙的舰艇上他接到了母亲病逝的消息,一个人长跪在甲板上向北方失声痛哭。
>
> 李文波说:"南沙守礁是我一生的荣耀,就算下辈子坐轮椅,也没什么后悔的!"

4. 生命的完整性

人是生理、心理和社会性的统一体,是自然生命和价值生命的统一体。人的生命是一个不可分裂的整体,人通过实践活动在认识世界和改造世界的同时发展自身、超越自我。

5. 生命的创造性

人的生命本身就是一个不断成长、发展、生生不息的过程,生命是创造的、超越的。人的生命的本质是超越,人的生命过程就是超越自己、追求意义的过程。

(三) 生命与死亡

"天生我材必有用",每个生命的诞生都负有各自的使命。随着生命的成长,有的人会慢慢发现自己的人生任务,并完成使命。当一个人的内心开始觉醒,想明白到世界的意义时,便陷入思考。顿悟生命意义的人,它的思维有如从一维的自我跃升到二维三维,到超越时空。从此,他展开丰富华丽的一生,无论他做什么都没有自我,唯有一心要完成来此世间的使命。

1. 生命的价值

(1) 生命是进化与延续

从进化的角度来看,没有生命就没有进化,生命对于进化是有用途的,生命是进化的载体。过去的人们创造了我们现在所享受的物质文明和社会文化,他们的生命对于我们来说是有意义的,如果没有过去人们的努力,我们绝不会有今天的成就。同样,我们的生命对于我们的后代是有意义的,因为没有我们现在的存在和努力,也不会有人类社会更美好的将来。

延伸阅读

世界激励大师约翰·库提斯的励志故事

世界激励大师约翰·库提斯刚出生时,身体严重畸形,只有一只矿泉水瓶大。医生看着他罕见的微小样子,断定他不会活过当天。然而,令人意想不到的是,这个"矿泉水瓶男孩"却活了下来,并在父母的精心呵护下一天天成长起来。

如今的他,不仅让当年一再为他的生命设限的医生瞠目结舌,还成功地养活了自己,在精神方面变得无比强悍。他受到过南非前总统曼德拉的接见,并且与美国前总统克林顿同台演讲过。他的业余生活十分丰富,他喜欢驾车、钓鱼、看球赛,还做过残疾人游泳、跳水、橄榄球、乒乓球等体育项目的教练。

为了自强自立,更为了用他的拼搏精神和不甘向命运低头的意志去激励别人,约翰·库提斯在向命运和自身残疾挑战的同时,喜欢上了演讲事业。在8年多的激情演讲中,他"走"过190个国家和地区,成为闻名各国的传奇人物,并被誉为世界激励大师。在走向各个国家和地区的演讲征程中,他经常会用一只胳膊支撑着身体,腾出另一只手推动滑轮,驱动不到1米高的躯体在地面上快速前行。无论"走"到哪里,无论遇到多少困难,他的头始终高昂着,神情中甚至有几分骄傲。当有人对他如此"卖力"和不珍惜自己的身体有些不解时,他总是充满自信地说:"我这样做的唯一原因就是为了激励别人,证明自己没有什么不可能!"

像约翰·库提斯这样高度残疾的人,之所以能够在挑战命运中取得成功,不仅因为他是一个不对自己说不可能的强者,而且他的心灵像花朵一样温柔,像火一样热烈,又像水一样博大。唯有拥有这些,你才能成为人生竞技场上的胜利者。

(2) 生命是有限与无限

人的生命是有限的。有人说,人生苦短,应及时行乐;有人说,生命有限,当创新无限。可见,每个人对生命有着不同的认识。生命是智慧、力量和美好情感的唯一载体,失去它一切都不存在。人的生命价值就在于它是人类创造和实施一切价值的前提和先决条件。

不同的人对于生命意义的思考是不同的。赫塞说过:生命究竟有没有意义,并非我的责任,但是怎样安排此生却是我的责任。这带给我们的启示是,人生要好好去创造!奥斯特洛夫斯基说:"人的一生应当这样度过:当回忆往事的时候,他不因为虚度年华而悔恨,也不因碌碌无为而羞愧;这样在临死的时候,他能够说,我的整个生命和全部精力,都已经献给世界上最壮丽的事业——为人类的解放而斗争。"他将人的生命赋予了为人类解放事业奋斗而献身的意义。对于我们来说,人的生命是不可虚度无为的。只有懂得生命真谛的人,才可以使短暂的生命延长而富有真实的意义。

(3) 生命是未知与体验

一个人从出生到死亡，拥有差不多 80 年的有效时间。怎样使用这 80 年是每一个大学生都要认真思考的。虽然你在不知不觉、毫无准备之时来到人世，但过去的时间不会回来，未来不可预知。生命是每天在踏踏实实前行的过程中遇见未知的自己与未知的世界。

2. 死亡

(1) 理解死亡

对于活着的人来说，死亡意味着消失，意味着不可捉摸的黑暗世界，充满不可知与恐惧的压力。死亡为什么会让我们感到恐惧，除了它会让我们有不洁的联想等生理上的因素外，最核心的恐惧就是丧失。其实人生有许多丧失，如失恋、失去友谊，这些都是小的、局部的丧失，而死亡就是最后一次丧失。

尼采曾说过："参透为何，定能接受任何。"与其将"不可避免的死亡"列为人生中十件最无奈的事之首，不如想一想如何让这种必然遭遇的"不可避免"在"人生最无奈"中的程度能减轻，再减轻一点。只有面对死亡，你才会有勇气面对人生当中的一个个坎坷和丧失。

(2) 觉醒体验

维克多·弗兰克尔在《追寻生命的意义》一书中记录了自己在集中营中的观察和心路历程。在一种随时可能丧命、完全看不到未来的情境下，人们仍然可以调整自己，顽强地活着。弗兰克尔认为，我们经历的苦难，需要我们自己去赋予它意义。生命也是如此，你需要为自己的生命找出自己的意义。

意大利电影《美丽人生》就讲述了这样一个故事。犹太人一家被关进集中营，乐观而富有童心的爸爸，冒着生命危险一次又一次地为家人带来希望。爸爸甚至为儿子编造了一个童话：我们是到这里游玩的，虽然这里人很多，周围的人也很凶，这都没有关系，因为我们在玩一个游戏。谁能将自己最好地掩藏起来，不被发现，坚持到最后，就能获得一辆坦克。为了家人，爸爸最终被抓走枪毙了。但是在枪毙的路上，爸爸仍然对着藏在垃圾桶中的儿子做出游戏的姿势，鼓励儿子继续游戏。游戏结束，美国大兵占领了集中营，当孩子从垃圾桶中出来的时候，迎面遇上了美国坦克车。美国大兵将孩子放到坦克上，孩子兴奋地欢呼。当孩子在人群中看到自己的妈妈时，他扑到妈妈怀中，高呼着："我们赢了，我赢得了坦克。"影片结束，我们不禁要问：对这个男孩而言，他经历的是一场苦难，还是一场有趣的游戏？到底是客观现实更加重要，还是心理现实更加重要？

每个人有每个人的长处，每个人有每个人的际遇，每个人有每个人的梦想，每个人有每个人的情结。如果你可以尊重自己的生命内在冲动，让自己充分发挥潜能，最大化地活出生命的精彩，你也就能够逐渐看清自己的生命意义在哪里。

二、生命保护与提升

(一) 大学生校园生命危机事件

大学生校园生命危机事件包括校园自然、社会灾害事件，校园暴力犯罪事件，校园自杀、自残事件等。

1. 校园自然、社会灾害事件

此类事件包括地震、水灾、交通安全事故、卫生（食品）安全事故、火灾事故、建筑物倒塌事故、重大环境污染事故、传染性疾病、大型集会管理事故等。学校要在容易出现事故的地方张贴明显标识,并且进行自然、社会灾害事件的救护知识宣传,如地震、消防讲座与现场模拟演示等。大学生自身应该增强自然、社会灾害意识,增强自己的逃生能力。

2. 校园暴力犯罪事件

近年来,校园暴力事件屡见不鲜,造成被害人重伤甚至死亡的事件也不在少数。一方面,有部分学生自身存在心理问题。这些学生表面正常,实际却存在一定心理障碍,长期积累后有可能爆发。另一方面,学生的暴力和戾气折射出社会的浮躁和失序。世界观尚未成熟的学生容易陷入是非不分、崇尚暴力的错误中。减少甚至杜绝校园暴力,学校要与司法机关合作,组织学生参加法制教育讲座、旁听法院庭审、观看法律宣传展览,使大学生能够在耳濡目染中更加深刻地了解国家法律、法规,明确法律的威严性,做到知法、懂法、守法,不断提升个人法律意识。此外,学校应该加强对学生素质和修养的教育。教育不仅仅是求学问、学知识,更要教会学生如何做人,学校也应该通过宣扬积极向上的校园文化去涤清部分学生身上的暴力倾向。

3. 校园自杀、自残事件

继农民、破产者、下岗工人、明星等自杀高危群体之后,大学生也加入了这个群体的行列。大学生自杀率攀升的主要因素可以归纳为如下几点。

(1) 心理疾病。北京心理危机研究与干预中心的研究显示,引发自杀的第一诱因是严重的抑郁症。我国的年轻人,尤其是拥有大学学历的人在抑郁症患者当中占有极高的比例。哈佛大学精神病研究者阿瑟·克莱因曼认为,年轻人缺乏应对困难的经验,容易患抑郁症并由此引发更严重的心理危机。

(2) 恋爱失败。南京危机干预中心调查显示,恋爱失败占大学生自杀原因的44.2%。

(3) 学习压力。南京危机干预中心的调查显示,学习压力占大学生自杀原因的29.8%。北京高教学会心理咨询研究会会长林永和教授表示,过去高校自杀的学生中以本科生居多,现在硕士和博士自杀的比例呈上升趋势,这是由于高学历学生面临的压力比过去更突出。

(4) 家庭原因。据社科院心理研究所王极盛教授的研究,中国有70%的家长的教育方式不合格,其中30%是过分保护,30%是过分监督,10%是严厉惩罚或打骂。这些不合格的教育方式带来的结果就是年轻人承受挫折的能力差、适应能力差。此外,20世纪90年代出生的大都是独生子女,心理承受能力比较弱,缺乏社会责任感和对人生价值观的认识,遇到挫折可能采取极端行为。

(5) 社会压力。当前社会上对大学生的评价及其待遇、地位都较以前下降,加上市场经济带来的竞争压力,让学生们对找工作深感焦虑,并产生自卑感。

(二) 大学生生命保护与提升

1. 敬畏生命

生命对于每个人来说只有一次,把有限的生命投入自己的人生使命中,才能实现内心的渴望,履行应负的职责,这样人生才能充实圆满。

2. 学习生命自救知识

大学生应该增强自然、社会灾害意识,了解地震、火灾逃生的知识,增强自己的逃生能力。掌握心理危机症状知识,出现危机及时求助。

3. 提高心理素质

大部分自杀的大学生都有类似的性格,他们大多数比较内向、偏执,以自我为中心,人际交往比较冷淡。正是因为他们平时不愿意与他人交流,从而发生了事情都藏在心里,最后走向极端。有的大学生性格比较理想主义,想法过于完美、不切实际,无法从自己的幻想中走出来,导致自杀。还有的同学无法承受生活、学习压力,陷入无助、绝望的情绪中。大学生应该学习心理健康的相关知识,主动参与到校园活动中,在活动中学会与人沟通、相处,培养积极的心态,提高自己的心理素质。

4. 提升生命质量

2013年3月17日,习近平总书记在第十二届全国人民代表大会第一次会议闭幕会上发表重要讲话,指出"生活在我们伟大祖国和伟大时代的中国人民,共同享有人生出彩的机会,共同享有梦想成真的机会,共同享有同祖国和时代一起成长与进步的机会"。大学生有自己的梦想,明确自己的人生目标和使命,才能充实人生,活出尊严,提升生命质量。

延伸阅读

敬 畏 生 命

毕淑敏

我是一个生命,生命的意愿是生存,在生命的中途,她愿意活着。

在我的生命意识中,带着对毁灭和痛苦的惧怕,渴望着更广阔的生存和快乐;我的周遭围绕着同样的生命意识,无论她是在我面前表达自己还是保持沉默。

生命意识到处展现,在我自身也是同样。如果我是一个有思维的生命,我必须以同等的敬畏来尊敬其他生命,而不仅限于自我的小圈子,因为我明白:她深深地渴望圆满和发展的意愿,跟我是一模一样的。所以,我认为毁灭、妨碍、阻止生命是极其恶劣的。

尊敬生命,在实际上和精神上两个方面,我都保持真实。根据同样的理由,尽我所能,挽救和保护生命达到她的高度发展,是尽善尽美的。

在我内部,生命意识懂得了其他的生命意识。她渴望透过自身达到整合,成为一个整体。我只能坚持这样一个事实,生命意识透过我展示了她自己:成为与其他生命意识相互依存的一员。

我经验过向一切生命意识表达同等敬畏的不可遏止的冲动,如同尊敬自身的一样。通过这种经验形成了我的伦理观。一个人遵从这种冲动,去帮助所有他能够帮助的生命,并且畏惧伤害任何活着的生灵,这个人才是符合伦理的。

如果我把一个昆虫从泥坑救出来,我的生命对另一个生命做出贡献,那么对立于生命自身的生命分隔现象就消失了。

不论何时不论何种方式,我的生命对另一个生命贡献出他自身,我的生命意识就经历了一个从有限到无限的融合的愿望,在这个愿望中,所有的生命是一个整体。

绝对伦理要求在生命中创造完美。她不可能完全实现;这一点倒无所谓。对生命敬畏的感觉是绝对的伦理。它使生命序列的保持和提升顺利运作。

> 互动活动

（一）普鲁斯特问卷

普鲁斯特问卷是一种用来了解人的生活方式、价值观、人生体验的问卷调查方式。这个名称来自大名鼎鼎的《追忆似水年华》的作者马塞尔·普鲁斯特，他对这个问卷提供过非常著名的一套答案。据说这位作家曾在13岁和20岁分别做过一次问卷，后来的研究者用这两次问卷结果来分析他的个人成长经历。美国的《名利场》杂志也曾特地开设一个普鲁斯特问卷专栏，每期刊登一位名人的问卷调查结果。你可以来尝试回答一下并记录下答案，然后过3个月或半年，定期重新回答，通过对比，就可以发现自己内心的成长。

Q1：你认为最完美的快乐是怎样的？
Q2：你最希望拥有哪种才华？
Q3：你最恐惧的是什么？
Q4：你目前的心境怎样？
Q5：还在世的人中你最佩服的是谁？
Q6：你认为自己最伟大的成就是什么？
Q7：你自己的哪个特点让你最觉得痛恨？
Q8：你最喜欢的旅行是哪一次？
Q9：你最痛恨别人的什么特点？
Q10：你最珍惜的财产是什么？
Q11：你最奢侈的是什么？
Q12：你认为程度最浅的痛苦是什么？
Q13：你认为哪种美德是被过高评估的？
Q14：你最喜欢的职业是什么？
Q15：你对自己的外表哪一点不满意？
Q16：你最后悔的事情是什么？
Q17：还在世的人当中你最鄙视的是谁？
Q18：你最喜欢男性身上的什么品质？
Q19：你使用过最多的单词或词语是什么？
Q20：你最喜欢女性身上的什么品质？
Q21：最令你伤心的事情是什么？
Q22：你最看重朋友的什么特点？
Q23：你这一生中最爱的人或东西是什么？
Q24：你希望以什么样的方式死去？
Q25：何时何地让你感觉到最快乐？
Q26：如果你可以改变你家庭的一件事，那会是什么？
Q27：如果你能选择，你希望让什么重现？
Q28：你的座右铭是什么？

（二）生命线

生命线就是每个人生命走过的路线。人间有多少条生命，就有多少条生命线。生命线是你我都有的东西,每人一条,不多不少。

下面请大家试试画出自己的生命线,步骤如下。

(1) 请准备一张白纸、一支红蓝铅笔或者两支彩笔,一支彩笔颜色较鲜艳,一支彩笔颜色较暗淡,需要用不同的颜色区分不同的心情。先把白纸横向摆好,写上"×××的生命线"。

(2) 从纸的中部开始,从左向右画一道长长的横线,然后给这条线加上一个箭头,让它成为一条有方向的线,即生命线(如下图)。请按照你为自己规定的生命长度,找到你目前所在的那个点。

0　　　　　　　　　　　　　　　　　　　　　　　　　预测死亡年龄

(3) 请在你的生命线的左边,即代表着过去岁月的那部分,把对你有着重大影响的事件用笔标出来,如下图。

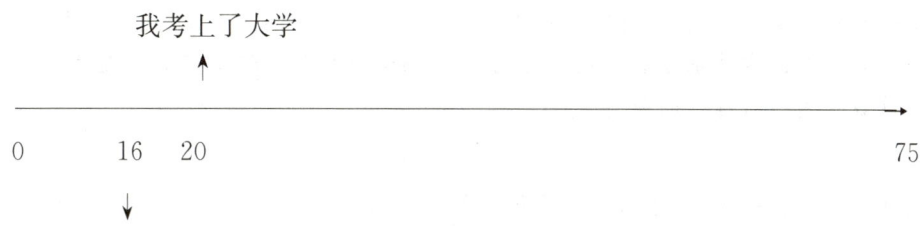

(4) 在你的生命线上,把你这一生想干的事,比如做什么样的工作、经济收入多少、住什么样的房子、个人情趣等都标出来。如果有可能,尽量注明时间,根据它们带给你的快乐和期待的程度,标在生命线的上方。如果它是你的挚爱,就请用鲜艳的彩笔,高高地填写在你的生命线最上方。当然,在将来的生涯中,还会遇到挫折和困难,比如失业等,不妨用暗淡的笔将它们在生命线的下方大致勾勒出来。这样,你就拥有了一条完整的生命线。

(5) 整条生命线画完后,看看你亲手写下的这些事件,是位于线的上半部分较多还是下半部分较多?是快乐的时候比较多还是痛苦的时候比较多?

如果你的生命线上所标示的事件大部分都在生命线以下,那么,是否可以考虑调整一下自己看世界的眼光?你对未来的判断是不是太悲观了一些?如果是,你对你的情况是否满意?

单元二 生命有哪些不能承受之重？——心理危机与应对

案例导入

（一）如何面对生命中的重大丧失？

一位来自偏远山区农村的女大学生，家庭经济很困难。上大学后，从农村来到城市，面对林立的城市高楼、陌生的同学面孔、繁重的大学学业，她应接不暇，正在此时，她的父亲因车祸又突然离世。从家里回来，她几乎崩溃了。天天以泪洗面，不止一次在同学中提起为什么那么多的事情都降临在她的头上，她觉得没有勇气继续活下去。在这种情况下，同学们建议她进行心理咨询。

点评

对于该生目前的状况，咨询师首先帮助她检索自己的资源。她有爱她的母亲与亲密的兄长，有关心她的同学和教师，给予她心理与情感上的强有力支持，让她认识到自己并不是孤独的人，尽管遭受挫折，仍旧有很多人关爱着她。

面对重大丧失，咨询师对她进行专业的哀伤辅导，让她与父亲进行了道别。通过哀伤辅导，该生开始正视父亲的离去，并理清思绪，能够乐观地面对生活。最后，让该生能够独立应对生活中的困难和挫折，达到真正的自我成长。

（二）失去他，生活就没有意义了吗？

20岁的女大学生刘某，因交往多年的男友突然要与她终止恋爱关系，十分伤心和悲痛。一周没有上课，很少进食，睡眠极差。在宿舍同学的劝说下来到心理咨询中心。咨询老师首先对求助者的认知状态、情感状态和精神活动进行了评估。通过观察和询问，了解到求助者情感淡漠、情绪低落，日常行为活动减少，但语言流利、思维正常。

点评

求助者的核心问题是"失去他我无法生活"。咨询者对其自杀可能性进行判断，确认该生没有明确的自杀念头。通过倾听和无条件地接纳对方，给求助者充分宣泄负性情绪的机会，并给予理解和支持。分析求助者危机心理产生的原因在于，在此事件中，求助者不仅失去了对方，更重要的是失去了自己。帮助求助者从悲哀的情绪中转移到有所作为地对待目前的处境，为她提供必要的信息，增强其信心。并帮助她使用自控行为技术在未来几个星期内发泄自己的悲痛情绪。咨询师和求助者共同制订了详细、具体的执行计划，帮她渡过危机。

> 知识链接

一、大学生心理危机

(一) 心理危机

一般而言,危机有两个含义,一是指突发事件,出乎人们意料发生的,如地震、水灾、空难、疾病暴发、恐怖袭击、战争等;二是指人所处的紧急状态。心理危机是指人所处的紧急状态。当个体遭遇重大问题或变化使个体感到难以解决、难以把握时,平衡就会被打破,正常的生活受到干扰,内心的紧张不断积蓄,继而出现无所适从甚至思维和行为的紊乱,进入一种失衡状态,这就是危机状态。危机出现是因为个体意识到某一事件和情景超过了自己的应付能力,而不是个体经历的事件本身。

当个体面对危机时会产生一系列身心反应,一般危机反应会维持6—8周。危机反应主要表现在生理上、情绪上、认知上和行为上。生理方面:肠胃不适、腹泻、食欲下降、头痛、疲乏、失眠、做噩梦、容易惊吓、感觉呼吸困难或窒息、哽塞感、肌肉紧张等。情绪方面:常出现害怕、焦虑、恐惧、怀疑、不信任、沮丧、忧郁、悲伤、易怒、绝望、无助、麻木、否认、孤独、紧张、不安、愤怒、烦躁、自责、过分敏感或警觉、无法放松、持续担忧、害怕染病、害怕死去等。认知方面:常出现注意力不集中、缺乏自信、无法做决定、健忘、效能降低、不能把思想从危机事件上转移等。行为方面:呈现反复洗手、反复消毒、社交退缩、逃避与疏离、不敢出门、害怕见人、暴饮暴食、容易自责或怪罪他人、不易信任他人等。

然而,心理危机是一种正常的生活经历,并非疾病或病理过程。每个人在人生的不同阶段都会经历危机。由于处理危机的方法不同,后果也不同。一般有四种结局:第一种是顺利渡过危机,并学会了处理危机的方法策略,提高了心理健康水平;第二种是渡过了危机但留下心理创伤,影响今后的社会适应;第三种是经不住强烈的刺激而自伤自毁;第四种是未能渡过危机而出现严重心理障碍。对于大部分人来说,危机反应无论在程度上或者是时间方面,都不会带来生活上永久或者是极端的影响。他们需要的只是花时间去恢复对现状和生活的信心。但是,如果心理危机过强、持续时间过长,会降低人体的免疫力,出现非常时期的非理性行为。对个人而言,轻则危害个人健康、增加患病的可能,重则出现攻击性和精神损害;对社会而言,会引发更大范围的社会秩序混乱,冲击和妨碍正常的社会生活。其结果不仅增加了有效防御和控制灾害的困难,还在无形之中给自己和别人制造新的恐慌源。

(二) 大学生常见心理危机

1. 躯体疾病引发的心理危机

躯体疾病通常引发以下心理反应。一是焦虑,病人感到紧张、忧虑、不安,严重者感到大祸临头,伴发植物神经紊乱等症状,如眩晕、心悸、多汗、震颤、恶心和大小便频繁等,并可有交感神经系统亢进的体征,如血压升高、心率加快、面色潮红或发白、多汗、皮肤发冷、面部及其他部位肌肉紧张等。二是恐惧,病人对自身疾病,轻者感到担心和疑虑,重者惊恐不安。三是抑郁,因心理压力可导致情绪低落、悲观绝望,对外界事物不感兴趣,言语减少,不愿与人交往,不思饮食,严重者出现自杀观念或行为。

2. 心理疾病引发的心理危机

抑郁症是一种常见的心境障碍，抑郁症是大学生自杀危机最重要的诱因之一。抑郁症可由各种原因引起，以显著而持久的心境低落为主要临床特征，且心境低落与其处境不相称，严重者可出现心理危机。

3. 恋爱关系破裂引发的心理危机

失恋可引起严重的痛苦和愤懑情绪，有的可能采取攻击转向自我或者攻击他人，把爱变成恨，攻击恋爱对象或所谓的第三者。这种心理危机一般持续时间不长，给予适当的帮助和劝告可使当事者顺利渡过危机期。危机期过后相当长一段时间内，当事者可能认为世界上的异性都不可信，产生很坏的信念，但这不会严重影响其生活，而且随时间推移会逐渐淡化。

4. 亲人死亡的悲伤反应

与逝世者关系越密切的人，产生的悲伤反应也就越严重。如果亲人是猝死或是意外死亡，如突然死于交通事故或自然灾害，引起的悲伤反应最重。在居丧期出现焦虑、抑郁，或认为自己对死者生前的关心不够而感到自责或有罪，脑子里常浮现逝者的形象或出现幻觉，难以坚持日常活动，甚至不能料理日常生活，常伴有疲乏、失眠、食欲降低和其他胃肠道症状。

5. 考试失利引发的心理危机

对个人具有重要意义的考试失败可引起痛苦的情感体验，通常表现为退缩、不愿与人接触，严重者也可能出现轻生的念头。

6. 生活压力引发的心理危机

大学生经常会面临大学适应压力、人际关系压力、学习压力、生活压力等，如果压力无法缓解，积压在内心，容易产生心理疾病、人格障碍，从而引发心理危机。

二、大学生自杀危机事件识别与干预

（一）大学生自杀高危人群与自杀识别

不想活的人，其实是不想如此这样地活着，如果能找到有效途径改变生活现状，那么大多数人都是不想死的。因此，其实我们可能没有意识到，如果拿出"死都不怕"的勇气来寻找有效途径改变生活和命运，会是很有意思的活法。寻找的途径现在也比较多，如寻求心理咨询、做公益等。

现实中，没有一个自杀者 100% 想自杀，有强烈自杀愿望的人其实是非常矛盾、茫然地想抓住生命的。几乎所有的自杀者都会提供线索或呼救信号，希望所有同学都能够敏感地发现这些信号，及时汇报给辅导员或心理健康教育中心，以帮助危机中的学生挽回宝贵生命。

> **延伸阅读**

生命之光

生命恰似一场奇妙旅程，每个人都在途中探寻其意义。这一谜题千古未解，引得无数人思索追寻。

生命的意义,在于坚韧不拔。悬崖峭壁上的青松,扎根贫瘠岩缝,狂风烈日、暴雨侵袭下,仍傲然挺立。每根针叶、每圈年轮,都诉说着与命运的抗争。石缝间的小草,在黑暗中扎根,执着向阳,冲破阻碍,为石缝带来生机。生命的坚韧,让它们绝境绽放,诠释生命的顽强。

生命的意义,更在于无私奉献。蜡烛燃烧自己,照亮他人。生活里,无数平凡人默默奉献:乡村教师扎根山区,点燃孩子求知的渴望;医护人员坚守一线,守护生命健康;志愿者奔赴贫困地区,送去温暖。他们如繁星,汇聚成璀璨星河,赋予生命崇高价值。生命,因梦想熠熠生辉。司马迁怀揣撰写《史记》的梦想,即便遭受重刑,身心重创,仍忍辱负重、发愤著书,终成史学巨著,为后人留下宝贵财富。梦想,让他困境坚守,赋予生命非凡意义。梦想引领人们突破自我,让生命闪耀独特光芒。

珍视生命

生命是一场奇妙独特的旅程,如璀璨星辰,在浩渺宇宙中散发独有的光。

石缝间的小草,被巨石压迫,环境恶劣,却仍奋力从缝隙探出嫩绿身姿,向着阳光生长。每片叶子满含对生命的渴望,每次生长都是对命运的抗争,诠释着生命的坚韧,告诉我们困境中也别放弃生的追求。

生命又似潺潺溪流,奔腾向前,历经高山低谷、茂密丛林,一路汇聚壮大。恰似我们的生活,有喜怒哀乐、挫折成功,都是生命的宝贵财富,让人生丰富多彩。

清晨,阳光洒在脸上,带来温暖;鸟儿欢唱,是自然馈赠;与亲友相聚,分享生活、传递友爱。这些平凡瞬间,皆是生命美好。生命仅有一次,珍贵而美好,值得我们用心感受、用爱呵护,以热忱拥抱,让生命之花灿烂绽放。

(二) 大学生自杀干预

美国著名的心理学杂志《职业心理学:研究与实践》刊登的一篇文章指出,在四年制大学中,有6%的在读本科生和4%的在读研究生表示,他们在过去的一年里"真的考虑过要自杀",而且,他们中有一半的人从未把自己的这种想法告诉过任何人。国内学者研究发现,排在大学生自杀原因前五名的分别是就业压力、对前途的迷茫、恋爱问题、人际关系差和家庭压力,各种压力成为大学生自杀的罪魁祸首。

学校应加强心理健康教育宣传,可以将江苏省大学生24小时心理热线(025-58255200)以及学校咨询室求助电话宣传给学生。大学生自杀危机干预主要应在想法与感受阶段,切断想法、感受与行为的连接,预防自杀行为出现。

自杀者通常认为自己的痛苦状况是无法逃避的、无法忍受的、永无止境的。讲道理和说教,往往适得其反。倾听、认可并探讨他们的情感痛苦是比较有效的办法,不要跳过这个过程而急于寻找解决问题的方法。

危机干预者的态度在危机干预中最重要,治疗师在治疗中如果能准确地共情,效果要远远高于自助的效果;如果不能准确共情,效果要远远低于自助的效果。自杀危机干预中应允许来访者谈论自己的困惑,创造一个让来访者可自由表达的安全环境,允许来访者按自己的节奏进展,而不加以指导和干扰。在危机干预中给予无条件关怀,对危机干预对象做到亲切、真诚、尊重、肯定、共情和反馈。

牢记自杀危机干预原则。所有自杀自伤行为均应引起足够重视；最常见的自杀原因是为了寻求解决问题的方法；一般来说，人们选择自杀是为了逃避；自杀行为是一个人向他人传递情感痛苦和求助的信号；有自杀倾向的人此时此刻正竭尽全力处理其遇到的生活困难。

人生有时确实艰难坎坷，惨痛不已。让我们难以走下去的原因，其实不完全是客观环境，更重要的是我们内心的信念，我们认为死路一条、无路可走了。可实际上，是我们该转弯了，只是我们还不知道有另一条路的存在，有时需要别人指引一下。当你走过黑暗，相信你会发现生命的美好，所以请你再坚持一下。

延伸阅读

生命如花

人在旅途，生命如花。每一个人都渴望幸福，那是生存的权利。有的人从一出生，幸福就萦绕左右；有的人直到暮年，才会嗅到点点幸福之香。渴望很丰满，现实很骨感。在理想与实际的交叠中，你会如何行走于生命之旅中呢？我想，不管怎样，请呵护生命之花，创造属于自己的幸福。

生命如花，拥有豁达的心胸，就会幸福满满。

花开须滋润，幸福，在于自己的心胸。豁达的心胸，就像是一泓活水，不断滋润生命之花。有乌云就有阳光，有春柳就有冬雪。人生的旅途、自然万物，不会一直以一种面貌示于我们面前。那么，豁达些，看开些，美与丑，悲与喜，一并接纳。有时候，幸福并不是在美好中生成的，而是在历经衰败或者伤痛后比较得出的，才更会珍惜。非洲有句谚语："任凭雨注，总有天晴。"豁达的个性、从容的心态、坦然释怀一切的勇气，才足以让生命丰富多彩。

生命如花，拥有感恩的心灵，就会幸福浓浓。

心怀感恩，就不会有太多的抱怨。感恩是幸福的源泉，生命之花会纵情绽放。世界上没有十全十美的人与事、自然与社会、亲情友情与爱情，生命就是一颗感恩的心穿梭在这些万象中，才获得种种的幸福。身居高位，钟鸣鼎食，享荣华富贵。不艳美，不抱怨，感恩生活给予的既定的一切吧。纵在陋室，依然可以"谈笑有鸿儒"，依然可以"调素琴，阅金经"。非淡泊无以明志，非宁静无以致远，幸福无须比较他人的一切拥有，自己的幸福自有心知。"芙蓉如面柳如眉"这是先天的美丽，可是你要感恩父母给你一张独一无二的脸，是你行走于尘世的标记。更何况"腹有诗书气自华"，这内在的涵养足以让你的生命之花常开不败、幸福飘香。内涵，是你一生的幸福。

生命如花，拥有无限的希望，就会幸福绵绵。

"冬天已经到了，春天还会远吗"，雪莱的诗将希望经典地写就；"山重水复疑无路，柳暗花明又一村"，陆游的诗吟咏于无数人心。夕阳拽着紫红的纱衣依偎着黄昏，你可曾有过美好的希望？北雁南归人字排开，你可曾有过无限的憧憬？生命总会磕磕碰碰，生命总会周而复始。生命总会有很多故事，而美丽的故事总是诞生在希望中。希望的火苗在，纵然"行到水穷处"，也会骄傲地笑看云卷云舒。

生命如花，幸福香飘。无论心胸还是情感，无论理性还是感性，懂得追忆与品味，懂得畅想和珍惜,你才会获得最大的幸福。叠加,累积,覆盖,沉淀……也许所有归于尘土。然,岁月,丰满了;遗憾,瘦削了。骨感的,是一份剔除了芜杂后的流年纯美,像一个可儿,站在岁月的路口,迎接日升月升,光辉浸染,周身散发精美的香,那是属于你的幸福……

互动活动

蝴蝶拍练习

请在安全的没有人打扰的地方,按如下指示进行练习。

双手臂在胸前交叉,以左右交替的方式轻拍上臂;左右各一次为一轮,4—12轮为一组;轻拍的节奏较慢。停下来,深吸一口气。如果好的感受不断增加,可以继续下一组蝴蝶拍。

从您日常生活中或既往经历中选择一件您觉得愉快/有成就感/感到被关爱或其他正性体验的事件。回想这个事件。找到一个最能代表这种积极体验的画面,以及这种体验在身体的部位及身体感受。想到这个画面,体验身体的积极感受,然后开始以上述方式进行左右交替轻拍,4—12轮,在这个过程中对头脑和身体的变化顺其自然。

一轮结束后稍停,如果注意到的内容是积极的,可以继续以上述方式进行蝴蝶拍直到积极的内容不再变化为止,或直到自己感觉充分为止,或直到出现中性的内容为止。

如果在轻拍的过程中出现负性的内容,可以告诉自己"现在只需留意积极的方面",负性的内容可以再进行处理;这样处理后如果出现的内容转为积极或中性,则可继续进行;如果处理后仍为负性体验,则用容器技术对负性体验进行打包封存,留待以后处理。

结束蝴蝶拍后可以用一个线索词来代表这个事件,对线索词用蝴蝶拍的方式来强化。

单元三 为人生护航的资源在哪里?——心理求助的途径

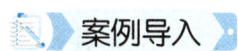

成长的故事

小丽进入大学后第一次住校,一开始大家相处得很融洽,渐渐地因为生活习惯,如作息时间不同步等问题产生了矛盾,她尝试沟通却一直没有得到解决,觉得室友不可理喻,自己每天没有办法好好休息。她感到寝室开始形成小团体,自己被孤立了,为此每天闷闷不乐。她很想和室友搞好关系,但不知道如何解决。周围有同学建议她去学校心理健康教育中心寻求帮助,可她觉得去咨询是一件挺没面子的事,会让别人觉得自己有心理问题。再说,她对心理咨询是否真的能带来改变也不确定。直到有一天,班里有同学去了心理健康教育中心,她也抱着试试看的心态去了。在接受一段时间的辅导后,她慢慢认识到自己的一些问题,并开始学习逐步提升沟通能力。因为有心理健康教育中心老师的陪伴,每一次的尝试沟通都让她觉得很有安全感。渐渐地,室友也感受到了她的真诚,寝室关系开始缓和。

点评

  心理咨询中,咨询师不会简单地劝说来访者忘却过去,而是要使人从挫折中认真反省自我,总结经验教训,增强生活智慧以便更好地应对日后生活中可能出现的各种不愉快经历。在这层意义上,心理咨询就是要使人更好地认识自我,从而真正地成长起来,即心理咨询的宗旨是助人自助。咨询中强调无条件接纳来访者,尽量理解来访者的内心感受,尊重其想法,激发其独立决策的能力,为的是强化来访者的自信心。因此,任何一个心理咨询过程,本质上都是要帮助来访者从自身的迷茫、混沌中清晰和成长起来。

知识链接

一、心理咨询概述

(一)心理咨询的概念

  美国心理学会将心理咨询定义为帮助个人克服在成长过程中可能遇到的各种障碍,从而使个人得到理想发展。人本主义心理咨询大师罗杰斯指出,心理咨询是一种"与日常生活中其他关系不同的一种特殊关系",咨询者与来访者之间的关系应是一种温暖的彼此信任的关系。

  心理咨询不同于一般的安慰,它不一定会使来询者开心,而是要使来询者成长,使人成长是心理咨询的主旋律。成长即通过咨询的过程,使来询者自己想通了,认清问题的本质,知道该怎么做,达到心理平衡。心理咨询力图使个人将不愉快的经历当作自我成长的良机,竭力使人们积极地看待个人所经受的挫折与磨难,从危机中看到生机,从困难中看到希望。从这层意义上说,心理咨询也在帮助人学会辩证地看待生活中的忧愁与烦恼,但这一切不是靠指教劝导得来的,而是靠在咨询师的引领下积极反省领悟获得的。

(二)心理咨询的对象与内容

1. 心理咨询的对象

  心理咨询面向的对象可分为三大类:一是精神正常,遇到了与心理有关的现实问题并请求帮助的人群;二是精神正常,但心理健康出现问题并请求帮助的人群;三是特殊对象,临床治愈处于康复期的精神疾病患者。

  心理咨询主要面向精神正常人群在现实生活中遇到的许多问题,如择业求学问题、社会适应问题、情感问题等。他们在面对这些问题时,需要做出理想的选择,以便顺利地度过人生的各个阶段。这时,心理咨询师从心理学的角度向他们提供心理学帮助,这类咨询叫作发展性咨询。

  长期处在困惑、内心冲突之中,或者遭到比较严重的心理创伤而失去心理平衡,心理健康受到不同程度破坏的人,尽管个体的精神仍然是正常的,但心理健康水平下降很多,这时心理咨询师所提供的帮助称作心理健康咨询。

  在大学生群体中,以上两种咨询都有。

曾听见两个同学这样的对话：
——"你去找过心理老师聊天没有？"
——"我又没心理问题，为什么要去找心理老师！"
——"我们班某某去咨询过了呢！"
——"不会吧，那他不是心理有问题？"

其实在远古时代，人们有困扰需要别人给予答疑解惑时，会求助酋长或者长者。后来，出现了一些思想家为人们指点迷津，如古希腊时期的苏格拉底、我国先秦道家思想的代表人物之一庄子。这些思想家可以说是最早的"心理咨询师"。

高校心理咨询是学校心理健康教育中心为大学生提供的心理咨询服务，每个大学生在校期间遇到心理困惑时都可以向其寻求帮助。大学生加强对心理咨询的了解，一方面能提高心理知识储备，另一方面也可以为开发自我潜能提供资源。

2. 大学生心理咨询的内容

高校开展的大学生心理咨询，与其他机构的心理咨询相比较，既有相同的地方，又有其特殊性。大学生心理咨询的主要内容涉及学业、人际关系、恋爱与性、个性、情绪、个人发展前途、健康、就业择业以及其他问题（包括家庭问题、经济困难、出国、危机状态等），少部分涉及神经官能症、人格与性心理障碍等。概括起来大学生心理咨询的内容有以下四个方面。

（1）以心理发展为中心的咨询内容

在人生的发展历程中，人人都会因为成长而不断遭遇各种冲突和困扰。对于成长迅速的大学生来讲更是如此。寻求发展咨询的目的是更好地认识自己，扬长避短，开发潜能，提高学习、工作和生活的质量，追求更完善的发展。这方面的内容包括：大学生的心理特点、大学生的学习目标、大学生的能力训练、大学生的情绪指导、大学生的个性塑造等。

心理咨询师接受过系统、科学的训练，通过与来访者的共同探讨，可以帮助其全面客观地认清自我，发现自己的优势和潜能，同时也看到自己尚待发展的地方，共同确定今后努力的方向，制定出合理的发展目标、发展计划，促进来访者的全面发展。寻求发展咨询的对象往往是属于心理比较健康、不存在明显心理冲突、基本适应环境的人。

（2）以校园适应为中心的咨询内容

大学生在学习、工作和生活中遇到了各种各样的烦恼，心理产生矛盾，其咨询的目的是排解心理问题、减轻心理压力、改善自己的适应能力。这方面的内容包括：大学新生入学适应的心理问题、大学生学习的心理机制与帮助策略、大学生不良学习方法的纠正、考试焦虑的分析与排解、引导大学生正确与异性交往、大学生人际冲突的妥善处理、大学生人际交往的技巧等。这些问题，不去寻求咨询也同样可以自行解决，但是解决的速度往往比较缓慢，甚至在自己的心理成长过程中积累一些负面的因素。如果遇到这类问题的大学生能够主动地寻求咨询，在心理咨询师的引导下，认清问题的性质，发现导致问题出现的症结，尝试新的行为方式，体验新方式带给自己的变化，促进新的适应行为的产生，往往能给来访者带来更快更大的变化。

（3）以升学就业指导为中心的咨询内容

随着改革开放的深入发展，高校毕业生就业采取的是双向选择、自主择业的就业政策。因此,正确认识自己,制定科学、合理、长远的职业生涯规划,选择有效的求职、就业策略,就成了大学生必须考虑的问题。

在职业高度分化的现代社会中,因为职业选择和工作适应等造成的个人问题日益增加。这方面的内容包括升学就业前的综合心理调整、学生能力性格与职业兴趣的评估、毕业求职的技能技巧等。因此就业咨询逐渐发展成为一项专业服务,劳动部设有职业指导师认证和培训,促进了职业规划、就业指导科学化。通过积极参加职业生涯规划、就业咨询以提高在人才市场中的竞争力,不仅是高年级毕业生的问题,也是大学新生的问题。

(4) 以心理问题处理为中心的咨询内容

当然,也有一部分大学生心理咨询属于障碍咨询。这类咨询的对象属于有不同程度的心理障碍或患有某种心理疾病,为此苦不堪言,影响了学习、工作和生活。咨询的目的就是通过系统的心理咨询治疗,帮助来访者克服障碍、缓解症状,恢复心理弹性。这方面的内容包括:大学生学校适应不良的心理调整,大学生行为问题(不良生活习惯、品行障碍等)的矫正干预,大学生神经症倾向(焦虑症、强迫症、恐惧症、抑郁症、疑病症等)的矫治干预,大学生性心理问题(过度手淫、性认同障碍、恋物倾向等)的矫治干预,大学生人格障碍(反社会型人格、偏执型人格、分裂型人格、强迫型人格等)的矫治干预等。当然,严重者必须转诊以医疗治疗为主、心理咨询辅导为辅。但是,如果发现有精神疾病的倾向,如抑郁症、双向情感障碍、精神分裂症等苗头,咨询老师应协助家长做好就医诊断,患者千万不能讳疾忌医,使问题变得越来越严重,影响学习乃至生活质量。

二、心理咨询的原则和误区

(一) 心理咨询的原则

心理咨询的原则是指心理咨询人员在工作中必须遵守的基本要求,是咨询师在工作中必须遵守的准则。从某种意义上来说,它也是心理咨询职业能否存在和健康发展的保证。

1. 保密原则

咨询师必须本着对来访者负责的态度,以来访者的利益为重,尊重来访者的权利和隐私,为咨询的谈话内容保守秘密,不公开来访者的姓名,不在任何场合和任何人(督导师除外)面前谈论来访者的隐私,包括来访者的亲属、老师、朋友、同事、领导。当然,也有例外。这是指在发现来访者有可能危及他人生命或者有明显自杀意图或精神疾病时,应及时向有关部门反映,以采取防范措施。

2. 情感中立原则

咨询师在心理咨询中应保持不偏不倚的立场,确保心理咨询的客观与公正,不得把自己私人的情感、利益掺杂进去,保持冷静、清醒的头脑,对事物做出客观判断和客观分析,在咨询过程中避免主观臆断,不轻易批评对方或把自己的价值观强加于来访者。

3. 尊重信任原则

咨询师要和来访者建立相互信任、相互尊重的伙伴式的工作关系,以利于咨询工作的顺利开展。一方面,咨询师要尽可能地让来访者感受到自己的可信度、诚恳度和专业性;另一方面,咨询师要充分尊重来访者,尊重每一个来访者的独特性。更倾向于将来访者看作一时陷入某种困惑的人,而非有问题或有缺陷的人。充分信任来访者有克服困难和适应环境的能力,协助来访者寻求自身的积极资源,并热情鼓励来访者自我探索和解决困惑,实现助人自助。

4. 理解支持原则

理解支持原则就是咨询师能设身处地地体会来访者的情绪、情感体验,准确理解他的想法和看法,使来访者能在精神上得到理解与支持。来访者一般都有心理方面的困扰,精神的痛苦,他们内心渴望得到别人的理解、支持、关怀和帮助,他们对咨询师抱有很大的希望,同时也可能存在某种担心和疑虑。因此,咨询师要充分理解、诚意相待,这样有助于来访者解除心头的郁结,增强信心。

5. 发展性与灵活性原则

人的心理活动始终处在动态过程中,心理咨询也是不断发展变化的过程。因此,咨询师必须用发展变化的观点看待来访者的问题,要对来访者的内在潜能和发展条件做准确的估计,运用的方法要有助于来访者的成长发展,同时要充分考虑心理问题形成的历史,依据实际情况随时调整咨询方法。在不违背其他咨询原则的基础上,采取灵活的步骤与方法,以求取得最佳咨询效果。

(二) 大学生寻求心理咨询的误区

1. 害怕被同学看成"有病"

在人们的观念里,说某人"有病",通常是指有"精神病",或指一个人思想极度不正常。因此,许多大学生本来想去寻求心理咨询,但害怕被同学视为"有病",不敢前去咨询。

2. 害怕被咨询老师看作不正常

许多大学生会以为,心理咨询就像道德教育,只是从道德角度给予评判和要求。要按照他们所掌握的道德标准,他们的某些所思所行很难从道德上说明白。例如,某些同学所遇到的单相思或某些欲望冲动问题,虽然自己从道德的角度会有一个判断,但仍然摆脱不了心理困扰。如果去咨询,又担心被咨询老师从道德的角度将自己看作"有问题"的人。

3. 咨询老师解决不了我的实际问题

许多同学会因生活中一些具体的困难而产生心理困扰,甚至严重影响自己的正常生活。但当有人劝其寻求心理咨询时,他们常常会大叫"咨询老师解决不了我的实际问题"。当事人简单地认为,要走出困扰,别人需要帮我解决好具体事情,如果事情已不可改变,做什么都不能使自己走出困扰。殊不知,心理学早已证明,在负性情绪的困扰下,负性情绪越大,人的思维水平越低,甚至想不到任何新的解决问题的出路。因此,不论事情能否改变,都必须先调整自己的心态,从而以更好的心理状态去争取事情的改变,这样成功的概率就会大得多。如果事情已经不能改变,更需调整心态,打开思维,寻找新的发展机会。

4. 医院都解决不了,咨询老师还能做什么

有不少大学生身体有些疾病,通常会在医院治疗一段时间,但当从医生那里听说这些病一时治不好,甚至终身"治不断根",便会产生心理困扰,甚至背上严重的心理包袱。但当有人劝其做心理咨询时,他们常常会说"医院都解决不了,咨询老师还能做什么"? 这不仅混淆了医学治疗与心理咨询的差异,而且忘记了人的本质力量。因为,心理咨询协助来访者调动的正是具有巨大超越性的力量:社会智慧的力量、个体能动性的力量和自由意志的力量。

5. 回避自己的问题

生活中每个人都会遇到或大或小的心理矛盾,有些心理矛盾自己可以调整好,但有些心理困扰在某个阶段自己没有能力调整好,就会沉积为心理包袱。许多大学生背上这些包袱后害怕被别人误以为自己有严重的"心理问题",宁肯自己承受着痛苦,也不去寻求心理咨询的帮助。有的甚至采取从主观上"否认"自身问题的方式糊弄自己。殊不知这样带来的危害更大。其实,问题越早解决越早轻松,可以减少许多痛苦。

延伸阅读

病耻感,阻碍了多少人走进心理咨询室

"什么?你去看心理咨询师?你有毛病啊?""你去做心理咨询,你没搞错吧?""什么?去做心理咨询,你神经吧!"这些话语,你熟悉吗?

"39健康网"曾发布了《2010中国网民心理健康调查白皮书》,其中一个调查问题是"看心理医生?多丢脸啊"。仅5.2%的网民会找心理医生咨询。

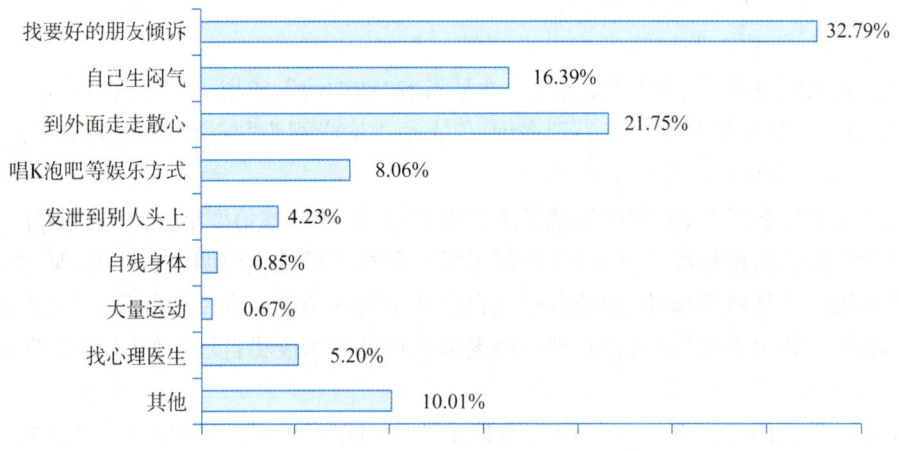

宣泄压力的途径分布图

即便有了心理困扰甚至心理疾病,很多国人仍然选择其他方式应对,而只有5.2%的人选择走进心理咨询室接受专业咨询。现在,十来年过去了,国人选择心理咨询的比例会有所增高,但仍不是太高。除了没有心理保健意识、没有心理咨询概念、没有效心理咨询服务资源、没有经济支付能力等以外,病耻感是阻止国人走进心理咨询室接受咨询的一个重要原因。病耻感,有时比心理疾患更伤人!

所谓病耻感,是精神疾病患者所表现的一种负性情绪体验,它对患者社会功能的康复具有不利影响。

关于病耻感的研究,最先源于1963年Goffman所使用的"stigma"一词,表示的是羞耻感。"stigma"源于希腊语,本意是烙印,意指人身上的某种具有不良道德特点的"极大玷污某人名誉的特征"。于是,一个具有"stigma"的人,就是一个被玷污、被打折扣的、应当为此感到羞耻的人。后来这个概念就被广泛运用于医学领域。

从20世纪90年代开始,Corrigan和Link成为西方精神疾病病耻感研究领域的两位

代表性学者。Corrigan 从认知心理学角度研究精神疾病病耻感,发现其认知和行为方面具有三个特征:A. 社会刻板印象,B. 偏见,C. 歧视。Link 从社会学的角度研究精神疾病的病耻感,他定义了精神疾病病耻感的五个元素:A. 被贴上标签,B. 刻板印象,C. 孤立,D. 地位丧失,E. 歧视。从这两位学者的研究看来,精神疾病病耻感与担心被贴标签后遭遇偏见、歧视,导致被孤立、原有社会地位受威胁、被周围人视为有污点的人、被视为异类有关。想想,如果因为我走进了心理咨询室,而被周围人认为"心理有毛病!""精神上有问题!",这该多么可怕! 心理问题、精神疾病毕竟与胃溃疡、偏头痛、肾结石、关节炎不同,后面这些生理疾病是能说出口的,而且不会被歧视,而心理问题、精神疾病待遇则大不同,别人会认为"你有毛病",是你的错才导致心理毛病的!"污名化"使当事人感觉被心理疾患的标签给玷污了,他们的人生价值与尊严被打了折扣。

正念疗法的稳定化技术

正念疗法被广泛用于减压,应对紧张、恐惧、心烦、失眠、悲伤、绝望、无助等焦虑抑郁情绪。

身体扫描的方法:

请找一个温暖且不被打扰的地方,仰面舒适地躺下,轻轻闭上眼睛。

下面我们开始花一点时间来觉察自己身体的感觉,一点儿一点儿轮流关注身体每一个部位,觉察所有感觉。请温柔地将您的注意力集中在鼻孔和上嘴唇之间的区域,细细体会每一种感觉,热、凉、疼、木、麻、痒,也可能是说不出的感受,也许是细腻的感觉,也许是粗重的感觉,这些感觉可能出现一会就消失了,也可能持续很久,你只要静静地去观察它,不要强求任何特殊感受。

请深深地吸一口气,将注意力放在左脚上。从拇趾开始感受每一个脚趾的存在,感受一下每个脚趾之间的空隙,左侧脚掌和脚跟与地面接触时挤压的感觉,感受脚背脚踝,接下来感受一下左侧小腿的皮肤与裤子以及空气接触的感觉,腿部的肌肉是紧绷还是放松,感受血液在血管里流动的感觉,还有骨头的存在。再感受一下小腿与大腿连接处的膝盖,感受左侧膝盖的上面下面内面外面,以及整个膝盖,接着是由外向内感受大腿的存在,最后将注意力扩散到整条大腿上。被衣服盖着的地方就感受跟衣服的接触,没有衣服的地方,皮肤与空气接触的感觉。

而后温柔地将注意力转移到右脚上。从拇趾开始感受每一个脚趾的存在,感受一下每个脚趾之间的空隙,右侧脚掌和脚跟与鞋面和地面接触和挤压的感觉,感受脚背脚踝,接下来感受一下右侧小腿的皮肤与裤子以及空气接触的感觉,腿部的肌肉是紧绷还是放松,血液在血管里流动的感觉,还有骨头的存在。再感受一下小腿与大腿连接的膝盖,感受右侧膝盖的上面下面内面外面,以及整个膝盖的存在,接着将注意力扩散到整条大腿上。这时无论你的身体感受是什么,冷、热、酸、胀、麻、刺痒的,细微或粗重的。

然后轻轻地呼一口气,在下次呼气前将注意力转移到腹部,吸气时腹部慢慢上抬,呼气时腹部慢慢下落,感受胃肠的运动,感受胃部饱胀或饥饿的感觉。感受右侧肝脏、左侧的脾脏以及表面皮肤的感觉,或许没有任何感觉,这也是一种感觉。感受你的心脏的跳动,以及伴随着呼吸胸廓的起伏。向上转移到双侧前臂、上臂和双手,左侧肩部有可能有紧绷和疼痛的感觉,而后是背部,右侧肩膀有紧绷和疼痛的感觉。

接下来将注意力慢慢转移到我们的颈部,咽喉是我们吃饭和说话的部位,可以做一下吞咽的动作,感受是否顺畅和轻松。再将注意力慢慢向上移动,感受面颊是否有紧绷的感觉,鼻腔中是否有气体吸入呼出的感觉,感受我们的嘴、耳朵、眼睛、眉毛、额头的感觉,每一部分是否有紧绷放松的感觉,或发冷发热,麻木、疼痛、刺痒或完全不能描述的感觉,有些感觉可能一会儿就消失了,也可能持续很久。再往上,我们温柔地将注意力带到头顶部,感受头皮是否有干燥还是湿润,发热麻木,疼痛、发痒,是紧绷还是放松。无论什么感觉,你要做的就是感受这些感觉,只是观察、观察、再观察。

观察身体感受时,您可能感觉到身体其他部位有不适,那就将注意力放在感受这种感觉上,或者什么感觉也没有这也是一种感受,只需要细细体味身体每一部分的感觉就好。

最后让我们的注意力再次回到呼吸上,您可以慢慢地睁开眼睛,结束今天的身体扫描练习。

互动活动

撕一撕:生命的长度

我们来玩一个游戏,假设这是一个人从 0 到 100 岁(出示事先准备好的岁月纸条),请问你现在几岁?找到这个岁数,然后把前面的撕掉。请问你想活到几岁?找到这个岁数,把后面的撕掉。请问一天 24 小时你会如何分配?通常是睡觉 8 小时,占了 1/3,吃饭休息、聊天、看电视、上网等又占了 1/3,真正做有意义的事的时间只剩 1/3。请将剩下的纸条折成三等份,现在请你再看看手上的纸条,这个活动带给你什么启示?

心理测试

安全感—不安全感问卷

问卷中的项目旨在了解人的心理特征。因此,每个项目的答案并没有是非、好坏之分,你不必有任何顾虑,请如实回答。

每个项目后有两种情况:是与否,请在符合你的情况的一项上打"√"。如果实在难以回答,可以选择"不清楚"一项。

1. 我有时感到人们在嘲笑我。 是 否 不清楚
2. 我与异性相处得很好。 是 否 不清楚
3. 通常,我对自己抱有信心。 是 否 不清楚
4. 我经常为自己的未来发愁。 是 否 不清楚
5. 一般来说,我是一个乐观主义者。 是 否 不清楚
6. 一次窘迫的经历会使我在很长时间内感到不安和焦虑。 是 否 不清楚
7. 我经常受到羞辱。 是 否 不清楚
8. 我感到人们像尊重他人一样尊重我。 是 否 不清楚
9. 我经常感到对世事不满。 是 否 不清楚

10. 我有一个幸福的童年。	是 否 不清楚	
11. 我经常感到自己被人们视为异乎寻常。	是 否 不清楚	
12. 我的行为很自然。	是 否 不清楚	
13. 我对自己有足够的信心。	是 否 不清楚	
14. 对于未来,我隐隐有一种恐惧感。	是 否 不清楚	
15. 一般来说,我是一个快活的人。	是 否 不清楚	
16. 我对自己不是很满意。	是 否 不清楚	
17. 我经常情绪低落。	是 否 不清楚	
18. 一般来说,我受到人们的尊重和尊敬。	是 否 不清楚	
19. 我有一种自己是别人的负担的感觉。	是 否 不清楚	
20. 我的家庭环境很幸福。	是 否 不清楚	
21. 我曾经因怀疑一些事情并非真实而苦恼。	是 否 不清楚	
22. 我可以很好地与别人配合工作。	是 否 不清楚	
23. 我缺乏自信。	是 否 不清楚	
24. 我时常担心会遇到飞来横祸。	是 否 不清楚	
25. 一般来说,我认为世界是一个适于生存的好地方。	是 否 不清楚	
26. 我对自己感到满意。	是 否 不清楚	
27. 在与人相处时,我常常会感到很烦躁。	是 否 不清楚	
28. 我通常对绝大多数人都是友好的。	是 否 不清楚	
29. 我经常感到活着没有意思。	是 否 不清楚	
30. 在这个世界上,我感到温暖。	是 否 不清楚	
31. 我为自己的智力而忧虑。	是 否 不清楚	
32. 在社交方面我感到轻松。	是 否 不清楚	
33. 我很容易气馁。	是 否 不清楚	
34. 我感到自己没有很好地适应生活。	是 否 不清楚	
35. 总的来说,我感到世界对我是公正的。	是 否 不清楚	
36. 我感到生活对我来说是公平的。	是 否 不清楚	
37. 我很容易不安。	是 否 不清楚	
38. 我有许多真正的朋友。	是 否 不清楚	
39. 我感到生活是一个沉重的负担。	是 否 不清楚	
40. 一般来说,我是幸运的。	是 否 不清楚	
41. 在多数时间里我都感到不安。	是 否 不清楚	
42. 一般来说,我与他人相处很融洽。	是 否 不清楚	
43. 我感到自己是坚强有力的。	是 否 不清楚	
44. 我感到自己不能控制自己的情感。	是 否 不清楚	

计分及对计分结果分级的解释：

问卷得分在0~44，分数越高意味着安全感越高。可以分别计算各个维度的得分，再累计得出安全感总分。

安全感—不安全感问卷各维度项目序号及记分方法

维度	情绪安全感				人际安全感				自我安全感	
	疑虑不安	担忧未来	情绪低落	世事不满	人际融洽	乐观开朗	尊重友爱	幸福温暖	自信坚定	自我悦纳
项目序号	1,11,21	4,14,24,31,34,44	7,17,27,37,41	9,19,29,39	2,12,22,32,42	5,15,25	8,18,28,38	10,20,30,35,36,40	3,13,23,33,43	6,16,26

记分方法与注意事项
①采用"是""否""不清楚"三级记分。
②选"是"记1分，选"否"和"不清楚"记0分的项目序号：2,3,5,8,10,12,13,15,18,20,22,25,26,28,30,32,35,36,38,40,42,43。
③选"否"记1分，选"是"和"不清楚"记0分的项目序号：1,4,6,7,9,11,14,16,17,19,21,23,24,27,29,31,33,34,37,39,41,44。
④将所有相应维度或总问卷的题项得分相加即相应维度或总分的最后得分。得分越高，表明相应安全感越高，因为情绪安全感的各维度为消极词命名，故对情绪安全感各维度的解释需慎重。

自我反思与探索

1. 人生中你最看重的五种东西是什么？
2. 如何判断自己的心理健康状况？遇到心理困扰有哪些求助途径？

生命教育——时代"空心病"现象

模块三

共创美好生活——适应环境

> 理智的人使自己适应这个世界;不理智的人却硬要世界适应自己。
> ——萧伯纳
> 智慧就是适应。
> ——皮亚杰
> 如果错过了太阳你流了泪,那么你也将错过月亮和星辰。
> ——泰戈尔

本模块学习目标

1. 适应理论的要点和环节是什么?
2. 大学生在哪些方面需要适应的转变?
3. 大学生在适应心理方面存在哪些问题?
4. 大学生应该如何有效地适应大学生活?

大学生怀揣青春的梦想踏入梦寐以求的大学校门,人生从此翻开崭新的一页。面对大学新的生活环境、学习方式、交往群体等方面的变化,你会发现这里似曾相识却又全然不同。也许校园没有你想象中的那么完美,也许大学生活没有你期待中的那么多彩,这个时候我们内心需要一个适应过程,需要我们通过调整达到新的平衡。适应大学生活是大学生适应社会的前奏,本章将与大学生一起来探讨"校园适应与心理健康"主题,探索如下问题:进入大学校园,我将面临哪些变化?什么是适应?我该如何适应?

单元一 谁适应得好？——适应概述

案例导入

迷茫的大一新生

开学两周了，我很迷茫，每天早上醒来，在陌生的环境中我不知道该做些什么，更不知道以后该怎么办，该看什么书？自己的专业以后是干什么的？该怎样去生活？我一无所知，目前还是浑浑噩噩的状态……

你是否也有这样的困惑？我出现了什么问题？如果你是我，你会怎么做？

我和我的舍友

我的5个舍友来自天南海北，各地的风土人情不尽相同，每个人又都个性鲜明。舍友们的话题也是越来越包罗万象，什么品牌服装、化妆品、男朋友、微博热搜、电影、体育锻炼、社团活动等，而我却发现自己插不上话，因为上高中时全部心思都用在了学习上，没有别的什么兴趣爱好，似乎什么都不会……

你是否也有这样的尴尬？我有些害怕，我该怎么办？

点评

以上案例均为典型的大学入学适应性障碍。案例1中同学主要表现为对大学学习生活的不适应，包括专业认知、学习方法、学习环境等等，由此带来的困惑与迷茫。案例2中同学是处于一个新环境时，对人际关系，主要是宿舍同学关系的不适应，对建立新的人际关系的情绪困扰，不能很好地适应大学生活。

知识链接

一、适应的概念

"适应"一词源于生物学。达尔文在1958年提出进化论时最先使用的名词，他在其专著《物种起源》中提道："在自然选择中最能适应外界的个体往往能生存并发展下来，进而逐步进化。这种适应是个体自身与外界环境的一种协调和融合，人类用有计划的和有意识的选择方法，能够产生出，而且的确已经产生了伟大的结果。"

心理学家马斯洛在谈到发展与环境的关系时说："环境的作用最终只是允许他和帮助他，使他自己的潜能现实化，而不是实现环境的潜能。环境并不赋予人潜能，是人自身以萌芽或胚胎的形态具有这些潜能，正如他的胚胎形成的胳膊和腿一样。创造性、自发性、个性、真诚、关心别人、爱的能力、向往真理全都是胚胎形成的潜能，属于人类全体成员，正如他的胳膊、腿、脑、眼睛一样。"意思是每个人都存在着潜能，而环境提供了潜能发展的条件。

心理学家皮亚杰认为，适应的本质是机体与环境的平衡。适应的形式有两种：同化和顺应。同化就是个体把环境因素纳入自己已有的图示或结构中，以加强和丰富主体的动作。顺应就是主体调整原有的认知结构或行为模式以适应客观变化。

心理学上一般把适应定义为：当环境发生变化时，主体通过自我调节系统做出能动的反应，使自己的心理活动和行为更适合环境的变化和自身发展的需求，使得主体和环境达到新的平衡的过程与状态。它既是主体对环境变化所做出的一种反应，又是一个重建平衡的心理调节过程。适应体现的是一个人的综合素质。每当人们在生活中遇到一些重大的转折和变化的时候，都需要认清这种变化对他的要求和这种变化的含义，然后再调整自己，更好地适应新的生活和要求。

综合心理学界对适应问题的研究，主要理论有这样几个要点。

（一）适应现象是伴随着环境的变化而出现的

由于人们生活的环境（包括自然环境、社会环境和心理环境）处在不间断的变化之中，因此每个人每时每刻都存在着适应问题，都会产生不断适应新环境的需要。外界刺激会引起生理、心理和行为的应激反应，个体通过这种应激反应来达到心理平衡和行为适应。外界刺激不可避免，但对同一刺激的应激反应强度则因人而异。心理学家珍妮认为，人的整个一生是一系列的适应阶段，而每一阶段都会对个人的长期调节产生影响。所以说，适应能力是个体生存与发展的必备能力，是人一生中随时都要面临的任务，也是人应当具备的一种基本素质。由于适应能力不同，最终会导致个体发展水平的差异。

（二）适应的根本目的是达到或恢复主客体之间的平衡

这是用平衡论对心理适应本质所做的一种解释。《心理学大辞典》对适应的定义中，对平衡问题的论述："有机体是在不断运动变化中与环境取得平衡的，它可以概括为两种相反相成的作用——同化和顺应。适应状态则是这两种作用之间取得相对平衡的结果。这种平衡不是绝对静止的，某一个水平的平衡会成为另一个水平的平衡运动的开始。如果机体与环境失去平衡，就需要改变行为以重建平衡。这种平衡—不平衡—平衡……的动态变化过程就是适应，也是儿童智慧发展的实质和原因。"对此，学者贾晓波认为：应当承认，平衡是适应的直接目标，适应的主要任务就是使主客体之间的不平衡状态重新恢复平衡。但在个体发展过程中，由于一时的不平衡而引起的内部矛盾现象往往正是个体发展的动力，如果一味地保持平衡，反而会成为发展的阻力。所谓同化是指将客体纳入主体已有认知结构或行为模式的过程；而顺应则是指调整原有认知结构或行为模式以适应环境变化的过程。显然，同化与顺应都是对环境做出反应和对自身进行调节的过程，在这一过程中，自我意识的发展水平起着决定性的作用。因此，在指出适应的直接目标是建立平衡的同时，还应该指出适应的根本目标是主体自身的发展。这样才能全面准确地反映出适应的本质。

适应一般要经历环境与自我评估、态度改变和行为选择等三个环节。

1. 环境评估和自我评估

环境评估指主体对变化了的外部环境及其对自身发展所具有的影响作用进行全面了

解并作出新的判断的过程。其主要任务是确定外部环境中发生了哪些新变化、提出了哪些新要求，以及这些变化和要求对自身发展所具有的影响，在此基础上应能对发展中遇到的困难做出准确的判断，对新的角色期待形成正确的理解与把握。例如，大学新生入校后，首先要熟悉学校的基本设施、学校周边的资源、所在城市的地理特点和气候特点等物理环境；其次是熟悉大学里的文化、生活习惯、制度规则、价值观等人文环境。自我评估是指主体在对外部变化做出正确判断的基础上，重新认识和了解自己的发展目标、自身特点和优势的过程，也是一个重新进行自我评价的过程。自我评估也是寻找资源的过程，个人的性格特点、以往的学习和生活经验等都是自身的资源。例如，高中住校的学生进入大学后，在生活方面适应得就比较快。

2. 态度改变

环境评估和自我评估的结果影响个体的认知，认知过程的变化必然会引起情绪体验的变化，同时也会导致行为意向发生相应的变化。当认知、情感和行为意向都发生了变化时，就会引起态度的改变。生活中的哲理告诉我们：当做任何事情都无法改变对方时，不妨改变自己。例如，大学生在遇到学校的设施不理想、教职工的态度不好等问题时，改变对方不如改变自己，改变自己的态度，主动适应。

3. 行为选择

行为选择实际上是一个比较与决策的过程，其核心是对原有行为方式的调整与改变。行为方式的重新选择是以认知的调节与态度的改变为基础的，受思维方式与态度倾向的直接制约。如果思维方式与态度倾向是积极的，那么主体的行为方式也会是积极的；如果思维方式与态度倾向是消极的，那么行为方式也会是消极的。对大学生来说，如果他认为学习对自己而言非常重要，同时对学习和自己充满了信心，就会表现出积极进取的态度和坚持不懈的努力；相反，如果认为学习的意义无足轻重，同时对学习和自己又丧失了信心，产生了明显的厌学态度，就会表现出退缩和放弃的行为倾向。在这个过程中，远大目标的引导，坚毅、顽强的性格特征，高度的自尊与自信，是影响行为选择的重要因素。

二、大学生适应不良的心理问题类型

人在环境中生活，总要与环境相适应，保持一种相互平衡的状态。从总体上看，人与环境的适应通过两种途径来实现：一是自我改变，二是环境改变。通常情况下，人们选择环境、改变环境是有一定限度的。大多数时候，人与环境的适应要求人自身做出调节，适应既定的环境。如有的学生最初的理想大学可能是名牌高校，但由于诸多因素而没有达成个人愿望，结果进入了一所并不理想的大学。在这种情况下，要改变环境并不是一件很容易的事情。个人想实现大学期间的良好发展，最有效的办法就是积极调整自己以适应校园环境。

大学生对于高校学习和生活的适应过程大致分为两种形态：主动适应与被动适应。主动适应也称积极适应，指大学生能积极自觉调整身心状态和角色行为，主动参与新的环境中去学习和生活的适应形态。这些大学生具有超前学习的心理准备和长远学习的目的，求知欲强烈，生活态度积极，人际关系融洽，他们有望成为大学学习生活的佼佼者。另一种为被动适应，也称消极适应，处在这种形态的大学生学习目的不明确，学习被动性和依赖性较强,学习主要受外部压力推动而维持。他们缺乏安全感,经常感到紧张、担心、害怕,甚至产生逃避、放弃和恐惧心理。

事实上,适应不良正困扰着相当一部分大学生,使他们出现不同程度的心理障碍。研究表明,大学里有40%的新生由于适应不良而存在心理障碍。资料显示,大学生中有心理问题的人数在近几年呈现上升趋势。此外,大学生因适应不良而陷入困惑、迷茫,以致最终碌碌无为的现象也比较突出。大学生心理问题的类型主要有以下几种。

(1)学业问题:学习动力不足、学习能力障碍、学习成绩不良、学习压力、考试焦虑等。
(2)情绪问题:抑郁、焦虑、悲观、无助感等。
(3)适应问题:生活能力差、容貌特长等自卑、身份定位失调、价值观的丧失、自我中心、环境适应能力差、耐挫能力弱等。
(4)人际关系问题:人际关系不适、社交恐惧、社交不良、个体心灵封闭等。
(5)恋爱与性问题:异性交往困难、失恋、多角恋、性生理适应不良、同性恋倾向等。
(6)神经精神障碍:神经衰弱、强迫症、抑郁症、疑病症等。

延伸阅读

什么是生活?

有一天柏拉图问老师苏格拉底什么是生活,苏格拉底还是叫他到树林走一次,可以来回走,在途中要取一朵最好看的花。柏拉图有了以前的教训,又充满信心地出去,过了三天三夜,他也没有回来。苏格拉底只好走进树林里去找他,最后发现柏拉图已在树林里安营扎寨。苏格拉底问他:"你找着最好看的花了吗?"柏拉图指着边上的一朵花说:"这就是最好看的花。"苏格拉底问:"为什么不把它摘出去呢?"柏拉图回答老师:"我如果把它摘下来,它马上就枯萎。即使我不摘它,它也迟早会枯。所以我就在它还盛开的时候,住在它边上。等它凋谢的时候,再找下一朵。这已经是我找着的第二朵最好看的花。"这时,苏格拉底告诉他:"你已经懂得生活的真谛了——生活是追随与欣赏生命中每一次美丽。人生正如穿越麦田和树林,只走一次,不能回头,要找到属于自己的最好的麦穗、树和花,你必须要有莫大的勇气和付出相当的努力。"

互动活动

专业职业探访——专业知多少

活动目的:
帮助大学生深入了解所学专业,认识所学专业和可能从事职业的关联,引导大学生建立有效的学习与生活的目标,充实地度过大学生活。

操作步骤:
1. 填写以下"我对专业知多少?",先分组交流,然后每组派代表交流分享体会。
2. 团体总结。

我对专业知多少?

我的专业是怎样选择的＿＿＿＿＿＿＿＿＿＿＿＿＿＿＿＿＿＿＿。

我对专业的了解情况是＿＿＿＿＿＿＿＿＿＿＿＿＿＿＿＿＿＿＿＿。
我对专业的总体感觉是＿＿＿＿＿＿＿＿＿＿＿＿＿＿＿＿＿＿＿。
我的专业今后可以做的职业有＿＿＿＿＿＿＿＿＿＿＿＿＿＿＿。
我最喜欢的专业是＿＿＿＿＿＿＿＿＿＿＿＿＿＿＿＿＿＿＿＿＿。
如果有重新选择的机会,我会选择＿＿＿＿＿＿＿＿＿＿,为什么?
上述练习给我的启发是＿＿＿＿＿＿＿＿＿＿＿＿＿＿＿＿。

行为训练

1. 练习微笑。练习正视别人并微笑,如果一下习惯不了,可以先练习直视对方的鼻梁。这样可以让你自己有信心,也让别人觉得你友好并值得信任。

2. 及时致谢。很多事情别人通知你了要及时致谢,没有通知你不要责怪,因为那些事你应该自己弄清楚。

3. 拒绝网游。千万不要沉迷于网络游戏。

4. 勤于锻炼。每天坚持锻炼身体。

5. 热爱读书。好好利用图书馆的资源。

6. 个性培养。如果你的个性让很多人敬而远之,那么你的个性是失败的。个性的成功在于吸引,而不是排斥。

7. 做好自己。不要因为希望自己不得罪人而一味讨好别人,总会有人反对、有人支持。

8. 计划开支。如果你的家庭条件一般,那么不要乱花钱;如果你的家庭条件富足,也不要乱花钱。

9. 保持联络。多跟家人联系,给父母打电话,告诉他们你的情况。

10. 养好习惯。养成良好的生活习惯:饮食、卫生、作息。

11. 珍爱生命。不要因为遇到点小小的不适应就想着要结束自己宝贵的生命,那样既伤了爱自己的人的心,又不会获得尊重。

12. 融入团队。适当参加一些班级、院系组织的集体活动。

单元二 懵懂生活几多愁?——大学生常见的适应问题

案例导入

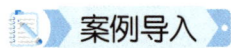

异 乡

重庆某大学大一新生小李,山西太原市人。小李是独生女,从小备受父母的呵护,性格比较内向。其父母望女成凤心切,只希望小李好好学习,考上大学,其余的事情全由父母包办。尤其是妈妈对小李特别关注,成天在她耳边唠叨。小李为了逃避父母的管束,决心远离家乡到重庆求学。小李终于盼到了重庆一所高校的录取通知书,她为自己能远走高飞而十分高兴。但当她乘火车到重庆,正碰上重庆百年难遇的旱灾和持续高温。她一下火车就领教了"火炉"的厉害,盛夏酷暑向她提出了严峻的挑战,她为此烦躁不安。进校报到后立即就奔赴部队军训,高强度的训练让她品尝了前所未有的苦累。

炎热的气候、严格的纪律、艰苦的训练、不合口味的饮食、陌生的人际环境,与她想象中的轻松、浪漫、美好的大学生活形成了强烈反差。特别是小李第一次离开父母,同寝室的同学来自上海、广东、福建、新疆等地,如果她们说家乡话,小李根本听不懂,好像出了国似的;再加上军训教官说重庆话,她也听不懂,训练动作不到位,被罚在烈日下站军姿,心情十分不好;回到寝室后也不愿意与同学交流,只好打电话向父母哭诉,说自己非常想家,后悔来重庆求学,一天也不想在重庆,强烈要求回家。随后又去找辅导员,以不适应重庆的气候、饮食,不适应大学的人际环境为由,强烈要求退学,并且很快办理了退学手续,决心复读来年报考山西太原的大学。

舍　　友

王某某,大一女生。这位同学来自北方,入校后就被绿树成荫的校园所吸引,感到十分兴奋。常常与三个来自不同省市的女孩子将"卧谈会"开到深夜,大伙各自介绍家乡的风土人情,她也能参与到大家的话题当中。然而,她在高中时代就养成了晚上22点钟熄灯睡觉的习惯,而这里的学生宿舍晚上并不统一熄灯,由学生自己控制作息时间,她觉得很不适应。刚开始熬到深夜并不觉得很累,第二天上课还能撑得住。可是时间长了,习惯早睡的她开始觉得特别累,老犯困,总想早点入睡,但是她却不知道如何打断舍友们的话题,因此一直以来睡不好、吃不好,也没有心思学习。有好几次她都想大声地告诉她们"不要再说了",可是她不敢,因为害怕说出来后,舍友们就会不再理她;而且她还担心,如果她说出来了,大家根本不理会她的意见,那时又该怎么办?这些事她也不敢跟其他同学说,因为害怕别人会笑话她,说她怎么连这点小事都处理不好;她也不敢跟家人说,不想让家人替她担忧,所以就把这一切都埋在心里面,从来没有对任何人说。

点评

问题分析:以上案例中两位同学均为典型的适应性障碍。案例一中小李主要表现为对客观环境的不适应,包括地理环境、气候、饮食习惯、语言环境、学习环境等。当处于一个新环境时,过分地强调环境要适应自己,而不是主动地适应环境,不善于主动去建立新的人际关系。案例二中王某某为对人际关系的不适应,如同学关系、亲情关系等方面,以及由此带来的情绪问题与社会性退缩行为。缺乏人际交往技能技巧,不能很好地适应大学生活,而且问题出现后不能够主动积极寻求心理咨询与帮助。

知识链接

美国精神分析学家哈内认为,许多心理困惑是由于对环境的不良适应而引起的。当人原有的心理定式不能随着外界的改变而做出相应的改变,当人们的思想状况、情感态度、意志活动等个体内在诸因素来不及协调,那么人就会承受较大的心理压力,个体就会与社会与他人发生矛盾冲突。当他们不能及时摆脱这种不安和焦虑的时候,就会产生迷茫、空虚、焦虑、压抑、紧张等感觉。

大学阶段,是一个人的生理和心理都迅速发展的阶段,是个体心理迅速走向成熟而又尚未完全成熟的一个过渡期。对于大学生来说,从高中步入大学及从大学踏入社会,是人生的两个重大转折,无论是学习环境、生活环境、人际环境还是心理环境都会发生很大的变化。因此,适应问题成为摆在莘莘学子面前的一项重要课题。

一、发展目标的转变

相比中学时期升学的发展目标,大学阶段的主要发展目标是为适应社会、发展事业做准备,因而展现出多样性和自由选择性。在校期间可以创业,可以勤工俭学,可以多学几门专业;毕业后可以继续深造,考研或出国,也可以走上社会开始工作。不同的目标决定了大学阶段不同的生活,有明确目标的大学生会通过自己的发奋努力,为在未来激烈竞争中赢得先机打下良好基础;缺乏高层次目标的大学生则会把时间花在游戏、娱乐以及一些对成长没有帮助的事情上,从而失去提升素质、为未来"加油"的宝贵时机。

二、自身角色的转变

(一)未成年人向成年人的转变

大部分大学生已经达到成年人的年龄标准。在大学,许多事情都要自己做决定,自己去处理,还要为自己的决定负责任。学习做个成人是大学生无法逃避的选择。

(二)面临着自我的重新定位

由中学时的成绩相对优异、受到老师重视到大学时的泯然众人,原来的优势荡然无存。而且同学中不乏学习成绩好又多才多艺的,学习成绩不如自己但有一技之长的。

(三)"单打一"向"多面手"的转变

中学时期以学习为主,学习成绩好,一好百好;而大学里则要求全面发展,看重综合评定,不仅学习成绩要好,还要在文艺、体育、人际交往等方面有很好的发展,成为"多面手"。

三、学习方面的变化

首先,学习目标改变带来学习内容的改变。大学里,学习不再只是为了取得好成绩,更重要的是为今后的工作和生活积累经验、技能。正因为如此,大学里的学习内容不再以课本为主、以知识为主,除了要学习教材中的内容,还需要学习很多课外书籍、专业文献,不仅要学习知识,还要掌握相应的技能,学习的要求更高。

其次,授课和学习方式的改变。大学里上课时间少,老师与学生接触的时间短,课后不再有老师的督查和指导,全凭自己管理学习时间。另外,大学还开设有选修课程,一些课程上课的教室都不固定,这些都要求大学生有很强的自主能力和自学能力。

此外,学习的评价方式不同。在大学里,对学生的评价不再只看学习成绩,更需要综合评估。

四、人际关系的变化

（一）人际交往的重要性提高
读大学，不少学生离家较远，缺少亲人的庇护，对人际关系的需要日益增加。

（二）人际交往的范围扩大
相对于中学生而言，大学生的生活范围扩大了很多，除了学习之外，还涉及生活、娱乐等各个方面；除了师生关系、同学关系之外，还增加了很多角色和关系。比如，校内的宿舍关系、社团组织关系、老乡关系，校外的社会关系，网友关系等。

（三）人际关系的性质更复杂
与中学生相比，大学生的人际关系不再仅仅是友谊，加之交往范围的扩大，一个人同时处于很多种关系之中，每种关系对人的要求标准又不一样，使得人际关系变得复杂化，人际交往需要更多方法和技巧。

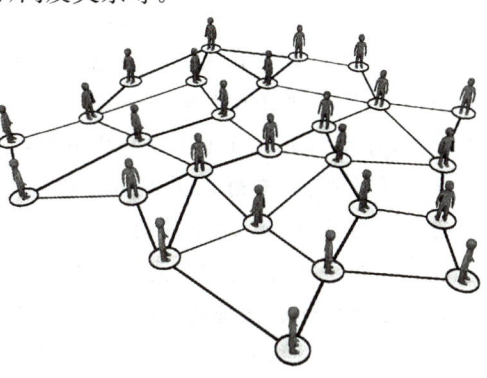

大学生的人际关系图

五、生活方面的变化

首先是生活环境的变化。在异地就读的大学生需要适应当地的气候特点、饮食习惯。宿舍4—6个人一间，没有单独的班级教室，食堂、图书馆、自习室拥挤不堪，这些都需要学生对新环境努力认知和接纳。

其次，生活方式也发生较大变化。很多同学是第一次离开家庭过集体生活，大到每学期的经济安排、开销，小到每日衣食住行，都需要大学生不断学习，不断提高生活自理能力，逐步学会独立生活。

过有意义的生活：
- 认可自己的强项和弱项
- 表达自己的真实想法和感受
- 建立和其他人的情感联系
- 给予和接受赞美
- 给予和接受关爱
- 实验新观念和经验
- 表达自己的创造力
- 支持自己
- 投入
- 镇定地处理压力和愤怒
- 追求终身发展

过平衡的生活：
- 良好的饮食、睡眠、锻炼习惯
- 身体好
- 与家人保持良好关系
- 学习生活
- 人际交往
- 恋爱
- 兴趣爱好、特长发展

- 体育运动、听音乐、唱歌、游戏、旅游、逛街、购物、追剧、葛优躺……
- 自我照顾

延伸阅读

鲨鱼与鱼

曾有人做过实验,将一只最凶猛的鲨鱼和一群热带鱼放在同一个池子,然后用强化玻璃隔开。最初,鲨鱼每天不断冲撞那块看不到的玻璃,奈何只是徒劳,它始终不能过到对面去,而实验人员每天都会放一些鲫鱼在池子里,所以鲨鱼也没缺少猎物。只是它仍想到对面去,每天仍是不断地冲撞那块玻璃,它试了每个角落,每次都是用尽全力,但每次也总是弄得伤痕累累,有好几次都浑身破裂出血。持续了好一些日子,每当玻璃一出现裂痕,实验人员马上换上一块更厚的玻璃。后来,鲨鱼不再冲撞那块玻璃了,对那些斑斓的热带鱼也不再在意,好像它们只是墙上会动的壁画。它开始等着每天固定会出现的鲫鱼,然后用它敏捷的本能进行狩猎,好像回到海中不可一世的凶狠霸气,但这一切只不过是假象罢了。实验到了最后的阶段,实验人员将玻璃取走,但鲨鱼却没有反应,每天仍是在固定的区域游着。它不但对那些热带鱼视若无睹,甚至当那些鲫鱼逃到那边去,它就立刻放弃追逐,说什么也不愿再过去。实验结束了,实验人员讥笑它是海里最懦弱的鱼。

互动活动

我的成长之路

活动目的:帮助学生更好地理解"选择"对于个人成长的重要性。

活动时间:约50分钟。

活动准备:纸、笔。

活动过程:

(1) 回忆:请每位学生认真回忆,在过去的人生历程中曾经做出的最重大的选择以及这个选择对个人成长的影响,并写下来。

(2) 思考:请每位学生仔细思考,你对过去自己所做出的选择是否感到满意?假如你的人生可以重来一次,你会做出其他选择吗?思考后写在下面。

(3) 分享:6个学生组成一个小组,围成一个圆圈,每个学生轮流以坦诚的态度向他人介绍以往的选择、结果、对自己的影响以及个人的心灵感悟。

(4) 思考:结合他人的分享体会,思考怎样从他人的经验中学习和成长?

我曾经的选择

时间:_____

事件:_____

我的选择:_____

对我的影响:_____

是否满意？_____
如果重新选择：_____

单元三　问题总有解决之道——大学生有效适应的途径

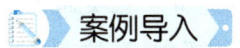
案例导入

大学的正确打开方式

王同学自入学以来，觉得上专科学校实在是没有什么意义。军训期间，曾因为辅导员、教官要求过于严厉，因寝室内务问题和班长发生了一次冲突，导致自己紧张焦虑，请假3天回家休养。回校后以随训的方式结束了为期2周的军训。但每天看到同学们都忙忙碌碌，自己无事可做，更感觉自己格格不入。有时跟室友说话，感觉对方对自己不耐烦，导致情绪低落、焦虑，偶尔睡眠不好。

本以为上课之后情况会有所好转，但事与愿违。他发现大学课堂与中学完全不一样，老师不会去管课堂纪律，讲课的节奏也非常快，自己学习动力不足，课上经常玩玩手机、聊聊QQ，一周下来听课效率很低，感觉基本没学到什么。有时候会觉得读大学很没有意思，怀念以前的朋友，觉得自己很没用。没课的时候就在宿舍玩英雄联盟，感觉很无聊，其实自己也不想这样。

十一假期期间他约高中的一个同学出来玩。之前两人在QQ上聊得很投缘，自己对这个女孩也挺有好感的，本想借此机会追求一下，可是表白之后被女孩拒绝了。自己感觉好伤心，好失败。

假期中父母希望他能够转本然后考研，可他感觉压力挺大，萌生了退学的念头，被父母严肃批评。自己也知道这样不对，但真的不知道何去何从。

回到学校，辅导员带王同学来到了学校的心理咨询中心，经过咨询老师与王同学的交流，发现该生有"适应性障碍"。在经过几个月的辅导和帮助后，王同学的情况逐渐好转，开始了正常的大学生活，并树立了新的目标，那就是转本，考上心仪大学的本科。

三年过后，王同学如愿以偿，不仅以优异的成绩毕业，还通过了全部的转本考试科目。

点评

问题分析：王同学为典型的适应性障碍，主要表现为人际交往与学习适应困难，以及由此带来的情绪问题与社会性退缩等行为，缺乏与师长、宿舍同学、异性朋友、家长等的沟通交流技巧，不能适应大学生活。问题出现后，王同学能够主动积极寻求心理咨询与帮助，从而顺利调整状态，度过了适应危机，是值得其他有适应性障碍的同学所效仿的。

建议：(1)疏导不良情绪。可通过写日记、向好友倾诉等方式，缓解不良情绪。(2)改变认知。敢于表达自己的不满和困扰。(3)行为改变。问题出现后,不能选择压抑、逃避,应该变被动为主动,比如培养发展自己的兴趣、积极参加集体活动、扩大交往范围、主动与同学交流和沟通、寻找共同话题等,学会表达自己的需要。

回归心理

某一年级男生前来咨询,自述——

"我现在一点都看不下去书,老想着回家。原来在中学时把大学生活想象得挺美好的,可是进入大学后,发现情况根本不是那样。

"宿舍里有六个人,其中三个和我作息习惯完全不一样,喜欢'宅'在宿舍里,但我喜欢去教室学习。另外两个来自大城市,和我性格差异很大,我们总是话不投机。本来想在宿舍发展一个朋友,现在看来是不可能了。中学时,同学之间座位都是固定的,交朋友比较容易,现在大家座位都不固定,而且不同宿舍的同学很难碰面,大家都是各种忙,交朋友谈何容易!我现在基本上都是独来独往,感到很孤单,心里特别想有个知心朋友,有时候特别想哭,就更怀念以前的同学。

"周围的人都是以自我为中心,舍友们总是睡得特别晚,而且打游戏、听音乐、打电话喜欢大声外放,根本不顾及别人的感受,不像我们那山区村里,大家都是互相帮助的,同学之间也都很友好。另外在学习上,很多人不再像我们高中时那样刻苦,他们貌似更喜欢娱乐和高消费。我成天看书学习,俨然是个异类。每天我完成老师布置的作业后,不知道该干什么,有时候也打打网络游戏,又很后悔,但是看书又总是看不进去,现在很担心期末考试要挂科。

"我现在完全没有了在家时的活跃和中学时的充实与快乐。我觉得我都要崩溃了,我待不下去了,经常想着要回家!"

点评

问题分析:该同学的情况是大学新生中经常遇到的心理困惑,心理学上称之为"回归心理",主要表现为由于对大学生活不适应、对新环境陌生而产生的依恋过去、渴望回到过去生活的心态。"回归心理"是一种正常的心理状态。

建议:(1)运用认知疗法,解决适应心理的认知问题。帮助其认识和接纳适应困惑,了解大学环境,了解大学与中学在学习及人际交往等方面的不同。(2)借助活动,克服适应性障碍。班级内以及不同班级、专业、年级同学之间的交流沟通,有利于大学新生尽快适应大学生活。

知识链接

每个新生在入学之前,对大学都有着自己美好的向往与期待,但又往往过于美化与理想化。不论自己是以什么样的心态和感受走进大学,也不论现实与理想中的学校差距有多大,我们必须首先承认和接受现实,然后对理想中的大学进行调整,以减少因理想学校与现实学校之间的冲突而导致的心理落差和失衡。虽然与想象有差距,但作为人才成长的平台,在充实学识和才能方面,大学依然有着中学所无法比拟的优势。大学生适应大学生活,要靠自己充分利用好现实的资源、悦纳新的环境、确立合理目标、提升交际能力、改变学习方式、养成良好习惯、调整不良情绪等,是为大学生适应的必然途径。

一、悦纳新的环境

(一)悦纳校园环境

任何一个人从熟悉的环境进入陌生的环境时,都会有一个适应的过程。首先,了解自然环境,包括学校所处的地理位置、温度湿度等气候条件。其次,熟悉学校的客观条件,如餐厅、宿舍、交通等基础设施以及学校周边的商场、饭店等资源。再次,熟悉学校的现有资源,如师资、教学楼、图书馆、学生社团、心理咨询中心、商店或超市、医务室、舍友、老师、同学、老乡等以及学校的校训、校风和相关纪律规定等。环境就是资源,只有接纳了这些环境、利用好这些资源,才能更好地适应大学生活。

(二)悦纳校园文化

大学的校园文化极为丰富,而且变化很快。一般大学均包含众多学科门类,而不同专业学生的思维方式往往存在差异;大学生来自全国不同的省份、城市和乡村,文化背景、家庭背景各异;互联网时代,大学校园里电脑普及、网络全覆盖,大学生接收信息的速度和渠道变得十分迅速与快捷,社会的政治、经济和文化变化都会立即在大学校园里有所体现;大学里的文艺活动、体育活动丰富多彩;宿舍文化、网络文化等非主流文化也在时刻产生影响。大学生应该正确认识校园文化,既能自觉接受先进的、积极向上的、健康的校园文化的熏陶,又能抵制落后的、不健康的校园文化的污染,保持自己恰当的独立性。

(三)悦纳集体生活

独生子女时代,部分大学生是第一次走出家门开始集体生活。他们往往不习惯,也不知道该如何与同学搞好关系。他们需要不断提升独立生活的能力,学会与人和谐相处。尤其是宿舍同学间要互相帮助、真诚待人,方能保持相安无事、心情舒畅。因此,可以结合新生入学军训、大学生文明宿舍创建、大学生生活知识或技能竞赛等活动进行相关的训练,以鼓励大学生在互帮互学中提高独立生活能力。

二、确立合理目标

目标、理想是人类生活的动力,目标对于大学生的适应与发展具有极其重要的作用。当人们没有目标时,会感到迷茫和空虚;目标过低时,就会缺乏动力;目标过高时,又会因为达不到理想而失望。对于大学生而言,如何确立合理有效的人生目标,做好自身的发展规划,是大学生涯的一个重大课题。

(一)把握大学阶段目标确立的过程

大学阶段的发展目标并不是一入学就能确定的,一般都经历了一个从失落到重建再到鉴定的过程。从大学四年的情况来看,大一学生普遍存在目标失落的问题,不清楚四年里究竟干什么,每个学期、每个月、每一天该干什么,因此新生普遍存在焦虑不安的情况;大二学生会回顾自己大一的得失与经验教训,经过对专业基础课及部分专业课的学习,开始思考自己的专业发展;进入大三之后,基本完成了目标重建,专业发展方向基本明确,专业目标得到确立。只有把握大学各阶段的特点,大学生才能有效建立自己的发展目标。

(二)学会制订明确合理的发展目标

大学制订明确合理的目标,符合社会与时代发展的要求。要了解什么样的大学生受社会和用人单位欢迎,社会急需什么样的人才,做到心里有数;要通过心理学学习、心理测试等,了解自己的性格类型、能力类型、职业倾向等,正确认识自己、评估自己,初步明确自己适合什么样的职业。在此基础上,冷静思考,设立一个合理的总体规划目标,继而以此为主标杆,向下延伸细分出阶段性的目标。

具体而言,大学生在学习、专业、人际关系、情感、健康、自我成长、社会工作和兼职等方面都应该有一个具体的目标,能科学地分配好时间,以良好的精神面貌和心态过好大学生活。目标制订要从实际出发,扬长避短,使目标具有可行性和可控性;要放眼未来,立足于发展,使目标具有超前性。明确的目标是大学生进行学习活动的战略前提,是提高学习积极性、自觉性和学习效率的关键。

(三) 实施、检验与调整既定目标

在发展目标确定之后,要权衡个人特点和外部条件,列出目标实现过程中现有的各种重要的有利条件和不利条件,提出对策或措施,再用行动去达成目标,并记录行动的结果。当目标实施结果出来后,需要进一步检验目标是否已经达成,总结成功的经验或失利的原因便于进一步调整目标。

三、发展人际关系

进入大学后,人际关系的类型、交往方式都发生了相当大的改变。尽快适应大学生活、提升人际交往能力是十分必要的。

- 同学关系　　　　　- 友好融洽关系
- 师生关系　　　　　- 冷漠中立关系
- 网络人际关系　　　- 紧张敌对关系

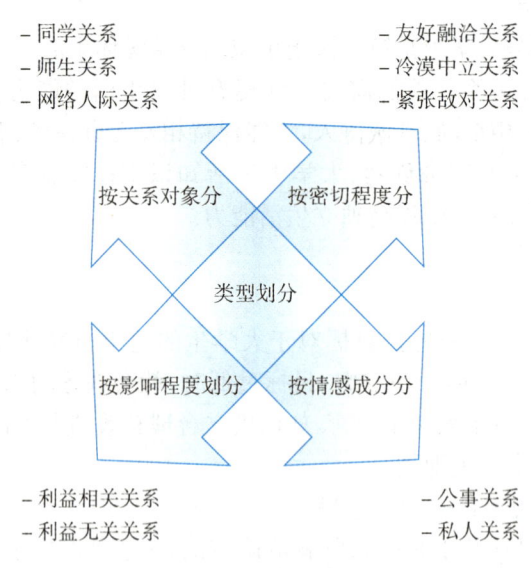

- 利益相关关系　　　- 公事关系
- 利益无关关系　　　- 私人关系

大学生人际关系类型图

(一) 主动交往

积极的态度是人生的无价之宝。全面认识自我,多做自我批评,设身处地、换位思考,正视自己的不足,主动寻求别人的帮助。同时,关注他人的需求,把对方的需要看作是和自己的需要同等重要的。以此主动建立起各种良好的人际联系,还要主动修复受损的人际关系。

(二)学会分享和真诚待人

固执、偏见、成见会阻碍你与他人建立良好的人际关系。多寻找对方的闪光点,多进行交流增进理解。学会忍让,保持心态平和,学会放弃会破坏人际关系的不良习惯和怪癖。

(三)大度包容

学会与不同文化背景的人相处,学会相互理解和接纳,避免刻板印象,树立正确的文化观——公平看待所有文化;试着了解他人的成长经历和文化。

(四)适度原则

良好的人际关系是人生的阳光、空气、绿地和沃土。在大学生人际交往中,我们要主动、热情、真诚、大度、宽容、友好、讲信用、善于沟通,同时还要注意把握人际交往的原则,把握好人际界限,做到独立、自尊、平等、理智,而非一味忍让与讨好。

四、改变学习方式

学习方式的转换是大学生面临的一个很重要的问题。从中学到大学,由于缺乏必要的过渡,面对学习方式的转换,一些大学新生不能很快适应,不知道该怎么学,久而久之就会带来一定程度的心理压力,表现出厌学、紧张、自卑等消极的心理状态。

(一)尽早确立学习目标

学习目标是大学阶段的主要目标,大学生要尽早确立学习目标,以提高学习的积极性。学习目标并非大学生发展目标。大学所学的内容专业性很强,因此大学生对整个专业学习的课程、内容及考试方法要有大致的了解。包括有关本专业公共课、专业课、专业基础课和选修课的设置情况,了解获得毕业证书和各种技能证书的必要条件。

(二)合理分配和使用时间

大学生要学会管理自己的时间,要把自己有限的时间集中在处理最重要的事情上,要有勇气拒绝不必要的或次要的事情,学会使用日程安排簿,学会区分轻重缓急,切忌拖拖拉拉、夸夸其谈、应酬过多。

(三)合理安排业余活动

大学生的生活是丰富多彩的。除了教学活动以外,还有多种讲座、报告会、文体活动、实践活动、学生社团活动等,如果完全凭兴趣参与,随意性太大,就很难有效地调动和发挥自己的潜能。首先,在安排好自己的学习任务的前提下,对自己进行理智的分析,看看自己本阶段要达到哪些目标,自己最迫切需要的是什么,长远目标是什么,各种活动对自己发展的意义又有多大。其次,制订活动计划,并且在执行计划的过程中不断地进行修正和发展。

五、养成良好习惯

习惯是指因为重复或练习而巩固下来的自动化的行为方式。健康有序的生活习惯会使大学生生活规律、精力充沛、身体健康,从而高效率地完成繁重的学习任务。生活习惯主要包括:饮食习惯、运动习惯、娱乐消遣习惯、作息习惯、劳动习惯和学习习惯等。

(一)养成良好的饮食习惯

由于地域饮食文化的差异,大学生到异地求学,往往要面临用餐不适应的问题。由此引发的挑食偏食、暴饮暴食等问题,对大学生身体健康是极为不利的。远离垃圾食品,营养全面均衡,一日三餐定时定量,还要多吃水果和蔬菜,养成良好的饮食习惯有利于维持机体的营养平衡,有利于大学生身体健康。

(二) 坚持锻炼身体

近几年,高校中因病休学、退学的人很多。尽管校方常开展各种体育运动以增强学生体质,但真正重视身体锻炼的学生却并不多。熬夜等不规律的作息正在摧垮越来越多的大学生。学习之余参加一些文体活动,每周抽出一定的时间坚持锻炼身体,养成爱运动的好习惯,不但可以缓解紧张的学习生活,还可以放松身心,增添大学生活的乐趣,有助于提高学习效率,并将受益终身。

(三) 提高自己的理财能力

大学生独立生活能力的一个重要方面体现在理财能力上。在全社会提倡"过度消费""超前消费"的大环境下,线上消费也越来越便利。同时,大部分大学生是第一次离开家长的监管独揽"财政大权",所以这就在一定程度上开始考验他们的理财能力,需要他们自己独立计划如何进行消费。要考虑在整个生活中哪些开支是必需的、基本的,哪些是可有可无的,还要根据自己父母的经济能力和自己"勤工俭学"的能力来量入为出。

(四) 适当地参加勤工助学

在可能的情况下,大学生应该适当地参加一些勤工助学或者兼职。勤工助学、兼职虽然会占去大学生一定的时间和精力,但它既可以增加大学生的收入,减轻其家庭负担,同时又锻炼了自己,为日后步入社会积累实践经验。

六、调节不良情绪

大学生面临环境和角色的改变,难免会产生不良情绪,若不及时疏导、控制和调节,轻者会陷入情绪低落或淡漠之中,重者则会产生恐惧、焦虑、烦躁等情感障碍,会影响个人的适应与发展。排解负面情绪是一种非常重要的自我心理调适方法。大学生要逐步学会根据自己的需要调节好自身的情绪,只有个体的消极情绪得到有效的宣泄,才能保持心理的平衡。具体做法有以下几个方面。

(一) 不过分苛求自己

在现实生活中,不少人的挫折感源于对自己的期望过高,过于苛求自己。大学生要学会以平和的心态待人处事,学会给自己留下一定的空间,把目标锁定在力所能及的范围之内。同时,对任何人、任何事的期望值都不必过高,这样,当事物发展没有朝着你预期的方向进展时,也就不会产生强烈的挫败感。

(二) 学会妥协和放弃

人的一生会有许多愿望和追求,但由于主客观条件的限制,不可能都得以实现。这就需要我们学会妥协和放弃。进入大学,丰富多彩的业余生活、社团活动等会让部分大学生难以选择而深陷迷茫。事事跃跃欲试,每天忙于各种活动,最终被这些欲望和目标所累,想想自己的付出与所得也会有不平衡的感觉,进而失去了人生的洒脱和生活的乐趣。

(三) 运用心理调节方法适当宣泄

心理学中关于自我调节的方法很多,大学生完全可以通过自学或上心理健康教育课等途径加以掌握。这些方法主要有自我暗示法、自我安慰法、自我宣泄法、自我放松法、正念训练法、移情法、生物反馈法等。

延伸阅读

一颗珍珠的故事

日本的美惠子有一颗珍珠,这是她母亲在她离开日本赴美求学时给她的。当时,母亲郑重地把她叫到一旁,给她这颗珍珠,告诉她说:"当女工把沙子放进蚌的壳内时,蚌觉得非常不舒服,但是又无力把沙子吐出去,所以蚌面临两个选择:一是抱怨,让自己的日子很不好过;另一个是想办法把这些沙子同化,使它跟自己和平共处。于是,蚌开始把它的精力营养分一部分去把沙子包起来。当沙子裹上蚌的外衣时,蚌就觉得它是自己的一部分,不再是异物了。沙子裹上的蚌成分越多,蚌越把它当作自己,就越能心平气和地和沙子相处了。"

母亲启发美惠子说,蚌并没有大脑,它是无脊椎动物,演化层次很低。但是连一个没有大脑的低等动物都知道要想办法去适应一个自己无法改变的环境,把一个令自己不愉快的异己转变为可以忍受的自己的一部分,人的智能怎么会连蚌都不如呢?

行为训练

1. 记住对方的名字。
2. 学会赞美他人。
3. 谈论对方感兴趣的话题。
4. 善于倾听:鼓励对方开口;注意力集中;反应式倾听;避免打断对方;抓住重点;使用并观察肢体语言。
5. 想好了再说,心直不一定口快。
6. 给对方"特殊对待",而非"惯例对待"。
7. 适度的自我暴露。
8. 请对方帮小忙。
9. 避免当面伤害他人的感情。
10. 有错要主动承认。
11. 不要总显得比别人高明。
12. 避免无谓的争论。
13. 在活动中激发情绪,在激动中加深感情。
14. 优化个人形象:干净整洁、发型自然、化妆适度、服饰与场合协调。
15. 善用肢体语言:面部表情、目光、微笑、手势、体态等(在信息传递的全部效果中,有7%是词语,38%是声音,身体语言沟通所起的效果则达55%)。
16. 培养良好的表达能力:精炼、清楚、中肯、生动、普通话、顾及场合。
17. 把握好人际距离:空间距离、时间距离。

电影推荐

1.《谁动了我的奶酪?》

剧情简介：两只小老鼠"嗅嗅""匆匆"和两个小矮人"哼哼""唧唧"，共同生活在一个迷宫里，奶酪是他们要追寻的东西。有一天，他们同时发现了一个储量丰富的奶酪仓库，便在其周围构筑起自己的幸福生活。很久之后的某天，奶酪突然不见了。这个突如其来的变化使他们的心态暴露无遗：嗅嗅、匆匆随变化而动，立刻穿上始终挂在脖子上的鞋子，开始出去再寻找，并很快就找到了更新鲜更丰富的奶酪。而两个小矮人哼哼和唧唧，面对变化却犹豫不决，烦恼丛生，始终无法接受奶酪已经消失的残酷现实。经过激烈的思想斗争，唧唧终于冲破了思想的束缚，穿上久置不用的跑鞋，重新进入漆黑的迷宫，并最终找到了更多更好的奶酪，而哼哼却仍在郁郁寡欢、怨天尤人。

2.《鲁滨孙漂流记》

剧情简介：主人公鲁滨孙·克鲁索出生于一个中产阶级家庭，一生志在遨游四海。一次，他在去非洲航海的途中遇到风暴，只身漂流到一个无人的荒岛上，开始了一段与世隔绝的生活。他凭着强韧的意志与不懈的努力在荒岛上顽强地生存下来，并在岛上生活了28年2个月零19天后，最终得以返回故乡。

3.《肖申克的救赎》

剧情简介：年轻的银行家安迪因为妻子和她的情人被杀而被判无期徒刑。由于监狱的腐败，他在真相即将大白的情况下仍然得不到平反，反而在肖申克监狱饱受了各种精神上和肉体上的摧残。然而，安迪并没有被多舛的命运毁掉，他经过10多年水滴石穿般地不懈挖掘，终于在一个雷雨交加的夜晚，从约500米的污粪管道中爬出监狱、重获自由，在墨西哥海边过上了自由人的生活。

心理测试

大学生心理适应能力测量

下面的问题能帮助你进行心理适应能力的自我判断。请认真阅读，从三个备选答案中选出与你实际情况相符合的。有些题目可能与你不符或你从未思考过，如有这种情况请尽可能选出你个人倾向的一个答案。

1. 我最怕转学或转班，每到一个新环境，我总是要经过很长一段时间才能适应。
   A. 是　　　　　　B. 无法肯定　　　　　　C. 不是

2. 每到一个新的地方，我很容易同别人接近。
   A. 是　　　　　　B. 无法肯定　　　　　　C. 不是

3. 在陌生人面前，我常无话可说，甚至尴尬。
   A. 是　　　　　　B. 无法肯定　　　　　　C. 不是

4. 我最喜欢学习新知识或新学科，它给我一种新鲜感，能调动我的积极性。
   A. 是　　　　　　B. 无法肯定　　　　　　C. 不是

5. 每到一个新地方，我第一天总是睡不好，就是在家里，只要换一张床，也会失眠。
   A. 是　　　　　　B. 无法肯定　　　　　　C. 不是

6. 不管生活条件有多大变化,我都能很快习惯。
   A. 是　　　　　　　B. 无法肯定　　　　　　　C. 不是

7. 越是人多的地方,我越紧张。
   A. 是　　　　　　　B. 无法肯定　　　　　　　C. 不是

8. 我的成绩多半不会比平时练习差。
   A. 是　　　　　　　B. 无法肯定　　　　　　　C. 不是

9. 全班同学都看着我,我的心都快跳出来了。
   A. 是　　　　　　　B. 无法肯定　　　　　　　C. 不是

10. 我对他(她)有看法,但仍能同他(她)交往。
    A. 是　　　　　　　B. 无法肯定　　　　　　　C. 不是

11. 我做事总有些不自在。
    A. 是　　　　　　　B. 无法肯定　　　　　　　C. 不是

12. 我很少固执己见,常常乐于采纳别人的观点。
    A. 是　　　　　　　B. 无法肯定　　　　　　　C. 不是

13. 同别人争论时,我常常语塞,事后才想起怎样反驳对方,可惜已经太迟了。
    A. 是　　　　　　　B. 无法肯定　　　　　　　C. 不是

14. 我对生活条件要求不高,即使生活条件很差,我也能过得很愉快。
    A. 是　　　　　　　B. 无法肯定　　　　　　　C. 不是

15. 有时自己明明把课文背得滚瓜烂熟,可在课堂上背的时候,还是会出差错。
    A. 是　　　　　　　B. 无法肯定　　　　　　　C. 不是

16. 在决定胜负成败的关键时刻,我虽然很紧张,但总能很快地使自己镇定下来。
    A. 是　　　　　　　B. 无法肯定　　　　　　　C. 不是

17. 我不喜欢的东西,不管怎么学也学不会。
    A. 是　　　　　　　B. 无法肯定　　　　　　　C. 不是

18. 在嘈杂混乱的环境里,我仍能集中精力学习,并且效率很高。
    A. 是　　　　　　　B. 无法肯定　　　　　　　C. 不是

19. 我不喜欢陌生人来家里做客,每逢这种情况,我就有意回避。
    A. 是　　　　　　　B. 无法肯定　　　　　　　C. 不是

20. 我很喜欢参加社交活动,我感到这是交朋友的好机会。
    A. 是　　　　　　　B. 无法肯定　　　　　　　C. 不是

计分规则:

凡奇数号题(1,3,5,7,……),A 为 -2 分,B 为 0 分,C 为 2 分;凡偶数号题(2,4,6,8,……),A 为 2 分,B 为 0 分,C 为 -2 分。将全部 20 题得分相加,即得总分。

结果解释:

35—40 分:心理适应能力很强。能很快地适应新的学习、生活环境,与人交往轻松大方。给人的印象非常好,无论进入什么样的环境,都能应付自如、左右逢源。

29—34 分:心理适应能力较强。能较快地适应新的学习、生活环境,与人交往较轻松自如。

17—28 分:心理适应能力一般。进入一个新的环境,经过一段时间的努力,基本上能适应。

6—16分:心理适应能力较差。依赖于较好的学习、生活环境,一旦遇到困难容易怨天尤人,甚至消沉。

5分以下:心理适应能力很差。在各种新环境中,即使经过相当长一段时间的努力也不一定能够适应,常常感到困惑,因与周围事物格格不入而苦恼。在与他人的交往中,总是显得拘谨、羞怯、手足无措。

如果在这个简单的测试中得高分,说明你的心理适应能力较强。但是,如果你得分较低,也不必担忧,因为一个人的心理适应能力是随着年龄的增长和知识经验的丰富而不断增强的。

 自我反思与探索

在下次课之前访问1—2位高年级的同学,了解自己所学的专业。例如,本专业学习的主要课程有哪些,哪个年级课程最重,哪门课最难学,将来可以干什么工作,以前的毕业生都在哪里就业等。准备下一次课分享。

新生入学讲座

模块四

探索心灵之我——认识自己

> 你,正如你所思。
> ——爱默生
> 认识自己,方能认识人生。
> ——苏格拉底
> 要有自信,然后全力以赴。假如具有这种观念,任何事情十之八九都能成功。
> ——伍德罗·威尔逊

本模块学习目标

1. 知道认识自我的意义,了解客观认识和评价自己的重要性。
2. 能运用"乔哈里窗"分析和认识自己,并采取正确方法积极主动地探索自己、发现自己。
3. 学会正视自己的优势和不足,接纳自己的不完美,以积极的心态看待自己,增强自信。

在这个全民焦虑的时代,身为大学生的你也许正因长相而焦虑、因学业而焦虑、因恋爱而焦虑、因升学而焦虑、因就业而焦虑……然而,所有的焦虑背后都隐藏着三个古老的话题:我是谁?从哪里来?要到哪里去?社会心理学家的调查发现,虽然95%的人都认为自己拥有自我认知和觉察的能力,但实际上真正展示出自我认识能力的人不到15%。不知道自己是谁,所以不断地向外寻找,试图通过别人的肯定和物质满足来体现自己的存在感和价值感;不知道自己从哪里来、为什么成为今天的样子,所以,管不住自己的情绪、卸不下重重压力;不知道自己要到哪里去,所以越努力越迷茫,时刻担心错过和失去什么、担心未来会怎样……其实,这三个话题都指向一个问题,就是你是否真正了解自己。通过本章节的学习,希望能帮助你更好地了解自己、读懂自己,缓解焦虑,过更好的人生。

单元一　你真的了解自己吗？——认识自己，不盲目

案例导入

迷茫的新生

新生入学2个月后，小明来到学校心理健康中心求助。他自述自己费尽心思和努力考上了大学，到了学校以后，却发现大学生活过得越来越空虚。整天没有动力，每天上完课做完作业便无所事事，不知自己喜欢什么、擅长什么，可以做点什么，未来的出路又在哪里。为了不让自己闲下来，他积极参与到各种校园活动中，但有时又觉得很浪费时间……

点评

小明的困扰已经不是个体现象，而是这个时代固有的症结。当我们沿着父母、老师给我们指向和铺就的共同道路努力考上大学以后，却失去了生活本来的目标。当"上大学"变成一个星光熠熠的词汇，几乎上升为所有家庭的梦想时，有几个人考虑过自己究竟喜欢做什么，人生想要完成怎样的目标呢？

一个人最亲近、最信赖的人是自己，最大的竞争者也是自己。在生活中，谁最需要你的鼓励和理解呢？当然也是自己。因此，在生命的旅途中，只有先认识自我，不断地完善自我，才能勇敢地去破解生活提出的难题，作出正确的选择，展现最好的自己。

知识链接

一、探索自我：生理自我、社会自我和心理自我

自我意识又称自我，是对自己身心活动的觉察，即自己对自己的认识，具体包括认识自己的生理状况（如身高、体重、体态等）、心理特征（如兴趣、能力、气质、性格等）以及自己与他人的关系（如自己与周围人们相处的关系、自己在集体中的位置与作用等）。

人的自我意识要经历三个发展阶段——生理自我、社会自我和心理自我。

（一）生理自我

生理自我是在人的生长发育过程中，个体的自我意识中最先萌发的一个部分。它涉及个体对自己的相貌、性格、身体能力等的看法，是整体自我概念中非常基础而重要的部分。

尤其对儿童来说，生理自我是自我的一个重要的部分。在3岁前，孩子首先会从自己的身体、外貌、仪表、性别、年龄等方面来认识自我。这个阶段，如果一个人对自己的身体有良好的觉察和接纳，同时得到充分的爱护、尊重和满足，那么他在成年以后的自信度、安

全感、自我效能和自我照顾的能力也会相对较强。相反,如果3岁前,对自己身体的探索被阻断,生理性别的认同被误导,生理的需求不能得到满足,那么长大后就可能会出现各种各样的困扰。

(二) 心理自我

心理自我亦称"心理自我概念",是指个体对自己心理属性的意识、情感和评价,包括个体对自己感知、记忆、思维、智力、性格、气质、动机、需要、价值观和行为等心理过程、心理状态和心理特征的认知和评价。

(三) 社会自我

社会自我是个体对自己在社会生活中所担任的各种社会角色的知觉,包括对各种角色关系、角色地位、角色技能和角色体验的认知和评价。已有研究证明,社会自我在青少年晚期变得非常突出,并占据着重要的位置。因此,良好的社会自我对促进大学生自我概念的健康发展有着重要的意义。

二、揭开自我:哪个面具下的我更受欢迎

乔哈里窗,是由社会心理学家在1955年提出的一个理论。它被称为"自我意识的发现—反馈模型",认为人对自我的认识是一个不断探索的过程。每个人的自我可以分为以下四个区域。

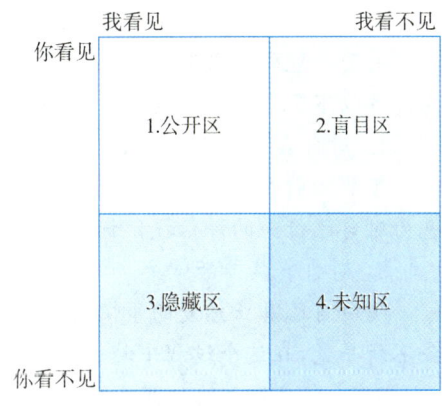

乔哈里窗

(1) 公开区:自己知道、别人也知道的信息。例如,你的家庭姓名、情况、部分经历和爱好等。公开区具有相对性,有些事情对于某人来说是公开的信息,而对于另一些人可能会是隐秘的事情。在实际工作中的人际交往中,共同的公开区越多,沟通起来就越便利,也越不易产生误会。

(2) 盲目区:自己不知道、别人却可能知道的盲点。例如,性格上的弱点或者坏的习惯、你的某些处事方式、别人对你的一些感受等。在他人已知而自己还蒙在鼓里的情况下,自我认识和个人发展就受到限制。

(3) 隐藏区:我看见、你看不见的部分。自己知道别人却不知道的秘密。例如,你的某些经历、希望、心愿、阴谋、秘密,以及好恶等。一个真诚的人也需要隐藏区,完全没有隐藏区的人是心智不成熟的。但在有效沟通中,适度地打开隐藏区,是增加沟通成功率的一条捷径。

(4) 未知区:我看不见、你也看不见的部分。例如,还没有被发现和充分开发的能力和技巧,某人自己身上隐藏的疾病等。未知区是尚待挖掘的黑洞,也许通过某些偶然或必然的机会得到了别人较为深入的了解,自己对自我的认识也不断地深入,人的某些潜能就会得到较好的发挥。

延伸阅读

如何使用乔哈里窗认知自我

善于交往、非常随和的人,他们的公开区最大,容易赢得信任,进行沟通和合作;盲目

区过大的人,会表现得不拘小节、夸夸其谈;隐藏区过大的人,将自己封闭起来,看起来很神秘,给别人的信任度却很低,往往会引起他人的防范心理。因此,正确认知自我,才是人际沟通的根本。乔哈里窗这个模型为我们认知自我打开了另一扇窗。这四个窗口中涉及"自己未知"的盲目区及未知区,是需要我们下功夫的两个领域。

①盲目区领域:如何才能知道别人知道的自己呢?那就是借助他人看清真实的自己。你可以通过他人的态度反观自己,这是被动式;你也可以积极寻求他人对你的反馈,这是主动式。"在你眼里,我是一个怎样的人?""与我交往,你感受到压力了吗?""如果我这样表达,你会是什么感受?"这些都是寻求反馈的话术,如果你担心被拒绝,可以找三五个关系不错的朋友寻求反馈。

②未知区领域:在这个区域,你不知道他人也不知道,如何缩小未知区呢?这时候不妨寻找专业人士帮你排查。这就好像你想了解自己身体潜藏哪些疾病,必须借助医生和专业的检测设备才能得知一样,类似心理咨询、职业咨询等都能帮你深入自我的未知区域。

洞察七柱

美国心理学家塔莎·欧里希的研究发现,如果你想成为一个真正了解自己的人,你需要具备以下7个方面的洞察力,她将它们命名为"洞察七柱"。

1. 对自我价值观的觉察

了解指引自己的核心价值观是什么,这套价值观既能帮我们定义自己想成为的样子,也为对自己行为的评估提供标准。

2. 对自我热情的觉察

明白自己真正热爱的事情是什么。找到自己的热爱是一个探索的过程,但自知的人会不断寻觅,在这个过程中越来越接近它。

3. 对自我抱负的觉察

抱负与目标、成就略有不同。定目标不难,但仅有目标并不能通向真正的洞察。与其问自己"我想达成什么?",不如问"我想从生活中获得些什么?"我们会在目标达成后感到失落,但抱负是持续的,它永远无法被完全实现,我们可以每天醒来都再次感觉被它激励。

4. 对自己与环境匹配度的觉察

自知的人知道对自己而言理想的环境是怎样的,知道自己在怎样的环境中开心、有动力,能让我们事半功倍,并在一天结束后觉得没有虚度。

5. 对自己行为模式的觉察

具有一种在时间和空间上都有持续性和一致性的思考、感受和行为模式。比如,如果我某天突然在与同事交流时话中带刺,那我可能只是太累了。但如果我总对同事冷嘲热讽,那我可能是具有这样一种行为模式。

6. 对自我反应的觉察

人们在各种情境下,思想、情感和行为上会有不同的反应。比如,我在有压力时会产生对别人的批判思想,会变得暴躁,会通过运动抒发。那这些就都是我在高压下的反应。

7. 对自我影响力的觉察

每个人的行为都会有意无意地给他人造成影响。明白自己的行为对他人的影响力,也是自我觉察的标志之一。

互动活动

绘制你的乔哈里窗

步骤1. 请你先在一张A4纸上画出一个标准的乔哈里窗,尽可能大一些。然后把这个大窗分成四个小窗,操作如下。

（1）自己知道别人也知道的部分填写在左上角。例如,长相、身高、性别、籍贯、特别的习惯、公开的爱好等。

（2）把别人知道自己不知道的部分,分别询问亲人、恋人、朋友、老师等周围的人以后,填写在右上角。比如,口头禅、习惯性的小动作、一些无意识的个性特点等。

（3）把自己知道别人不知道的部分填写在左下角。比如：童年往事、痛苦心酸的经历、身体上的隐疾、隐秘的想法等。

（4）把自己不知道别人也不知道的部分,即把过去不知道、现在知道了的新发现的自我作为继续探索未知我的引子,填写在右下角。比如,如果没有某次偶然的经验,可能从来都不知道自己会演讲,而且口才还特别棒;如果没有当过学生干部,不知道原来自己的领导力还不错;如果没有寻求心理咨询和自我探索,不知道学业的天花板是因为父亲的期待,等等。

步骤2. 面对已经填好的乔哈里窗,思考下面几个问题。

（1）公开我部分：有没有让你感到不自在的？有没有还可以添加的？

（2）盲目我部分：这部分让你有什么感觉？你赞成别人的这些观察吗？你觉得是什么原因让你自己和别人对你的看法有这样的差异呢？

（3）隐藏我部分：你是希望别人更多一点地了解你,还是宁愿隐藏更多？如果开放一部分隐藏我可以让你活得没那么累的话,你会选择公开哪部分呢？用彩笔把这部分圈出来,用箭头拉到左上角公开我的区域中。

（4）未知我部分：你的新发现中,哪些让你更自信,哪些让你难过和心痛呢？又有哪一些需要支持和帮助的？

步骤3. 最后,可以把画好的乔哈里窗贴在书桌上,当再次遇到人际交往或个人发展的困惑时,自己先检视一下：可以在哪个区域做些调整和努力呢？

请思考两个问题并与同学们交流分享。

问题1：你是否渴望将自己的经历、故事、感受……毫无保留地分享给别人？你这样做了吗？这样做对你的生活有什么影响？

问题2：你愿意倾听并且接纳他人的意见和建议吗？你这样做了吗？你认为周围有多少人愿意给予你真实的反馈？

以上两个问题的答案决定了你的自我中公开区的比例,也决定了你是否有更多发现自我和让他

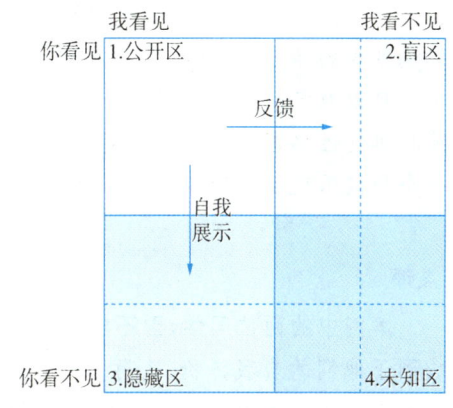

乔哈里窗：通过自我展示和反馈扩大公开区

人了解你的机会,从而形成自己与他人及社会交互的正向循环。

上图的模型也许能给你一些重要启发:通过自我展示和反馈扩大公开区,原来改变这件事不是骤然发生的,而是从每个人展现真实的自己和持续收到反馈开始的。

单元二 你认可自己吗?——悦纳自我,做最好的自己

 案例导入

一无是处的自己

林同学,22岁,大学三年级。大一时有过一段恋情,但女生的父母因他的身高只有160厘米而强烈反对,导致分手。从此以后,林同学便痛恨自己的身材矮小,埋怨自己的遗传基因为什么这么差。不敢与人交流,认为自己处处不如人,这辈子也无法找到理想的对象。只要看见身形高大的同学就会极其羡慕,做梦都想让自己再长高点。于是,经常情绪低落、自怨自艾、形单影只、无心学业,导致多门成绩挂科。

内向性格的苦恼

老师,你好!想向您咨询自我认知方面的问题,这个问题在我20年的生命里总是困扰着我,症状时弱时强,最近又因此陷入了情绪的抑郁中,希望能得到老师的指点。

我的问题在于:不能悦纳自我。本质上我是一个内向的人,但是我似乎一直抵触这样的自我认知,总是希望能在别人面前塑造一个活泼外向聪颖的我,但是事与愿违,往往越是追求这样的效果,越是发现自己在为人处事上的笨拙,进而更加陷入自惭形秽、自我压抑之中,久而久之我也越来越害怕人群、越来越封闭自己。这样的状态已经愈来愈严重地影响到我的学习与生活。我感到自己只能适应和他人的短暂相处,因为在短时间的相处中我可以做我想成为的那个自己,但是时间一长我就害怕暴露出真实的自我,害怕被认为笨拙单纯性格寡淡。真心希望能得到老师的专业指点,我具体该怎么做?希望自己能做一个积极乐观温暖的人,而不是现在这样的自我封闭、自我嫌弃。

——S同学的网络咨询来信

点评

案例中的两位同学,因不能接受自己的身高和内向的性格而郁郁寡欢,负面情绪已影响到了他们的自我评价、人际交往和学业成绩等方面。其实,在我们身边,也有很多同学不能容忍自认为的那些缺点和不足,如容貌、性格(事实上,性格的内外向并无好坏之分)、家庭、经济、能力……在这一单元,我们就一起聊聊悦纳自我。

> 知识链接

一、悦纳自我的概念

悦纳自我是指个体能正确评价自己、接受自己,并在此基础上使自我得到良好的发展。自我悦纳不仅指接纳自己人格中的优点、长处,更是指接受自己的缺点与不足。在这个基础上,努力改进自己、完善自己,而不是妄自菲薄、失去信心。

悦纳自我是心理健康的表现。当你快乐地接受了自己,你的整个心胸便会舒展和开阔,同时也会发现,你也更加容易接受他人了。

良好的自我悦纳可以有效缓解发展中的矛盾冲突,使个体得到健康发展。马斯洛的需要理论认为,人有自尊的需要,这是仅次于自我实现需要的第二高层次的需要。自我悦纳即产生高自尊。

二、悦纳自我的三个层次

一是感知现状,客观地进行自我评价,深刻认识自己的优、缺点,类似于有自知之明。能恰当评价自己的人,往往会更好地感知并体验自我存在的价值。

二是无条件接纳自己,做到当时不杂,既过不恋。接受了自己,也就更容易接受外部环境中的人物和事物。

三是纯粹的热爱生命,自我肯定。拥有了高水平的满意度和满足感,能够有效缓解心理冲突。

三、如何悦纳自我

(一)正视缺陷

勇敢地告诉自己:"我可以面对它。"任何类似逃避、忘记、转移的行为都无法帮助个体绕过隐藏在潜意识中的负性心理。积极心理学倡导,在转瞬即逝的生命里,我们需要走进自己的内心,感受生命的意义,以及我们身上的那些不完美的存在。

(二)自我认知

尝试告诉自己:"我也有不完美的地方。"从广泛意义出发,生活多元庞杂,人亦是多维整体,并不是某一方面。很多人往往因为一方面的事件产生了大量负面自我认知,这些认知偏差催生了不合理信念,导致心理异常并泛化行为。事实上,缺点永远是与优点同时存在的,它们之间有着天然的联系。缺陷的存在也有其意义,也许那些缺陷正是我们完成自我超越的重要契机。

(三)情境认知

坦然告诉自己:"这不是我的错。"虽然生活让我们举步维艰,努力学习应对考试升学就业的日子让人无暇自顾,但至少目前为止,钱还够花,饭菜尚可口,衣着也比较光鲜。当然,你还会希望更多,所以选择努力学习、工作和生活。请尽可能收集实际生活中让我们产生自信的事件,保持频率去回顾自己的优点和长处,对抗我们隐藏的"不完美"情绪。一个能真心悦纳自己的人,可以从容对待得失,平心静气与人交际,处理现实自我与理想自我的关系。

（四）社会支持

坦然告诉别人："我可以讲给你听。"体验并与他人分享自己取得成功时的喜悦。反之，告诉对方自己失败时的低落。也许有些朋友难以将失败进行分享，但当你放下包袱，尝试诉说自己的失败，往往能获得更多强大的力量。敢于复盘那些不完美经历的过程本身就是自我悦纳的表现。

延伸阅读

疤痕实验

在一次心理科学实验活动中，心理学家们征集了10位志愿者，请他们参加一个名为"疤痕实验"的心理研究活动。10名志愿者被分别安排在10个没有镜子的房间里，并被详细告知了此次研究的方法：他们将通过以假乱真的化妆变成一个面部有疤痕的丑陋的人，然后在指定的地方观察和感受不同的陌生人对自己产生怎样的反应。心理学家们请电影化妆师在每位志愿者左脸颊上精心地涂抹上逼真的鲜血和令人生厌的疤痕。然后用随身携带的小镜子使每位志愿者都看到自己脸上的疤痕。当志愿者们在心中记下自己可怕的"尊容"后，心理学家收走了镜子。之后，心理学家告诉每一位志愿者，为了让疤痕更逼真、更持久，他们需要在疤痕上再涂抹一些粉末。事实上，心理学家并没有在疤痕上涂抹任何粉末，而是用湿棉纱把化妆出来的假疤痕和血迹彻底擦干净了。然而，每一位志愿者却依然相信，自己的脸上有一大块望而生厌的伤疤。

随后，志愿者们被分别带到了各大医院的候诊室，装扮成急切等待医生治疗面部疤痕的患者。候诊室里人来人往，全都是素昧平生的陌生人，志愿者们在这里可以充分观察和感受人们的种种反应。实验结束后，志愿者们各自向心理学家陈述了感受。

他们的感受出奇地一致。志愿者A说："候诊室里那个胖女人最讨厌，一进门就对我露出鄙夷的目光。她都没看看她自己，那么胖，那么丑！"志愿者B说："现在的人真是缺乏同情心。本来有一个中年男子和我坐在同一个沙发上的，没一会，他就赶紧拍屁股走开了。我脸上不就是有一块疤吗？至于像躲避瘟神一样躲着我吗？这样的人，可恶得很！"志愿者C说："我见到的陌生人中，有两个年轻女人给我的印象特别深。她们穿着非常讲究，像个有知识、有修养的白领，可是我却发现，她们俩一直在私下嘲笑我！如果换成两个小伙子，我一定将他们痛揍一顿！"志愿者们滔滔不绝、义愤填膺地诉说了诸多令自己愤慨的感受。他们普遍认为，众多的陌生人对面目可憎的自己都非常厌恶、缺乏善意，而且眼睛总是很无礼地盯着自己的伤疤。

互动活动

我的自画像：现实自我和理想自我

1. 材料准备：两张A4纸，一支笔
2. 要求：把你认为的现实中的自己和理想中的自己，用任何形式、线条或者符号来画，分别画在两张纸上。不考察绘画技巧，只需要跟随自己的内心，给自己充足的时间来画自画像。

3. 为自己的画像取个名字:这个名字代表了绘画的主题,同时也很有可能正反映着你的内心。

4. 解读现实自我自画像

(1) 自画像整体的表现形式

如果你画的是写实的人像,说明你的自我开放度较好,生理自我的存在意识完善,自我探索的意愿也比较强;如果是漫画人、火柴人或者抽象人,则内心可能有较多防御、喜欢隐藏真实的自己、对自己的感知更多停留在心理自我层面。

(2) 自画像的大小

如果自画像画得非常大,要检查一下有没有过度膨胀或自我中心,或是自制力是否有待提升;如果很小,则可能比较缺乏安全感,自我在各个层面上都有些拘谨、压抑和退缩、缺少生命力。

(3) 头部大小

头部代表智慧之源。如果头大表示心理自我层面对自己的智力评价较高;头小则可能表示自信心不足、在人际交往及性的方面存在困扰。

(4) 五官

没有五官或五官模糊,说明人际交往中自我防御较多,不太能适应环境;过分强调五官则可能存在攻击性;眼睛占比大,强调用眼睛来观察世界,说明爱幻想、不切实际、比较自恋;鼻子与自我意识有关,占比大,则表示有主见、生理自我的欲望,尤其是性欲旺盛;强调嘴巴,说明渴望表达;嘴巴紧闭或没有嘴,则表示拒绝沟通或情绪低落;强调耳朵的话,说明你对批评很敏感;如果没画耳朵,则可能很少倾听别人的意见。

(5) 头发

如果有多有浓密,说明烦恼多;头发很少甚至没有,则说明体力不足,对自己身体不够认同。

(6) 肩膀

如果肩膀很宽很有棱角,意味着喜欢担当重任、好胜心强、容易发生人际冲突;如果肩膀过于瘦小,则意味着自卑、无力、承受压力;如果胳膊粗壮有力,通常行动力强、自控力也比较强;反过来则比较弱。

(7) 手

假如没有手,表明实践能力较弱;断手或者涂黑的手,则意味着内心藏着焦虑和罪恶感,手握拳意味着攻击性、手指又长又细则是情绪化、神经质的表现;最后画手,可能避免与外界事物或人物的密切接触,隐藏自我,有无力感。

(8) 腿和脚

如果没有脚,表明不稳定,或缺乏准确的定位,或者有退缩的倾向;腿脚越有力,越说明你能脚踏实地、自我定位越清晰。

(9) 性别

请你看看,你画的是男生还是女生?跟你自己的生理性别一致吗?如果正好相反,则说明你在性别的心理认同上与生理性别正好相反。

5. 现实自我与理想自我的对比

对比现实自我和理想自我的两张画像,看看二者有哪些不同?从表现形式、画像大小,到画像中的头、头发、五官、身体等。

一边对比,一边结合前面的分析,思考以下问题:

(1) 要想成为理想的自己,你可以做些什么呢?

(2) 有哪些部分是你无论如何努力也改变不了的?

(3) 如果改变不了,你愿意接受现实的自己吗?

当你思考完这些问题,你就能重新开始,对自己有个全面的认识,并且能换个角度看待自己的优点与缺点了。

单元三 你敢于挑战自己吗?——超越自己,不畏惧

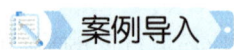 案例导入

我好自卑

小张,21岁,大一学生,很腼腆,性格内向,平时沉默寡言,不愿意跟别人打交道。上课打游戏,下课经常是静静地坐在自己的座位上发呆,宿舍里同学叫他去玩,他也很少参与。认识到自己的问题,小张找到心理咨询中心寻求帮助。

小张自述:上高中时,以我的平时成绩考上一个二本学校是没有问题的,结果却因为2分之差上了专科,心里充满了悔恨和自责。高中同学好多都上了本科,而自己却前途迷茫,觉得这辈子就完了。努力也换不来好的结果,高中三年的努力都白费了,所以上了大学,我不想继续努力念书了,于是就开始每天过着浑水摸鱼的日子。虽说是一个男生,可是性格内向、相貌普通的我并不太愿意向别人吐露心声,所以和别的同学也很少交流,至今一个朋友也没有,可能班上的同学都很少注意到我的存在。但其实我的心里也有很多苦恼,我感到十分自卑。我每天浑浑噩噩地生活,周一到周五,有课就拿着书本到教室找个后面几排的桌椅坐下,随意翻开书本等待老师上课;若没课,就睡觉,睡醒了就吃饭。我真不知道自己的人生方向在哪里,现在的这种生活很消极也很乏味,我觉得这样不好,但是我能怎样做呢?

点评

本案例中小张同学的想法和行为是典型的自卑状态。自卑的实质并不是客观上的差距,而是因不合理认知导致的自我评价过低。抱有"没考上本科这辈子就没希望了""努力得不到回报""别人会瞧不起我"之类的错误认知。

脏先生和净先生

1970年,美国学者斯坦利·默斯和克耐思·格雷曾做过一个实验。在这一实验中,

一些男大学生分为两组,都被要求填写一份关于"自尊评价"的表格,然后申请一个较优越的兼职工作。第一组所遇到都是一位"脏先生"——他不修边幅,衣着不整,裤子皱皱巴巴,运动衫充满了汗酸味道,并且只穿了一只袜子。此外,"脏先生"看起来非常不守纪律,显得没有礼貌,在填写表格的时候频繁地扫视全屋的人,并且不断地麻烦、打扰别人。相反,另一半的第二组被试则随机遇到一位"净先生"——他衣着讲究,修饰得体,浑身上下都是名牌,还夹着一个精致的公文包,脸上充满了自信。研究者们仔细测量了两组大学生的自尊问卷,发现:遭遇"脏先生"的第一组的学生们的自尊心提高,而遭遇"净先生"的第二组的自尊心下降。

点评

有意无意地与别人进行比较,是一种普遍存在的社会心理状态。这个实验中,第一组所遭遇的情形叫作"向下比较",第二组所遭遇的叫作"向上比较"。一般来说,"向下比较"容易产生心理优越感,自信心提高,自尊心上升;而"向上比较"则容易产生自卑感,自信心下降,自尊心受挫。

我们常说的"攀比"就属于一种"向上比较",它容易使人的自尊心受到挫伤。准确地说,攀比是一种与自己相同水平的人所做的"向上比较",而不是同任何比自己高的人进行比较。这里的相同水平包括相同年龄、相同环境、相同背景、相同职业、相同群体等。

知识链接

一、认识自卑

自卑是一种消极的自我评价或自我意识,自卑感是个体对自己能力和品质评价偏低的一种消极情感。自卑感的产生,往往并非认识上的不同,而是感觉上的差异。其根源就是人们不喜欢用现实的标准或尺度来衡量自己,而相信或假定自己应该达到某种标准或尺度。例如,"我应该如此这般""我应该像某人一样"等。这种追求大多脱离实际,只会滋生更多的烦恼和自卑,使自己更加抑郁和自责。

二、超越自卑,收获自信

自卑是人生成功之大敌。自古以来,多少人因自卑而深深苦恼,多少人为寻找克服自卑的方法而苦苦寻觅。下面这些途径和方法会有助于人们摆脱自卑、走向自信。

(一)用补偿心理超越自卑

补偿心理是一种心理适应机制,个体在适应社会的过程中总有一些偏差,为求得到补偿。从心理学上看,这种补偿其实就是一种"移位",即为克服自己生理上的缺陷或自卑而发展自己其他方面的长处、优势,以赶上或超过他人的一种心理适应机制。正是这一心理机制的作用,自卑感就成了许多成功人士成功的动力,成了他们超越自我的"涡轮增压"。而"生理缺陷"愈大的人,他们的自卑感也愈强,寻求补偿的愿望就愈大,成就大业的本钱就愈多。

美国总统林肯对自身的缺陷十分敏感。为了补偿这些缺陷,他力求从教育方面汲取力量,拼命自修以克服早期的知识贫乏和孤陋寡闻。他在烛光、灯光、水光前读书,尽管眼眶越陷越深，但知识的养分对自身的缺陷做了全面补偿。他最终摆脱了自卑，并成为有杰出贡献的美国总统。

在补偿心理的作用下，自卑感具有使人前进的反弹力。由于自卑，人们会清楚甚至过分地意识到自己的不足，这就促使其努力学习别人的长处，弥补自己的不足，从而使其性格受到磨砺，而坚强的性格正是获取成功的心理基础。

自卑能促使人走向成功。人道主义者威特·波库指出，在每个人的内心深处都有一种灵性，凭借这一灵性，人们得以完成许多丰功伟业。这种灵性是潜在于每个人内心深处的一股力量，即维持个性、对抗外来侵犯的力量。它就是人的"尊严"和"人格"。人们为了维护自己的尊严和人格，就要求自己克服自卑、战胜自我。因此，令人难堪的种种因素往往可以成为发展自己的跳板。一个人的真正价值，取决于能否从自我设置的陷阱里超越出来，而真正能够解救我们的，只有我们自己，即所谓"上帝只帮助那些能够自救的人"。

强者不是天生的，强者也并非没有软弱的时候，强者之所以成为强者，在于他善于战胜自己的软弱。一代球王贝利初到巴西最有名气的桑托斯足球队时，他害怕那些大球星瞧不起自己，竟紧张得一夜未眠。他本是球场上的佼佼者，却无端地怀疑自己，恐惧他人。后来他设法在球场上忘掉自我，专注踢球，保持一种泰然自若的心态，从此便以锐不可当之势进了一千多个球。球王贝利战胜自卑的过程告诉我们：不要怀疑自己、贬低自己，只要勇往直前，付诸行动，就一定能走向成功。因此，不甘自卑、发愤图强、积极补偿，是医治自卑的良药。

心理补偿是一种使人转败为胜的机制，如果运用得当，将有助于人生境界的拓展。但应注意两点：一是不可好高骛远，追求不可能实现的补偿目标；二是不要受赌气情绪的驱使。只有积极的心理补偿，才能激励自己达到更高的人生目标。

（二）用乐观态度面对失败

在自我补偿的过程中，还需正确面对失败。人生之路，一帆风顺者少，曲折坎坷者多。成功是由无数次失败构成的，正如美国通用电气公司创始人沃特所说："通向成功的路即把你失败的次数增加一倍。"但失败对人毕竟是一种"负性刺激"，总会使人产生不愉快、沮丧、自卑。那么，如何面对、如何自我解脱就成为能否战胜自卑、走向自信的关键。

面对挫折和失败，唯有乐观积极的心态，才是正确的选择。其一，做到坚韧不拔，不因挫折而放弃追求；其二，注意调整、降低原先脱离实际的"目标"，及时改变策略；其三，用"局部成功"来激励自己；其四，采用自我心理调适法，提高心理承受能力。

要使自己不成为"经常的失败者"，就要善于挖掘、利用自身的"资源"。虽然有时个体不能改变"环境"的"安排"，但谁也无法剥夺其作为"自我主人"的权利。应该说，当今社会已大大增加了这方面的发展机遇，只要敢于尝试、勇于拼搏，是一定会有所作为的。屈原放逐乃赋《离骚》，左丘失明厥有《国语》，就是因为他们无论什么时候都不气馁、不自卑，都有坚韧不拔的意志。有了这一点，就会挣脱困境的束缚，走向人生的辉煌。

此外，作为一个现代人，应具有迎接失败的心理准备。世界充满了成功的机遇，也充满了失败的可能。因此，我们要不断提高自我应付挫折与干扰的能力，增强社会适应力，坚信失败乃成功之母。若每次失败之后都能有所"领悟"，把每一次失败当作成功的前奏，那么就能化消极为积极，变自卑为自信。

(三) 用正确方法接纳自我

自我接纳是指个体对自身以及自身所具特征所持的一种积极的态度，即能欣然接受自己现实中的状况，不因自身优点而骄傲，也不因自己的缺点而自卑。一个人如果不接纳自己，连自己的问题都不敢正视，那他怎么能引导自己向上？更何况，在生活中，不接纳自己的人常会把很多能量用在自我否认和排斥上，带着那么多对自己的不满、失望，甚至否认和拒绝，又怎么可能成长？能自我接纳，能不断自我完善的动机和行为，总有一天会具备能力，并最终具备自信。

那么自我接纳有哪些方法呢？

（1）首先要停止与自己对立，停止对自己的不满和批判。不论自认为做了多少不合适的事，有多少不足，从现在起，都停止对自己的挑剔和责备，要学习站在自己这一边，维护自己生命的尊严和价值。

（2）其次要停止苛求自己，允许自己犯错误，但在犯错后要做出补偿，以弥补自己的错误造成的损失。同时进行反思，同样的错误不犯两遍。

（3）再次停止否认或逃避自己的负性情绪。如果产生了负性情绪，不要去抑制、否认或掩饰它，更不要责备自己，对自己生气。要先坦然地承认并且接纳自己的负性情绪，不论它是沮丧、愤怒、焦虑还是敌意。

人产生负性情绪是很正常的，它提醒你对现状要有所警觉，是改变现状的先决条件。如果一个人不为自己的成绩差而沮丧，他就不会想努力学习；如果一个人不为和别人的矛盾而苦恼，他就不知道自己的人际交往方式需要调节。因此，不要怕产生负性情绪，也不要否认或逃避。要首先接纳它，然后再想办法解决引起负性情绪的问题。最后要无条件地接纳自己。绝大多数人从小就受到种种有条件的关注或者严格的管束，致使很多人以为只有具备某种条件，如漂亮的外表、优秀的学习成绩、过人的专长、出色的业绩等，才获得被自己和他人接纳的资格。于是，很多人因此背上了自卑的包袱。由于曾经被挑剔，也就逐渐习惯于用挑剔的目光看待自己，越看越觉得无法接受。因此，我们要学习做自己的朋友，站在自己这一边，接受并且关心自己的身体和心理状况，不加任何附加条件地接纳自己的一切。

（四）用实际行动建立自信

征服畏惧、战胜自卑，不能夸夸其谈、止于幻想，而必须付诸实践、见于行动。建立自信最快、最有效的方法，就是去做自己害怕的事，直到获得成功。其具体方法如下。

1. 说话时，眼睛直视着对方

一个人80％的心理活动都能从眼神中识别。有些人性格内敛，跟人对视的时候容易脸红、不知所措，总是低着头交流，或眼神左右飘忽。殊不知，这种不自信的表现在生活中限制重重：工作上，难以取得合作伙伴的信任，错失很多机会；交友中，易暴露性格缺点，任人拿捏。眼睛是心灵的窗户，大胆直视别人其实也是在向对方释放一种信号：我很好，我能行。

2. 记录每天的成就

生活中的每一个日子都有存在的意义。静下心来，也许你会发现今天比昨天多走了1000步，运动的小目标又近了一步；也许昨天还在抱怨不可能完成的PPT，不知不觉间已做了大半；也许你会惊觉，囤了很久的旧书，终于被翻开了第一页……积少成多、聚沙成塔。记录每天发生的小变化,在平凡的日子里不断突破自己,给自己一些及时有效的鼓励,长此以往,你会发现自己前进了一大步。

3. 学一项新技能

当你不知道做什么时,可以学一项新技能,它会给你带来意想不到的改变。谷爱凌刚接触滑雪时非常不自信。作为队里唯一的女孩儿,她不知道如何跟男队员们交流,但当她学会新的滑雪技巧后,男队员们纷纷跑来问她:"哇,你怎么学会的?""刚刚那个动作,你是怎么做到的?"滑雪让谷爱凌快速融入集体,也让她在一个个亮眼的成绩中变得愈发自信。其实我们每个人都一样,在一个全然陌生的领域难免畏手畏尾。随着我们对事情了解得更加全面,不断提升自己的附加值,也就会拥有更多话语权,变得更有底气、更加从容。

4. 挑选一件好看的衣服

畅销书《人生由我》的作者梅耶·马斯克讲述过自己的一段经历。做模特时,她曾因为盲目模仿别人,穿不适合自己的衣服而遭到嘲笑,导致自己在舞台上越来越不自信。后来,她意识到,衣服是为人服务的,只要它好看、适合自己,就是最好的。漂亮的衣服不仅让她心情愉悦,更衬托出她强大的气场。因此,想要提升自信,不妨从一件好看的衣服开始。

5. 经常微笑

有关研究证实,微笑不仅能释放体内的愉悦激素,还能让一个人内心更加坚定。遇到难题时,试着给自己一个微笑。一个微笑,看似微不足道,但它能让家人感到温暖,能让同学感到尊重,还能让陌生人拥有一天的好心情。最重要的是,它能够为你打气。人生最好的状态就是挂在脸上的微笑和藏在心底的自信。

6. 做擅长的事情

歌德曾说:"每个人都有与生俱来的天分,当这些天分得到充分发挥时,自然能为他带来极致的快乐。"我们当中的绝大多数人都是普普通通的平凡人,没有过目不忘的本领,不能事事做到优异,但那又怎么样呢?不是每个人天生什么都会,就如同你不能强迫厨师开赛车,也不能逼迫书法家去写代码。提升自信最简单的方式就是做自己擅长的事。每个人都有自己擅长的领域,把优点放大并发挥到极致,才能创造更大的价值。

7. 走路时抬头挺胸

行为主义心理学流派的先驱者华生曾提出:通过观察一个人的客观行为活动,能够判断出其心理活动与心理过程。比如,通过一个人走路的姿势可以逆向发现他的性格特征。一般情况下,走路抬头挺胸的人都对生活充满热爱,人也比较乐观自信;而一个含胸驼背的人大多比较容易因为家境、容貌等因素而产生自卑感。

8. 积极的自我暗示

心理学中有一个罗森塔尔效应,又称期望效应,指人际交往中,一方充沛的感情和较高的期望可以引起另一方微妙而深刻的变化。简而言之,当有人夸你优秀时,你就会产生心理暗示,从而变得更优秀。罗曼·罗兰说过一句话:"先相信自我,然后别人才会相信你。"相信自己,哪怕最后不一定能成功,但你绝对能够成为生活的强者。

9. 大胆麻烦别人

心理学家武志红在《巨婴国》中指出:"很多人怕麻烦别人,但是不麻烦彼此,关系也就无从建立。"缺乏信心的人特别害怕听到外界的评价,习惯性地把自己封闭起来。但事实上,没有人能真正活成孤岛,在没有任何连接和支撑的情况下独自存在。改变这种状态的方式就是走进人群。只有当我们"不得不"独立完成一件事,被裹挟着往前冲时,才能在友善的目光和生活的历练中慢慢找回自信。

延伸阅读

自我效能感

1. 认识自我效能感

自我效能感指的是一个人怀有的认为自己能掌控形势并获得良好结果的信念。自我效能感与大学生生活中的许多积极进展有关,包括解决问题、加强社交能力、开始减肥计划并将其坚持下去,如戒烟等。同学们是否会努力去养成有益健康的好习惯,在应付压力时你们会付出多少努力,面对困难你们能坚持多久,这些都受到自我效能感的影响。自我效能感还与出色的学业和工作表现有关。

自我效能感影响你们对行为的选择,以及对该行为的坚持性和努力程度;同时也影响你们的思维模式和情感反应模式,进而影响新行为的习得和习得行为的表现。

不同自我效能感的人其感觉、思维和行动都不同。就感觉层面而言,自我效能感往往和抑郁、焦虑及无助相联系。在思维方面,自我效能感能在各种场合促进人们的认知过程和成绩,这包括决策质量和学业成就等。自我效能感能加强或削弱个体的动机水平。自我效能高的人会选择更有挑战性的任务,他们为自己确立的较高的目标并坚持到底。一旦开始行动,自我效能感高的人会付出较多的努力,坚持更长的时间,遇到挫折时他们又能很快恢复过来;而自我效能感低的人,会表现得畏缩不前,情绪化地处理问题,在压力面前束手无策,易受惧怕、恐慌和羞涩的干扰,当需要时,其知识和技能无以发挥。

2. 提高自我效能感

如何才能提高自我效能感呢?以下的策略将会对你有用。

(1)选择一些你认为能做好的事,而不要选择那些自己都感觉完成不了的事情。多次的成功能帮助你培养一种信念,那就是相信自己一定能成功。随着自我效能感的提高,你慢慢就可以解决那些曾经让你畏缩的棘手问题了。

(2)将过去的表现与现在的情况区分开。以往屡次的失败或许让你觉得有些事情是你做不了的。但一定要时刻告诉自己:以往的失败已经成为过去,现在的你又重新满怀着信心和成就感。

(3)密切关注你的成功。有些人往往只记住自己失败而不是那些成功的经历。

(4)保持手写记录以便你直观地看到自己的成功。倘若一个同学制订了一个学习计划,他只坚持了4天,第5天就将计划抛到一边,那么,他就不应该这样想:"我失败了,我根本坚持不下去。"这个说法不准确,因为事实上,这个同学80%的时间都是成功的(5天中有4天坚持这个学习计划)。

(5)列出一些你认为自己最难和最容易应对的具体情形。从比较容易的任务着手,在获得一些成功后再去应对那些较难的任务。

互动活动

塑造良好个性,尽显人格魅力——天生我材

一、活动目的

协助成员了解自己的个性特征,学习自我欣赏、自我肯定、自我悦纳。

二、活动程序

1. 请同学们填写下列练习表。

(1) 我最欣赏自己的外表是 _____
(2) 我最欣赏自己对家人的态度是 _____
(3) 我最欣赏自己对朋友的态度是 _____
(4) 我最欣赏自己对求学的态度是 _____
(5) 我最欣赏自己对做事的态度是 _____
(6) 我最欣赏自己的性格是 _____
(7) 我最欣赏自己的一次往事是 _____
(8) 如果别人正在谈论你,他们十分了解你的话最有可能选用的一些词是 _____

2. 在小组中交流自己所写的内容,每位成员都讲完一项后,再开始下一项。通过自我分享和聆听他人,发掘自我与他人的优点,增强自信和对人的信任。

三、活动小结

世上没有两片完全相同的树叶。每个人只能做最好的自己,而不要想去做最好的别人。在现实生活中,有些人对自己很不满意,也想改变自己,但他们常羡慕别人,如内向的人羡慕外向的人能说会道,外向的人羡慕内向的人沉稳等。天生万物,各有长短,不能强求,人的价值在于回归自我,也就是把自己最好的方面充分发挥出来。

心理测试

一般自我效能感量表

以下 10 个句子关于你平时对自己的一般看法,请你根据你的实际情况(实际感受),选择合适的选项,答案没有对错,无需多虑。

	完全不正确	有点正确	多数正确	完全正确
1. 如果我尽力去做的话,我总是能够解决问题的	☐	☐	☐	☐
2. 即使别人反对我,我仍有办法取得我所要的	☐	☐	☐	☐
3. 对我来说,坚持理想和达成目标轻而易举	☐	☐	☐	☐
4. 我自信能有效地应付任何突如其来的事情	☐	☐	☐	☐
5. 以我的才智,我定能应付意料之外的情况	☐	☐	☐	☐
6. 如果我付出必要的努力,我一定能解决大多数的难题	☐	☐	☐	☐
7. 我能冷静地面对困难,因为我信赖自己处理问题的能力	☐	☐	☐	☐
8. 面对一个难题时,我通常能找到几个解决方法	☐	☐	☐	☐

9. 有麻烦的时候,我通常能想到一些应付的方法　□　□　□　□
10. 无论什么事在我身上发生,我都能应付自如　　　□　□　□　□

计分方法:

完全不正确 1 分,有点正确 2 分,多数正确 3 分,完全正确 4 分,计算总分,分数越高说明自信心越高。

1—10 分:你的自我效能感很低,甚至有点自卑,建议经常鼓励自己,相信自己是行的,正确地对待自己的优点和缺点,学会欣赏自己。

11—20 分:你的自我效能感偏低,有时候会感到信心不足,建议找出自己的优点,承认它们,欣赏自己。

21—30 分:你的自我效能感较高。

31—40 分:你的自我效能感非常高,但要注意正确看待自己的缺点。

自我反思与探索

1. 有哪些方法可以帮助你拓展乔哈里窗的公开区?
2. 你是什么性格的人?在学业、人际、工作中,如何充分发挥你的性格优势?
3. 基于你对自己的认识,说说哪些是无法改变,要学会接纳的部分;哪些是可以改变,通过尝试和努力可以提高和完善的。

认识自我

模块五
成为有魅力的人——完善人格

> 在同一个人身上居然会有一些极不调和的特性,而且尽管如此,这些特性似乎能融洽相处。
> ——毛姆

本模块学习目标

1. 理解人格的含义与构成。
2. 正确认识自己的人格特质,能够识别健康人格与人格偏差。
3. 悦纳自己的人格,树立完善人格的态度与价值观。

我们常常听到类似"性格决定命运""性格是一个人看不见的本质"等强调性格重要性的名言。在生活中我们也常常听到同学们说,"我的性格很内向""我不喜欢我的室友,我们俩性格不合"。虽然,我们在网络上书本中很容易找到各种各样的"性格测试""人格测试",但是有些同学依然困扰于"虽然我知道性格很重要,但是我也不知道自己是什么性格啊""我的人格是什么样的,这很难用语言说清楚"等。事实上,性格是人格的一部分,它看不见摸不着,确实很难用语言来描述。它就像一个魔方,由很多个面和组块组成,常常被打乱放在一起,给我们带来很多困惑。但是通过努力,我们能够将混乱的魔方复原。人格,亦是如此。这一章,我们就来聊聊这个"人格魔方"。

单元一　人格魔方有几面？——人格概述

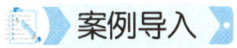
案例导入

多面化性格离人格分裂有多远？

小明最近看了心理电影《致命 ID》。影片讲述了一个多重人格的杀人犯在受审判之前接受心理医生的药物诱导，消除其他人格并最终只保留下来一个人格的故事。电影本身主要讲述了这些不同的人格互相伤害、互相消灭的过程。看完电影，小明对人格分裂产生了强烈兴趣。许多人和小明一样，一直认为人格分裂在心理学中是一个很神奇的领域。人格分裂的病人会分裂出不同的性格、不同的口音甚至不同的字迹。每个人格有其个别的姓名、记忆、特质及行为方式。

这不由得让小明联想起，自己在生活中有时也会表现出不一样的性格。虽然每天在别人看起来都是很欢乐很开心的样子，其实内心有时候会感觉孤独。虽然别人都说自己善良好相处，但有时遭遇意外事件自己也会失控，会愤怒得骂脏话。虽然父母家人都评价自己是个文静内向的孩子，但只有自己和朋友才知道小明可以多疯狂。

小明陷入了疑问：我们的这种多面化性格和多重人格、人格分裂最根本的差别在哪？

点评

要回答小明同学的疑问，我们要先知道什么是人格。

事实上，不只是小明，我们很多人都曾产生过"多面人格"困惑，不明白自己或他人为什么人前人后性格不同？这其实体现了人格内外部分的社会化功能。人格外壳是我们按照社会文化要求所表现出来的行为。如今复杂多样的社会为每个个体都戴上了多副"面具"，使得我们能够在不同场合表现出适宜的行为。这并不代表自己"人格分裂"。恰恰相反，能够意识到自己应在何时显露真我、何时掩藏锋芒，就是拥有和谐统一的人格。

我得了内向病

父母这样说：

有亲戚来家里、去拜访亲戚的时候，父母总要提醒一句："要叫人啊，要有礼貌。"不然就是父母的连连道歉："你看，这孩子胆小内向，不爱说话。"

向别人介绍我的时候，也总不忘时时提醒："这是我儿子，他比较内向不爱说话。"

面对别人家孩子的时候，"你看那谁，嘴多甜，又有礼貌"。

老师这样说：

你家孩子太孤僻、不合群，会交不到朋友的。

去到学校,只顾安安静静上课,下课也自己安安静静待着,不跟其他同学聊聊玩玩,老师又着急了。这学生这么异常,得跟家长沟通一下:"你家孩子性格有些孤僻啊,都不跟其他同学玩,做什么都自己一个人,这样下去不太好啊。他会很难交到朋友,恐怕以后长大了很难跟人沟通。"

同学这样说:"他不说话很没意思,太高冷了。"

好不容易上大学了,同学们相约吃个夜宵K个歌,很开心。然而叫我就没意思了,"他这个人都不说话,很没意思,不叫他了,还是我们自己去吧。"

社会这样说:"社会普遍看法,内向的人有社交障碍,不会说话不会交流。内向的人不适合做事,不适合工作。他们只适合躲在角落,不出门。"

自己这样说:"我有病。"

在所有人的谆谆教导、循循善诱下,我终于明白了:我得了一种内向病,胆小、不爱说话、孤僻、不合群、高冷无趣,这些都是证明。

犯这种病的人不适合做任何事。我要好好生存,就必须伪装成"正常人"。参加大学社团面试:"我是一个活泼开朗的人。"找工作自我介绍:"我性格活泼开朗。"

于是,我坚定地长成了内向病人,一个时时唾弃自己性格的人。

但是,内向真的是病吗?

点评

我们要知道:外向的人需要社交来充电、复活能量。他们更活泼开朗,喜欢交际。内向的人需要独处来回血、恢复能量,喜欢安静、阅读、思考。我们必须要扫清内向误区:

内向的人不等于社交障碍,他们也可以流畅沟通,只是他们选择不说而已。

内向的人不是不要社交,只是更喜欢深度小群体社交。

内向的人不需要时刻分享,但不是完全不分享,看人而已。

内向的人更注重自我感受,内心比较丰富。

那些年被误导与误解的你,好好抱抱受委屈的自己。

内向性格也有自己擅长的事,外向的人就做不来。

内向、社恐、社交恐怖症

你看,没有内向的人,我们这个世界将不会有:万有引力定律、相对论、叶芝《第二次降临》、肖邦《夜曲》、普鲁斯特《追忆似水年华》。

内向性格需要改变吗?

当然要!

先改变你错误的认知,正确认识内向性格,接纳内向性格,学会发挥你内向性格的优势!

知识链接

一、人格的含义

在电影《罗生门》中,同一个事实,在强盗、武士、武士的妻子、樵夫的叙述中,却被演绎成了完全不同的版本。他们每个人都选择了带上"面具",从而能够维护自己的利益,在险境中求生。这一"面具"就是心理学中所说的"人格"。人格一词最初源于古希腊语,指的是古希腊戏剧演员在台上表演时所戴的面具,面具随人物角色的不同而变换,体现了角色的特点和人物性格,就如同我国京剧中的脸谱一样。人格沿用面具的含义,体现了两层深意:一是指一个人在人生舞台上所表现出来的种种言行,遵循社会文化习俗的要求而做出的反应,就像舞台上根据角色要求所戴的面具,是人格所具有的"外壳",表现出一个人外在的人格品质;二是指一个人由于某种原因不愿展现的人格成分,即面具后的真实自我,这是人格的内在特征。

事实上,不只是小明,我们很多人都曾产生过"多面人格"的困惑,不明白自己或他人为什么人前人后性格不同?这其实体现了人格内外部分的社会化功能。人格外壳是我们按照社会文化要求所表现出来的行为。如今复杂多样的社会为每个个体都戴上了多副"面具",使得我们能够在不同场合表现出适宜的行为。这并不代表自己"人格分裂"。恰恰相反,能够意识到自己应在何时显露真我、何时掩藏锋芒,就是拥有和谐统一的人格。

人格是体现个体心理差异的领域,有着异常复杂的心理结构。古往今来,许多心理学家致力于探索人格的组成要素与结构,建立相应的人格理论与测试量表。其中,"大五模型"是当代重要的人格模型,高德伯格将其称之为人格心理学中的"一场静悄悄的革命"。"大五模型"认为人格由下面五个因素构成,如下表所示。

大五人格模型

人格因素	特质表现
外倾性(extraversion)	热情、社交、果断、活跃、冒险、乐观
宜人性(agreeableness)	信任、直率、利他、依从、谦虚、移情
责任心(conscientiousness)	胜任、公正、条理、尽职、成就、自律、谨慎、克制
神经质或情绪稳定性(neuroticism)	焦虑、敌对、压抑、自我意识、冲动、脆弱
开放性(openness)	想象、审美、情感丰富、求异、创造、智能

近年来,大五人格模型得到越来越多神经科学研究的支持,心理学家发现人格五因素与我们神经递质(如多巴胺、肾上腺素等)的分泌、大脑神经活动(如血氧信号、脑电信号)等存在紧密关系。因此,除了采用传统自陈量表进行人格测量,不久的将来我们可能也可以通过脑电信号测量、磁共振大脑扫描等方式更客观地了解自己的人格。

二、人格的特征

人格作为人的个性心理特征,有其特殊性,主要表现为以下几点。

(一) 整体性

人格中的各种心理特征构成了一个有机的整体。或者说一个人从其行为模式中表现出心理特征的整体性,构建人的内在心理特征。虽然不能直接观察,但却表现在行为中,从人的各种行为所表现出来的特征是一个整体。

(二) 稳定性

俗话说"江山易改,本性难移",说的就是人格结构具有相对稳定性。人格的稳定性不受时间和地域的限制,那些偶然表现出来的、属于一时性的心理特征不能称为人格特征。比如,喝醉酒后比较兴奋,一时话多了,不能表明这个人就具有活泼的性格特点。但这种稳定性不是绝对的，随着社会的发展和个人的成长，一个人的人格将会发生渐进式的改变。

（三）独特性

每个人都具有不同的遗传素质，都在不同的环境下成长，从而决定了人格的组织结构的独特性。心理学家着重个别差异的研究，但也承认生活在同一社会群体中的人也会有一些相同的人格特征，心理学家同样重视对这些共同特征的探讨。人格特征的独特性和共同性的关系，就是共性和个性的关系，个性中包含着共性，共性又通过个性表现出来。

（四）动机性和适应性

人格支撑着人的行为，驱动着人趋向或避开某种行为，可以说人格是一种内在精神动力。这种内在动力是一种与生俱来的力量（与情绪无关），导向人们朝某一方面发展，驱使人们有效地适应环境生活。

（五）自然性和社会性

人的心理是大脑的机能，人格的形成要以个体的神经系统的成熟为基础，或者表现出人格的自然性。人格并不是孤立存在的，它在很大程度上受社会化的制约。社会文化和成长的教育环境是人格形成的主要因素之一。因此，人格是自然性与社会性的统一。

三、人格的组成

本节开头的案例中，内向的同学认为自己得了内向病，显然，内向不是病。内向只是一种性格，是人格的一个方面。

人格就像一个魔方，是一个复杂的结构系统，它包括许多成分，其中最主要的有气质、性格等方面。

（一）气质

气质即我们平时所说的脾气、禀性。人的气质差异是先天的，受神经系统活动过程的特性所制约。孩子刚出生时，最先表现出来的差异就是气质差异，比如有的孩子爱哭好动，有的孩子平稳安静。气质是由神经的生理特点决定的。气质的基础是天赋特性，是由个体先天的生理机能决定的。由于气质的先天性因素影响，它的变化很难、很慢，具有持久性和稳定性的特点。气质还具有动力特征，在活动中表现出来，如人的动作速度、节奏和步态、语言、面部表情和手势等。气质会影响情绪和情感的发生速度和强度，如有些人脾气暴躁，"一点火就着"；有些人柔情似水，温和娴静；有些人喜怒哀乐皆有，表情丰富；有些人喜怒哀乐不形于色，表情平淡等，都与个体独具的气质特征密不可分。总之，气质的各种特征是个体的神经系统活动的特点及其表现。

气质类型是由神经过程的特点决定的，神经过程的特点主要是先天形成的，所以，遗传素质相同或相近的气质类型也比较接近。一个人的气质类型在一生中是比较稳定的，但又不是不能变化的。如果在童年时期生活条件极为恶劣，或者在成年时遇到了重大的生活事件，可以导致人的气质发生变化。但是，这种变化过程是缓慢的，甚至当条件适宜时，原来的面貌还会得到恢复。因此，气质的变化可能只是一种被掩盖的现象，"江山易改本性难移"就是这个道理。

气质是人的天性，无好坏之分。它只给人的言行涂上某种色彩，但不能决定人的社会价值,也不直接具有社会道德评价含义。一个人的活泼与稳重不能决定他为人处世的方向,任何一种气质类型的人既可以成为品德高尚、有益于社会的人,也可以成为道德败坏、有害于社会的人。气质不能决定一个人的成就,任何气质的人只要经过自己的努力都能在不同实践领域中取得成就,也可能成为平庸无为的人。可见,气质的类型不决定一个人智力发展的水平,也不会决定一个人成就的大小。任意一种气质类型都有非常有成就的人,当然,任意一种气质类型也都有失败者。

古希腊医生希波克拉底提出了气质的体液说,他认为人体内有四种液体:黏液、黄胆汁、黑胆汁、血液,这四种体液的配合比例不同,就形成了四种不同气质类型的人。约500年后,罗马医生盖伦进一步确定了气质类型,提出人的四种气质类型是胆汁质、多血质、黏液质和抑郁质。

(1) 胆汁质的人情绪体验强烈、爆发迅猛、平息快速,精力旺盛、争强好斗、勇敢果断,为人热情直率、朴实真诚;但这种人遇事常欠思量,鲁莽冒失,易感情用事,刚愎自用。

(2) 多血质的人情感丰富、外露但不稳定,思维敏捷、热情大方、善于交往,行动敏捷、适应力强;他们的弱点是缺乏耐心和毅力,稳定性差,见异思迁。

(3) 黏液质的人情绪平稳、表情平淡,考虑问题细致而周到,安静稳重、自制力强、耐受力高、内刚外柔,交往适度、交情深厚;但这种人缺乏生气,行动迟缓。

(4) 抑郁质的人情绪体验深刻、细腻持久,情绪抑郁、多愁善感,思维敏锐、想象力丰富,不善交际、孤僻离群;弱点是行为举止缓慢,软弱胆小,优柔寡断。

在现实生活中,单一气质的人并不多,绝大多数的人是四种气质互相混合、渗透、兼而有之的。虽然气质无好坏,但是社会实践的领域众多,不同领域的工作对人的要求是不同的。有的气质类型适合这一类工作,有的气质类型适合另一类工作。在因事择人(人事选拔)或因人择事(选择职业)的时候,都应该考虑自己的气质类型对工作的适宜性。例如,多血质的人适合从事环境多变、要求做出迅速反应、交往繁多的工作,难以从事较为单调、需要持久耐心的工作。黏液质的人适合从事耐心细致、相对稳定的工作。如果一个人的气质类型正好适合工作的要求,那么,他会感到工作得心应手,对工作有浓厚的兴趣。如果不考虑气质类型对工作的适宜性,将会增加人的心理负担,给人带来烦恼,也会影响工作的效率。

(二) 性格

性格是一个人在对现实的稳定的态度和习惯化了的行为方式中表现出来的人格特征。与气质不同,性格是在后天社会环境中逐渐形成的,是人最核心的人格差异。并且,性格中与道德风貌相关的部分有好、坏之分。这部分的性格表现了一个人的品德,受人的价值观、人生观、世界观的影响。例如,当国家和集体财产遭受损失时,有人不惜献出自己的生命奋起保卫;有人则退缩自保;有人甚至趁火打劫。这就是人们对同一事物的不同态度。这些不同的态度表现在人们的不同行为方式中,它们构成了人的不同性格。这部分的性格具有道德评价含义的人格差异。

性格的形成有诸多方面的因素,主要有生物因素、环境因素和心理因素等。性格是高级神经活动类型特征与外界在环境、教育方面相互作用引起变化的结果。性格的形成受家庭环境、学习环境、同伴群体、重大生活事件、大众传媒、社会风气等环境因素的影响。其中父母的教养方式和态度,教师的教育态度,班风、学风、校风,所生活的群体等,对性格的形成影响较大。

性格形成也受主观心理因素的影响。因为任何环境因素的影响均通过个体的心理活动对性格发生作用,其中自我意识起着十分重要的作用。随着时间的推移,个体自我意识中的自我态度逐渐摆脱了他人的评价,由他律转为自律,对客观事物的态度反应和行为方式也越来越稳定,性格发展也越来越成熟。

一般来说,个体的性格形成于小学、初中阶段,初步稳定于高中阶段,此后性格可能随着生活环境的变化及主观意志的努力发生不同程度的变化。到大学学习阶段,性格一般趋向成熟,但性格的心理因素还受到教育的影响。由于心理教育的滞后性,就会表现出心理年龄与生理年龄的不匹配,即人们说的幼稚或性格不成熟。大学生正处于性格逐渐成熟的阶段。

此外,我们常常用"内向"或"外向"来形容性格,其实心理学中更多用"内倾"或"外倾"来描述。瑞士著名人格心理学家荣格最先提出了内-外倾人格类型学说。荣格认为,当一个人的兴趣和关注点指向外部客体时,就是外倾人格;而当一个人的兴趣和关注点指向主体时,就是内倾人格。在荣格看来,任何人都具有外倾和内倾这两种特征,但其中一种可能占优势,因而可以确定一个人是内倾还是外倾。外倾人格的特点是注重外部世界、情感表露在外、热情奔放、当机立断、独立自主、善于交往、行动快捷、有时轻率。内倾人格的特点是自我剖析、做事谨慎、深思熟虑、疑虑困惑、交往面窄、有时适应困难。从这一划分,我们可以看到外倾或内倾型的人都有其优点或弱点,既不存在完美的性格,也不存在缺陷的性格。

延伸阅读

心理打假——那些年你做的心理测试可能只是"巴纳姆效应"

你相信星座吗?是不是觉得星座大师把你的心理说得很准?

你在网络上做过趣味测试吗?比如双手交叉,左手在上说明你很感性,右手在上说明你很理性。

如果你在网上做完心理测试后得到这样一份测试报告:

"你需要别人喜欢你和欣赏你,但你通常对自己要求苛刻。你在某些方面的能力并没有都得到充分发挥,所以还未能变成你的优势。有时候,你会强烈地怀疑自己是不是做出了正确的决定或正确的事情。你倾向于让自己的生活有所改变和变得丰富多彩,在遇到约束和限制时你会感到不满。有时候你很外向,比较容易亲近,也乐于与人交往,但有时候你却很内向,比较小心谨慎,而且沉默寡言。"

你是不是觉得还挺准的?

如果以上问题,你的答案都是"是",那么你很有可能落入了"巴纳姆效应"的圈套!美剧《生活大爆炸》中谢耳朵提到,"1948 年伯特伦·福勒通过心理学实验,最终证实了占星术完全是伪科学的废话"。

这说的就是"巴纳姆效应"。人们常常认为一种笼统的、一般性的人格描述十分准确地揭示了自己的特点,当人们用一些普通、含糊不清、宽泛的形容词来描述一个人的时候,人们往往很容易就接受这些描述,并认为描述中所说的就是自己。正如一位名叫肖曼·

巴纳姆的著名杂技师在评价自己的表演时说,他之所以很受欢迎是因为节目中包含了每个人都喜欢的成分,所以他使得"每一分钟都有人上当受骗"。生活中,我们总是倾向相信自己的逻辑,并搜集到各种各样能够支持自己的证据。并且,我们更愿意相信那些能够让自己看起来更正面和更积极的事情,所以会认同自己还有很多未能得到发挥的潜力,以及自己是喜欢独立思考的人之类的描述。

我们对于星座、占星术、算命以及网络上没有科学依据的心理测验感到乐此不疲,甚至觉得说得"言之凿凿",可能都是源于"巴纳姆效应"。仅仅只能当作玩乐,切不可以当真全信。

讨好型人格:把悲伤留给自己

说到讨好型人格,我们不由得想起电影《被嫌弃的松子的一生》中女主人公松子。只因妹妹从小体弱多病,松子就理所当然地成了被忽视的对象。在松子印象中,父亲唯一一次对她笑,是她无意间扮了个鬼脸。因此她为了讨好爸爸,一次次扮小丑来博取父亲的关注。习惯性讨好的松子成年后交往了几任男友,从街头混混到有妇之夫等,即使每次她都是全身心投入,但他们都像父亲一样,不能给她真正的爱。尽管一次次受到伤害,但松子从未停止过对家和爱的渴求。她的这份渴求如此强烈,如此不顾一切,以至于在给予别人爱的时候变得毫无原则。就算被侮辱,就算犯法,就算要卖身也在所不惜。无论对方如何伤害她,她总是毫无尊严地极力讨好,只为挽留在旁观者看来那残忍又冷酷的"爱"。

可能我们中有很多人像松子一样,心里也藏着个害怕失去才学会讨好的小孩。这个小孩往往有以下特征。

1. 对别人的感受特别敏感

特别在意别人对自己的看法,生怕自己做了什么别人会不喜欢。然而越重视对方,越会担心,导致做任何事情都小心翼翼,一个小错误也会懊恼很久。

2. 抬高别人,贬低自己

没有主见,别人说吃什么就吃什么,别人说玩什么就玩儿什么,自己的举动建立在别人的评价之上,很怕被嫌弃,隐藏自己真实的想法、不提要求才更安全。

3. 不敢发出请求,很难拒绝别人

害怕说不,不懂拒绝,被人占了便宜也会选择默不作声。担心一旦拒绝,与别人的关系就会破裂。从来不敢表达自己的需求,很怕给别人添麻烦,担心自己成为别人的负担。

4. 缺乏界限和原则

做任何事情都以取悦别人为目的,既守不住界限,允许别人在自己的生活里指手画脚,又经常突破别人的界限,渴望建立亲密关系又常常因为不能满足他们的期待而受伤。

这个小孩可能是讨好型成人在"缺爱"的原生家庭中成长的缩影,他们小时候可能没有得到足够的来自父母的"无条件的爱与关注"。慢慢形成了需要通过"讨好"这唯一途径才能获得认可、获得自尊的行为模式。而卑微讨好的结果往往事与愿违,不仅不能换来真正的爱,反而让自己更加孤独、痛苦甚至绝望。所以讨好型的人,往往把温柔给了世界,而把悲伤留给自己。那么,该如何摆脱这种自己留给自己的悲伤呢?本质上我们要发现真正的自我。

1. 尊重自己内心的情感和感受,即使其他人生气也并没有什么,一个心理健康的人都有能力管控自己的情绪,他人生气是他自己的事情和你无关,不要把别人的情绪压力背负在自己身上。自己的内心感受比盲目讨好他人更重要。从自己的内心出发,你才会对自己的选择真正负责,把自我的决定权交给其他人是对自己最大的不尊重。

2. 当别人提出一项请求时,你首先需要考虑做这件事对你来说内心感受是什么,你是否发自内心地想做。然后才是根据自己的意愿接受或拒绝他人。讨好型人格常常压抑自己内心的感受,委曲求全。而要变成一个有力量的人,一定要表达真实的自己。

3. 要知道即使你力求讨好所有人,你依然无法让所有人满意。一个人最重要的是找到自己立足社会的信仰与选择,只有你自己满意了,你才会更真诚对待他人。当你明白,你不必让所有人满意,你就会越独立、越自信,你才会有更多精力去实现自己的目标,你才会拥有更健康的人际关系与更强大的内心。

为自己而活,要承担这种自由和责任,需要无畏的勇气。这里向大家推荐一本书《被讨厌的勇气》。这本书的基础是阿德勒的心理学观点,从一位哲人与一个来访者的对话中将各种观点娓娓道来。这本书刚开始阅读可能会觉得荒谬和被冒犯,但看到最后情绪终归平静,是一本让人反思自己的书。

互动活动

我 是 谁

活动目的:帮助同学客观认识自我的人格特征,提高自我确定感。

活动步骤:

1. 要求同学在事先准备好的卡片上回答下列问题,每题答案用描述人格的词语进行作答。

(1) 父母眼中的我。

(2) 朋友眼中的我。

(3) 老师眼中的我。

(4) 同学眼中的我。

(5) 我眼中的我。

2. 同学交流、分享、提出疑问,并讨论哪一项内容最难完成?为什么?

3. 老师引导学生自我反思。

(1) 几个问题中,"重合度"最高的人格特性是什么?哪些人格特性受到"质疑"?

(2) 怎样才能更全面、客观地认识自己的人格特性。

单元二　人格魔方出错了？——人格偏差的识别

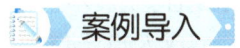

为什么同学总是排斥我？

小明是某高职院校一年级男生，由于与宿舍同学经常发生矛盾，要求调换宿舍。但是这样的事件已经发生了好几次，所以班主任建议他找学校心理健康中心的老师进行咨询。

小明自述：

我来自农村，排行最小，上有三个哥哥，爸爸和三个哥哥的脾气都很暴躁，经常打骂我。第一次高考落榜后到一所学校复读，有一位老师经常在课堂上对我冷嘲热讽，而且经常借上课的内容来影射我，这时同学们都跟着嘲笑我，使我心里受到了很大的创伤。上大学后，刚好与来自复读学校的同学分在同一宿舍，让我感到难受，所以提出要换宿舍。但是，换了宿舍没有解决本质问题，仍与同学相处不好。我认为同学都排斥我，觉得他们对我不怀好意。我也做了一些努力，少参加集体活动，少与别的同学交往，减少矛盾，但他们确实捉弄我，故意整我，甚至暗算我。

点评

心理中心的老师首先让小明先做了心理测试SCL-90，结果显示，偏执、敌对、人际关系焦虑得分都较高。经过专科医院诊断，小明被诊断为偏执型人格障碍，需接受治疗与长期心理咨询。

在后期咨询过程中，心理中心的老师多使用共情、积极关注等技术体会小明的痛苦感受，对小明的行为给予肯定和支持，建立了良好的咨访关系。

同时，帮助小明认识到自己一些固有的、歪曲了的观念。本来小明认为同学在讽刺他，经过调整认知，他发现同学根本没必要故意来讽刺自己，这只是他错误的理解而产生的想法，从而使他认识到同学没有故意排斥自己，只是由于自己不合理的信念而产生的错误想法，并导致了怪异行为的产生。小明从中学会了从另一角度看待问题，以全新的角度来看待别人，建立起与他人相处的新观念，纠正与人交往时的敌意心理，学会与人为善，理解和接纳他人。

老师指导小明，当感到同学的某一句话是有意在针对自己时，先阻止这种想法的产生，深呼吸让自己平静下来，再尝试以旁观者身份来分析同学的话，以消除自己的错误想法，改变同学针对自己这一观念。此外，老师鼓励小明积极主动地进行交友活动，在交友中学会信任别人，消除不安感。

通过8个月的咨询，小明感觉自己有了很大的进步，心情变得愉快，课堂上能认真听讲,与同宿舍以及同班同学相处良好,发现同学们其实很关心自己,有了几个较为要好的朋友。

> **知识链接**

一、人格偏差

人格无所谓好坏,但是人格如果出现偏差,可能会带来许多心理健康、社会适应、学习生活方面的问题。现实生活中,有一些同学的"人格魔方"出了错,人格结构发展不协调、不完整,并在一定程度上偏离正常,这种不良倾向发展的直接结果就是形成人格偏差。人格偏差个体由于人格发展偏离正常发展轨道,与其他大多数同龄人的人格发展明显不同而导致其生活和学习难以与周围的环境相适应。人格偏差需要通过心理治疗和辅导加以矫正,如果得不到及时矫正,发展为人格障碍,那时再矫正就比较困难,严重的需要服药治疗。因此,如果能够及早发现并识别人格偏差是非常重要的。

二、人格偏差的类型

大学生常见的人格偏差具有以下一些类型。

(一)偏执型人格

偏执型人格表现为感觉极度过敏,思想行为固执,坚持毫无根据的猜疑,好嫉妒,对自己估价过高,对人要求过多,不信任别人,表情冷漠,缺乏幽默感。

(二)自恋型人格

自恋型人格过分关注自我,常幻想自己是如何重要、才貌如何出众等,期待别人的赞扬,要求别人特别注意自己,但又不能接受别人的建议和批评。其行为特点是自吹自擂、装腔作势、善变;或是特爱穿着打扮,表现性感,喜爱挑逗,谋求他人的注意和关心,细微刺激常可爆发情感,对人要求多,重依赖,内心缺乏真情。

(三)冲动型人格

冲动型人格亦称爆发型人格偏差,其特点为对人对事往往做出爆发性反应,稍不如意就火冒三丈,易于暴发愤怒、冲动或与此相反的激情。行为有不可预测和不考虑后果的倾向,不能在行动之前事先计划,有不可预测和反复无常的心境,行为爆发时不可遏制。特别在行动受阻或被批评时,易与他人发生冲突和争吵。

(四)回避(焦虑)型人格

回避(焦虑)型人格的特点是懦弱胆怯,自幼表现胆小,易惊恐,敏感羞涩,对任何事情都表现得惴惴不安,过敏、自卑、退缩,面对挑战采取逃避态度或无力应付,在日常生活中习惯于夸大潜在的危险,达到回避某些活动的目的。个人交往十分有限,对与他人建立关系缺乏勇气。他们常被迫采用多种心理防御机制来应付外界的要求。

(五)依赖型人格

依赖型人格的当事人极度依赖他人,虽有较强的能力,但缺乏自信,常常需要求助于他人来应付自己的日常事务或做出决策。依赖型人格的特点:一般自小受人宠爱,生活条件优越;情绪幼稚,依赖性极强;以自我为中心,缺乏道德感、义务感和同情心;不守公德,不讲道理;适应能力差,一旦遭受挫折,容易自暴自弃。

（六）强迫型人格

强迫型人格的特点是刻板固执，做事循规蹈矩、墨守成规，不会随机应变；优柔寡断，由于个人内心深处的不安全感导致怀疑和过分谨慎；要求十全十美，但又缺乏自信，导致过分地反复核对，过分注意细节，以致忽视全局。这种人易产生强迫症状和焦虑、抑郁反应。

（七）反社会型人格

反社会型人格或称悖德型人格偏差。反社会型人格的特点：行为与整个社会规范相背离而令人注目；对他人的感受漠不关心，缺乏同情心；忽视社会道德规范、行为准则和义务，长期不负责任；认识完好，但行为未加深思熟虑，不考虑后果，常因微小刺激便引起攻击、冲动和暴行；从无内疚感，不能从经验中吸取教训，一犯再犯而不知悔改；不能与他人维持长久的关系，容易责怪他人，或为自己的粗暴行为进行辩解。

> **延伸阅读**

自恋的水仙花

自恋的英文为 narcissism，其本意为水仙花。这一词语来自希腊神话。传说纳西斯出世以后，他的父母去求神示，想要知道这孩子将来的命运如何。神示说："不可使他认识自己。"可是谁也不明白这句话的意思。光阴荏苒、日月如梭，不觉纳西斯已经长到十六岁，成长为一个十分俊美的少年。他的父母因为记住了那句神示，一直不让他看见自己的影子。所以纳西斯并不知道自己长得是什么模样。他常常背着箭囊，手持弯弓，从早到晚在树林里打猎。直到有一天，纳西斯跟他的伙伴在深山里打猎，发现了一个小水塘，他无意间在水中看见了自己的倒影，他完全被自己的样子所迷恋。这倒影是那么美丽：一双明亮的慧眼，有如太阳神阿波罗那样的鬈发，红润的双颊，象牙似的颈项，微微开启的不大不小的朱唇，妩媚的面容，真如出水的芙蓉一般。最后他死在了这潭水里，化身为水仙花。

如今，心理学中把水仙花隐喻成自恋。但自恋未必是不好的。著名心理学家科胡特认为，自恋是人类的一般本质，每个人本质上都是自恋的。似乎人人都有自恋情结。也有人说："自恋的实质是对生命的珍惜。"法国女作家玛格丽特·杜拉斯甚至说："我是个彻底的自恋狂。"一般意义的自恋，绝非病症。只有当自恋发展成自恋癖、自恋狂，才成为病症，又称"水仙花病"。这是一种有碍于人的健康成长的病症。

单元三　如何健康转动人格魔方？——健康人格的秘诀

案例导入

俞敏洪：摆脱恐惧，自卑比狂妄更糟糕

当有人站在这么一个舞台上，我们很多同学都会羡慕。也会想，也许我去讲，会比他讲得更好。但是不管站在台上的同学是面对失败还是最后的成功，他已经站在这个舞台上了。而你，还只是一个旁观者，这里面的核心元素，不是你能不能演讲，不是你有没有演讲才能，而是你敢不敢站在这个舞台上。我们一生有多少事情是因为我们不敢所以没有去做的。

曾经有这么一个男孩，在大学整整四年没有谈过一次恋爱，没有参加过一次学生会班级的干部竞选活动。这个男孩是谁呢？他就是我。

在大学的时候，难道我不想谈恋爱吗？那为什么没有呢？因为我首先就把自己看扁了。我在想，如果我要去追一个女生，这个女生可能会说，你这头猪，居然敢追我，真是癞蛤蟆想吃天鹅肉。要真出现这种情况，我除了上吊和挖个地洞跳进去，我还能干什么呢？所以这种害怕阻挡了我所有本来应该在大学发生的各种感情上的美好。

其实现在想来，这是一件多么可笑的事情，你怎么知道就没有喜欢猪的女生呢？就算你被女生拒绝了，那又怎么样呢？这个世界会因为这件事情就改变了吗？那种把自己看得太高的人我们说他狂妄，但是一个自卑的人，一定比一个狂妄的人还要更加糟糕。因为狂妄的人也许还能抓到他生活中本来不是他的机会，但是自卑的人永远会失去本来就属于他的机会。因为自卑，所以你就会害怕，你害怕失败，你害怕别人的眼光，你会觉得周围人全是抱着讽刺打击侮辱你的眼神在看你，因此你不敢去做。所以你用一个本来不应该贬低自己的元素贬低自己，使你失去了勇气，这个世界上的所有的门，都被关上了。

当我从北大辞职以后，作为一个北大的快要成为教授的一个老师，马上换上破军大衣，拎着糨糊桶，专门到北大去贴小广告的人，我刚开始内心充满了恐惧，我想这可都是我的学生啊，果不其然学生就过来了。俞老师，你在这儿贴广告啊。我说，是，我从北大出去自己办个培训班，自己贴广告。学生说，俞老师别着急，我来帮你贴，我突然发现，原来学生并没有用一种贬低的眼神在看我，学生只是说，俞老师我来帮你贴，而且说，我不光帮你贴，我还在这看着，不让别人给它盖上。逐渐我就意识到了，这个世界上，只有你克服了恐惧，不在乎别人的眼光，你才能成长。也正是有了这样慢慢不断增加的勇气，我有了自己的事业，有了自己的生活，有了自己的未来。

当我们要有勇气跨出第一步的时候，我们首先要克服内心的恐惧，因为这个世界上，

只有你往前走的脚步你自己能够听见。

所以我希望同学们能认真地想一下：我内心现在拥有什么样的恐惧，我内心现在拥有什么样的害怕，我是不是太在意别人的眼光，因为这些东西，我的生命质量是不是受到影响，因为这些东西，我不敢迈出我生命的第一步，以至于我生命之路再也走不远。如果是这样的话，请同学们勇敢地对你们的恐惧和勇敢地对别人的眼神，说一声 No！Because I am myself.

点评

俞敏洪出生在江苏江阴一个贫困的村子里，在农村老家，俞敏洪是村里十里八乡羡慕的北大学子，而在北京，他仅仅是个从农村来的"土老帽"。因为深深的自卑，俞敏洪的学生时代基本就是一个人的大学生活。毕业后的俞敏洪，虽然阴差阳错地留校北大，但是因为私自在外兼职上课被学校知道，最后无法忍受屈辱，被迫选择离校创业。流离失所的俞敏洪，便开始了艰苦的创业之路。这个过程中自卑仍然伴随着他，但是为了让新东方能够真正地做起来，他逐渐从自卑中走出来。俞敏洪的发家史也是他"人格的成长史"。其实，和俞敏洪一样，虽然因为生物学因素、家庭环境、学习经历、生活经验等造就了"不完美"的我们，但是我们都有机会与能力去改变。而改变的最终目标，不是"完美人格"而是"健康人格"。

知识链接

一、健康人格的界定

不同的心理学家对健康人格的描述各有不同，奥尔波特、罗杰斯、弗洛姆、弗兰克等对健康人格都有不同的理解。人本主义心理学家马斯洛提出了16条理想人格特征。

1. 了解并认识现实，持有较为实际的人生观。
2. 悦纳自己、别人以及周围的世界。
3. 在情绪与思想表达上较为自然。
4. 有较广阔的视野，就事论事，较少考虑个人利害。
5. 能享受自己的私人生活。
6. 有独立自主的性格。
7. 对平凡事物不觉厌烦，对日常生活永感新鲜。
8. 在生命中曾有过引起心灵震撼的高峰体验。
9. 爱人类并认同自己为全人类之一员。
10. 有至深的知交，有亲密的家人。
11. 有民主风范，尊重别人的意见。
12. 有伦理观念，能区别手段与目的，绝不为达到目的而不择手段。
13. 带有哲学气质，有幽默感。
14. 有创见，不墨守成规。
15. 对世俗，和而不同。
16. 对生活环境有改造的意愿和能力。

二、实现健康人格的途径

我们终其一生可能都在为达到这16条目标而努力。那么,对于处于大学生阶段的我们来说,健康人格的标准可能更为现实与可达到,主要可以概括为以下六条。

(一)正确的自我意识

具有健康人格的大学生对自己应有恰如其分的评价,充满自信,扬长避短,在日常生活中能有效地调节自己的行为,与环境保持和谐、平衡。

(二)良好的情绪调控能力

人格健康的大学生应具有调节和控制情绪的能力,经常保持愉快、开朗的心境,并且具有幽默感。当消极情绪出现时,能合情合理地宣泄、排解、转移、升华。

(三)良好的社会适应能力

人格健康的大学生能和社会保持良好的接触,以一种开放的态度主动关心社会、了解社会;观察所接触的各种事物现象,能看到社会发展的积极面和主流,并具有社会责任感。在认识社会的同时,能与时俱进,使自己的思想、行为跟上时代的发展,与社会的要求相符合,能适应新的环境。

(四)和谐的人际关系

人格健康的大学生乐于与他人交往,能与别人建立良好的关系,与人相处时,尊敬、信任等正面态度多于妒忌、怀疑等消极态度;人格健康的大学生常常以诚实、公平、信任、宽容的态度对待他人,同时也受到他人的喜爱和接纳。

(五)乐观的生活态度

人格健康的大学生常常能看到生活的光明面,对前途充满希望和信心,对自己所从事的工作或学习抱有浓厚的兴趣,并在工作和学习中发挥自身的智慧和能力,获得成功。即使生活中遇到困难和挫折,也勇于面对,不畏艰险,勇于拼搏。

(六)健康的审美情趣

健康的审美情趣对于大学生树立审美观、人生观、科学的世界观,塑造健康的人格结构具有重要作用。人格健康的大学生具有高尚、健康的审美情趣,能提高自身的修养,自觉抵制各种不健康思想的侵蚀,追求更高的人生价值,实现人的自我完善。

三、扭转"人格魔方",优化人格

为了达到这六条健康标准,健康扭转"人格魔方",我们可以这么做。

(一)正确认识自己,优化整合人格

为了有效地进行人格塑造,大学生首先应充分了解自己的人格状况;其次应树立塑造健全人格的意识,认识到人格塑造是为了实现人格优化整合,达到人格健全;最后,要掌握优化整合人格的途径,即一要择优,二要汰劣。择优即选择某些优良的人格特征作为自己努力的目标,如自信、勇敢、勤奋、坚毅、善良、正直等可作为人格塑造的依据;汰劣即针对自己人格的缺点、弱点予以改善,如自卑、胆怯、抑郁、冷漠、懒惰、任性、自我中心等。择优和汰劣往往是同步进行的。

(二)学习科学文化知识,奠定智力基础

学习科学文化知识、增长智慧的过程也是优化人格整合的过程。各学科的全面发展是人格健全发展的智力基础,因为各学科的知识同处于一个庞大的系统中,其间既相互联系,又能在各自的发展中相互迁移、相互促进。可以说,有了智力基础,人格发展的速度与质量才有保证。受应试教育的影响,许多理工科大学生缺乏人文知识,文科大学生缺乏科学精神,这对于人格的健全发展是不利的。因此,当代大学生应对科学与人文知识都有所包容与理解。

(三)参加社会实践,培养良好品质

具有创新精神和实践能力是对当代大学生的素质要求,也是健康人格的重要组成部分。学习活动可以培养人格,但社会实践活动对大学生人格塑造更具有直观的影响。社会是一个大舞台,每个人都必须接受社会生活的锻炼才能把握自己的角色,形成自己独特的人格。所以说,社会实践活动是大学生人格塑造的一个重要途径。实践证明,在大学期间参加社会实践活动的大学生多具有头脑灵活、思路开阔、独立性强、富于创造性、善于交往、自信、果断、讲效率等良好的人格特征。这些学生知识面广,社会经验丰富,毕业后大多能很快适应新的工作环境。

(四)从小事做起,培养良好习惯

人格优化要从每一件眼前的事情做起。一个人的所行往往是其人格的外化,反过来,一个人日常言行的积淀成为习惯就是人格。小事不仅有塑造人格的丰富意义,而且无数良好的小事可"聚沙成塔",最终形成优良的人格,诸如一个人的坚韧、细致,乃至开朗、热情、乐观都是长期锻炼的结果。

(五)融入集体,建立良好的人际关系

人格在集体中形成,也在集体中展现。集体是个人展现人格的平台,也是认识自我的一面镜子。首先,大学生应该接近他人、关心他人,与他人建立和谐的人际关系,了解他人需求,解决他人的困难,体察他人的喜怒。其次,大学生应该真诚地与他人交流,真诚友好而有度地开放自己,达到与他人心灵的沟通。这都是建立良好人际关系的基础。

> **延伸阅读**

乐观、坚韧、希望:人格金三角

在电影《肖申克的救赎》中,含冤入狱的安迪在黑暗的监狱中并没有沉沦,而是通过乐观的态度、坚韧的品格,以及向往自由的希望重获了自由。

乐观、坚韧、希望是人生发展中重要的人格金三角。

"一个人的性格就是他的命运。"这是古希腊哲人赫拉克特利的经典之句。人格是一个人生活成败、喜怒哀乐的根源;乐观决定幸福人生,坚韧决定成功人生,希望决定有效人生。

对于乐观,我们需要用积极的生活态度去看待世界,靠自己去获得内心的平静与幸福的心态,而不是依赖他人。人生不如意十有八九,困苦与磨难是人生常态,关键是如何化解困境,提高翻转人生的能力。同时,乐观的人善于将坏事情归为暂时的、特定的、外在

的、可控的原因。例如,乐观的人会认为数学成绩没考好仅仅是一次失误(暂时的),下次努力了就会成功(可控的),这就会为下次取得好成绩做铺垫。

坚韧性是人格金三角当中能够决定成功人生的一个核心品质。我们需要有"我可以"的信念,依靠自己的力量去寻找解决问题的方法,这便会提高成功的概率,让你感觉事事顺心。

希望是人类生活动力的源泉,它包括三个元素:目标、方法与动机。目标的确立需要是有意义的、明确的、可达成的。接着需要制定实现目标的设计思路与实施方案,并认真思考各种可能出现的困难和问题及解决问题的方法。明确规划后,就需要有较强的执行力,让高动机推着我们去实现目标。

互动活动

行为训练——增加乐观与希望的"ABCDE"模式

现在已经有很好的方法来培养乐观情绪,这个方法就是指认出自己悲观想法,并且反驳它。

下面教你如何反驳自己。一旦你意识到有悲观的想法,就要用 ABCDE 模式去反驳它:

A(Adversity)代表不好的事。

B(Belief)代表当事件发生时自动浮现的念头、想法。

C(Consequenc)代表这个想法所产生的后果。

D(Disputation)代表反驳。

E(Energization)代表你成功进行反驳后所受到的激发。

如果在不幸的事件发生后,你有效地反驳了自己的悲观想法,你便可以改变自己受事件打击时的反应,使自己变得更有朝气。

举例:

不好的事:男朋友兼职赚了第一份工资请我吃饭,但是我们整晚都在为小事争执:从消费习惯到宿舍人际关系等。

想法:我们是怎么回事?我们本来应该好好享受一下浪漫的晚餐,结果却浪费时间去吵些最不值得吵的事。我看过一篇文章说,吵架伤感情,我们会不会因为吵架导致分手啊?

后果:我觉得很难过、很失望,而且我有很惊恐的感觉,简直食不下咽。于是我把食物在盘子中推来推去,男朋友想调剂一下气氛,但我连看都不看他一眼。

反驳:或许我有点不切实际,最近我要准备一个大赛,而且期末考试就快来了,复习的时间都没有,我压力太大了,无心浪漫。但是一顿晚餐不愉快并不代表就要分手。我很爱我男朋友,他也很爱我,所以才会给我一些建议。我想是我太紧张了,我该轻松一下,下一次的晚餐一定会好一点,就把这次当作练习吧!

激发:我开始觉得好一点了,可以集中精神去听男朋友在说些什么了。我甚至告诉他,我最近学习压力很大,所以很紧张,也没有心思浪漫。我们决定把这次晚餐当成练习,下个星期再出来吃饭。一旦我们把想法说出来,两人都觉得好多了,也觉得亲密多了。

事实上,我们可以轻易反驳别人对我们不实的指责,但我们却很难反驳自己对自己的指责。因为我们总认为如果我们这样想了,它一定是真的,不是吗?

其实,当我们碰到挫折时,我们对自己说的话常常是没有根据的。我们下意识的解释往往是扭曲的,它们是一种坏的习惯思维。这种习惯思维可能来自童年时的冲突、过于严格的父母、严苛的教练等。不过因为这种想法是从我们内心生出来的,所以我们就相信它,把它当作圣旨。

它们只是些想法而已,一个人担心他会找不到工作,没有人爱他,或难以胜任工作等,并不代表他真的就是这样。你需要拉开你和悲观想法间的距离,至少要远到你可以去验证一下你的解释风格是不是太悲观了。反驳的第一步就是要检查一下我们的下意识反应是否正确,下一步便是把反驳付诸行动。

日常生活中我们可以多多练习反驳,找出五件不好的事,仔细聆听自己的想法,观察所导致的后果,并努力去反驳它,然后观察自己的精神又获得激发,因为你打败了消极的想法,最后把这些练习记录下来。其实这五件事都不是什么大不了的事,如别人没回你的电话、老师误解你了、和同学发生矛盾。请用有效的自我反驳策略去反驳它们。

从现在开始,你每天都练习一下。不要特意去搜寻不好的事,你应该就日常发生的事来做这个练习。当你听到消极的想法时,反驳它,并将它记录下来。

不好的事:＿＿＿＿＿＿＿＿＿＿＿＿＿＿＿＿＿＿＿＿＿＿＿＿＿＿＿＿＿＿＿＿
想法:＿＿＿＿＿＿＿＿＿＿＿＿＿＿＿＿＿＿＿＿＿＿＿＿＿＿＿＿＿＿＿＿＿＿
后果:＿＿＿＿＿＿＿＿＿＿＿＿＿＿＿＿＿＿＿＿＿＿＿＿＿＿＿＿＿＿＿＿＿＿
反驳:＿＿＿＿＿＿＿＿＿＿＿＿＿＿＿＿＿＿＿＿＿＿＿＿＿＿＿＿＿＿＿＿＿＿
激发:＿＿＿＿＿＿＿＿＿＿＿＿＿＿＿＿＿＿＿＿＿＿＿＿＿＿＿＿＿＿＿＿＿＿

优势大转盘

活动目的:

帮助同学充分认识和了解自己的人格优势;通过活动,让每一位学生都能悦纳自己,培养学生的自尊心和自信心;让学生学会用自己的美德和人格优势积极地生活。

活动步骤:

1. 故事导入

找到你的优势

一位老人在湖边垂钓,旁边坐着一个愁眉不展的男青年。

老人问:"为何总是这样垂头丧气?"

"唉,我是个穷光蛋,一无所有,哪里开心得起来?"青年人非常郁闷地答道。

"那这样吧,我出20万元买走你的自信心。"老人想了想说道。

"没有那点自信心我就什么也做不了了,不卖!"青年头摇得像拨浪鼓。

"再出20万元买你的智慧,你可愿意?"老人继续出价。

"一个空空的头脑什么也做不了。"男青年想都没想一口拒绝。

"我再出30万元买走你的外貌。"老人望着青年人的面容说道。

"没有了外貌活着还有什么意思,不卖。"青年人答道。

"这样吧,最后再出30万元买你的勇气,如何?"老人笑嘻嘻地询问道。

"我可不想成为一个一蹶不振的人。"青年人愤愤地欲转身离去。

老人忙挽留缓缓说道:"慢,你看,我分别用20万元买你的自信心,20万元买你的智慧,30万元买你的外貌,30万元买你的勇气,这些一共是100万元,你都没有同意卖。年轻人,你拥有着100万元,你还能说你是穷光蛋吗?"

男青年瞬间恍然大悟,他明白了,自己并不是一无所有,只是没有看到自己的优势,成天就知道埋怨命运,以至于懈于奋斗,错失了很多成功的好时机。

老师总结:其实,每个平淡无奇的生命中,都蕴藏着一座丰富的金矿,只要你肯挖掘,你就会挖出令自己都惊讶不已的宝藏来。那么你的宝藏是什么呢?

2. 优势大转盘

请同学们根据自己的实际情况,填写"我的优势卡片"。

每个人都有自己的优点和长处,那么请同学们在"我的优势卡片"(下表)上写出3种"我认为我最大的优势"。写出来之后,请同学们小组交流一下。老师随即请几位同学进行了回答。

我的优势卡片

我的优势卡片	
我认为我最大的优势	我们认为你还有的优势
1	1
2	2
3	3

老师总结:刚才的活动我们觉得既容易又不容易,有同学很容易找到自己一两处优势,而有同学甚至直接说了句"我没什么优势!"或者"不知道"。那么,同学们真的找到你身上所具有的所有优势了吗?没有优势的同学你真的就一点优势也没有了吗?现在,请你的小组同学帮你来找一找!

3. 优势轰炸

要求:6个人一组,每个人轮流被其他同学指出身上的优势,并填写在该同学的优势卡片上:"我们认为你还有的优势。"

请发现其他同学的优点,表达越准确,轰炸越有力,所以要求写具体的优点而不是套话;小组讨论后,请小组长将填好的优势卡片交给下一位同学,直到卡片回到主人手里为止。

4. 全班交流

(1) 通过活动,你是否发现你以前所没有发现的优点?

(2) 当你听到、看到同学对你优点的轰炸时,你有什么感受?

（3）你觉得他们所说的优点符合你自己吗？

通过刚才的书写和总结，我们知道要在短暂的时间里找到自己很多的优点不容易，可是大家通过合作找到的优点就很多。其实每个人身上的优点都很多，只是有些你没有发现而已。

"将自己的每一条优点都列出来，用赞美的眼光去看它们，经常看，最好能背下来。通过集中注意自己的优点，你将在心理上树立信心：你是一个有价值、有能力、与众不同的人。"

——罗伯特·安东尼

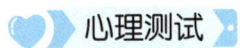心理测试

气质类型测试

下面60道题，可以帮助你大致确定自己的气质类型，请根据自己的情况在"很符合、比较符合、不太确定、比较不符、完全不符合"五个答案中选择一个适合自己的，填在后方表格内。很符合2分，比较符合1分，不太确定0分，比较不符合－1分，完全不符合－2分。

1. 做事力求稳妥，一般不做无把握的事。
2. 遇到可气的事就怒不可遏，想把心里话全说出来才痛快。
3. 宁可一个人干事，不愿很多人在一起。
4. 到一个新环境很快就能适应。
5. 厌恶那些强烈的刺激，如尖叫、噪声、危险镜头。
6. 和人争吵时总是先发制人，喜欢挑衅。
7. 喜欢安静的环境。
8. 善于和人交往。
9. 羡慕那种善于克制自己感情的人。
10. 生活有规律，很少违反作息制度。
11. 在多数情况下情绪是乐观的。
12. 碰到陌生人觉得很拘束。
13. 遇到令人气愤的事，能很好地克制自我。
14. 做事总是有旺盛的精力。
15. 遇到问题总是举棋不定，优柔寡断。
16. 在人群中从不觉得过分拘束。
17. 情绪高昂时，觉得干什么都有趣；情绪低落时，又觉得什么都没意思。
18. 当注意力集中于一事物时，别的事很难使我分心。
19. 理解问题总比别人快。
20. 碰到危险情境，常有一种极度恐怖感。
21. 对学习、工作、事业怀有很高的热情。
22. 能够长时间做枯燥、单调的工作。
23. 符合兴趣的事情，干起来劲头十足，否则就不想干。

24. 一点小事就能引起情绪波动。
25. 讨厌做那种需要耐心、细致的工作。
26. 与人交往不卑不亢。
27. 喜欢参加热烈的活动。
28. 爱看感情细腻、描写人物内心活动的文学作品。
29. 工作学习时间长了，常感到厌倦。
30. 不喜欢长时间谈论一个问题，愿意实际动手干。
31. 宁愿侃侃而谈，不愿窃窃私语。
32. 别人总是说我闷闷不乐。
33. 理解问题常比别人慢些。
34. 疲倦时只要短暂的休息就能精神抖擞，重新投入工作。
35. 心里有话宁愿自己想，不愿说出来。
36. 认准一个目标就希望尽快实现，不达目的，誓不罢休。
37. 学习、工作一段时间后，常比别人更疲倦。
38. 做事有些莽撞，常常不考虑后果。
39. 老师讲授新知识时，总希望他讲得慢些，多重复几遍。
40. 能够很快地忘记那些不愉快的事情。
41. 做作业或完成一件工作总比别人花的时间多。
42. 喜欢运动量大的剧烈体育运动或参加各种文艺活动。
43. 不能很快地把注意力从一件事转移到另一件事上。
44. 接受一个任务后，就希望能把它迅速解决。
45. 认为墨守成规比冒风险强些。
46. 能够同时注意几件事物。
47. 当我烦闷的时候，别人很难使我高兴起来。
48. 爱看情节起伏跌宕激动人心的小说。
49. 对工作抱认真严谨、始终一贯的态度。
50. 和周围人的关系总相处不好。
51. 喜欢复习学过的知识，重复做能熟练做的工作。
52. 希望做变化大、花样多的工作。
53. 小时候会背的诗歌，我似乎比别人记得清楚。
54. 别人说我"语出伤人"，可我并不觉得这样。
55. 在体育活动中，常因反应慢而落后。
56. 反应敏捷、头脑机智。
57. 喜欢有条理而不甚麻烦的工作。
58. 兴奋的事情常使我失眠。
59. 老师讲新概念，常常听不懂，但是弄懂了以后很难忘记。
60. 假如工作枯燥无味，马上就会情绪低落。

气质类型	题号														总分
胆汁质	2	6	9	14	17	21	27	31	36	38	42	48	50	54	58	
多血质	4	8	11	16	19	23	25	29	34	40	44	46	52	56	60	
黏液质	1	7	10	13	18	22	26	30	33	39	43	45	49	55	57	
抑郁质	3	5	12	15	20	24	28	32	35	37	41	47	51	53	59	

结果解释：

1. 如果某类气质得分明显高出其他三种,均高出 4 分以上,则可定为该类气质。如果该类气质得分超过 20 分,则为典型;如果该类得分在 10—20 分,则为一般型。

2. 两种气质类型得分接近,其差异低于 3 分,而且又明显高于其他两种,高出 4 分以上,则可定为这两种气质的混合型。

3. 三种气质得分均高于第四种,而且接近,则为三种气质的混合型,如多血—胆汁—黏液质混合型或黏液—多血—抑郁质混合型。

自我反思与探索

1. 自己的人格特征有哪些？
2. 其中哪些是优势特征,哪些是弱势？
3. 可以从哪些方面健全自己的人格？

完善人格

模块六
成为会学习的人——开发潜能

> 百学须先立志。　　　　　　　　　　　　　　　——朱熹
> 学习这件事不在乎有没有人教你，最重要的是在于你自己有没有觉悟和恒心。
> 　　　　　　　　　　　　　　　　　　　　　　——法布尔

本模块学习目标

1. 了解大学学习和中学学习的差异，及时转变学习方式，积极融入和适应大学学习。
2. 认识学习方法的重要性，制定适合自己的学习目标，选择适合自己的学习方法，培养良好的学习习惯，学会高效学习。
3. 正确看待考试焦虑，掌握考试焦虑的调节方法。

在人生最美好的年龄，同学们走进大学，开启了生命中最重要、最精彩、最富有决定意义的一段旅程。面对大学的学习生活，每个同学都有很多期待和思考，可能还有一些茫然和无措。然而不得不承认，很多时候，方向与努力同等重要。一个目标缺失的大学生，要么他在没有必要处花大量功夫；要么索性放弃努力。试想，一个无欲无求的人会奢望努力能给自己带来任何成果吗？怎样才能自信从容应对大学的学习方式和学业压力，本单元的知识能够给你启发。

单元一　大学学习大不同——认识大学学习

案例导入

我喜欢我选择，我选择我喜欢

高考志愿填报的失误让小胡与自己热衷的法学失之交臂。然而，大一伊始，他便为自己立下了三年后专转本后攻读法学的目标！从那一刻起，他开始了有条不紊地自学法学的旅程，图书馆里丰富的法学藏书，成了他大学生活中最宝贵的精神食粮。大三时，捷报传来，他考取了一所名校的法学专业！更令人称奇的是，他并没有舍弃自己不太热衷的本专业，他同样以优异的专业成绩荣获了学校的优秀毕业生。

点评

很多同学所学专业并非高考时填报的第一志愿，有的被调剂、有的遵从了父母的意愿，而入学后，因为对专业不感兴趣，有的无心学习自暴自弃，有的想方设法转专业，这是可以理解的。但已经选择了或被调剂到某个专业学习是既成事实（即使将来可以转专业，学校对学生转专业的人数和综合成绩也是有要求的）。那么，无论所学专业是不是自己喜欢的，都要努力认真地去学习，唤起自己对专业的兴趣十分重要。面对一个全新的领域只有积极努力地去学习、去探索，才有可能真正了解它、热爱它，才能有可能取得好成绩。

有句话说得好："只有先做自己不喜欢但应该做的事，才有资格去做自己喜欢的事。"案例中的小胡是一个自主能动学习者的成功案例。小胡在学好并非自己初衷的专业同时，深深扎根于对梦想的追求，通过高效有策略的学习方法，重新给予了自己选择的权利。其实，学习方法的内涵是非常丰富的，大到学习目标的确立、学习动机的激发、学习内容的选择、学习进度的安排、学习时间的管理，小到对学习地点、学习伙伴的选择倾向。没有放之四海皆高效的学习方法，只有适合你自己的，才是最有用的。

知识链接

一、大学学习大不同

在大学阶段，学习仍是大学生的主要任务。与中学阶段不同，大学学习有着很强的目的性、自主性与选择性，它不单纯是为了学习而学习，而是为了兴趣而学习，是为了未来而学习，为了成长而学习。更为重要的是，大学时期是每位学子们记忆力、动作反应速度最佳的黄金时期。学习，不仅是大学生未来事业的基础，更是其成长历程的关键。

（一）学习目的不同

尽管在高中阶段，相当一部分学生尚没有规划职业生涯的意识，更多是一种随大流似的使命——埋头苦学。虽然能做到"脚踏实地",但不能"仰望星空",对于他们而言,学习的目的非常纯粹,无非就是考上一个好大学。进入大学,学习的目的开始分化,有指向自我的学习目的,如找到好工作、满足兴趣、提升自我、实现个人价值等,也有指向他人的学习目的,如报答父母、不落于人后,也有回报社会等一类指向社会的学习目的。学习目的,好比大海中的一座灯塔,在茫茫海中前行的你,若没有了灯塔的指引,必将漂浮不定、无所适从。然而,有的学生在大学初期没能明确自己的学习目的,就很可能虚度四年青春。

(二) 学习内容不同

中学阶段的学习内容精、课程少。在中学阶段一般只学习十门左右的课程,而且主要讲授一般性的基础知识。而在大学里,学习内容广、课程多、难度大。大学所开设课程分公共课、基础课、专业基础课、专业课四个层次,每一个层次又由许多门必修课和选修课组成。必修课是指学生完成本专业学习任务、取得本专业学位证、毕业证书所必须学习的课程。必修课包含公共课,如大学英语、数学、思想品德修养与法律基础等,不论是哪一个专业的学生,都必须学习;还包含专业基础课和专业课,是根据不同专业的人才培养计划而确定的。选修课包括专业选修课和公共选修课,前者是针对本专业学生,而后者则是面向全校学生。

专科一年级主要学习公共课程和基础课程,二年级主要学习专业基础课和部分专业课,大三重点学习专业课和进行毕业设计、撰写毕业论文。为了全面提高学生素质,学校还开设了文化素质选修课程,学生只有按规定选修人文课程并取得相应学分后,才能毕业。

(三) 学习途径不同

高中时代,学习主要是课堂学习,通过作业、考试、辅导的形式掌握相应的知识,"足不出校"就能应对高考。然而,书本学习仅是大学学习的一部分,大学里更注重实践过程和知识的运用。因此,许多的学习内容需要在课外、校外进行,如在实验室开展实验,有的需要进行调查访谈或到相关企业参观实习。这种课堂学习和课外学习、校外学习相结合的方式,让大学生参与了更多的实践,奠定了扎实的专业基础,具备了相应的能力。

此外,随着大学里网络课程的普及化,慕课、尔雅等线上课程充分渗透大学的必修和选修课程中,学习的自主性很大。同学们应当通过信息网络工具努力拓宽知识面,既学习自然科学课程,也学习人文社会科学课程;既学习本专业课程,也学习相关专业知识;既注重知识的积累,又注重专业领域知识的更新;既注重知识数量和质量的协调,又要突出所学习专业的重点,奠定扎实雄厚的知识基础,积淀广博而深厚的文化底蕴,培养从不同的学科角度去探讨问题、综合运用多学科知识去解决问题的能力。

(四) 学习方法不同

在学习方法上,中学时期,老师教学生是"手拉手"领着教,老师安排得详细周到,不少同学养成了依赖老师、只会记忆和背诵的习惯,教师过于强调讲授,重视对学生传授理论知识,轻视学生主观能动性的发挥,轻视甚至忽视对学生实践应用能力的培养。而大学老师则是"引导式"教学,提倡学生自主学习,课外时间要自己安排,逐渐地从"要我学"向"我要学"转变,不采用题海战术和死记硬背的方法,提倡生动活泼地学习,提倡勤于思考。因此,大学教育强调学生自主学习,鼓励学生以小组的形式讨论学习,充分发挥学生的潜能,增强学生合作的意识,培养学生的独立思考能力。

（五）考试和评价方式不同

在中学阶段，教学评价方法单一，以笔试为主，造成了学生上课抄笔记、考前背笔记、考后扔笔记的现象。学生只对考试的内容感兴趣，而不是对知识本身感兴趣。在大学里，考试方法多元化，以考核同学们实际动手能力、自主学习能力和综合运用知识的能力，且不以期末考试为唯一手段，更侧重课堂表现、课后作业等平时的学习表现。

二、大学学习适应

（一）树立自主学习的理念

同学们要学会根据教学计划和自身所学专业的特点，合理确定学习目标，科学安排学习时间，掌握正确的学习方法，全面提高自主学习能力。

（二）树立全面学习的理念

学习不仅是掌握课堂知识、向书本学习，还要向实践学习、向生活学习，锻炼动手能力，提高时间管理能力，学会关心他人、尊重他人，学会与他人协作，学会按照道德准则和法律规范做人处事。在大学里，除了知识的追求，你还应该学会与人相处、学会发展、学会改变。

（三）树立创新学习的理念

创新学习是一种求真务实为基础、采取创造性方法、积极追求创造性成果的学习。在学习过程中，不仅要善于组合、加工、消化已有知识，而且要力求有所发现、有所发明、有所创造。要破除迷信、解放思想，勇敢地追求真理，掌握客观事物的发展规律，养成科学的创造性思维的习惯，为将来的工作打下良好的基础。

（四）树立终身学习的理念

"一次性学习管用一辈子"的时代已成为历史，"终身职业"也成为"明日黄花"，大学阶段所学的知识也不能包打天下。在现代社会中，终身学习与我们的生活质量和生存地位息息相关，也是一个人实现自我完善、自我提高和全面发展的必要条件。终身学习使我们能够多次的"从头再来""重新开始"，有足够的机会发展自我、完善自我，最大限度地发挥潜能。只有终身不停地吸收新信息、获取新知识、增长新本领，才能迎接日新月异、飞速发展的学习型社会的挑战。在大学阶段，同学们要学习和掌握专业知识，同时要为今后继续学习、终身学习奠定良好基础。大学毕业只是告别学校，并不是告别学习。不断学习新知识、获得新本领，是社会发展的要求。

> 延伸阅读

挖一口属于自己的井

两个和尚分别住在相邻的两座山上的庙里。两山之间有一条溪，两个和尚每天都会在同一时间下山去溪边挑水。不知不觉已经过了五年。突然有一天，左边这座山的和尚没有下山挑水，右边那座山的和尚心想："他大概睡过头了。"便不以为然。哪知第二天，左边这座山上的和尚，还是没有下山挑水，第三天也一样。直到过了一个月，右边那座山的和尚想："我的朋友可能生病了。"于是他便爬上了左边这座山去探望他的老朋友。

当他看到他的老友正在庙前打太极拳时。他十分好奇地问："你已经一个月没有下山挑水了,难道你可以不喝水吗?"左边这座山的和尚指着一口井说:"这五年来,我每天做完功课后,都会抽空挖这口井。如今,终于让我挖出水,我就不必再下山挑水,我可以有更多时间练我喜欢的太极拳了。"

我们常常会忘记把握属于自己的闲暇时间,未雨绸缪,挖一口属于自己的"井",培养自己另一方面的实力或兴趣。这样,哪怕周围环境中的"水"资源匮乏时,我们也能从容不迫,坦然应对。挖好自己的井,不要害怕改变,危机就是转机。

马拉松的获胜秘诀

1984年,在东京国际马拉松邀请赛中,名不见经传的东道主选手山田本一出人意外地夺得了世界冠军。当记者问他凭什么取得如此惊人的成绩时,他说了这么一句话:凭智慧战胜对手。

当时许多人都认为这个偶然跑到前面的矮个子选手是在故弄玄虚。马拉松赛是体力和耐力的运动,只要身体素质好又有耐性就有望夺冠,爆发力和速度都还在其次,说用智慧取胜确实有点勉强。

两年后,意大利国际马拉松邀请赛在意大利米兰举行,山田本一代表日本参加比赛。这一次,他又获得了世界冠军。记者又请他谈经验。

山田本一性情木讷,不善言谈,回答的仍是上次那句话:用智慧战胜对手。这回记者在报纸上没再挖苦他,但对他所谓的智慧迷惑不解。

10年后,这个谜终于被解开了,他在他的自传中是这么说的:每次比赛之前,我都要乘车把比赛的线路仔细地看一遍,并把沿途比较醒目的标志画下来,比如第一个标志是银行;第二个标志是一棵大树;第三个标志是一座红房子……这样一直画到赛程的终点。比赛开始后,我就以百米的速度奋力地向第一个目标冲去,等到达第一个目标后,我又以同样的速度向第二个目标冲去。40多千米的赛程,就被我分解成这么几个小目标轻松地跑完了。起初,我并不懂这样的道理。我把我的目标定在40多千米外终点线上的那面旗帜上,结果我跑到十几公里时就疲惫不堪了,我被前面那段遥远的路程给吓倒了。

山田本一说的不是假话,众多心理学实验也证明了山田本一的正确。心理学家得出了这样的结论:当人们的行动有了明确目标,并能把自己的行动与目标不断地加以对照,进而清楚地知道自己的行进速度和与目标之间的距离,人们行动的动机就会得到维持和加强,就会自觉地克服一切困难,努力达到目标。确实,要达到目标,就要像上楼梯一样,一步一个台阶,把大目标分解为多个易于达到的小目标,脚踏实地向前迈进。每前进一步,达到一个小目标,就会体验到"成功的喜悦",这种"感觉"将推动他充分调动自己的潜能去达到下一个目标。

互动活动

学习风格测验

每个人都习惯于用某种感官系统去感受世界,有的人靠眼睛洞察这个世界,有的人靠耳朵聆听这个世界,而有的人用皮肤感受这个世界。眼观、耳听、手摸,不同的人依赖不同的感官,你想知道你是哪种学习风格的人吗?哪种学习方式更适合你呢?做完这个测试,相信你会有所收获!

1. 我常以图像或涂鸦装饰我的功课。　　　　　A. 不符合　B. 说不清　C. 符合
2. 如果我没有将事情写下来,我便会遗忘。　　A. 不符合　B. 说不清　C. 符合
3. 我必须使用写下或者是地图,以找到新地方。　A. 不符合　B. 说不清　C. 符合
4. 如果有意识写下或图示一个新名字,我更容易记忆。
　　　　　　　　　　　　　　　　　　　　　　A. 不符合　B. 说不清　C. 符合
5. 考试时,我能够从笔记或书中,汲取图标信息应试。A. 不符合　B. 说不清　C. 符合
6. 如果没有看见演说者的脸,我便很难去听他说什么。
　　　　　　　　　　　　　　　　　　　　　　A. 不符合　B. 说不清　C. 符合
7. 在教室里,我会因为室外人的移动而转移注意目标。
　　　　　　　　　　　　　　　　　　　　　　A. 不符合　B. 说不清　C. 符合
8. 我比较喜欢用大量的幻灯片或是图片学习。　A. 不符合　B. 说不清　C. 符合
9. 当我买一个新电器时,我比较喜欢先阅读说明手册。
　　　　　　　　　　　　　　　　　　　　　　A. 不符合　B. 说不清　C. 符合
10. 我能够边学习边听收音机,但不能边看电视边学习。
　　　　　　　　　　　　　　　　　　　　　　A. 不符合　B. 说不清　C. 符合
11. 即使从容不迫地书写,但我手写的字并不整齐。A. 不符合　B. 说不清　C. 符合
12. 当我阅读时默读或者朗读,能读得更好。　　A. 不符合　B. 说不清　C. 符合
13. 如果有人给我指路,我会更容易找到一个新地方。A. 不符合　B. 说不清　C. 符合
14. 我比较喜欢用简报的方式取代写文章来交课堂作业。
　　　　　　　　　　　　　　　　　　　　　　A. 不符合　B. 说不清　C. 符合
15. 当我做决定的时候,与别人商量会帮助我做决定。A. 不符合　B. 说不清　C. 符合
16. 有时候我会弄混一些很像的词。　　　　　　A. 不符合　B. 说不清　C. 符合
17. 相同的内容,我比较喜欢听的胜过读"它"。　A. 不符合　B. 说不清　C. 符合
18. 我比较喜欢有大量讨论与客座讲者的课程。　A. 不符合　B. 说不清　C. 符合
19. 当我买一个新电器时,我喜欢别人告诉我如何使用。
　　　　　　　　　　　　　　　　　　　　　　A. 不符合　B. 说不清　C. 符合
20. 我会因为咳嗽、小声说话或是椅子响而分心。A. 不符合　B. 说不清　C. 符合
21. 我能够在没有说明与指导的情况下完成事情。A. 不符合　B. 说不清　C. 符合
22. 如果能够动手做,我可以学得更好。　　　　A. 不符合　B. 说不清　C. 符合
23. 听完或读完某人的文章后,我可能买下其光盘或书。
　　　　　　　　　　　　　　　　　　　　　　A. 不符合　B. 说不清　C. 符合
24. 当拼写字时,我就写下这个字所有可能的拼法。A. 不符合　B. 说不清　C. 符合
25. 如果有大量的休息,我会学得更好。　　　　A. 不符合　B. 说不清　C. 符合
26. 当我起身绕一绕时,有助于我念书或回答问题。A. 不符合　B. 说不清　C. 符合
27. 我四处绕绕就能够在新环境找到我要去的地方。A. 不符合　B. 说不清　C. 符合
28. 我喜欢大量进实验室实验或实地田野考察的课程。
　　　　　　　　　　　　　　　　　　　　　　A. 不符合　B. 说不清　C. 符合
29. 学习新实验时,我喜欢询问他人找出方法解决。A. 不符合　B. 说不清　C. 符合

30. 当我在说话时会大量使用手势。　　　　A. 不符合　B. 说不清　C. 符合

计分方式：

选 A 计 1 分,选 B 计 2 分,选 C 计 3 分

第 1—10 题:视觉型;第 11—20 题:听觉型;第 21—30 题:操作型

当你完成了这 30 题后,将每一部分 10 题的答案加在一起。分数最高的那一个类型就是你所倾向的学习风格。

如果你在某两种或三种类型的测试中是持平的或基本持平,说明你在这两种或三种类型上是一个综合性的。

1. 视觉学习型

你的特点:你属于善于运用视觉来学习的一群人,眼睛是你获取知识的最佳媒介,但也是最容易让你受到干扰的一个部分,你的视觉比其他人都较灵敏。因此,从事运用视觉部分的学习,你会更得心应手。

学习技巧：

(1) 使用书签、笔记等视觉明显物品来强化记忆。

(2) 使用组织性图像的方式如表格或画简图来记笔记。

(3) 在回答短文式的问答题时,能够写下或画出大纲。

注意事项:避免一些容易受干扰的地方(如教室前排、避开窗户与门、与课程无关的布告栏或地图前)。

2. 听觉学习型

你的特点:你是善于运用耳朵来学习的一群人,听觉是你学习的最佳媒介,但也是让你特别容易受到干扰的部分,由于听觉神经比较灵敏,因此运用听觉部分学习是你的强项。

学习技巧：

(1) 要善用口语的互动,如用口述的方式复习功课,大声或小声地复习。

(2) 将重点录音下来反复播送。

(3) 用口语叙述课文中的插画图表来增加记忆。

(4) 口述的方式来记下功课问题及解决方式。

(5) 在安静的地方读书。

(6) 使用记忆术来编码以增进记忆。

(7) 考试时默念考题的指示。

(8) 使用口语互动的方式来增强动机及自我监控。

注意事项:要避免音乐电视对话等的干扰以及坐在靠近门窗等容易有杂音之处;座位安排要避开吵闹喧哗的同学。

3. 操作学习型

你的特点:你是喜欢动手做的一群人,能够实际操作会是你学习的最佳助手,因此运用实践学习是你的强项。

学习技巧：

(1) 上课时要直接参与操作。

(2) 读书或解决问题时可以加上身体上的活动。

(3) 读书时要安排一定的休息时间。
(4) 读书时善用五官知觉。
(5) 用教导他人的方式来复习功课。
(6) 用现实生活的经验来联结新学的信息。
(7) 口述重点,简洁切题。
(8) 用画组织图的方式来编码以增进记忆。

注意事项:要避免摘要冗长又复杂的指示,没有指示就开始工作,只用翻阅的方式来复习功课,长时间不间断地读书。

单元二　大学学习适应的偏差及调适——常见学习问题

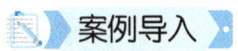

上大学是为了什么

上大学前,以为大学是天堂,可是当我真正进入大学后,发现大学其实跟想象的完全不同。下学期就大三了,感觉前途一片渺茫。已经两年了,我在大学里学到了什么?我不知道。早上,心情好的话就上课去,心情一般或者懒得去的时候,就旷课。然后呢,找个网游玩,只要学校不断网,我不下线,让自己麻木在虚拟游戏中。我每天脑子里想的不是学习,不是为了将来,我每天想的是如何在游戏世界里称霸,如何在同学面前很有面子!我知道这种生活太堕落了,可我不知道如何改变,也没有动力去改变。谁能告诉我,上大学到底是为了什么?

——大二　可可

点评

这位同学的空虚、迷茫与困惑并非个例,甚至在大学里是普遍存在的。除了不得不去的上课(有的甚至经常性旷课),大部分时间都是宅在宿舍睡觉、玩游戏,吃饭点外卖,过着宿舍—教室两点一线的生活。

新生入学后,一方面是在高度紧张的高考后,期望能够放松自己;另一方面是不能适应新的学习压力,导致厌学情绪的产生,失去学习目标。由于没有学习目标、学习计划和足够的行动力,现状很难改变,焦虑和内疚的情绪也随之产生。

因此在大学生活中,尽快确立新的学习目标尤为重要。目标是激发人的积极性、产生自觉行为的动力。人一旦没有生活目标,就会意志消沉、浑浑噩噩。高尔基说过:"一个人追求的目标越高,他的才能就发展越快,对社会就越有益。"

不恰当的学习动机

小李自述:我是一位来自农村、家庭经济困难的大学生,学业成绩一直非常优异。上大学后,忽然感到心中茫然,学习没有动力,生活没有目标,有时候想到辍学在家的妹妹和年迈的父母我也恨自己不争气,可我的确找不到学习的动力,学习上得过且过,生活上马马虎虎,盲无目的,上课打不起精神。我不是因为喜欢上网而荒废了学业,而是因为实在没劲才去上网聊天打游戏,我如何才能摆脱这种状态?

小刚自述:我今年已经大三了,一直优秀的我一向对自己要求很高,当然这也与家庭的期望有关,父母都是具有高级职称的知识分子,在他们的言传身教下,我从小就知道努力与奋斗。在大学,我进行了认真细致的生涯设计,一步一个脚印向前走,成绩要拔尖,大二英语过六级,计算机过二级;大三入党;与此同时锻炼自己在各方面的能力。于是,在大学我像一只陀螺飞速运转着,珍惜大学的分分秒秒,因为我相信:付出总有回报。可慢慢地,我发现离自己的目标越来越远,我忽然怀疑起自己的学习能力,我感到自己在学习上的优势在消失,甚至多年积累的自信也受到挑战。对未来,我忽然担心起来,我该怎么办?

点评

从上述两个案例可以看出,这两位同学都因为学习动机不当而产生了心理困惑。不同之处在于,小李是由学习动机不足,而小刚则是因为学习动机过强。

心理老师在与小李沟通后了解到她学习动机不足的原因有:学习目标不明确、对所学专业不感兴趣、对新的大学环境不适应、缺乏学习意志、缺乏科学的学习方法等。由此导致他表现出对学习的懒惰与厌恶、学习中无满足感和成就感、学习时注意力易分散等。

而小刚的学习动机过强表现为迫切希望自己在短时间内就大幅提高学习成绩,常为短时间内成绩没有提高而苦恼,为了及时完成作业宁愿废寝忘食、通宵达旦,为了学习而放弃了许多感兴趣的活动,如体育锻炼、看电影、逛街、交际等。从心理层面分析,小刚的期望值过高,争强好胜,对成绩、奖励、荣誉过于看重,出于一定的补偿心理,希望通过成绩来找回自尊,弥补其他方面的不足。

小刚出生于知识分子家庭,实际上很多来自贫困家庭的寒门学子都抱有"只有靠好成绩,才能出人头地,才能改变家庭命运"的不合理信念,导致他们有着过高的成就动机,一旦失败,容易产生挫败感而陷于自责之中。

知识链接

一、大学生常见学习心理偏差——学习目标的缺失与调适

(一)学习目标的缺失

美国的戴维·坎贝尔说过:"目标之所以有用,是因为它能帮助我们从现在走向未来。"学习目标是学习活动的出发点和归宿,明确学习目标是大学生学习的战略前提,是提高学习积极性、自觉性和效率的关键。

有研究表明,当代大学生中没有明确学习目标的个体占到了总数的80%,人数之多不得不令人深思。大学生学习目标的缺失,的确已是一个普遍存在的问题。经过了炼狱般高中生活,离开了父母,没有了应试压力,很多人觉得到了大学总算可以卸下包袱,大学成了"轻松""自由""不受约束""享受"的代名词,又谈何目标呢?也有许多学生走入大学校园前,对学校的环境、条件、师生关系、人际氛围以及未来前景都怀有一种美好的憧憬,但入学后却发现理想和现实差距比较大,因而感到苦闷和迷茫,找不到人生的目标。

没有学习目标的人会怎样度过大学时光?他们选择在大好时光中蹉跎岁月,等发现应该学习充实一下自己的头脑时,最好的学习时机早已在游山玩水、打牌饮酒、谈情说爱、睡懒觉和让人不可自拔的游戏中消失殆尽了……直至临近毕业才感叹:"如果时光能够倒流,我会选择另外的方式度过大学生活。"

(二) 学习目标的规划

规划学习目标,需要根据对所学的专业在未来就业时的发展趋势进行预测,以及根据未来企业需要什么样的人才而对大学学习生活进行设计,有计划地获得自己所需要的知识和能力。进行大学学习目标的规划,是个人职业生涯发展道路的一小步,却是很关键的一步。进行目标规划,不妨参照以下几个步骤,循序渐进地展开。

1. 树立目标规划的意识

你是否觉得现在的大学生活没有什么意义呢?你是否觉得每天都在忙碌,却没有收获呢?你是否觉得,自己总是比别人慢半拍呢?你是否觉得应该利用大学宝贵的时间和有限的资源做点什么呢?你有没有想过改变自己的现状呢?有没有想过你的未来在哪里呢?

如果你的回答是"Yes",那么你已经开始对现状不满,已经产生了目标规划的意识了。产生规划意识是开始进行大学生活规划的开端。

2. 认识自我

俗话说,"知己知彼,百战不殆"。通常,我们可以比较容易地以一个旁观者的身份,站在客观、公正的立场去看待和评价他人他事,但对于自己,很多人穷尽一生都难以参透。在这里,不妨问自己几个问题:"我是谁?""我从哪里来?""我要到哪里去?""我最擅长的是什么?我该如何发挥这些优势?""我的弱势在哪里?如何避免?"回答完这些问题,其实就是你认识自己的过程。通过认识自己,最终要明确的问题是"你想干什么?""你能干什么""环境允许你干什么",以此为自己制定出合理的学习目标和学习规划。

3. 设定一个切实可行的目标

这是整个目标规划中最难把握的一步,直接关系到大学生活的整体规划,关系到在大学期间取得成绩的大小。在确立目标的过程中一定要慎重,目标的设定不可过大或过小,应该量力而行。目标过大显得空洞,容易使人失去信心,而且没有可操作性;目标过小又会显得琐碎、太简单,完成后也没有成就感。简单地说,大学里的学习目标就好比是你要摘得的树上的果子,它并不是你伸手就能轻而易举触及的,也不是树上结的最高的那一个,而是具有一定高度,摘取它也有一定难度,需要努力地跳几跳才能摘到的,但这些困境能恰到好处地激发出你的动力和潜能。在到达一个全新的高度后,你才能够以更高的姿态去放眼未来的人生目标。

4. 拟订方案

拟订方案的核心部分就是要进行"目标的分解",也就是将长远目标进一步细化为中长期目标、短期目标。这样分阶段完成目标,既能时常获得满足感,又能在每一阶段后保有同样的激情去迎接下一阶段的挑战。

5. 执行方案

方案制订了就要认真实施,一丝不苟。人都是有惰性的,执行目标最大的阻碍就来源于惰性。为此,你可以试着按以下方式去做,最大限度地与懒惰作抗争。

(1) 为自己设置完成期限,并建立奖励机制,鼓励自己完成任务。

好的行为结果需要有强化才能更好地保持下去,当你的挑战获得了阶段性成功后,别忘了给自己一些小小的奖励。

(2) 执行单一任务,避免多任务并行。

人的精力毕竟有限,当我们忙得焦头烂额时,往往发现这些事并非对自己是最重要的,很多事同时进行的后果往往是一事无成。不妨"一次只做一件事",但每做一件事你都要竭尽全力,这样你在每件事上的胜算大增,目标方案的执行更有效率。

(3) 将自己最感兴趣的事留到最后。

我们都有这样的感受:做自己喜欢的事情时,心情愉悦,速度比较快,似乎这些事情在不知不觉中就完成了;而那些不喜欢的事情,往往拖到最后,心情一下跌落深渊,开始磨磨蹭蹭,思维迟钝,效率低下。事实上,学习目标中的许多任务是我们不太喜欢或不感兴趣的。许多人,每当他们做完自己喜欢的事情后,对先前立下的种种豪情壮志再也提不起精神来,目标执行的步伐渐行渐缓,于是,他们一再为自己放低标准,成了"常立志"之人。而能坚持到最后的胜利者,往往是"立常志"之人,他们执行目标方案时有一个特点,把最感兴趣之事放在最后做,虽然只是调整了一下顺序,但效果却截然不同。在做不感兴趣的事情的时候,因为想着后面有如此激动人心的任务等待着自己,于是,枯燥乏味的学习目标任务也成了乐事。

(4) 计划的修订与调整。

要学会调整,一味地只是蒙头前进而不检查前进方向是否正确是很危险的。随着时间的推移,你的计划应该根据具体情况及时修订,要不断地进行阶段性的反省,查看你的阶段目标是否达成,是否出现过什么问题,能从中得到什么教训,计划将做出什么调整等。

(5) 目标的检查。

目标检查的过程,也就是你反省、思考的过程。在计划的执行过程中要对制定的目标进行核对,看其是否完成、完成情况如何,评估当前状态与目标的距离,并给予一定的奖励或惩戒措施,以便在规定期限内更高效地实现学习目标。

二、大学生常见学习心理偏差——学习动机的不当与调适

(一) 学习动机不足的调适

1. 学习动机的培养

从学习动机的性质来分,可分为外部学习动机和内部学习动机。前者由外在诱因,诸如社会的要求、考试的压力、父母的奖励、教师的赞许、伙伴的认可、评优秀学生、获得荣誉

称号和奖学金、求得理想的职业、追求令人向往和称羡的社会地位等激发起来的,表现为心理上的压力和吸引力;后者是由学习者对学习的需要、兴趣、求知欲、理想、信念、人生观、价值观及其自尊心、自信心、责任感、义务感等内在因素转化来的,具有更大的积极性、自觉性和主动性,对学习活动有着更大、更为持久的影响。由于外部学习动机是通过激发内部动机来发挥作用的,因此,学习动机的培养关键在于内部动机的形成。

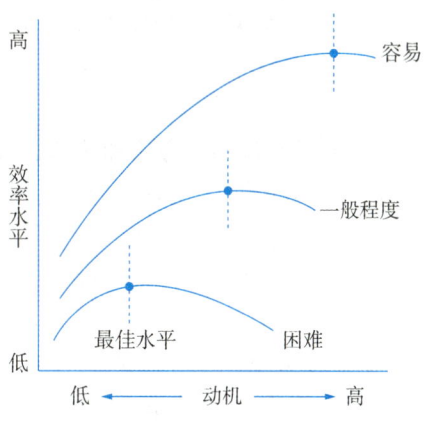

耶克斯-多德森定律

2. 学习动机越高越好吗

学习动机是推动学生进行学习活动的内在原因,是激励、指引学生学习的强大动力。心理学中的"耶克斯-多德森定律"揭示了学习动机与学习效率的关系。

如图所示,学习任务的难度一定时,学习动机与学习效率间并非简单的线性关系,而是呈现出"倒U型"。对于容易的学习任务,需要增强学习动机才能收获最高的学习效率;随着任务难度的增加,为了维持最高的效率水平,应适当降低学习动机。

所以,学习动机并非越高越好。对于中等难度的学习任务而言,学习动机较弱及过高时的学习效率都是不理想的,而中等程度的动机激起水平对学习具有极佳的效果。

(1)远大的理想和抱负,会使学习具有稳定和持久的动力。

我们未必要成为一个在各方面都很成功的人,但我们可以去做一个有远大理想和抱负的人。无论理想伟大或渺小,能为之不懈地奋斗,我们努力过便无怨无悔。当你有了自己的理想和抱负时,就会感到周身有一股神奇的力量召唤着你不断前行,这便是你不竭的动力来源。

(2)减少与学习无关的活动,并将这些活动作为"强化物"。

问问自己"做什么会让你感觉高兴、舒服?"也许你会回答"听歌、逛街、美食、游戏……"再问问自己"这些让你感兴趣的事影响到你的学习了吗?"如果你的回答是肯定的话,那么你在与学习无关的活动上耗费的大量精力已经让你对学习丧失了动力。进行休闲娱乐活动无可厚非,但如果一个人的生活中全部是娱乐,也许的确很有"意思";相反生活中全部是学习,也确实是一件有"意义"的事。但若生活中只剩下了有"意思"或有"意义"的事,并不是理想的境界,我们希望能够追求学习生活的一种"意境",即在"意思"与"意义"中寻求一种平衡。比较恰当的方式是把"有意义之事"作为学习生活的主旋律,"有意思之事"作为学习的"强化物",在做完有意义的事后再做有意思的事,作为对自己的奖励。

(3)掌握学习方法,提高学习效率,增强学习动机。

学习方法正确,往往能收到事半功倍的成效。在大学学习中要把握住的几个主要环节是预习、听课、复习、总结、记笔记、做作业、考试等,这些环节把握好了,就能为进一步获取知识打下良好的基础。除了以上主要环节之外,在学习过程中还要把握以下两点。

①完善知识结构。所谓合理的知识结构,就是既有精深的专门知识,又有广博的知识面,具有学业发展实际需要的最合理、最优化的知识体系。李政道博士说:"我是学物理

的,不过我不专看物理书,还喜欢看杂七杂八的书。我认为,在年轻的时候,杂七杂八的书多看一些,头脑就能比较灵活。"大学生要建立合理的知识结构,要防止知识面过窄的偏向。

②要讲究读书的方法和艺术。大学学习不光是完成课堂教学的任务,更重要的是如何发挥自学的能力,在有限的时间里去充实自己,选择与学业及自己兴趣有关的书籍来读是最好的办法。学会在浩如烟海的书籍中选取自己必读之书,就需要有读书的艺术。首先是确定读什么书;其次对确定要读的书进行分类,一般来讲可分为三类,第一类是浏览性质,第二类是通读,第三类是精读。正如培根所说:"有些书可供一赏,有些书可以吞下,不多的几部书应当咀嚼消化。浏览可粗,通读要快,精读要精。"这样就能在较短的时间里读很多书,既广泛地了解最新科学文化信息,又能深入研究重要理论知识,这是一种较好的读书方法。

(4) 学习动机的自我激发。

①大学生应当居安思危,学会自我竞争,以"昨天的我"为标准,向"明天的我"发起挑战,不断超越自我。

②班杜拉的社会学习理论指出,人类的大多数行为是通过榜样作用习得的,通过观察榜样的行为可以习得从事新行为的观念。试着从周围的同学中寻找你所钦佩的、适合的榜样人物,以他作为激励自己学习的动力。

③加强与同学间的讨论、交流,发动他们督促自己的学习,从他们的反馈中获得自信,增强学习动力。

(二) 学习动机过强的调适

1. 建立正确的认识模式

学习动机过强的大学生要认识和调整不现实的学习观,找出自身关于学习的不合理信念,特别是要改变努力与成功有必然关系的错误认识,如"只有努力才能成功""我付出了努力,我必须获得成功""别人可以失败,我必须成功""一旦学不好,就什么都完了"等。建立正确的认知模式,学会调整自己,并把关注点聚集在学习活动过程中,注重学习过程中的主动参与和亲身体验。

2. 设置合理的学习目标

合理的学习目标能够使学习任务具体化、系列化。合理学习目标的确定受多种因素的制约和影响,比如,个人兴趣爱好、能力以及自己现有的主观条件等。在确立学习目标时,应该注意从个人的实际出发,将相对宽泛的总体目标分成多个具体的子目标,将一个长远目标分成多个近期子目标,使目标分层渐进、简便易行并具有可测性。

3. 进行恰当的自我评价

学习动机过强的大学生应该结合自我反思、家人评价、老师评价、同学评价等对自己的能力和水平做一个客观评价,正确认识自我,制订符合自己实际情况的学习计划,脚踏实地、循序渐进地进行学习,以避免好高骛远。

4. 以宽容的心态对待自己

动机过强的大学生,往往是对自己要求过高,且对自己过于苛求,患得患失。在大学学习中,自尊心很强而能力不足的大学生最容易产生高压力、高焦虑。所以对于动机过强的学生而言,应适当调整自己的抱负和期望水平,以宽容的心态对待自己,降低对学习成败的敏感度,保持情绪的稳定;同时积极参与各种校园文化活动,注意培养自己多方面的兴趣爱好。

延伸阅读

李恕权的目标倒推法

李恕权是一位知名艺人,著名美籍华人歌手。当时李恕权是格莱美奖史上唯一被提名的华裔流行歌手,也是唯一打入 Billboard 杂志排行榜的华裔歌手。曾荣获"全美十大杰出青年"之殊荣,1992 年甚至荣登全美之"世界名人录"。

为什么他能够获得这么大的成功?主要原因其实是来自 19 岁时的一段奇遇。

当时李恕权一边就读于休斯敦大学主修计算机,一边在休斯敦太空总署打工,由于对音乐的热爱,稍有空档他总是把所有的精力放在音乐创作上。

当时和他搭档写歌词的是一位 19 岁的女孩,名字叫薇乐莉。薇乐莉个性朴实、待人诚恳,外人绝对看不出来她的家族竟然是德州知名的石油大亨,拥有庞大牧场,极为富有。

因为这样的背景,薇乐莉从小就从长辈的言行中耳濡目染,学习到成功者的成功模式。她的一句话"Visualize what you are doing in 5 years?"(想象五年后你在做什么?)改变了李恕权的一生。

李恕权从来没有想过这个问题,他沉思了几分钟,然后告诉薇乐莉:"五年后我希望能发行一张很受欢迎的唱片,得到许多人的肯定。而且,我要住在充满音乐的地方,能够天天跟世界一流的乐师工作。"

接着薇乐莉用一个奇妙的方式把这个目标倒推回来,就好像她非常清楚事情是如何发生的。

她说:"如果第五年,你要发行唱片,那么第四年一定是要跟唱片公司签约。第三年一定要有一张完整的作品,可以给很多唱片公司试听,没错吧?那么第二年,一定要有很棒的作品开始录音。也就是说,你第一年就一定要完成所有作品的编曲。"

"再往下看,你第六个月就要把那些没有完成的作品修饰好,可以进行筛选。你的第一个月就要把目前这几首曲子完成。你的第一个礼拜就是要先列出一整个清单,看看哪些歌曲需要修改,哪些可以完工。"

经过年轻的薇乐莉的一番分析之后,李恕权需要做哪些事情就非常清楚了,他按照这些规划认真去执行,想不到往后的发展果真如薇乐莉所说的一一发生了!

"清楚知道自己想要什么,一步一步去实施,在期限内完成",成功者都是这样实现他们的理想的。

互动活动

超 效 方 法

一、活动目的

引导学生对自身的时间管理有一个全面认识,并学会发现学习的最佳方法。

二、活动材料

宽 1 厘米、长 1 米的纸条每人一张；A3 纸每个小组两张；笔每人各一支；彩笔每个小组若干。

三、活动关键词

时间管理；人生目标；学习计划。

四、活动步骤

步骤 1：成员分组

找出某个学科学习成绩相对其他学科比较擅长的同学，并按学科均匀分成几个学科小组。其他同学根据自己的意愿加入相应的学科小组。

步骤 2：撕纸条

时间对于我们每个人是公平的，这张 1 厘米宽、1 米长的纸条就是我们一天的 24 小时，让我们来回顾一下，我们通常是怎样度过这每一天的。现在请大家随老师的提示撕纸条，并在撕下的纸条上表明时间。

老师提示：撕去你睡觉、吃饭、与家人同学聊天、看电视、上下学路上、锻炼身体的时间等。

步骤 3：对比反思

撕到这里，我们看看自己手中剩下多少，也可以看看周围同学的，能说说这剩下的纸条你还用来做些什么呢？在刚才的撕纸条过程中你有什么发现和想法，与组内的同学一起交流。

步骤 4：时间馅饼

那么你每天是如何安排自己的时间的？请大家把自己每天大致进行各种活动所用的时间画一个饼图，并在组内两两分享自己的饼图，看看别人和你的安排有多大的差别，尤其是你平常很羡慕的那位同学。

步骤 5：最佳馅饼

现在请每个小组的同学根据一日 24 小时设计一个最佳时间规划饼图，其中要包括学习、娱乐、休息等时间。

步骤 6：学法秘诀

现在请各小组的同学搜寻一下本学科的 10 大学法秘诀，每个组讨论 5 分钟。请每组派一个代表上来分享你们的成果。

(1) _____

(2) _____

(3) _____

(4) _____

(5) _____

(6) _____

(7) _____

(8) _____

(9) _____

(10) _____

步骤 7:问题讨论

讨论从今天的活动中你得到了哪些收获,对改善自己的时间管理和学习方法有何打算。

单元三　考试焦虑我不怕——从容赴考有信心

我怕考试

小丽是大一的学生,她找到心理中心的老师,自述如下烦恼:我在高中时学习一直稳居前五名,进入大学后,虽然一直很努力,但是大学第一学期期末考试只考了班里第 15 名。我发现比我成绩好、能力强的同学大有人在,我觉得自己一无是处,失落、自卑、焦虑困扰着我,我常常觉得头疼、胸闷、心悸,有时整晚睡不着觉,整天疲惫不堪。马上又要期末考试了,可我始终不能集中精力复习,白天没有食欲,晚上也经常睡不着觉,一想到考试的情景还有考不好的后果,心里紧张得不得了,已经无心好好复习了。心情糟糕的我最近还常为鸡毛蒜皮的事和同学发生争执。

点评

案例中的小丽出现了一定程度的考试焦虑,表现在身体、情绪、学习、社交等方方面面。小丽觉察到自己的焦虑状态已经较大程度影响了自己的学习、生活,且自己无法应对,于是主动来到心理健康中心寻求专业帮助。

考试焦虑怎么办

心理老师与小丽共同分析探讨了她考试焦虑的形成原因,主观原因包括考前准备不充分——平时不认真学习或学习方法不正确,没有真正掌握知识;成就动机过强——总期望自己处于领先地位,害怕失败和落后;自我效能感低——对自己缺乏信心;敏感、好强的人格特质以及脆弱的心理素质。此外,还有来自家庭、学校、社会的客观原因:家长对孩子的要求太过严格,期望值过高,独断专行盲目给孩子制定目标,如考证、拿奖学金、入党等,导致小丽对学习和考试产生厌倦情绪,加剧考试焦虑。

接下来的几次心理咨询,心理老师首先引导小丽接纳自己的焦虑状态,接纳自己的不完美,改变自己对考试和考试结果的不合理认知,并通过放松、冥想、系统脱敏等方法帮助小丽逐步缓解焦虑情绪。

需要强调的是,并不是所有的考试焦虑都是异常的,轻度的焦虑、紧张可以改善个体的功能水平,是多数同学能够应对或承受的。只有严重的焦虑才会产生抑制效应,对身体有害,需要寻求专业的心理支持。

> 知识链接

一、考试焦虑的表现

焦虑、紧张是广泛存在的正常现象,是人体面对威胁时的一种保护性反应,能够提高人们应对威胁的能力。每逢考试,尤其是一些重大的考试,相当一部分学生就会出现情绪紧张、心慌意乱、坐卧不安、头痛、失眠、食欲不振,这些都属于考试焦虑的表现。一定程度的考试焦虑恰恰有助于考前复习和考试发挥,然而,若焦虑水平过高,势必导致考试时紧张过度、思维混乱,从而影响正常水平的发挥,有的甚至大失水准。考试焦虑通常表现在以下几方面。

(1)躯体表现:出现呼吸困难、呼吸加快、心慌、胸闷、恶心、呕吐、口干、面色苍白、出汗、手脚发凉、尿频尿急、失眠等症状。

(2)情绪表现:紧张、担心、焦虑,总是担心不好的事情发生,甚至出现恐惧心理,严重焦虑发作时会有濒死感。

(3)认知表现:过分重视考试的结果,担心自己能否通过考试,是否会失败,总想过去的失败经验,容易想到与考试无关的事情,注意力、记忆力、思维的灵活性受到损害。

(4)行为表现:拖延,考试前不主动复习,能拖则拖;逃避,考试来临,无故不参加考试;运动不安,常在焦虑严重的学生中出现,表现为坐立不安,小动作增多。

二、考试焦虑的成因

明明已经做了很充分的准备,并不是"临阵磨枪",为什么我们还会不由自主感到焦虑呢?考试焦虑背后可能有以下几种主要成因。

(一)将注意力集中在可能的坏结果会导致我们对即将到来的考试充满恐惧

考试前不停地想"我考得不好挂科了怎么办""成绩不好会被父母批评"等,这些坏结果在脑海中"滚动播放",会不停唤起我们的负面情绪,导致我们难以专注精力做好当下的考试复习。

(二)如果事件的不可控性较高,我们对结果的掌控感会降低,焦虑情绪由此产生

你有没有过这样的经历?精心复习准备考试,踌躇满志地走上考场,却遇到一些掌控范围之外的突发情况,如考试题目的难度和内容难以预料、考试时突然身体不适、考场中出现干扰噪声……这些突发情况都会影响到考试发挥。而事件不可控性高就意味着结果充满着不确定性,从而引发焦虑。

(三)对焦虑的负面认知会让我们形成"情绪滚雪球效应",加重其负面影响

焦虑本身不可怕,害怕焦虑才会让焦虑变得可怕。当我们察觉自己处于焦虑中时,第一反应是什么呢?是不是"糟糕!我好像很焦虑"或者"我又开始焦虑了!这可怎么办"?于是,我们开始想各种办法让自己停止焦虑,可是这反而让自己更焦虑了,还可能因为无法停止焦虑而感到挫败、自责:"我为什么总是那么容易焦虑?"

三、考试焦虑的心理调适

考试焦虑本身并不完全是坏事,也不可怕。我们要明白,适度的焦虑可以激发人的学

习动力和应对能力,有助于提高专注力、警觉性,从而在考试前更加努力地备考和准备。而且,焦虑也是一种人类自我保护机制,有助于我们意识到重要性并采取适当的行动来面对挑战。只要能够采用适宜的方式与它相处,事情就会大大不同。

针对考试焦虑不同的成因,我们可以分别采取一些方法来应对。

(一)总想到考试的坏结果——试试写下内心的恐惧

在考试焦虑时,我们脑海里可能会有一些担忧或恐惧的念头,如不确定自己能否考得好,担心自己成绩下滑甚至挂科,害怕辜负家长的期待甚至受到责备……

将自己担心的事情写下来,越具体越好,这样我们就做到了第一步:直面自己内心的恐惧。接下来我们可以想一想:即使这些事情真的发生了会怎么样?例如,考得不好会被家长责备,被家长责备这件事上有什么非常糟糕、不敢想象的事情?这件事是什么部分让我们无法接受?或者多在心里问自己几次"如果被家长责备,那能怎么样呢"。

如此一来,我们可能就会意识到,是我们自己把担心的事情灾难化了,实际上这件事并没有自己想象的那么可怕,我们不需要强烈担心或恐惧。

(二)对考试缺乏掌控感——通过情景预演增加掌控感

1. 模拟考场

我们面对考试产生的焦虑可能很大一部分来源于对考试的不确定性,于是常常因为不确定性而感到恐慌。

这时候最简单的办法就是模拟考场——找一个正式而安静的环境,如自习教室或图书馆,严格按照考试要求和流程完成一套题目。甚至可以给自己安排一些"突发状况"以提升自己的临场应变能力。

这样适应下来,真正考试时你或许就会觉得很熟悉、很轻松。模拟考场让我们在外界环境上熟悉考试,减少不确定性带来的焦虑。

2. 冥想考试过程

冥想考试过程也是一种很简单有效的方法。在考试前一段时间或考前一两天晚上,假如你突然陷入焦虑,也许你可以躺在床上进行关于考试过程的冥想。想象考试那天很顺利,想象每个考试过程,从走入考场,看到试卷,还有考得非常好等细节,越细腻越真实越有效,细化到眼耳口鼻手,启动内在感受力,让各类感觉器官有真实体验感。焦虑程度越大,你可以越早、越多地做此练习。

(三)对考试焦虑本身害怕——改变对考试焦虑的认知

1. 认知重评——把焦虑看成兴奋

考试带来的焦虑其实和兴奋的生理状态很像,因此我们可以尝试换个思路重新解读焦虑:"我很在意这次考试,我现在很兴奋、跃跃欲试,仿佛整个人被考试激活了。"哈佛大学商学院的心理学家艾莉森·伍德·布鲁克斯通过研究发现,仅仅把焦虑贴上兴奋的标签,也可以显著影响信心水平和表现。她在一系列的实验中分别让受试者完成公共演讲、唱歌、做数学题等让人紧张的事情。在各项实验中,当受试者把他们的焦虑情绪定义为激动、兴奋时,他们的表现会出色很多。

2. 增加正向情绪——给情绪做加法

在备考的压力环境中,出现负面情绪是正常的,我们常见的思路是做减法——消减负面情绪,时常反而会因为做不到而更沮丧。其实我们可以打开思路,给情绪做加法,增加消极情绪和积极情绪，也许会有出乎意料的效果。例如，当你焦虑时，不妨将焦虑水平放大到最大程度，让自己多次长时间地待在这种巨大的焦虑情绪中，慢慢你会觉得反而放松了很多；另外，你也可以试着增加积极情绪，当你完成一个小目标、获得一项小成就时，请大胆鼓励自己！例如，当你完成了今天的复习计划，或者掌握了一个曾经不懂的知识点，可以对自己说"我已经做得很好啦"，也可以去吃一次喜欢的美食，买下喜爱已久的物品，作为达成小成就的奖励，正反馈的刺激有利于我们进入一个积极的循环。

延伸阅读

考试焦虑原来如此

同样是面对考试压力，为什么不同的人会出现截然不同的结果呢？考试考得好不好受到很多因素的影响，但对于很多同学来说，他们长期面临着一种压力问题——考试焦虑。

从心理学的定义来看，考试焦虑是一种情境特异性的人格特质，表现为在面临考试或评价情境时，部分学生会表现出过度担忧、无关思维、心理混乱、紧张及相应的生理唤醒。过度担忧往往表现为茶饭不思、自言自语等行为改变，无关思维往往表现为胡思乱想、思维频繁跳跃、说话逻辑性差等行为改变，心理混乱表现为难以长时间保持注意力、记忆力下降、在平时作业中出现低级错误等行为改变，紧张表现为敏感性增强、误触误碰增多等行为改变，生理唤醒包括心率加快、血压升高、呼吸乱、腹泻腹痛、恶心呕吐或其他躯体不适症状等生理改变。

考试焦虑是一种非常情境化的特质焦虑，同时伴随有生理和行为的变化，并且焦虑程度也有高低水平之分。只要不是长期的过度焦虑，一旦考试这种情境消失，相应的生理和行为一般都会在较短的时间内恢复至正常状态。研究表明，短时间内的过度考试焦虑也会影响学生的学业成绩，并且还会影响学生的睡眠质量和免疫功能等生理状态，导致很多学生平时生龙活虎但一到考试就生病，平时待人接物彬彬有礼一到考试就情绪暴躁、易怒或者闷闷不乐。

然而，很多备考的同学长期处于较高水平的考试焦虑状态，这种长期过度的考试焦虑对他们生理、心理甚至社交状态都会造成全方位的不利影响。研究表明，长期过度的考试焦虑不仅会严重影响学生的学业成绩，还会影响学生的注意和记忆等认知能力，导致心境发生变化，情绪障碍发生率增高。

从压力管理的角度上看，考试是一种可承受的压力源，很多人可以以此为动力，将其转化为积极压力，提升自己的注意力水平并改善学习状态。但是，并不是所有人都能够在没有外部积极人际关系支持的情况下，将考试转化为积极压力，很多人是需要外部支持的。很多同学在应对长期的过度考试焦虑时，没有能够得到家庭、学校或同伴的有效人际支持，反而有可能会把考试这种原本可承受的压力发展为毒性压力。

从脑科学的角度上看，大脑额叶是人脑的控制中心，负责了人们几乎所有的高级认知功能。但是额叶也有一个比较重要的"缺陷"，那就是在面对急性压力或情绪波动较大的时候，容易出现短时间的"失活"，也就是功能紊乱。在考试准备期，有些同学能够积极备考，而有些同学则看上去似乎心神不宁，无法做到有计划、有目的地高效复习准备考试，甚至有强烈的倦意感。这正是因为在备考压力之下,他们的额叶出现了功能紊乱,使得他们难以保持高度的主动注意去复习迎考。

> 互动活动

放松训练法

常识和实验研究表明,焦虑和放松是不会同时存在的。当你感到焦虑时,就不能放松;而当你完全放松时,就不会焦虑。因此,经常进行放松训练,可以消除紧张、克服考试焦虑,使人的身心得到充分的休息和恢复。常见的放松法有呼吸放松、想象放松、肌肉放松。

1. 呼吸放松法

身体自然放松,找一个最舒服的姿势,闭上双眼。用2拍时间呼气,8拍时间屏气,4拍时间吐气,即呼气、屏气、吐气的时间比是1∶4∶2。自己可以同时默念:吸—2—停—2—3—4—5—6—7—8—吐—2—3—4,如此重复几次,进行正常呼吸数分钟后,再重复这一过程。这种呼吸放松法简单实用,能够帮助大家在短时间内减缓压力、缓释紧张情绪。

2. 想象放松法

想象一个你喜爱的地方,把思路集中在所想象的事物上,并逐渐沉浸在其中,由此达到精神放松。例如,想象自己躺在水清沙白的海滩上,沙子细而柔软,感到温暖而舒适;阳光照在全身,身体感到暖洋洋的;海浪不停地拍打海岸,思绪随着节奏飘荡,涌上来又退下去;轻缓的海风吹来又离去,带走了心中的思绪;整个身体变得平静,心里安静极了,周围好像没有任何东西,自己安然地躺在大自然中,非常轻松,十分自在。

3. 渐进性肌肉放松法

渐进性肌肉放松法主要是通过全身各部分肌肉"收缩—放松"的反复交替训练,使个体体验到紧张和放松的不同感觉,从而更好地认识紧张反应,并对此进行放松,最后达到身心放松的目的。这种放松训练不仅能够影响肌肉骨骼系统,还能使大脑皮层处于较低的唤醒水平,并且能够对身体各个器官的功能起到调整作用。

渐进性肌肉放松法训练的每一个步骤中,最基本的动作是:紧张你的肌肉,注意这种紧张的感觉。保持这种紧张感3—5秒,然后放松10—15秒,在放松的过程中注意你的呼吸。然后体验放松时肌肉的感觉。当身体处于紧张状态时,吸气或者屏气;放松状态时,呼气。

放松步骤如下。

足部:把脚趾向后伸,收紧足部的肌肉,然后放松。重复2—3遍,直至足部完全放松。

腿部:伸直你的腿,跷起脚趾指向你的脸,然后放松,弯起你的腿。重复2—3遍,直至腿部完全放松。

腹部:向里向上收紧你的腹部肌肉,就好像挨了一拳一样,然后放松。重复2—3遍,直至腹部完全放松。

背部:拱起背部,放松。重复2—3遍,直至背部完全放松。

肩部:尽可能耸起你的双肩,向内向上,头部向后压,放松。重复2—3遍,直至肩部完全放松。

手臂:伸出双手,放松,弯起手臂。重复2—3遍,直至手臂完全放松。

全身:紧收全身肌肉,保持全身紧张,然后放松。重复2—3遍,直至全身完全放松。

做完后,若仍感到紧张,可再做一次;若局部紧张,可重复局部。完成练习后,休息一小会放松内心。可想象一些让你感到最舒适、宁静的情景。把注意力集中在呼吸上,深深地吸气,缓缓地呼,持续三分钟左右,睁开眼睛。

这种渐进性肌肉放松法可以当作一种心理保健的方法,在日常生活中随时运用。

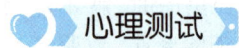

心理测试

考试焦虑自测

下列37个句子描述人们对参加考试的感受,请你阅读每一个句子,然后根据你的实际情况(感受),回答"是"或"否"。

1. (   )当一次重大考试就要来临时,我总是在想别人比我聪明得多。
2. (   )如果我将要做一次智能测试,在做之前我会非常焦虑。
3. (   )如果我知道将会有一次智能测试,在此之前我感到很自信、很轻松。
4. (   )参加重大考试时,我会出很多汗。
5. (   )考试期间,我发现自己总是在想一些和考试内容无关的事。
6. (   )当一次突然袭击式的考试来到时,我感到害怕。
7. (   )考试期间我经常想到会失败。
8. (   )重大考试后我经常感到紧张,以至胃不舒服。
9. (   )我对智能考试和期末考试之类的事总感到发怵。
10. (   )在一次考试中取得好成绩似乎并不能增加我在第二次考试中的信心。
11. (   )在重大考试期间我有时感到心跳很快。
12. (   )考试结束后我总是觉得可以比实际上做得更好。
13. (   )考试完毕后我总是感到很抑郁。
14. (   )每次期末考试之前,我总有一种紧张不安的感觉。
15. (   )考试时,我的情绪反应不会干扰我考试。
16. (   )考试期间我经常很紧张,以致本来知道的东西也忘了。
17. (   )复习重要的考试对我来说似乎是一个很大的挑战。
18. (   )对某一门考试,我越努力复习越感到困惑。
19. (   )某门考试一结束,我试图停止有关担忧,但做不到。
20. (   )考试期间我有时会想我是否能完成大学学业。
21. (   )我宁愿写一篇论文而不是参加一次考试,作为某门课程的成绩。
22. (   )我真希望考试不要那么烦人。
23. (   )我相信如果我单独参加考试而且没有时间限制的话,我会考得更好。
24. (   )想着我在考试中能得多少分,影响了我的复习和考试。
25. (   )如果考试能废除的话,我想我能学得更好。
26. (   )我对考试抱这样的态度:虽然我现在不懂,但我并不担心。
27. (   )我真不明白为什么有些人对考试那么紧张。

28. (　)我很差劲的想法会干扰我在考试中的表现。
29. (　)我复习期末考试并不比复习平时考试更卖力。
30. (　)尽管我对某门考试复习得很好,但我仍然感到焦虑。
31. (　)在重大考试前,我吃不下饭。
32. (　)在重大考试前我发现我的手臂会颤抖。
33. (　)在考试前我很少有"临时抱佛脚"的需要。
34. (　)校方应认识到有些学生对考试较为焦虑,而这会影响他们的考试成绩。
35. (　)我认为考试期间似乎不应该搞得那么紧张。
36. (　)一接触到发下的试卷,我就觉得很不自在。
37. (　)我讨厌老师喜欢搞"突然袭击"式考试的课程。

评分:各题均为 0、1 评分。其中第 3、15、26、27、29、33 题为反向记分,即"是"记 0 分,"否"记 1 分;其余所有题正向记分,即"是"记 1 分,"否"记 0 分。最后所有题得分之和为总量表分:低于 12 分属较低水平的考试焦虑;12—20 分属中等水平的考试焦虑;20 分以上为较高水平的考试焦虑。15 分及以上表明的确因要参加考试而带来了相当程度的不适感。

注意事项:心理测评的结果只能作为了解自己的参考依据,切不可以此为自己乱"贴标签"。

自我反思与探索

1. 通过本章节的学习,你习得了哪些高效学习的方法呢?
2. 面对考试焦虑,你知道通过哪些方法可以有效缓解吗?
3. 为自己规划一个适合自己的学习目标并行动起来吧,记得要持之以恒哦!

激活学习源动力

模块七

成为情绪的主人——管控情绪

> 能控制好自己情绪的人,比能拿下一座城池的将军更伟大。　　——拿破仑
> 如果能左右自己的思想,就能够控制自己的情感。——W. 克莱门特·斯通

本模块学习目标

1. 认识情绪,掌握健康情绪的标准,认识到情绪没有好坏之分。
2. 了解情绪产生的心理机制,理解情绪产生的原因。
3. 掌握几种有效的情绪调节方法,学会适当方式表达情绪。

情绪对每个人来说都不陌生,我们有时欣喜若狂,有时焦虑不安,有时孤独恐惧,有时满腔怒火……这一切使我们的生活时而阳光灿烂,时而阴云密布,形成了一个五彩缤纷的心理世界。情绪在个体身心健康中扮演着重要的角色,有时甚至影响攸关——它的力量甚至会大于饥饿、性欲和求生的欲望。

情绪如水,能载舟亦能覆舟。如果任由情绪掌控我们的生活、蒙蔽我们的事业、攫取我们的未来甚至削减我们的力量,那么,我们就被情绪控制了。这时,我们需要了解情绪的影响因素最重要的不是周围的环境,而是我们的内心,我们需要不断自我认识,包括对情绪的认知,学会从错误的模式中转变过来——不再隐藏、压抑、掩盖我们的情绪,学会表达情绪、灵活应对情绪,重新获得生命的掌舵权。

单元一　掀起情绪的神秘面纱——认识情绪

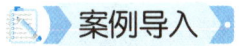
案例导入

没有心灵的宁静就没有幸福

一位心理学教授问他的学生：你心目中的人生美事为何物？学生列出一张清单：健康、才能、美丽、爱情、名誉、财富……谁料教授不以为然地说："你们忽视了最重要的一项——心灵的宁静，没有它，上述种种都会给你带来可怕的痛苦！"而心灵的宁静跟是否会处理情绪密切相关。

接着教授让大家做以下小测试，下面所列的项目都是一些常见的对情绪的认识。你认同这些关于情绪的说法，就选"是"，如果不认同就选"否"。

1. 高兴，愉快是好的情绪，我们应该时时刻刻保持这些情绪状态。
   A. 是　　B. 否
2. 悲哀、愤怒、焦虑、害怕都是消极情绪，大家都不喜欢，最好别表现出来。
   A. 是　　B. 否
3. 不好的情绪，要么就忍在心里，要么就爆发出来，只有这两个方法。
   A. 是　　B. 否
4. 情绪是与生俱来的，我天生就是多愁善感的人，没法改变。
   A. 是　　B. 否
5. 情绪是无法预防的，谁也不知道什么时候情绪会变化。
   A. 是　　B. 否
6. 情绪是由外界原因引起的，是我无法控制的。
   A. 是　　B. 否
7. 出现情绪问题，是性格懦弱或无能的表现。
   A. 是　　B. 否
8. 心情不好是情绪出现问题，和身体没有关系，所以不需要药物治疗。
   A. 是　　B. 否

如果你回答的"是"占4题以上，说明你对情绪的认知出现了偏差。回答"是"越多，说明偏差越严重。等学完本模块之后，请你再做一遍这些题目，看看回答有没有改变。

悲伤会致病，快乐会治病

美国有一个叫卡曾斯的记者，突然患了一种"结缔组织严重损伤"的疾病，他非常痛苦。这种疾病在当时是不治之症，然而坚强的卡曾斯并没有绝望，他想起了一句"悲伤会致病，快乐会治病"的格言。于是，他想出一个自疗方法：先让自己的精神振作起来，忘掉痛苦，同时，弄来一些喜剧影片，让护士给他放映。卡曾斯惊奇地发现，十分钟的发笑竟有明显的镇痛效果，而且睡眠也比以前安稳多了。后来，他干脆搬出医院，自己安排生活，发自内心的笑成为他每天的必修课。10年过去了，卡曾斯仍奇迹般地活着，不但没有被病痛折磨得倒下，身体还很健康。

知识链接

一、正确认识情绪

（一）情绪的含义

普通心理学中的情绪，指以个体的愿望和需要为中介的一种心理活动。客观事物或情境符合主体的愿望和要求时，引起积极、肯定的情绪；反之，引起消极、否定的情绪。

影响我们心理和行为的，不是"事实"，而是对事实的解释和评价。

（二）情绪的特性

斯托曼认为，情绪至少包括三个维度：情绪主体的主观体验、情绪主体的生理唤醒和情绪主体的外显行为。例如，人们感到快乐，心跳是平缓的，认知是积极的，外显的表情是微笑的等。

（三）情绪的功能

很多人希望对自己情绪化的行为加以控制，但是我们不希望彻底消灭一切情绪，因为情绪是生活的必需品，它有重要的意义和功能。情绪主要有四方面功能：信号功能、动力功能、组织功能、健康功能。

情绪的信号功能，一方面指情绪在人与人之间具有传递信息、沟通思想的功能。这种功能是通过情绪的外部表现即表情来实现的。在日常生活中，55%的信息是靠非言语表情传递，38%是靠言语表情传递的，只有7%的信息才是靠言语传递的。情绪信号功能的另一方面是指向自己的，我们可以善用情绪的信号功能作为自己的指引，见下表。

情绪的信号功能

情　　绪	可能的信号
焦虑	我感觉到威胁临近
烦躁	事情来得混乱，并非我能掌握
沮丧	我对自己或别人的表现感到不满或遇上挫败
内疚	我可能错失或伤害了别人
怨恨	我恨别人伤害了我
哀伤	我失去了自己重视的人或事物
消沉	我自觉无能为力，以消极、逃避的态度来面对
恐惧	我太弱小了，害怕面对
伤害	当愤怒被压抑，伤害便产生

情绪是动力的源泉之一,是动机系统的一个基本成分。人是由情绪支配的,这句话丝毫不夸张。弗洛伊德说过:人不是自己的主人。很多时候我们根本不了解自己,不知道自己为何会做不理性的行为。这背后的巨大动力往往来自潜意识的情绪和心理需要。

情绪的组织作用指情绪对其他心理过程的影响:积极情绪的协调作用和消极情绪的破坏、瓦解作用。研究表明,中等强度的愉快情绪有利于提高认知活动的效果。学习中需要情感成分,称为掌握学习材料的心向,即一种愿意学习、乐于学习的情感。苏霍姆林斯基说过:"只有当情感的血液在知识的机体中欢腾跳跃的时候,知识才会融入人的精神世界。"情绪具有传染性,还常常支配个体的行为,处于积极乐观的情绪状态之下,人容易注意到事物好的一面,其行为比较开放,愿意接纳外界事物,倾向于和善、慷慨和乐于助人;而处于消极悲观的情绪状态时,则会万念俱灰,容易放弃自己的愿望,对他人也会变得冷漠、不关心,甚至产生攻击性行为。

情绪的健康功能是指,情绪对一个人的身体健康有增进或损害的作用。中国古代著作《黄帝内经》告诉我们"喜伤心,怒伤肝,忧伤肺,思伤脾,恐伤肾,百病皆生于气"。身体是有智慧的,长期压抑的消极情绪,身体会用疾病表达出来。许多心因性疾病与情绪失调有关,如胃溃疡、偏头痛、高血压、哮喘、月经不调等。因此,对不良情绪进行调控,不但能提高生活质量,也是强身健体、防治身体疾病的主要途径。

(四) 情绪的类型

1. 情绪的基本形式

人类具有四种基本的情绪:喜、怒、哀、惧。在此基础上可以派生出众多的复杂情绪,如厌恶、羞耻、悔恨、嫉妒、喜欢、同情等。

为什么你特别容易紧张

谢弗等选择了135个情绪名词,让大学生进行分类,将类似的情绪归为一类。结果得出了六种基本情绪:爱、喜悦、惊奇、愤怒、悲伤和恐惧。

艾克曼在《情绪的解析》中介绍,他们通过研究确定了7种人类共通的、有着不同面部表情的情绪:悲伤、愤怒、惊讶、恐惧、厌恶、蔑视和愉悦。其中每一种情绪的名称各自代表了一系列的相关情绪。

情绪没有好坏之分

虽然现在的科学研究常把愤怒、恐惧、厌恶、悲伤和蔑视归为一类——即消极情绪——与积极情绪相对;惊讶是中性,愉悦是积极情绪。这种简单的一分为二法也有弊端,容易让人误解为消极情绪就是坏的,不应该出现的。但情绪没有好坏之分:第一,情绪是表达内心感受的信号,本身没有好坏之分,我们应感谢它的准确传达。第二,有时消极情绪也会使人愉悦。比如,有人一直不敢表达自己的真实感受,有一天他能表达愤怒,并敢于据理力争地争吵,这对其来说是一种巨大的突破和享受。第三,长期的消极情绪得不到表达和宣泄才是有害的,会对身心健康造成损伤。因此应学会应对情绪的方法。

---

2. 情绪的状态

按照情绪发生强度、持续性和紧张度,可以把情绪分为心境、激情、应激三种状态。

心境是一种轻微的、持久而平静的情绪状态,具有渲染性和弥漫性的特点。心境往往在一段较长的时间里影响着一个人的言行和情绪。心境愉快是心理健康的主要表现。

> **你一天笑多少次？**
>
> 据心理学家们调查统计，儿童平均一天笑70多次，而成人平均一天笑16次左右。生活幸福的人，平均每天能笑50多次，而生活痛苦的人平均每天只能笑3—5次。心理学家的研究告诉我们，笑对生活，是我们的天性，培养积极情绪体验不过是在恢复我们被压抑的天性而已。

激情是一种强烈的、短暂的，具有爆发性的情绪状态，常常伴有难以克制的冲动行为。暴怒、狂喜、恐惧、悲痛欲绝与绝望等都属于这种状态。

应激又称为应激状态，指出乎意料的紧张或危险情境所引发的情绪状态；是人在处于巨大压力和威胁的背景下而又要迅速做出重大决定时所产生的一种特殊的情绪状态。引起应激反应的刺激物十分广泛，既有物质的（如生物学和理化刺激），又有象征性或符号刺激物（心理、社会和文化性刺激物）。应激状态有两种极端的表现：一种是为突如其来的刺激所笼罩，惊慌失措、目瞪口呆、手足无措；另一种是在突如其来的事件面前，清醒冷静、急中生智、行动果断，常能做出许多平时做不到的事情。

二、大学生情绪健康的标准

健康的情绪是健全人格的必要条件之一。一般而言，情绪的目的性恰当、反应适度，不带有幼稚的、冲动的特征，符合社会规范的要求，就是情绪健康的标准。具体表现如下。

（1）情绪的基调是愉快情绪多于负性情绪，积极、乐观、愉快、稳定。

（2）善于控制与调节自己的情绪，既能克制又能合理宣泄自己的情绪，情绪的表达既符合社会的要求又符合自身的需要，在不同的时间和场合有恰如其分的情绪表达。

（3）情绪反应适度，情绪反应与环境相适应，反应的强度与刺激情境相符合。

（4）高级的社会情感（理智感、道德感、美感等）能得到良好的发展。

> **他们的情绪是正常的，还是异常的？**
>
> 甲乙两位同学上周都因为某事痛哭了一周。
>
> 原来甲同学是因为多年的男友提出分手；
>
> 乙同学向来对自己严格要求，某天的一节课迟到了几分钟，老师并未批评，但其自责无比，痛哭了一周。
>
> 请问，他们的情绪是符合健康情绪标准的吗？
>
> 健康的情绪，根据上面的标准，这里概括为两点，第一，情绪反应的强度与刺激情境是相符的。不能仅凭情绪的外显行为来判断。第二，对自己对生活仍有掌控感，能正面面对，没有过度泛化和绵延。比如：
>
> 如果你被诈骗，你会生气，但不至于彻底崩溃……
>
> 如果有人背叛你，你会感到失望，但不至于再也不相信别人……
>
> 如果你被人嘲笑，你会觉得羞愧，但不至于停止交往或冒险……

> 如果有人对你说谎,你会不再信任这个人,但不至于心生怨恨……
> 如果你被恐吓,你会感到害怕,但不至于止步不前……
> 如果有人不喜欢你,你会感到挫败,但不至于自我否定……
> 如果你失去了什么或是经历了失败,你会感到伤心,但不至于一直消沉下去……
> 从这两点来看,甲同学是可以理解的,而乙同学是过激反应了。至于是否过度泛化和绵延,需要进一步深入了解收集信息后才好判断。

三、大学生的情绪特点

大学生正处于青春期向青年期的过渡时期,在生理发育接近成熟的同时,心理上也经历着急剧的变化,尤其反映在情绪上。相对于中学生来讲,大学生的情绪内容趋于深刻和丰富,情绪的表达趋于隐蔽,情绪的变化也逐渐趋于稳定。主要表现为:一是大学生随着自身的成长与发展,情绪状态逐渐趋于成熟,并接近成人;二是大学生在情绪上仍然存在着许多尚不成熟的方面;三是大学阶段,在情绪上所表现出的一些特殊的情绪反应(如矛盾性、两极性和想象性)。具体而言,大学生情绪主要表现出以下几个特点。

(一)外向、活泼、充满激情

大学生整体水平而言,在情绪特点上表现为乐观、活泼、开放、热情、精力旺盛、积极向上、充满着朝气和激情。

(二)情感体验更加深刻、更加丰富

大学生的情绪体验更加丰富多彩,并随着自我意识的不断发展以及各种需要和兴趣的扩展而表现为更加丰富、敏感、细腻和深刻,更加带有社会内容的情感体验。

(三)波动性与两极性

大学生的情绪年龄正处于未成年人与成年人的转变阶段,在情绪状态上反映着两种情绪并存的特点:一方面,相对于中学阶段,大学生的情绪趋于稳定和成熟;另一方面,与成年人相比,大学生的情绪带有明显的起伏波动性,容易从一个极端走向另一个极端,情绪有时会表现为大起大落、大喜大怒的两极性。

(四)冲动性与爆发性

大学生的情绪特点还表现在情绪体验特别强烈和富有激情,对任何事都比较敏感,有时一旦情绪爆发自己都难以控制,甚至表现为一定的盲目狂热和冲动。在处理同学关系、师生关系的矛盾时,在对待学业生活中的挫折时,常常易走极端,给自己及他人带来伤害。

(五)矛盾性与复杂性

大学阶段正是大学生面临许多重大选择的时期,常常会呈现出一种矛盾和复杂的情绪状态。例如,希望自己具有独立性和希望依赖于他人的需要同时存在;既对自己不满,又不想承担责任;既希望得到他人的理解,又不愿意接受他人的关心等复杂矛盾的心态。

(六)内隐与掩饰性

大学生的情绪表现,虽然有时也会喜形于色,但已经不像青少年时期那样坦率、直露,不少大学生常会隐藏和掩饰自己的情绪,体现为外在表现与内在体验并不一致。这也

无形中给大学生之间的交流带来障碍,使一些学生出现孤独和苦闷的情感困惑。

(七)想象性

有时大学生的情绪体验还会出现陶醉于以前的某一特定的愉快情绪状态,或是沉湎于某种负性的情绪状态之中,甚至会陷入某种想象出来的欢乐或是忧虑之中而不能自拔。例如,有的大学生在一次运动会比赛中失利而感到无地自容,后来竟然泛化想象为周围人都在轻视自己,产生了"处处都不如人"的不良心态。

延伸阅读

情绪与健康的关系

1. 坠入爱河提高记忆力

坠入爱河会使人一年内神经生长因子水平处于增高状态,这一类似激素的物质会刺激新的脑细胞生长,有助于神经系统的恢复并增进记忆力。不过,恋爱一年后神经生长因子水平会出现回落。

2. 开怀大笑100次等同于踩单车15分钟

笑声能使人卸去多余的压力,保护血管内壁,从而减轻心脏病发作的概率。当人哈哈大笑时,需要调动身体内超过400块肌肉,因而还能有效消耗热量。有些研究人员估计,大笑100次相当于划船10分钟和踩单车15分钟的有氧运动量。

3. 心怀感激如同康复治疗

类似爱、感激和满足这样的情感会刺激脑下垂体后叶激素的分泌,它会使神经系统放松,减轻压抑感,体内各组织的含氧量也会显著增加,就像经过康复治疗一样。

4. 动情而哭释放体内压力

动情而哭会伴随着压抑情绪分泌更多激素和神经传递素,可能会导致低血压、脉搏变慢和其他同步的脑电波模式,所以动情而哭是为了去除体内压抑的化学成分。

5. 常年压抑提升胆固醇

如果常年处于慢性压力下,血液中的葡萄糖和脂肪酸都会升高,患糖尿病和心脏病的风险自然就大了。另外,压力还会使人体胆固醇水平上升,也会更易诱发心血管病。

6. 沮丧放大疼痛感

当人处于沮丧、悲观和冷漠状态时,体内的复合胺和多巴胺都会偏低,复合胺能调节人对疼痛的感知能力,这也是为何45%有沮丧倾向的病人会有种种疼痛不适感的原因。

7. 嫉妒混合三种坏情绪

嫉妒是害怕、担心和愤怒等情感的混合体,这三种情感会使人一触即发,妒火大发的人通常会血压升高、心跳加快、肾上腺素分泌增多、免疫力变弱、焦虑甚至失眠。

8. 50岁后发怒伤"心"概率提高5倍

女性如果在对抗中压抑自己的怒气,其死于心脏病、中风或癌症的风险会高两倍。怒火爆发之时,由于肾上腺素水平突然大幅增高,血压升高、心率加快,对超过50岁的人来说突发心脏病或中风的概率会高出5倍。

静生活的智慧

心不静,则意不定;意不定,则神不凝;神不凝,则心必粗暴、强硬,必冲突多多,痛苦烦恼。

著名作家金庸说:"乐观豁达养天年,人要善于有张有弛,要像《如歌的行板》韵律一样,有快有慢,有动有静,使自己的身心得到平衡。我的心很静,无论遇到什么都心如止水,这样对健康很有好处。"

静生活追求的最佳心理状态是"工作再忙心不忙,生活再动心不动"。静生活,强调人们把握一定的生活节奏,有劳有逸、一张一弛,不要把自己的生活安排得满满的,要给自己留下一些"安静"的生活空间。

德国著名时间研究专家塞维特说:"与其说静生活是一场运动,不如说是人们对现代生活的反思。"

在生活节奏飞快的今天,人们哪有时间静下心来思考"什么才是人生的真谛"。物欲催促着我们的脚步,时光一如既往地分秒流走。我们的人生看似一些方面丰富了,而另一些方面却日益贫乏。

我们没有时间去享受温暖的阳光,我们没有耐心去观察一朵鲜花的盛开,我们没有兴趣去感受一阵微风的轻拂,我们没有心情去体会闲暇的时光。

在繁忙到令人窒息的城市里,越来越多的人开始反省自我生命的价值。

在早已解决温饱的今天,简简单单、自自在在,未必只是有钱又有闲的人才能享受得到。忙,是对的,但超负荷的忙或无事忙,就会让我们的心很累,甚至会累出病来。

我们正处在一个把健康抵押给时间和压力的时代。如今,忙,特别是心理上的忙碌感所带来的伤害可能超出我们的想象,那种不眠不休的工作其实是一种自杀式的生活方式。

静生活历来被智者和有品位的人所倡导,它是一种最佳的健康生活方式。

单元二 情绪的背后到底有什么?——理解情绪

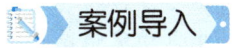
案例导入

认清和拥抱你的内在小孩

当我被自己的羞愧感淹没了的时候,我感觉不到自己;我的能量收缩了,每件事对我来说似乎都要耗费很大的努力与精力,更无法想象自己有能力可以去完成任何一件事,或者有任何人可能会来爱我或尊重我。更糟的是,我会开始去做一些事来强化自己的这些感觉,我可能会说一些很蠢的话,犯各种错,到处搞得一团糟,然后什么事也没完成,或是草草了事,甚至可能恍惚地走来走去。然后,我又会因为自己行事拖拖拉拉而感到罪恶,结果又深深地陷入了这个无底黑洞里。从这样的空间里,会看到世界上的每个人都非常成功,只有自己是个彻底的失败者。当处于这样的空间时,我无法想象还有什么别的可能性,我彻头彻尾地相信自己就是这副德行。

我花了很多年的时间来探索这些内在创伤,那是我以前所忽视、压抑的内在空间;这样的内在"情绪化小孩"由强烈的情绪驱策,而这些情绪是我们无法控制,甚至常常是不自觉的。一旦落入这样的认同中,我们就会受恐惧的驱使而失去主导自己行为的能力。就像是由一部年幼、莽撞、没有归于内在中心的孩子所驾驶的车子,不由自主地重复着旧有的模式,并且不断吸引他人或某些情况来强化旧有的自我形象。

对我而言,那是一条接触自己内在深层敏感脆弱空间,以及学习自我接受的道路。我感觉到深入体验内在小孩的创伤,是一条让我们能够在生活中创造真爱的道路——对自己的爱以及对他人的爱。之后,我开始明白,如果我们没有意识到这些创伤,它们将会以各种方式来妨碍我们的生活以及我们的爱。我们会重复旧有的模式,是因为我们带着受创的自我形象,而且认为那就是我们本然的自己。我们无意识地认同了自己就是内在那个受创伤的"情绪化小孩"。

所以,重要的是要了解到这个情绪化小孩并不是本质的我。

——节选自《走出恐惧》

识别你的自动化情绪反应

一个女生宿舍,其他五位女生凑在一起嘻嘻哈哈地聊天,这时独自在一旁的小琴突然觉得大家融为一体,自己有一种被集体排斥的失落感,这种感觉非常强烈,小琴开始反思自己是不是又做错什么了?是不是自己很不优秀而使大家都不喜欢我?自己没有别人有价值,是个可有可无的多余人。她越想越悲伤,情绪很低落,憎恨自己,排斥和有点害怕正打闹成一团的大家。

点评

小琴接受心理咨询已有很长一段时间,小琴和咨询师一起探讨出这是她一直以来的自动化思维模式,她的核心信念是"我不会被人爱"。也慢慢发现"害怕被抛弃"是她的一个情绪按钮,因为她父母重男轻女,从小忽视她。咨询已出现效果,因此,情绪产生后她立即意识到自己自动化的情绪模式又启动了,意识到这一点后,她发现自己有点"悲伤",她开始用一种强有力的声音告诫自己(矫正不合理信念):"即使她们打闹成一团,没带我玩,丝毫不代表她们是排斥和抛弃我。我这种情绪反应是不客观的。""我的这些自动化情绪反应是童年时期形成的,但现在的同学不再是童年时的我的父母,所以此自动化情绪反应是有偏差的。现在没有人要抛弃我。所以完全没必要自己暗自忧伤,想参与可以很高兴地主动参与同学们的谈话,下次完全没必要因此类事情出现这样的情绪。"

这么洞察和自我调节之后,小琴感到焕然一新的振奋,她成功地及时喊停,没让自己陷入以前的极端情绪之中,且扭转了人际交往的偏差行为。回顾刚才的一切,小琴体会到原来自己是可以幸福开心的,自己的幸福快乐是可以自己掌控的,体验到成长改变后的无比成就与喜悦。也再一次证明,通过反复练习的确是可以有效改善情绪和改变人格甚至命运的,对我们的成长帮助巨大。

> 知识链接

一、认识情绪的生理机制与心理机制

（一）情绪的生理机制

1. 下丘脑与情绪

参与感受活动的生理结构众多，有大脑边缘叶的扣带回、海马结构、梨状叶和隔区等，有丘脑前核、背内侧核等，有下丘脑的众多核群以及杏仁核等。下丘脑除了具有样本分析产出功能，还具有分泌激素的功能。来自大脑边缘叶的样本激活下丘脑或杏仁核，下丘脑分析产出感受样本，发放到丘脑前核产生感受，还可以通过分泌激素影响意识以及靶器官。

感受是动力之源。感受是人的力量来源，人的一切行为活动或者是外来压力的驱动，都是受个人感受的驱动。感受和理性（如觉察和认识）由不同的脑独立产生，相互作用又相互斗争，感受与理性经常是矛盾的，形成我们常说的矛盾心理。感受在一定程度上受理性制约，但在感受强度过大或额叶功能弱化的情况下，导致理性不能占据主导地位，感受控制人的思维和行为，发生精神和行为异常。

2. 内分泌与情绪

保罗·克莱因金尼和安妮·克莱因金尼综合了以前界定的主要成分，提出了一个定义：情绪是主观因素、环境因素、神经过程和内分泌过程相互作用的结果。例如，以下这些与情绪都有紧密的关系。

（1）垂体腺

垂体腺位于丘脑下部，受丘脑控制，由垂体前叶和垂体后叶组成。垂体后叶控制着泌尿、血压，并影响着分娩和乳汁的分泌。垂体前叶直接影响着生长的速度和生长持续的时间，并影响着其他腺体的活动。

（2）肾上腺

肾上腺位于肾脏的上部，由肾上腺皮质和肾上腺髓质两个腺体组成。肾上腺髓质分泌肾上腺素和去甲肾上腺素，它们的作用与自主神经系统中交感神经系统活动所引起的现象类似。肾上腺皮质分泌肾上腺类固醇，其分泌受垂体腺的调节，对有机体的生理平衡和情绪行为有重要的影响。

（3）甲状腺

甲状腺位于气管下端的两侧，分泌甲状腺素，其功能是促进机体代谢，增进机体的发育。甲状腺分泌功能亢进或不足可能造成代谢机能的疾病。亢进者饭量剧增却不增加体重，病人过分敏感、紧张，情绪容易激动。分泌不足者精神萎靡，记忆力减退，容易疲劳。

3. 情绪与肠道菌群

别小看寄生在我们肠道内的细菌，它们对改变我们的情绪和行为有不可忽视的作用。一方面，这些细菌影响人体的营养代谢，如果消化不良，会引起情绪异常；另一方面，假如人体的代谢紊乱，这些细菌会制造出硫化氢、氨等气体来毒害我们的神经，从而导致我们情绪异常，甚至做出极端行为。

（二）情绪的心理机制

1. 情绪的"趋利避害"机制

情绪产生于一个古老的机制，它的性质可以归纳为两种：快悦的和不快的。我们知道，简单的生物没有知觉，更没有思维，但它们却有生物学意义上的"趋利避害"的本能行为，这种本能是靠什么得以实现的呢？只能是"趋悦避痛"的情绪机制，即趋向快悦的情绪状态，逃避不快的（或痛的）情绪状态，并以此实现了自体保护和生存。"趋利避害"是生物本能行为的外显表现，"趋悦避痛"是这一行为表现的内在本质和原因。其实，"趋悦避痛"是从最简单的动物体到最高级的人类共有的最基本的本能和生命原则。情绪是一切生物体（动物和人类）价值判断的依据，是生物一切行为原因的渊源。需要说明的是，这里的"情绪"在概念上有所深入和拓展。

2. 情绪的信号反应机制

情绪的一个主要心理机制就是情绪的学习，即个体对信号刺激的情绪性反应，加涅早就提出，信号学习包括随意反应和情绪反应。情绪的信号反应是认识情绪现象的关键。

情绪反应按其反应的形式可以分为两种，称为"自然性情绪反应"和"制约性情绪反应"。由信号刺激引起的情绪反应就是制约性情绪反应，它占据着我们人类情绪表现的绝大部分。

"自然性情绪反应"很直观易识，例如我们渴了，喝下一杯水，生理上的舒适和满足引起快悦性质的情绪反应，它是由刺激物的直接刺激而引起的生理反应所产生的。

"制约性情绪反应"与情绪的"学习"有关。即在一些情境下，当遇到某一可以产生某种生理性情绪反应的条件时，在还未收到该条件的真实刺激之前就产生了该条件真实刺激后会产生的情绪反应。例如，我们在炎热的夏天正口干舌燥时，突然得到一瓶冰镇的饮料，在喝之前我们已非常高兴——即我们的脑中已产生了快悦性质的生理性情绪反应。这种情绪是怎么产生的呢？其实是我们在以往生活中学习得到的。

认识了制约性情绪反应现象的存在，那么对各种复杂的情绪现象我们就不难理解了。例如，小孩看到护士就联想到打针，从而就产生恐惧。而人的较为复杂的社会性情绪和情感也是如此，都是从以往的经历中学习得到的。因此存在合理情绪反应和不合理情绪反应。

二、从认知行为理论来看情绪的产生

（一）从理性情绪理论来看情绪的产生

根据美国心理学家埃利斯的理性情绪理论，情绪是人的思维的产物，人的情绪并非来自事件本身，而是源于对事情的认知与加工。

埃利斯的这一理论恰好揭示了情绪的加工机制。同时也开启了情绪的有效管理之门。情绪的加工机制如右图所示。

理性情绪疗法认为，人们生而同时具有理性的、正确的思考及非理性的、扭曲的思

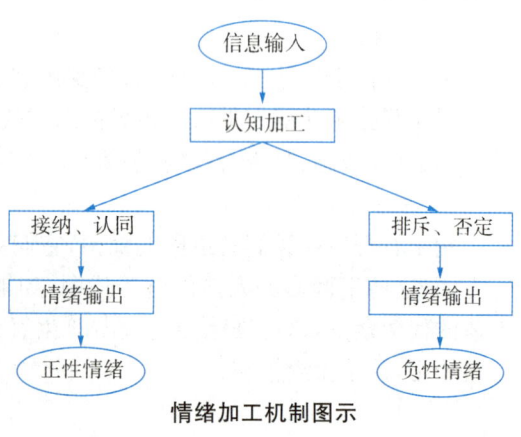

情绪加工机制图示

考之潜能。我们的情绪主要根源于我们的信念、评价、解释,以及对生活情境的反应。非理性想法是后天(儿童时期)从重要他人那边学来的。此外,我们也自创非理性教条和迷信。

不合理信念有如下三个特征。

(1)"绝对化要求",即对人或事物都有绝对化的期望与要求。

(2)"过分概括化",即对一件小事做出夸张、以偏概全的反应。

(3)"糟糕透顶",即对一些挫折与困难做出强烈的反应,并产生严重的不良情绪体验。

(二) 从 ABC 理论来看情绪的产生

ABC 理论是合理情绪治疗(Rational-Emotive Therapy,RET)的核心,RET 是一种心理治疗的理论和方法。ABC 理论认为,情绪不是由一诱发性事件本身所引起的,而是由经历了这一事件的个体对这一事件的解释和评价所引起的。

ABC 来自三个英文词的首字母。在 ABC 理论中,A 指诱发性事件(Activating Events);B 指个体在遇到诱发事件之后相应而生的信念(Beliefs),即他对这一事件的看法、解释和评价;C 指在特定情景下,个体的情绪及行为的结果(Consequences)。ABC 理论指出,诱发性事件(A)只是引起情绪及行为反应的间接原因,而人们对诱发性事件所持的信念、看法、解释(B),才是引起情绪及行为反应的更直接的原因。假如诱发事件之后相应而生的信念 B 是非理性信念或者是错误的、不合理的信念,就会导致情绪抑郁、行为异常。人们的抑郁、痛苦等消极情绪,以及与之相适应的行为,就是非理性信念支配下的不合理思考产生的。埃利斯的 ABC 理论的三个要件 A、B、C,分别代表诱发事件、主观认知和反应结果。这三个要件构成一个简单顺畅的逻辑链条。传统分析直接在 A 与 C 之间建立关联,而忽略了 B 的作用。而 B 作用的发挥恰是人与一般动物的根本区别所在,即人具有主观能动性。例如,一辆长途公共汽车在路上抛锚,车上的乘客所产生的情绪程度差异很大:有的人焦虑不安、怨天尤人,消极情绪很强;有的人心平气和、耐心等待,情绪波动较小。人的情绪并不是由客观事物本身所决定,而是由个人对客观事物的认知、评价、看法、态度决定的。同一件事情,不同人的看法、感受不同,所引起的情绪、主观体验也不同。

有时我们认为自己之所以心情不好,是因为环境造成的,所以自己是无能为力的。其实,恰恰是因为我们自己看问题的方式和角度有问题,所以凡事不能仅仅看到事情不利的一面,也要看到有利的一面。

亲爱的,外面没有别人,只有你自己

情绪来自我们自身,外在世界其实只是我们自身的投射——这是个不好的消息的话,那么好消息就是我们可以转化它,这是我们可以做主的、自己选择的,我们可以负责地去感受它、拥抱它,只有这样我们才能真正支配我们的情绪。我们不要再抱着"我经受不起那些感觉"的想法,我们要转化这种情绪,最有效的方法就是从我们自身着手。就好像在电影院,我们想改变放映的电影,有效的方法是走进放映室进行一些操作。

三、从深度心理学看情绪的产生原因

每个人都是自己最熟悉的陌生人。表现出来的情绪是露在海面的冰山一角，情绪究竟为什么产生，为什么同样的事情，别人没事，我却痛苦万分？其实痛苦情绪的产生跟每个人的成长过程有很大的关系，尤其是成长过程中未修复的创伤经历、童年期形成的非理性思维信念、自恋发展水平、人际互动模式、能否懂得放松心灵等因素有关，这些因素综合决定个体人格发展的整合水平。

当情绪被激起，痛苦难耐时，痛苦具有非凡的价值，此时往往是反省自我最深入的时刻。所以，遇见即恩典。下面试着就这些方面进行总体阐述，但要想准确深入地了解自己，可以寻求心理咨询师的帮助。

（一）压抑的情绪

压抑是人的一种自我保护本能。进一步认识压抑的本质作用，就要先理解为什么这些愿望或者体验无法正常存在于人的内心世界。简单两个字可以解释，是因为痛苦。这些愿望或者体验如果正常存在于人的内心世界，会引发大量的痛苦，甚至是让整个内在世界无法存在的痛苦。举个简单的例子，和他人建立关系要面对一定的不确定性和不安全感，人和人之间的差异需要用时间和沟通来磨合。但对于从小寄人篱下的孩子来说，这个过程会引发极大的痛苦。因为这也许会让他再次感受到"我对他人一文不值（无价值感）""我被人牵着鼻子走（吞没感）""别人终将紧密地待在一起，而我总是会被排除在外（被抛弃感）"等一系列强烈的痛苦体验。

压抑有一个非常严重的副作用，那就是它会让你在回避痛苦的同时丧失真正学会驾驭这件让你痛苦事情的机会。

（二）创伤被激活

心灵之痛通常和肉体之痛一样剧烈，甚至更加难以承受。每个人的生活都会经历创伤，只是程度和次数不尽相同。人生就是一个面对问题并解决问题的过程，其中最大最敏感的问题，是我们成长过程中的严重创伤带来的感受。我们需要勇敢面对它们，识别并转变，从中获得成长。

> **总是迟到的阿元**
>
> 阿元几乎每次上课都会迟到。他说小时候他的妈妈总是不停地催促他，导致他现在做每件事都会迟到。当某次咨询师告诉他，如果他喜欢，可以继续迟到；但是他也可以试试看，承诺自己会准时到，看看会有什么样的情况发生。第二天，他开始感觉到内在有一股对于生活中总是不断被催促的暴怒。对他而言，感受到这股巨大的愤怒是很重要的，因为这个过程让他重新拾回可以突破负向压抑力量的内在火焰。在这之前，他只是间接地慢吞吞和拖延来表达他的愤怒。

（三）受害者模式

正如上文导入案例中的主人公一样，大多数人产生痛苦情绪时，往往都认为自己是受害者；或者自我责备，让自己成为受害者。这些受害者们都觉得自己别无选择，因为总是有某人或者某事使他们烦恼、恐慌、心烦或是不开心。要想改变焦虑和抑郁，首先要改变

你觉得自己是受害者的态度。

健康的思维是选择的结果。你可以选择不让焦虑和抑郁再影响你。或许你不能控制冒出的那些想法,比如,当你脑海中出现"我做不了,我肯定会失败"或是"要是失败了怎么办?我该怎么收场?太恐怖了"等,都是由不安全感引起的,这时你可以选择让这种不安全感就此打住。如果你意识到这些都是以前缺乏安全感造成的坏的惯性思维,而非客观事实——你真的会失败或你真的不能解决问题。因此你可以将这些想法放在一边,对之置之不理,决定不受这些想法的牵制。而是用轻松心态直接面对问题,接纳最坏结果,同时尽最大努力解决问题,而不是陷入焦虑和抑郁情绪不能自拔。

(四) 自尊水平低

自尊水平低的同学会很敏感,很容易受到伤害,即所谓的"玻璃心"。不敢表达自己的真实感受,并且不敢说"不"。在意别人对自己的评价,总觉得自己不好。这种情况下,我们可以用下面的方法调节自己。

1. 对自己有清晰的认识,不要过于在意别人对自己的评价

要清晰认识自己,了解自己的优点和缺点,做到坦然接纳自己的缺点尤其是不可改变的缺点,这样自己的情绪就会平和很多,在日常生活中就能以平常的心态和信任的眼光看待周围的人和事。

2. 不以自己的标准要求别人,期望值要适度

对别人的各种回应都要期望值适度,千万不可以自己的标准来要求别人。要认识到人与人在很多方面是不同的,价值观不同、生活区域不同带来生活方式不同、待人处事习惯不同……要能容纳不同的处事方式,期望值适度,对不能接受的要合理沟通。

3. 接纳自我,提高自尊水平

许多低自尊者很容易被他人的言语和行动伤害。低自尊的人关注他人的看法和评论远超过自我评价,尤其当这些评价是消极的时候。健康的高自尊是信任并尊重你自己。健康的高自尊不能等同于利己主义、傲慢、自负、自恋或优越感。事实上,表现这些特征有时是试图掩盖他们的低自尊。健康的高自尊是你会欣赏自己的价值和重要性,并认识到谁也不比你有更高或更低的价值和重要性。

接纳自己有缺点,允许自己犯错误;也要能接纳别人有缺点存在,允许别人犯错误。懂得宽容是指对自己不要太苛刻,对他人不求全责备。将自己的长处发挥到极致就是了不起的人才。确立目标后,尽力去追求,提高自己就是成功,不必时刻跟别人一争高下,也不必太追求十全十美。对自己的努力和别人给予的帮助要懂得感恩,感恩能带给人巨大的生命力和积极的情绪。

(五) 思维陷阱

消除焦虑和抑郁的关键不是控制,而是培养自信,觉得自己可以应付生活展示在我们面前的各种挑战。要培养自信的态度,就要改变消极思维模式为积极思维模式。

我们依靠什么来转换情绪呢?靠思维。遇到消极情绪时学会自我反省,"留一只眼睛看看自己",不断分析自己的压力是由哪些因素引起的,是否由不合理信念造成的,改变这些不合理信念,当信念大过情绪时,就可以当自己的主人。

常见的消极思维模式如下文非理性认知所述,这里先简单介绍几种,并提出相应的有益思维模式。

1. "我应该是优秀的,我不能接受现在的状态"

"我本该是个更好的女儿""我本来该更成功的""我该更聪明的""我该减掉20斤"等。"应该"类的表述能引起人的负罪感和挫败感,这些表述激发了焦虑和抑郁。

比较有益的做法是避免这些"应当"类的表述,而是能够心平气和地接纳你的全部现状,然后尽自己最大努力追求自己的目标。比如,换用比较积极肯定的表述:"我现在是个很好的女儿,我可以对母亲更多关心一些""我现在就挺成功的,我可以尽我的最大努力追求更高的要求""我能悦纳我自己的一切,包括现在的身材等,不过我可以开始健身,不再吃所有快餐食品"。这些表述并没有否定现在的你,也能让你情绪平和地付诸努力追求理想。

2. "要是怎样"的思维模式

另一个缺乏安全感的陷阱就是"要是……怎么办""要是他问我的看法我该怎么办?""要是我得不到那份工作该怎么办?""他要是不喜欢我怎么办?"如果你的思维仅限于尝试合理地解决问题,那就没什么害处。但很不幸的是,这样的思维方式好像很快就会失控,从一个"假如"跳到另一个"假如"。每个解决问题的方案又会带来新的危机。你生活在长期的担心之中,最后引发长期的焦虑,而长期的焦虑会最终让你筋疲力尽。正是这样的筋疲力尽说明了为何焦虑和抑郁总是同时出现。

比较有益的反应是在面对生活时处于自然的、自发的状态。缺乏自信引发了"假如"的思维方式。要意识到,这样的思维方式会认为只有预见即将发生的生活才是安全的(可掌控的),从而使你的自信受损。应该培养起自己的稳固的安全感,靠的不是担心和想"假如怎样",而是相信自己有能力应对自己的生活。

3. 只看到自己缺点的思维模式

焦虑和抑郁都会使你的视野变得狭窄,我们只是有选择地看到某些方面。比如,一个患有抑郁症的老头可能只会看到自己的过错,而忽略了自己积极的品质。"我是一个怪脾气的老头儿"或"我什么事也做不好"。这些都是视野受限,虽然部分属实,但事实上这些看法总的来说都是夸张的陈述,使你失去平衡,感觉失控。

"我真蠢""我真是个懦夫"。这些都是对自己的责骂。其实这样的思维方式不过是心理上的小策略罢了。因为如果你痛击自己,自己就可以放弃了。焦虑和抑郁让你急于解决问题,急于归因,而不能客观地归因和客观解决问题。

针对"只看到缺点"和"对自己责骂",有益的做法是变得坚强,告诉自己不要再苛责了。只看到缺点和对自己责骂的方式不过是避免焦虑的一个策略,所以不要被欺骗。

有控制欲的人对自己会很苛刻,特别是当生活出现变化时更是如此,就算是丢了饭卡或是与同学聊天时没像别的同学一样表现出幽默感等,都可能会让他们觉得苦恼、恐慌或是绝望。所有这些想要掌控生活的策略纷纷失败,让你觉得灰心丧气,焦虑和抑郁让你筋疲力尽,不争的事实摆在眼前:控制不过是幻想罢了。真正能掌控生活的是能接纳自己的现状,并能付诸行动不断提高自己的人。

4. 读心术

"我知道她恨我""他这么做是因为他根本就不在意我的感受""别人觉得我很无趣"。"读心术"就是尝试对他人的行为进行解读,就好像你知道别人在想什么似的。你期望可以保持警惕,从而消除他人的攻击/自身的弱点。

你为何会这么做呢？有两个原因：首先，因为你的消极态度让你深信自己处在充满敌意的世界中，所以你要利用一切机会来控制局面；其次，如果你在事情发生之前就对最坏的情况做过打算的话，你会觉得有所准备，因此也就能够掌控局面。

有益的方式是培养自己的安全感，对自己价值的尊重和信任，关注客观真相，提出问题而不是胡乱猜疑。"读心术"不过是你缺乏安全感的投射罢了。你必须告诉自己："我不可以自己树立假想敌！"

5. 不得不做的想法

"我今天非得完成""我一定要成功""我别无选择，我非得买那件外套"。"不得不做"的情形经常出现在易焦虑的个体中，是所有强迫性行为的基础。虽然焦虑会导致强迫性的生活，但很快就会变成令人抑郁的生活方式。

你深信自己别无选择，只有达到目标才能从煎熬中解脱出来。

我们没有意识到自身的不安全感和不自信感，而是将其具体化为这样深信不疑的观点：通过做这样或那样的事情，我们就能找到安全感和自信。然而，安全感和自信并不来自外部世界，它是内心的感受。

6. "非此即彼"的思维模式

"我永远都快乐不起来了""生活总是这样令人沮丧""我一辈子都觉得缺乏安全感"。"非此即彼"的思维模式是一种冲动的思维方式。当你陷入焦虑或沮丧时，自己会变得没有耐心，会认为某件事不是好就是坏，不是积极就是消极，不是一直就是从不，不愿多想。有了这样的思维模式，你就不允许生活中出现非黑即白之外的灰色地带。

生活并不总是非此即彼的。因为消除了生活里的中间选择，你也就摒弃了许多可能性。缺乏安全感的人更在意掌控的感觉，而不太在乎自己的判断是否准确。就算某个想法是消极的，那也至少把当下的问题解决了："就是这样，我是个失败者。"

有益的做法是学会容忍生活中模棱两可的现象，要意识到如果在冲动下做出错误的决定，只会带来更多问题。要用客观的态度来对待生活，生活并不是非此即彼的，要认识到不能让焦虑支配你的思维。不要把想象当成现实，要核对客观现实。你会发现大多数冲动不过是习惯。不要条件反射地做出回应，深呼吸一下，你会很惊异地发现自己原来也可以轻松地生活。

利导思维者智慧并快乐

有这样一则故事，一位心理学老教授乘车旅行，在两列火车错车时，一股气流将一只给老伴买的新鞋吸出了车窗外。老教授连说两声："可惜！可惜！"之后，顺手将另一只鞋也扔出窗外。面对众人的不解，老教授解释说，对他而言，剩下的这一只毫无用处，带回家只会给自己和老伴带来烦恼，而扔了它，拾到鞋子的幸运者则能捡到完整的一双鞋了。

老教授不只是扔了一只鞋，他也扔掉了懊悔，且得到了成人之美的乐趣。

延伸阅读

11种不合理信念

1. "每个人要绝对获得所有人喜爱或重要的人的喜爱。"很多人都有过这样的想法，尤其是从小到大被家长和老师表扬长大的乖孩子，到了大学里，忽然失去了表扬和优越感，觉得非常失落，糟糕透顶，而且在交往中容易敏感多疑，稍有不满就对自己产生怀疑和否定。其实这种想法是错误的，是应该彻底放弃的。世界这么大，除了你的父母没有人有责任必须喜欢你，而获得了别人的喜欢和赞许是应该感恩的事情。所以不要再让自己的精力用于如何讨好别人或因得不到所有人的喜爱而烦恼，而应该放弃这个错误想法，让自己学会爱自己，学会接纳和喜欢自己，然后集中精力追求自己的目标，同时愉快平等地与人交往，过上充实快乐的大学生活。

2. "一个人是否有价值在于他是不是个全能的人。"全能确实有点夸张，人无完人嘛！人的价值不在于他有多少能力，而在于他能做出多少贡献。如果一个人能力超群，但是所做的都是损人利己的事情，你能说他有价值吗？哪个贪污的高官没有能力？但是他都用人民赋予他的权利在做着些什么呢？很显然能力与价值是不能画等号的。

3. "世界上有些人很邪恶，很可憎，所以他们要受到严惩。"其实这个也是不合理的信念，有些人固然可憎，但是有句话说得好"可恨之人，必有可怜之处"。而且在心理学的研究上，就用道德两难问题来测试儿童的道德发展。所谓世界是辩证的，没有绝对的对与错，也就没有绝对的恨与爱，所有东西都是相对的。即使犯了大错，我们也相信法律可以解决一切。切不可让自己变得失去理性和底线。

4. "如果事情非己所愿，那是件可怕的事情。"这是个夸张的想法，人生的道路不可能是一帆风顺的，不顺心的事情十有八九，如果把这些事情都认为是可怕的事情，那我们岂不是活在恐怖片里了？生活充满变数，所以生命才更精彩。

5. "不愉快的事情总是由外在的因素引起的，不是自己所能控制的，人对自己的痛苦和困扰也无法改变。"艾利斯的ABC情绪理论认为，不愉快的事情只是客观原因，而引起自己情绪波动的是对客观事件的内在的主观看法。举个简单的例子，同样是考试得了第一名，有的人会很高兴、兴奋；而有的人则会忧心忡忡，担心下次考试名次会降低。

6. "面对现实中的困难和自己承担的责任，是件不容易的事情，不如逃避。"逃避并不能解决任何的问题，反而会带来焦虑紧张的情绪，影响身心健康。勇敢地去面对，问题并没有想象中的难。而一个顽疾，一旦你决定勇敢去面对它，它就已经解决一大半了。因此，切勿将逃避形成习惯，而是要主动警惕自己在逃避什么，下决心主动面对它，想办法克服它。这样慢慢形成习惯后，就没什么能难倒你了。

7. "对危险可怕的事情随时保持警惕，非常关心并关注发生的可能性。"有警惕心其实是件好事情，但是凡事都不能过头，否则就容易产生心理障碍。有紧张时刻，与时刻处在紧张中，是两回事。强迫症、疑病症等很多心理疾病都是源于过多关注自己和周围的事物了。培养自己敢于面对一切困难的勇气，而不是做一个胆小的懦夫。

8. "人必须依赖别人，特别是某些与自己相比强而有力的人，只有这样才能生活得更好些。"人与人相互扶持帮助固然重要，但是这并不意味着必须依赖别人。坚强与独立对一个人来说很重要,尤其是人格独立。打个比方,人与人之间的相互扶持帮助,就像人偶尔受伤了需要别人搀扶或背着走;而人格依赖者就是一辈子都需要别人背着走,别人受累不愿意,自己也失去独立的信心和快乐。

9. "一个人以往的经历和事件常常决定了他目前的行为,而且这种影响是永远无法改变的。"这种想法是错误的。人都是发展的,总是用老眼光评价一个人,是对他人和自己的一种不尊重。例如,有两个特殊的群体,第一是刑满释放人员,他们的经历会使人们对他们敬而远之,认为"从里面放出来的人都不是好人"。由于社会等多方面的排斥,会使很多人重蹈覆辙。试问谁会喜欢高墙里的生活?很多人都是因为生活实在没有出路而再次走上犯罪的道路的,如果社会给他们多一些关怀,多一些宽容,我想他们以后的人生会绚烂起来。第二是精神病康复患者,这些人极其敏感、脆弱,稍微受到刺激,复发的概率很大。谁都有过去,无论是好的、坏的,都已是过去的事情了。何必苦苦的追究呢?如果一张白纸上有一个小小的黑点,很多人都只看到那一个小黑点,而忽略了那一大片的白色。成功心理学有个重要的观点就是"过去不等于现在!"多宽容一点,你自己能看到更多美好的事情。

10. "一个人应该关心他人的问题,并且为他人的问题而悲伤难过。"很多人都有这样不合理的信念,认为"如果我在苦恼的时候,至少我认为重要的人应该和我分担吧?""我都这样了,你们怎么就不能帮帮我?"……其实这个也是不合理的。仔细想想,确实啊,别人没有义务一定要帮我们!我们总不能要求别人都来为自己而哭吧。而如果别人伸出援助之手,那并不是理所当然的,而是应该学会感激和感恩!

11. "对人生中的某个问题都应有一个唯一的正确的答案,如果找不到这个答案就会痛苦一生。"世界是辨证的,既然是这样,又哪来那么多绝对的答案呢?人生并不是数学题,答案对就是对,错就是错。人生有无数的可能性,因此也就有更多的可能与精彩呈现。

互动活动

日光柱练习

请开始把注意力转向自己的呼吸,你只需自然的呼吸,随着每一口呼吸让自己安稳下来,开始把注意力转向自己的身体,从头顶到脚底,关注身体各个部位的感觉,留意是否有任何不适的感觉。

如果身体有任何不适的感觉,请检查在哪个部位,周围都有什么、它的形状/结构、颜色、材料,越具体越好,不需回避。

接下来,想象有一束具有疗愈作用的彩色光柱,它来自天宇,专为你而设,是你喜欢的颜色,也许是暖黄色、银白色、橘红色,带着疗愈的温度。

请让这束光照在你的身上,并透过你的皮肤进入你的身体。去觉察它带给你什么样的感觉,随着你的呼吸,感受这束光在身体里流淌。

如果你愿意,请让这束光环绕着你身体感到不舒适的部位,并让它在那个部位周围流动起来。请你觉察这束具有疗愈作用的光在这个部位流动时带给你的感觉是什么,它给这个感觉不适的部位带来什么样的改变。

如果你愿意,你可以用这束具有疗愈作用的光充满你的整个身体。随着你的呼吸,再感受一会儿这束光在身体里的变化。

好，现在，请让这束光暂时离开，任何时候只要你愿意，你都可以让它回来。你可以选择光束离开的方式——也许你希望你的光往下流进你的脚，然后进入大地，或者你想它照耀到任何地方。

请按照你自己的节奏回到这个房间里。重新感受一下身体，感受一下这个身体在自然地呼吸，走向下一个时刻。

单元三　承受痛苦的智慧——调节情绪

向别人倾诉的都是弱者？

我是一个活泼开朗的男生，人缘很好。但从小到大，我很少跟人倾诉烦恼，因为我认为那是弱者的表现，而且会给别人带来麻烦，不是说"不要给别人制造麻烦"是做人的准则嘛，而且别人也没有时间和心情来听我的烦恼，何况我也习惯了自己消化自己的情绪。但有时也会觉得非常憋闷，有时也非常羡慕那些有芝麻大点的事都要一吐为快的同学，但我就是难以启口。

以前也没觉得这有多大问题，但上大学后，遇到的困难和挫折骤然增加，烦恼倍增，我的心情变得越来越压抑和沉重，而且有时会因为某件小事而大发脾气，很难控制自己的情绪，我自己都被吓到了，心越来越累，生活失去了色彩。

点评

当愤怒之类的情绪被压抑，伤害便产生。所有心思往肚里吞的人，心思积少成多，心灵会变得越来越沉重……咨询室里经常能听到类似的状况——情绪压抑导致的严重心理问题。因此，情绪需要被接纳、被表达。我们需要学会的是照顾自我的情绪，允许自己伤心、生气、哭泣、沮丧等，然后学会原谅自己、释放情绪、治愈自己，从消极情绪中康复，这是情绪调节的首要原则。

有情绪，表达情绪并不等于软弱。任何的情绪、情感都是有必要的，都有它存在的合理性。向别人表达情绪，不是给别人造成麻烦；把问题的责任抛给别人来承担，才是给别人带来麻烦。人是社会的人，是有情感的，所以人类是需要相互交流情感的社会环境的。彼此分享和安慰并不会造成多大的麻烦，因为每个人承担自己的成长责任，而不是完全地依赖别人。人格独立与相互倾诉是不矛盾的，各自独立的人们相互倾诉是一件很幸福美好的事情而非麻烦，这一点是不少同学的理解误区。

> **知识链接**

控制情绪的智慧在于选择如何去看待和表达。前文已提到引起情绪的诱因（重大事件）有些是人类的进化过程中形成的，有些是个人后天学习得来的，是个人生活经历的反映。对于人类进化论的情绪诱因，是更难加以调节和改变的。而很多咨询疗法理论认为个人经历的影响、儿时学到的东西，往往比后来认识到的更加顽固、更加难以消除，往往需要意识到自己的情绪反应模式，自己的敏感情绪诱因是哪些。可以用以下方法来练习调节自己的情绪反应，习得情绪调节的方法。

一、学会洞察和准确命名自己的情绪

学会悉心洞察（有学者称为关注）自己的情绪，这是情绪管理的第一步。当情绪发生变化了，你要意识到这一点。能够在一段情绪经历中观察自己，并且应该是在好几秒钟之内，我们可以意识到自己正处在情绪化阶段，并且判断自己的言行是否得当。我们可以重新衡量、重新评估，假如情绪化的反应不得当，便可以以此指导自己的言语和行为。

想要学会洞察或关注自己的情绪并不容易，但这的确是可能实现的，经过一段时间的反复练习，会变得渐渐容易起来。

洞察或关注到自己的情绪变化后，不管出现的是什么样的情绪，是高兴、接纳、愉快还是生气、伤心、郁闷、痛苦，抑或是羞耻、嫉妒、愤怒、内疚等，都要尝试着把这种感觉用最准确的词表达出来，只有认清自己的情绪才能做更进一步的处理。

二、承受痛苦的智慧

（一）接纳负面情绪

人生苦难重重。这是伟大的真理，它的伟大在于我们一旦想通了，就能实现人生的超越。只要我们真正理解并接受这一点，那么我们就再也不会对人生的苦难耿耿于怀了。

因此，应对消极情绪的一个重要方法就是学会接纳负面情绪。犹如有些同学喜欢晴天，当出现阴天或雨天时，就会因为不能接纳自己不喜欢的天气而烦恼和消极。但如果该同学能够意识到自然界的天气是有晴有雨有阴等各种状态的，这是客观存在的，那么，自己的情绪就会稳定很多。

对于情绪也是如此。情绪是在个体的需要是否得到满足的基础上形成的。每个人的情绪都包括喜怒哀乐，因此出现负面情绪是正常现象，要像能接受阴天一样接纳自己的负面情绪。一旦你允许自己出现负面情绪，且出现后不急于逃避和应对，而是"由它去"，任其自由消失，你的情绪就能够稳定很多、淡定很多。

> **延伸阅读**

心态决定命运——一张纸的命运

西方有一谚语云：想得通，路亦通。

大学里，有一堂哲学课给学生们留下了深刻的印象，至今他们都对这堂课记忆犹新。那是期中考试后的一天，班里的一个同学因为各门功课都考得一塌糊涂，所以心情郁闷，在哲学课上无精打采。他的异常引起了哲学教授的注意。教授把他叫了起来,请他回答问题。教授拿起一张纸扔到地上,请他回答:这张纸有几种命运？也许是惊慌,也许是心不在焉,那位同学一时愣住了,好一会儿,他才回答:"扔到地上就变成了一张废纸,这就是它的命运。"教授显然并不满意他的回答。教授又当着大家的面在那张纸上踩了几脚,纸上印上了教授沾满灰尘和污垢的脚印。然后,教授又请这位同学回答这张纸有几种命运。"这下这张纸真的变成废纸了,还能有什么用呢？"那个同学垂头丧气地说。

教授没有说话,捡起那张纸,把它撕成两半扔在地上,然后心平气和地请那位同学再一次回答同样的问题。我们被教授的举动弄糊涂了,不知道他到底要说什么。那位同学也被弄糊涂了,他红着脸回答:"这下纯粹变成了一张废纸。"教授不动声色地捡起撕成两半的纸,很快在上面画了一匹奔腾的骏马,而刚才踩下的脚印恰到好处地变成了骏马蹄下的原野。骏马既刚毅、坚定又充满张力,让人充满遐想。最后,教授举起画问那位同学:"现在请你回答,这张纸的命运是什么？"那位同学的脸色晴朗起来,干脆利落地回答:"您给一张废纸赋予了希望,使它有了价值。"教授脸上露出一丝笑容。很快,他又掏出打火机,点燃了那张画,一眨眼的工夫,这张纸变成了灰烬。

最后,教授说:"大家都看见了吧,起初并不起眼的一张纸片,我们以消极的态度去看待,就会使它变得一文不值。我们再使纸片遭受更多的厄运,它的价值就会变得更小。如果我们放弃希望使它彻底毁灭,很显然,它就根本不可能有什么美感和价值了。但如果我们以积极的心态对待它,给它一些希望和力量,纸片就会起死回生。一张纸片是这样,一个人呢也是如此啊！"

(二) 学会与负面情绪对话,了解自己内心深处的东西

人需要不断了解自己内心深处的东西,才能更好地调节自己的情绪。那情绪的变化,尤其是强烈的情绪出现,是了解自己的大好机会,从中可以了解自己冰山下的潜意识是怎样的,从而完善自我。

你是一个容易感到幸福的人吗

找个不受打扰的地方,找个舒服的姿势坐好。将身心完全放松,充分体会自己不舒服的强烈情绪,想象这个情绪像棉絮、云雾或泳池里的水,慢慢放大,让自己掉进这个云雾或池水中,沉浸在里面一段时间,充分体会情绪带来的感受,慢慢与云雾对话,问问它为什么会产生,它想告诉你些什么,要怎样它才能舒心而退。

多次练习,你会触碰到意想不到的冰山以下的潜意识内容,知道自己的潜意识思维模式或心理需要,接下来改变就是轻而易举的事了。如果自己练习不得法,可以寻求心理咨询师的帮助。

例如,你感到悲伤或痛苦,当你与这些情绪共处对话,得知这些情绪源自一点细微的迹象,它显示你的女友似乎想甩掉你,因为她发现了你内心认为自己一钱不值。这时,你就知道你的潜意识是害怕自己一文不值而被抛弃。这时潜意识已经意识化,你会大叹一口气,你终于知道你的恐惧、悲伤或愤怒等情绪来自哪里；接下来你可以将理性的意识替换非理性的潜意识思维,如认识到每个人都有同等的价值,没有人有比你更高或更低的价值,而你自己要时刻提醒自己这一点,将潜意识的非理性情绪和思维模式强化为合理的,情绪的理智和稳定性就会大有改观。

三、果断叫停自己的"庸人自扰"情绪

人经常会有消极情绪的体验,心理学研究发现,这多数是因为人具有"庸人自扰"的一面,就像历史故事中忧天的"杞人"一样。庸人自扰的实质是人为自己的情绪所困,也就是把自己囚禁在自己营造的"心狱"里逃不出来。大家在生活里可能都有过这样的经验,有时老是责备自己的过失,在坎坷的往事和不平等的待遇中不能自拔;有时生活平稳就闷得慌,感到缺乏活力;有时生活稍不如意,又心慌意乱,愤怒、悲伤、忧愁涌上心头,久久不肯离去。

许多的烦恼都源于用病态的眼光看待自己。当你用"受害者"思维来看待世界时,你会倍感绝望,难以面对;当你用"应对者"思维来看待世界时,你能够想到的方法会比困难多。

> **延伸阅读**

消极情绪体验者只会埋怨生活

艾森豪威尔年轻的时候时常跟家人玩纸牌,他有个坏毛病,总喜欢不停地抱怨抓到的牌。有一天,他妈妈在他抱怨时停了下来,正色对他说道:"如果你要玩,就必须用你手中的牌玩下去,不管那些牌怎么样!"他一愣,母亲又说:"人生也是如此,发牌的是上帝,不管怎样的牌你都必须拿着。你能做的就是尽你全力,求得最好的结果。"

很多年过去了,艾森豪威尔一直牢记着母亲这句话,从未再对生活存在任何抱怨。相反,他总是以积极乐观的态度去迎接命运的每一次挑战,尽己所能做好每一件事,从默默无闻的平民家庭走出,一步一步地成为中校、盟军统帅,最终成为美国历史上第 34 任总统。

四、学会表达情绪

生活中,谁都会产生这样那样的不良情绪,善于接纳、表达和宣泄情绪的人,能够 hold 住各种情绪,也清楚为什么会有这些情绪,因此不会失控或崩溃,做到生活再忙心不忙,生活再累心不累。在此基础上,我们还需要学会表达和宣泄情绪,让心灵轻装上阵。喜怒不形于色、强行压抑情绪,会给人们的生理心理健康带来极大的危害,各种客观数据表明,这种性格的人很容易患癌症。因此,学会用合理方式宣泄情绪是无比重要的。

前面已经提到,情绪是需要感受和表达的。宣泄情绪的方法有很多,如痛哭、诉说、逛街、听音乐、睡觉、散步、运动、打游戏、看电影、阅读等,每人会有自己习惯的宣泄方式。其中向朋友或家人倾诉,获得社会支持,能让自己的身心得到彻底放松,是每个人需要学会的课题,当然大多数人从小就会。

抽烟、喝酒、打架、摔东西、生闷气等都是消极的宣泄方式。因为这样只是暂时逃避痛苦,而后需要承受更多的痛苦。

五、培养积极心态,懂得宽容和感恩

同样是半杯水,积极者会说:"太好了,还有半杯水可以滋润我的喉咙。"消极者会说:

"我总是运气不好,怎么只剩下这么一点水。"同样多的水,带给他们的是不同的情绪状态。因此,大学生要学会调整自己的认知角度,挖掘事物的积极因素,懂得宽容和感恩,帮助自己保持良好的心态。

消极心态与积极心态

消极心态者	积极心态者
成功是少数人的事情	成功者找方法,失败者找理由
枪打出头鸟	付出一定有收获
我一定不如别人	别人行,我为什么不行
我就是个苦命的人	命运掌握在自己手里

六、构建自己的社会支持系统

人是社会性动物,是需要情感交流的,是需要社会支持的。社会支持的来源可以是人、动物、兴趣爱好等。找到能相互提供心理支持的朋友是获得社会支持的有效途径。

情绪状态并不完全取决于自我的心理和意识水平,还与人的能力有关。拥有一定社会技能的人,情绪的支持力量更强。信息时代,学习的途径非常之多,只要我们找到适合自己的方向,我们可以每天学习,每天提高一点点,每天突破一点点,那么我们的自尊感和力量感也会越来越强,自信水平和心理承受能力也会随之提高。

在上述方法都无效的情况下,仍不要灰心,有条件的话,可以寻求心理咨询等专业帮助。学会求助是一种智慧。

七、活在当下

活在当下,享受着当下所从事的事情,并且把眼前的快乐和未来的幸福进行有效的平衡,通过目前的行为去获得更加满意的未来。例如,一个热爱学习的学生可以在学习的过程中享受创造的快乐,而这快乐也可以帮助他取得好成绩,助其获得未来的幸福。谈恋爱也是一样,两人共同享受着爱情的美好,并帮助彼此成长与发展。当我们从事自己喜爱的事业时,我们一样可以在享受的过程中取得事业的进步。

延伸阅读

放松情绪50法

俄罗斯心理学家为大学生放松情绪推荐了50种方法。
(1) 如果你觉得力不从心,那么应坚决地拒绝一切加班。
(2) 拥有一两个知心朋友。
(3) 犯错误后不要过度内疚。
(4) 正视现实,因为回避问题只会加重心理负担,最后使情绪更为紧张。
(5) 不必时时事事自我责备。
(6) 有委屈不妨向知心人述说一番。

(7) 常对自己提醒：该放松放松了。
(8) 少说"必须""一定"等"硬性词"。
(9) 对一些琐细小事不妨任其自然。
(10) 不要怠慢至爱亲朋。
(11) 学会理智地待人接物。
(12) 把挫折和失败当作人生经历中不可避免的有机组成部分。
(13) 实施某一计划之前,最好事先预想到可能出现坏的结果。
(14) 在已经十分忙碌的情况下,不要再为那些分外的事情操心。
(15) 常常看相册。
(16) 常常欣赏喜剧,学会说笑话。
(17) 每晚洗个温水澡。
(18) 卧室里常常摆放鲜花。
(19) 欣赏最爱听的音乐。
(20) 去公园或者花园走走。
(21) 回忆一下一生中最感幸福的经历。
(22) 结伴郊游。
(23) 力戒烟酒。
(24) 邀请性格开朗、幽默的伙伴一聚。
(25) 做5分钟遐想。
(26) 培养一两种新的爱好。
(27) 学会自我按摩。
(28) 交一两个异性朋友。
(29) 有苦闷时可向日记本倾诉。
(30) 理一次发。
(31) 穿上喜欢的新衣。
(32) 必须吃早餐,而且要吃好、吃饱。
(33) 参加一项感兴趣的体育运动。
(34) 少去噪声过大的场所。
(35) 养一种宠物。
(36) 浴室、卧室里可以洒一点香水。
(37) 宽容他人的缺点。
(38) 大度地接受他人的批评。
(39) 常常清理书籍。
(40) 不时静思默想几分钟。
(41) 不妨看看动画片、读点童话故事。
(42) 应跟儿童交朋友。
(43) 给自己买些布娃娃之类的玩具。
(44) 衣服颜色尽量多种多样。
(45) 说话与用餐时有意减慢速度。

(46) 品味美食,但忌高脂肪食品。

(47) 克服嫉妒情绪。

(48) 常常做深呼吸。

(49) 常常拥抱亲人。

(50) 化妆有助于摆脱紧张。

互动活动

冥想练习——"觉察自己"

我释放所有局限我的思想意念;我学习用全新的角度、全新的观点来看每一个人,包括我自己。

我明白我的本质是清净无染、完全圆满,我不再受罪恶感的束缚。

从今天开始,我心中没有憎恨、没有怪罪,只有爱与理解。

当我抗拒,我看到我在抗拒,我接受我是会抗拒的。

当我排斥,我看到我在排斥,我接受我是会排斥的。

当我攻击,我看到我在攻击,我接受我是会攻击的。

当我批判,我看到我在批判,我接受我是会批判的。

我越来越能够接受我自己。

我越来越清楚我自己。

我越来越觉察我自己。

与人互动时,我可以看到我的慈悲心不足,我看到我的心不够柔软,我看到我体谅的心不够,我看到我吝于赞美别人,我看到我爱与人较劲,我看到我的小心眼,我看到自己的战斗意识。

我看到我在看这个不好、看那个不顺眼,我在计较这个、计较那个,非这样不可、非那样不可。

我看到这些内心的包袱让我活得不自在。

我可以放下我心中紧抓不放的东西,我可以学习再放松一点、再开放一些。

对生命、对人、对所有事物,我一天比一天更放松。

我一天比一天更不爱计较,我小心翼翼地不再任意投射。

我一天比一天更柔软有爱。

当我批判,我知道我在批判,我起了批判的心。

当我防卫,我知道我在防卫,我起了防卫的心。

当我分裂,我知道我在分裂,我分裂了。

每次我的心一紧,身体就跟着紧张不舒服。

每一个紧绷,都是一个提醒。

每一个紧绷,都是提醒我该放手、该放下一些什么东西了。

我可以看到我在紧抓着什么不放;我放下那些对我不再有益的东西!

我能看到自己努力在保护自己,维护自己的形象。

我也能看到别人努力在保护他自己,维护他自己的形象。

我可以理解他的脆弱和恐惧,我可以接纳他的不够完美。

我可以理解我的脆弱和恐惧,我可以接纳我的不够完美。

我接受我的不完美,我也欣赏我的美好。

我不再任意批判攻击任何人!

当我越来越觉知、越来越清明,我不再做一个牺牲者,我不再做一个受迫害者。

所有问题都是内在的问题,我看到自己的恐惧,我看到自己的负面心态。

过去我以为是世界对我不好,其实是我自己内在的问题。

只要自己改变,世界就会改变。

身心互动游戏

活动目的:

使人们了解身心互动原理,学会并掌握运用肢体动作改变情绪状态。

活动步骤:

1. 全体起立,然后坐下;再次请大家全体起立,不过这次的速度要比刚才快10倍,然后再坐下;第三次起立要求比第二次再快10倍。

2. 问大家是否感觉到一种振奋的情绪。

3. 请大家抬头看天花板,张开嘴巴大笑三声,要求每个人想一件人生中最悲伤的事,持续15秒钟,然后请大家回到自然状态。

4. 这时,老师讲话声音放低,要求大家慢慢把头低下来,请大家想令自己特别开心的事情,持续15秒钟,然后回到自然状态。

注意事项:

肢体动作是情绪的一个出口,适当地调节肢体动作,改变心理的变化是我们要达到的最终目的。从一些细微的小动作中可以看出一个人的性情概况,这是长期观察可以得到的结果。很多时候,一个人的情绪可以通过动作传递出来,在人与事之间,我们也可以通过身与心的交流达到更好的协调。

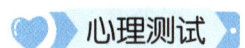

情绪稳定测量

有的人情绪稳定,从不大喜大悲,而有的人则喜怒无常,情绪时好时坏,这样的人往往更容易失去健康。可见,情绪的稳定性对健康的影响是十分重大的。那么,你的情绪是否稳定呢?

下面这份自我测验能帮你弄清答案,请如实作答。

1. 看到自己最近拍摄的照片时,你有何想法?
   A. 觉得不称心　　　　　B. 觉得很好　　　　　C. 觉得可以

2. 你是否想到若干年后会有什么使自己极为不安的事儿?
   A. 经常想到　　　　　　B. 从来没想过　　　　C. 偶尔想过

3. 你是否被朋友、同事、同学起过绰号、挖苦过?
   A. 常有的事　　　　　　B. 从来没有　　　　　C. 偶尔如此

4. 你上床以后,是否经常再起来一次,看看门窗是否关好、炉灶是否关好?
  A. 经常如此   B. 从不如此   C. 偶尔如此

5. 你对与你关系最密切的人是否满意?
  A. 不满意   B. 非常满意   C. 基本满意

6. 你在半夜的时候,是否经常觉得有什么害怕的事儿?
  A. 经常   B. 没有   C. 极少

7. 你是否经常因梦见什么可怕的事儿而惊醒?
  A. 经常   B. 没有   C. 极少

8. 你是否曾经有多次做同一个梦的体验?
  A. 有   B. 没有   C. 记不清

9. 有没有一种事物使你吃后呕吐?
  A. 有   B. 没有   C. 记不清

10. 除去看见的世界外,你心里还有另外一个世界吗?
  A. 有   B. 没有   C. 不清楚

11. 你心里是否时常觉得你不是现在的父母所生?
  A. 时常   B. 没有   C. 偶尔如此

12. 你是否曾经觉得有一个人正在爱你或尊重你?
  A. 是   B. 否   C. 说不清

13. 你是否常常觉得你的家人对你不好,但是你又确知他们的确对你好?
  A. 是   B. 否   C. 说不清

14. 你是否觉得没有人十分了解你?
  A. 是   B. 否   C. 偶尔

15. 你在早晨起床的时候最经常出现的感觉是什么?
  A. 忧郁   B. 快乐   C. 讲不清楚

16. 每到秋天,你的感觉是什么?
  A. 秋雨霏霏或枯叶遍地 B. 秋高气爽或艳阳天 C. 说不清

17. 你在高处的时候,是否感觉站得不稳?
  A. 是   B. 否   C. 有时如此

18. 你平时是否觉得自己很健康?
  A. 是   B. 否   C. 说不清

19. 你回到家后是否立刻把房门关上?
  A. 是   B. 否   C. 偶尔

20. 你坐在小房间把门关上后是否觉得心里不安?
  A. 是   B. 否   C. 说不清

21. 当一件事情需要你做决定时,你是否觉得很难?
  A. 是   B. 否   C. 偶尔

22. 你是否常常用抛硬币、玩纸牌、抽签之类的小游戏卜测凶吉?
  A. 是   B. 否   C. 偶尔

23. 你是否常常因为碰到东西而摔倒？
    A. 是　　　　　　　　B. 否　　　　　　　　C. 偶尔

24. 你是否需用一个多小时才能入睡，或醒得早？
    A. 经常如此　　　　　B. 从不如此　　　　　C. 偶尔如此

25. 你是否曾看到、听到或感到别人察觉不到的东西？
    A. 经常如此　　　　　B. 从不如此　　　　　C. 偶尔如此

26. 你是否觉得自己有超出常人的能力？
    A. 是　　　　　　　　B. 否　　　　　　　　C. 不清楚

27. 你是否曾经觉得因有人跟踪你而心里不安？
    A. 是　　　　　　　　B. 否　　　　　　　　C. 不清楚

28. 你是否觉得有人在注意你的言行？
    A. 是　　　　　　　　B. 否　　　　　　　　C. 不清楚

29. 当你一个人走夜路时，是否觉得前面潜藏着危险？
    A. 是　　　　　　　　B. 否　　　　　　　　C. 偶尔

30. 你对别人自杀有何想法？
    A. 可以理解　　　　　B. 不可思议　　　　　C. 不清楚

评分标准：
以上各题答案，选 A 得 2 分，选 B 得 0 分，选 C 得 1 分，然后相加算出总分。

测试报告：
你的得分越少，说明你的情绪越佳，反之越差。

总分 0—20 分：说明你情绪稳定、自信心强，具有较强美感和道德感。你有一定的社会交往能力，能理解周围人的心情，顾全大局。你是个性情爽朗、受人欢迎的人。

总分 21—40 分：说明你情绪基本稳定，但不深沉，对事物的考虑过于冷静，处事淡漠消极，不善于发挥自己的个性。你的自我受到压抑，办事热情忽高忽低，瞻前顾后，踌躇不前。

总分 41—49 分：说明你情绪很不稳定，日常烦恼太多，时常使自己的心情处于紧张和矛盾之中。

总分在 50 分以上：这是一种危险信号，你应该去看看心理医生了。

自我反思与探索

1. 情绪是否需要表达？如何表达？请说说你的看法。
2. 如何做到身忙心不忙？
3. 如何调整不良情绪，保持良好的心理状态？

认识情绪

模块八

成为不气馁的人——应对压力

> 世界上的事情永远不是绝对的,结果完全因人而异。苦难对于天才是一块垫脚石,对于弱者是一个万丈深渊。　　　　　　　　——巴尔扎克
>
> 卓越的人一大优点是:在不利与艰难的遭遇里百折不挠。　　——贝多芬

本模块学习目标

1. 正确认识压力。
2. 掌握有效的压力应对方法。
3. 学会时间管理的方法。

挑战无处不在,人人都遭受过或大或小的挫折,现代社会生活节奏逐渐加快,人们内在的精神压力更是空前,如生存竞争的压力、不期而遇的生活应激、对危险和死亡的恐惧、人际压力、成就压力、情绪与情感压力、对未知的焦虑等。适当压力能保持人的警觉和促进适当的行为模式,促进社会发展;过大的压力可能造成意识缩窄、反应迟钝、身心濒临崩溃的伤害;而如果一味逃避压力,压力过小的生活又会让人消沉、机体懈怠、思维缓慢,潜能抑制等。因此,我们需要学习必要的方法来管理过大或过小的压力,使压力保持在适度水平,从而帮助我们实现更美好的生活。

单元一　压力山大的痛——正确认识压力

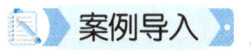 案例导入

一根火柴与一杯水

一根火柴不够一毛钱,一栋房子价值数百万。但一根火柴可以烧毁一栋房子。

一杯水的重量才350克,你可以拿多久?拿一分钟,大家一定都觉得没问题;拿一小时,可能觉得手酸;拿一天,可能就得叫救护车了。

点评

类似一根火柴的会是些什么因素呢?这个因素可能是无法自我控制的情绪、不经理智判断的决策、顽固不化的个性、狭隘无情的心胸、压力过大的崩溃等。我们的前途和健康就像价值连城的房子,有可能会因不起眼的因素给毁掉,因此,懂得调整情绪,有效应对压力和挫折,才能适应高压力的社会。

这杯水的重量没有变,但是你拿得越久,就觉得越沉重,这就像我们承担的压力一样。如果我们一直把压力放在身上,到最后,我们就觉得压力越来越沉重,而无法承担。我们应该做的是,放下这杯水,休息一下后再拿起来,如此才能够拿得更久。

蒙提的棍子

心理学大师欧文亚隆曾经在一次演讲中引用了一个令人难忘的故事,这个故事来自艾伦·卫理斯,有关他与他的那只名叫蒙提的狗。故事是这样的:

如果我弯腰捡起一根小棍,它马上就跑到我前面。于是一件有重大意义的事情发生了:它有了一个使命……它从来不会对这个使命做出评估,它只是让自己投身执行这个使命。不管我把棍子扔得有多远,它都会跑过去或游水过去,穿越任何障碍,去得到那根棍子。

得到棍子之后,它把棍子叼回来,因为它的使命不只是得到棍子,而是要把棍子带回来给我。当它靠近我的时候,它会慢下来,以便把棍子交给我,就算是完成了任务。然而,它并不喜欢完成了使命后,让自己处于等待的状态。

于我于它都是一样,我们都需要服务于某种高于自身的东西。在我准备好之前,它必须等待。它很幸运有我为它投掷那根棍子,而我正在等待上帝为我投掷棍子,我已经等待了很久。

在我们之中,有谁没有怀抱这种希望:要是有谁为我投掷我的那根棍子就好了。"要是知道某个地方真的存在着一个生活目的,而不只是感觉到有某种什么目的,那该让人感

到多么的踏实啊。"

点评

诚然,人生并不是只为了生存而活,我们需要找到自己的那根棍子。但对生命的意义的追求,并没有定性,只有我们自己去界定;凭借发挥自己的潜能过着创造性的生活且使生命富有意义。而我们必须认识到世界上没有谁比自己有更大的力量能够为自己解决这一问题。我们必须负起自己的责任并且将这一问题作为大学期间的待解决问题之首,时刻为之找寻答案,或许不知道在哪个瞬间你会突然欣喜不已地得到它。找到之后我们的生命之船才有了方向,才能分清顺风和逆风,化压力为动力。

知识链接

一、什么是压力

压力是指当个体面临外在环境刺激时,经认知评估,感到外在环境刺激会给自身造成相当程度或过度的负荷,感到个体资源无法应付的情况。[①]

压力的主要特征是不可控性。当个人不知道接下来会发生什么或个人控制感很小时,心理上会有压力。如很多学生不知道如何才能快速学好英语,面临四级考试,由于把握性不大所以会惴惴不安,压力很大。

压力反应带有明显的主观性。一个事件能否引发个体产生压力,主要受个人主观上对事件的认识或看法的影响。如果客观上有障碍存在,但个人主观上并无知觉(认知),就不会构成压力情境;如果个体将别人认为严重的压力情境认知评价为不严重,那么他的压力反应会很微弱。反之,如果将别人认为不严重或根本不存在的压力情境评价为严重的,则会引起强烈的情绪反应。因而在多数情况下即使面对同一压力情境,不同的人也会产生不同的反应。

工作越累压力越大

甲乙两名毕业生,找到同一单位相同性质的岗位工作,他们在单位时间内完成的任务量也差不多,但工作时长有很大差异,甲每天工作6小时,乙每天工作12小时,请问同学们你们觉得谁的压力更大?

这时同学们是不是认为乙的工作压力更大?

但如果情况是这样的:甲很厌恶该工作,勉强完成任务,更谈不上从工作中获得成就感;而乙很热爱该工作,也比较擅长,更重要的是,乙将之作为自己的事业追求,干劲十足,付出时间和汗水的同时也收获满满的成就感和价值感。这时,请问,甲乙两人谁面临的压力更大?会不会觉得工作时间只有乙一半的甲的心理压力反而可能更大?

[①] 黄希庭、郑涌:《大学生心理健康教育(第二版)》,华东师范大学出版社,2009年版。

同学们从此案例中能发现什么启发？

对压力的主观性是否有更深刻的认识，对自己将来要从事什么样的工作有所启示吗？适应压力与逆境的能力是人类最核心的能力表现。

压力具有两面性，正如一位著名的心理学者这样说道："压力就像小提琴弦，没有压力，就不会产生音乐；但是如果弦绷得太紧，就会断掉。"

压力一定有害吗？

科学家曾经对两只老鼠进行"精神压力"的实验。他把其中一只老鼠的压力基因全部抽取出来，另外一只则维持原样。然后把它们放到一个仿真的环境中。那只无压力基因的白鼠兴奋异常，到处乱跑。另外那只则仍是"胆小如鼠"，小心翼翼，一遇风吹草动被警觉躲避。也许有人说："就像人一样，有压力，很可能畏首畏尾一事无成。"

实验的结果是：那只无压力鼠爬上13米高的假山，掉下来摔死了。

二、压力反应的阶段理论

Selye 认为，对于任何紧张性刺激我们都要分成三个不同的阶段做出反应，Selye 把一套信号或症状称为一般性适应症状群，[①]包括警觉反应、抵抗、衰竭三个阶段。

警觉反应阶段最大的特点是肾上腺分泌的肾上腺素增加。身体自动激活生理资源来保护自身，抵御知觉到的紧张性刺激。我们立即感受到生理的变化，如肌肉紧张、体温和血压变化、心跳和呼吸加快、手心出汗、嘴唇干渴，胃里似乎有东西堵着，唾液和黏液分泌减少，气管扩大，我们开始感到着急，警觉水平增加。增加的肾上腺作为身体的一个"红色警报"，使身体做好"战斗或逃跑"的准备。在这一点上，我们的身体系统做好准备行动，来管理压力或者因压力产生反应，那么压力对于人们来说是有帮助的。

如果压力继续存在，身体就进入第二个阶段，即抵抗。身体资源被调动起来克服战斗或逃跑的反应，身体产生大量调节激素。抵抗是调适的一种方式，它能持续到压力消失。

第三阶段是衰竭阶段，如果压力存在太久，我们不能正常进行各种活动，警觉反应阶段的症状重新出现。当身体的防御能量耗尽时，身体各功能缓慢下来，适应能力丧失。个体的抵抗力降低，抵御疾病的能力降低。

三、压力与绩效的关系

压力与绩效的关系，心理学家耶克斯和多德森的研究表明，动机强度与工作效率之间的关系不是一种线性关系，而是"倒 U 型"曲线，这就是著名的耶克斯-多德森定律，又称"倒 U 曲线"。（图和详细内容见模块6的单元二的"学习动机的培养"部分。）

---

① Thomas L. Creer：《心理调适实用途径》，张清芳等译，北京大学出版社，2004年版。

谁是更优秀的人才？

甲乙两名同学，他们都担任学生社团的负责人，甲同学很好强，希望表现出出色成绩，即使在寒暑假里，都在思考着有创意的活动策划，做事也非常认真负责，对每件任务都投入120%的努力，当然也得到很完美的结果，得到老师和同学的一致认可。

而乙同学不如甲那么认真投入，他不像甲同学那样强烈地希望展现出出色的个人表现，他只希望尽自己的努力不断提高自己的能力，每次活动任务自己只尽到80%的努力。

同学们觉得哪位同学是更优秀的社团负责人？一般来说，大家会一致认为甲同学更优秀。

但是，如果是情况这样的：每次临近活动举办前，甲同学都会严重失眠，平时也会觉得压力很大，耽误了很多的学习和生活，甚至近期为了举办一大型活动，压力大到头痛，腹泻等，正考虑为了自己的身体健康而辞去负责人一职。而乙同学依然每次投入80%的努力，给其更难更重的任务时，其也是以80%的努力较认真但留有余地地应对，其能力也逐渐得到提高。

人生是一场长跑。可持续发展者是更出色的人才。

同学们从此案例中能得到什么启发？

本案例提醒我们，再热爱、再有成就感的事情，也要合理安排工作，控制在自己可承受的范围内，掌握学业、工作与生活的平衡，否则很可能像车胎，一次就爆了。坚韧在于长期的坚持，善于把握分寸，你会收获工作的充实和生活的幸福。

压力与绩效的关系可以概括为目标太低或太高都不利于目标的实现，只有当制定的目标能够在经过一定的努力可以实现的时候，才能最大限度地激发积极性，所谓"跳一跳，够得到"。

保持目标与绩效平衡的案例

郝坚打电话告诉朋友他即将出国深造的消息时，朋友们都惊讶得半天说不出话来。

之前，郝坚一直是这个朋友圈里的异数。他是一家企业的普通销售人员，但他有个习惯，无论是在拜访客户的公交车上，还是在等待客户接见的空余时间，都会拿出财务类的书籍在看。

原来，他刚工作时就设定了职业目标：考出注册会计师。这个不切实际的目标，令他获得了一个绰号：书呆子。朋友们并不认为一位从未学过财务工作的人能考注册会计师，而且当时他只是高中学历。

转眼十年过去了。这些朋友都淡忘了郝坚想考注册会计师这回事。而现在，他真的已获得注册会计师的证书，下一步是去美国深造。

听听他的心路历程吧：

我知道朋友们都不看好我。确实，十年前，学业、工作、生活方面我都不如意，这给了我极大的压力，压力大到我快崩溃了。这更导致我的学习、工作效率一落千丈，生活陷入恶性循环的怪圈。

后来我发现压力要适度才有动力,压力过了就会进入无力的漩涡中。我首先调整以前一步到位的目标(取得注册会计师证书),先从取得财会大专学历开始。

在这十年里,我第一步获得了财会大专学历,第二步获得财会本科学历,第三步取得了助理会计师职称,第四步取得会计师(中级)的职称,第五步取得了注册会计师证书。现要走第六步到美国攻读财会硕士学位。

当我把目标缩小到我力所能及的范畴时,我感到压力转变成了动力,注意力集中,学习的效率明显提升;同时,工作效率也改善明显,从以前的销售,到后来的财会工作,我总能高效率地完成本职工作。单位每年的优秀工作者评比总有我,前两年我还入了党。

延伸阅读

挫折的积极意义

孟子说:"天将降大任于斯人也,必先苦其心志,劳其筋骨,饿其体肤,空乏其身,行拂乱其所为,所以动心忍性,曾益其所不能。"

哲学家黑格尔说过:在人成长的道路上,如果你不懂得某个道理,生活就会安排一次挫折,让你学习;如果你还不明白,生活就再安排一次,直到你明白为止。在你成功之前,上帝经常会悄悄地告诉你,为什么你还没有成功,你应该怎么办。但是上帝不会直接告诉你,他会派一个使者告诉你,这个使者就是"挫折"。别因为这个使者相貌丑陋就不喜欢它,要知道它传递着你怎样才能成功的秘密。如果你急慢它,甚至拂袖而去,那么你就永远无法揭开自己失败的谜底。握它的手,拥抱它,跟它真诚地交流,听懂它的语言,你就会明白:挫折是个可贵的朋友,它会给你丰厚的回馈,给你的人生带来创造性的变迁。从某种意义上说,挫折是人生的里程碑。所谓"吃一堑,长一智"。

互动活动

清肺呼吸练习——腹部呼吸法

题目:把紧张吹跑。

目的:学习"清肺呼吸",掌握简单易行对抗压力的有效方法。

时间:10—15分钟。

操作:首先我们要用腹部深深地吸气,非常夸张地吸气,然后屏住,慢慢地从一数到五,最后,这是最精华部分,我们要把所有的空气非常慢、非常慢地呼出去,直到呼尽为止。就在我们这样做的时候,我们把身体里的紧张也都呼了出去。

所有成员都认真做三到五次后,仔细体会发生什么感觉变化?

单元二　练就百折不挠——压力与挫折应对

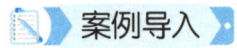 案例导入

挫折是化妆了的礼物

小明刚进大学就担任班长一职，满腔热血，操持着班级大大小小的事情，从不言苦。一学期以后，他挂科好几门，自己非常羞愧，主动辞掉班长一职。这件事对他打击很大，情绪造成很大的困扰，他不能像之前那么自信，开始对自己否定和不满，尤其觉得很丢面子。

点评

诚然，遇到这样的情况，小明会觉得挫败和沮丧。不管是谁，遇到类似的事情也都会感到类似的难受情绪，所以，平和心看待自己的负面情绪，学会安抚自己，学会倾诉和寻求亲人朋友的心理支持，逐渐从沮丧情绪中平缓过来。另外，小明要纠正一些思维方式：首先，成长过程不可能一帆风顺，遭遇大大小小的挫折是难免的，学会平常心看待成与败。其次，自己太过在意面子，这会导致将自己处于尴尬的境地，陷入情绪困扰，且不利于自己成长。只有将面子踩在脚下，才能勇敢面对困难；再者，分析挫折发生的原因，从错误中成长起来。是否自己时间分配有问题，太过于操持琐事，将学习耽误了，应学会合理分配时间和精力，作为管理者更要将任务适当分配。如果能从挫折中吸取教训，让自己将来知道如何避免类似事情再次发生，那这次挫折是不是巨大的礼物呢？

优秀的小华

小华同学，大专二年级，从小到大都是很乖很优秀的孩子，她对自己的要求一直比较高，要成绩名列前茅，要考英语、计算机和专业技能等各种证书，要参加社团活动并争取做负责人，要发展自己各方面的特长，还要做老好人担过多的责任。总之，她各方面都严格要求自己，欲望的口袋越装越多。但她最近遇到了困难，准备四级考试或为社团活动做策划时，无法像以前一样投入做事情，注意力不能集中，坐立难安，导致任务无法按时完成，恶性循环导致她更加焦虑，出现了失眠、头疼、胸闷、腰疼等症状。

点评

小华同学出现了焦虑症状，原因是动机过强压力过大。个人的自我抱负水平必须建立在对自己的实际能力正确认知的基础之上，如果一个人的自我抱负水平总是高于自己的实际能力，那就很难达到预期的目标，很容易遭受挫折。建议各位大学生花大力气认识自己，了解自己的优势和不足，制定出最适合自己的目标，将目标最简化，才可能轻松飞翔，否则贪多嚼不烂。

> 知识链接

大学阶段是个体心理迅速发展走向成熟但又尚未完全成熟的过渡期,面临着较大的压力。当刺激事件打破了有机体的平衡和负荷能力,或者超过了个体的能力所及,就会表现为压力。这些刺激事件包括各种各样来自外界或内部的情形,统称为压力源。压力源通常不能直接引起个体的压力。刺激与压力之间还有很多中间因素,如生活体验、个性特点、认知评价、应对能力、健康状况、理想信念、社会支持等。

一、挫折反应

面对挫折,我们应该采取理性的反应。理性反应是指人们受到挫折后,采取积极进取的态度,在理智的控制下所做出的反应。但很多情况下,挫折的反应却是非理性的。

(一)挫折的原始性反应

原始性反应就是当人们遇到挫折时,出于本能自然而然产生的心理与行为反应。

1. 攻击

这是人们受挫后通常产生的最直接、最简单的行为反应。根据受挫者攻击的对象不同,可以分为直接攻击和转向攻击。

一是直接攻击。直接攻击就是直接指向引起自己挫折的对象。多以动作、表情、语言、文字等表达出来,如采取嘲笑、谩骂、殴打等行为,由于缺乏理智,容易造成严重的后果。直接攻击行为,多发生在缺乏生活经验、鲁莽、易冲动的年轻人身上。

二是转向攻击。转向攻击指受挫者由于种种原因不能攻击使其受挫的对象,于是把愤怒的情绪转向自己(如轻生、自残、自虐、自我折磨等)或与其挫折情境无关的对象(一般以"替罪羊"的形式出现,如背后抱怨、发牢骚、摔物、向别人发泄怒气等)。转向攻击行为多发生在自我力量较弱、自信心比较差的人身上。受挫的人通过攻击行为可以暂时发泄心中的愤懑和不快,但并不能消除原有的挫折感,甚至会引发新的挫折感,并危害他人和社会。

攻击行为可以使因挫折引起的激愤通过向外发泄得到缓解,但务必注意度,因为其攻击行为可能危害自己或他人,或损坏物体,引起不良后果,因此有必要适当控制。

2. 退行

退行指个人在遭受挫折后出现与自身年龄、身份很不相称的幼稚行为,如像孩子那样退缩、耍赖、任性,做事失去主见,哭闹、蒙头大睡等。因为如果以成人的应对方式面对挫折,就会产生心理上的紧张、焦虑和不安,受挫者为了避免出现这种情况,往往会放弃已经习得的成人的行为方式,而退回到早期孩童的方式加以应对,从而减轻内心的心理压力。如有的人因考试成绩不佳或没有竞聘上干部等,出现不起床、不吃饭、蒙头大睡或哭哭啼啼等行为。这些行为就属于退行。

3. 幻想

幻想是指一个人在遇到挫折时企图以自己想象中的虚幻情境来应对挫折。任何人都有幻想,通过幻想,人们可以暂时脱离现实,在自己想象的情境中满足一些自己的需要和欲望,使人产生一种愉快和满足的感觉。如有些学生幻想自己事业获得巨大成功,得到世人的敬仰,来应对现实中成绩不佳的挫折。当人们遇到挫折时,暂时的幻想可以使人在一定程度上缓冲挫折情绪,偶尔为之,也是正常。但如果长期深陷用幻想来应对现实中的挫折或沉溺幻想中不务实,反而好高骛远,降低对现实生活的适应能力,严重脱离现实,特别严重的甚至导致精神疾病。

(二) 挫折的个性反应

1. 习得性无助

习得性无助来自心理学家塞利格曼和梅尔于1967年对狗做的一项实验。他们把狗关在一个笼子里,只要铃声一响,就给狗以难受的电击。多次以后,心理学家改变了实验条件,在电击狗之前先将笼门打开,结果发现,铃声响后,狗不但没有从笼门逃出,反而不待电击出现,就倒在地上痛苦地呻吟和颤抖。这种在受到多次挫折之后产生的无能为力感,心理学家把它称之为"习得性无助"。

在现实生活中,习得性无助也非常普遍,如人们常说的"破罐子破摔""听天由命"等,这些常是习得性无助的状态。

2. 越挫越勇

人生遇到的挫折是难以预料的。有的人遇到挫折就弯下了腰,从此一蹶不振,失去了生活的勇气;而有的人遇到困难,在经过短暂的痛苦、彷徨后,会坚强勇敢地站起来,勇敢面对困境,努力战胜困难,表现出惊人的勇气和力量。人生不如意之事十之八九,只要不被挫折打倒,总还有机会。别林斯基说过:"不幸是一所最好的大学。"这类人始终相信办法总比问题多,能积极化悲愤为动力。

二、大学生的压力源及对策分析

(一) 大学生的压力源

跨入大学校门,对很多同学来说是一个重大的压力源,需要适应许多新的要求。除了极少数人可能会遭遇的灾难性和创伤性事件,这类压力像"巨石",如经历地震、车祸、亲人去世、成了犯罪的受害者、考试不及格、当众出丑或当众被指责等急性压力源外,大多数学生面临的是慢性压力源,这类压力像"细沙"。慢性压力源对心理健康的影响是通过相同压力源出现的次数和持续的时间来实现的,因此,尽管压力强度不大,影响作用却是很大的,如案例导入中的持续一天握着一杯水。

有研究显示大学生的心理压力源主要来自学习和个人方面:主要的学习压力源有考试、竞争、时间、教师、课堂环境和就业等;主要的个人压力源有亲密关系、父母关系、经济问题、人际关系、居住条件和外表等。

(二) 大学生对不同压力源的应对

不管什么时候,我们都应该避免不良压力,但一旦不良压力不可避免,我们需要有跟它"正面刚"的勇气,因为"欠下的债总要还的"。我们可以思考:"问题到底是什么?是外部环境的问题?还是内部个人成长的问题?要从失调中走出来,我需要做些什么?"这样我们可以从每次的压力中获得积极的成长,压力就为我们学习新的适应方式提供了宝贵机会。

1. 校园适应的压力应对

不少大学生对父母有较强的依赖性,缺乏必要的生活经验和信心,自理能力较差;还有些大一新生在学期末或月末会出现"经济危机"。进入大学遇到的第一个问题就是如何适应独立的大学生活,面对完全陌生的城市和校园环境,一切都得自己去熟悉、交往、解决。一些大学生由于难以适应这种生活环境的变化而产生焦虑、孤独、缺乏安全感和沮丧等心理。

同时,学习方式的转换也是大学生面临的一个很重要的问题。没有教师安排和监督,需要自主安排学习,很多新生一时难以适应这种变化,自我管理能力差的同学逐渐放松了对自己的要求,或遇到挫折自暴自弃,结果可能会出现考试不及格的情况,带来一定程度的心理压力。

希望同学能了解这是正常的适应过程,是被问题困住,还是寻找解决方法,在于你的选择。了解并接受到新环境的震荡休克期,内心的掌控感不复存在,感觉自己变得那么弱小无助、焦虑、迷茫,这一过程充满了未知和彷徨。我们可以从提问题开始——如何才能解决这些问题,相信你可以通过自己努力或适当求助找到答案。

2. 自我评价的冲突和压力应对

由于心理发展的不成熟、缺乏社会经验和人生阅历,一部分同学不能正确地认识自己、客观地评价自己,从而出现自我意识偏高或偏低。

心理学家卡伦·霍妮说人的内心有四个部分组成:一是实际表现的自我;二是可能实现的自我;三是理想的自我(不可能实现的部分);四是阴影(不知道的自我)。不少同学因为对现实表现的自我不满意,从而内心一直渴望变成理想的自我,用幻想的自我来取悦和平衡自己。他们固守一种优势的心理位置,梦想自己永远是战无不胜的,不去追求可能的我,拒绝变化,躲在幻想中麻痹自己。

我们每个人都有自己的优点和缺点。认清自己的优点、缺点,对优点进行充分的肯定从而建立稳固的自信心的支撑点;对自己的缺点进行分类,对于不可改变的缺点拿出十二万分的决心来完全接纳它们,从此再不必因为这些不可改变的缺点而伤心和自卑;对于可以改变的缺点需要尽最大努力进行改变。比如,一个女孩无须再因自己的身高、长相和家境情况而伤心和自惭形秽,需要接纳这些不可改变的缺点,而把能量精力腾出来投入可以改变的学业和特长发展中,不断提高自己。

3. 同辈竞争的压力应对

同学间关于学业成绩或能力特长的竞争压力,使不少同学倍感沉重。其实人们或多或少都会有对自己在团体所处地位的控制欲望,希望自己是最强的这种情绪是人类一种非常古老原始的情绪,它起源于生物竞争。有的同学为了避免竞争失败带来的压力而选择逃避竞争,导致自己损失惨重。

我们可以坦诚地接纳这些情绪,但从不被其控制。事实上,这些情绪激励一种潜在的成就欲望,会升华出一种自我成长的力量。许多杰出人士都是原始情绪较强烈的人。不敢面对与接纳这些情绪,则会通过否认和压抑这些情绪活在一种虚构的不真实世界里,同时被迫接受一种弱势心态,与世无争,错失很多精彩。接纳这些情绪的基础上,我们需要管理好它们,让自己不被他们淹没或带偏,我们需要保持主人的地位,保持理性、真实、善良和谦卑。

4. 人际交往的压力应对

(1) 与父母的关系

对一部分大学生来说,离开父母后的独立生活过渡平稳且自然,他们得到父母的理解和支持,与父母保持良好的联系。但对另一部分大学生来说,这个过程远不是想象得那么简单,他们有的过分依赖父母;有的常被孤独困扰;有的变得叛逆,跟父母关系很恶劣,其实叛逆的心理基础仍是跟父母共生依赖的,虽然表面上很不齿,但是在无意识中对父母撒娇反抗以强调自己的自主性;有的遭受压抑的折磨,这个问题集中于与父母感情交流的缺乏,父母过多的支配及被父母控制,导致与父母间的摩擦。部分学生纠结于与父母的关系,常常感慨父母对他们的爱和伤害同时存在。因此,我们建议与父母关系糟糕、深受折磨的这部分同学可以寻求心理咨询的帮助。

(2) 与老师的关系

大学里,老师、班主任或辅导员只把握大方向,具体工作大多由学生自己或班干部组织完成。一部分学生难以适应这样的变化,表现为事事等着老师决定和安排。保持着对老师的依赖和顺从,老师没详细布置的事不会主动去做,比如需要选哪些课、可以考哪些证书和参加哪些社团活动等,把自己的责任都推给老师。另外还有一类学生,从听命于教师安排、教师管束中解放出来,一下子接受并喜欢上大学里宽松自由的生活而走向极端:做事从不与任何人商量,视教师的指导为多余,导致偏离学校教学目标以致学业发展难以达到既定目标。

(3) 与同学的关系

人际压力会引起诸多烦恼,如无知心朋友、宿舍无归属感、同学关系紧张等。有研究报告指出,由于宿舍条件拥挤等原因引起的各种社会性烦扰与多种心理症状呈高相关关系。一个宿舍的同学来自不同地区、不同家庭,思想观念、价值标准、生活方式等均存在差异,大学生的自我意识又很强,导致他们在遇到冲突时,不知如何应对而带来人际矛盾。其次,个别同学在家受到过分宠爱,从不做家务,一切以自我为中心,到了大学宿舍,缺乏集体意识,轮流值日时偷懒耍滑,上网或打电话等从来不顾是否影响到别人,导致人际关系遭到挫折,带来心理压力。

(4) 与异性交往及恋爱关系

大学生的性生理和性心理已趋成熟,对异性交往、恋爱问题、两性问题反应很敏感。这时候会产生很多的困惑或心理障碍。如也有大学生苦恼于不知如何与异性正常交往。另外,有研究指出,大学生群体渴望真(爱)情却得不到,或没人追或找不到男朋友/女朋友,是他们主要困扰之一。再者,恋爱中的双方渐渐发现对方的缺点,都开始用更加现实的标准审慎地看待对方,有时就会出现怄气、吵架等冲突。当然,也有因为最终无法磨合而分道扬镳,带来失恋的痛苦和压力。

人际交往中,我们需要认识自己的投射。法国哲学家萨特说:"他人即地狱。"但"他人"真的是"地狱"吗？有的同学会说"他们都欺负我""他们都瞧不起我,用轻蔑的眼神看我""他们都自我中心,不顾别人的感受"……可这些"他人"真的都是这样子的吗？当老师仔细客观地去调查后发现别人当然并不是那么坏,而这些"坏"其实是自己的想象和投射。投射是指个体依据其需要、情绪的主观指向,将自己的特征或想法转移到他人身上的现象。你有什么样的内在自我形象,就会创造一个与这个形象相对应的"他人"的形象。比如,有些不良少年,别人无意中看他一眼,他就动手打人,认为别人瞧不起他,这就是投射因素使然;有的同学认为别的室友也应该同自己一样按时熄灯睡觉,否则就是不顾别人感受的自我中心主义。有意思的是,这些想法恰恰是自己自我中心了,用自己内心的行为模式去限制别人的行为,或自己的内心想法去解释别人的动机,事实是完全失去了客观性,但这一过程是无意识,自己根本意识不到,反而深信不疑。当你自己不把自己当作胆小鬼，别人的眼睛就不会那么咄咄逼人了；当你不再用自己的想象去歪曲他人，你会发现"他人"没那么坏，反而是跟你一样可爱。

5. 个人前途与就业压力应对

每个人都有自己的梦想，特别是对于青年大学生来说，大学是他们追求理想至关重要的一环，然而，由于大多数同学高考前对职业规划毫无概念，不少大学生对所学专业毫无兴趣，经过一段时间的学习以后，依然无法建立兴趣，只是被动地应付考试，表现出厌学、空虚、迷茫的消极心理状态。

也有部分同学由于缺乏专业的职业指导教育，对自己根本不了解，不知道自己的人生理想是什么，也不知道自己感兴趣和擅长的是哪些方面，更不知道自己所学的专业将来能找到什么样的工作。因此，处于非常迷茫的状态，对就业存有很大的预期压力。另外一部分同学甚至丧失信心，学习毫无兴趣，焦虑、不安，逃避学习，甚至破罐破摔，放任自流，沉溺于游戏、上网聊天等。

用奋斗目标导航。做好自我的人生价值和角色定位、人生目标的设定，思考你打算这辈子做个什么样的人，想要达成哪些目标，这些看似与具体压力无关的东西其实对我们的影响巨大，给予我们应对压力和挫折的支撑力量与希望，引导我们过好当下。

三、减压方法与培养挫折承受力

（一）提高自身承受能力

人承受挫折的能力是可以学习和锻炼的，有几种方法不妨一试。

第一种是有意识地容忍和接受日常生活中的一些小挫折，以磨炼自己对挫折的耐受力。

第二种是创设一定的挫折情境，锻炼顽强的意志，提高对挫折的耐受力。

第三种是自觉参加志愿和公益活动，这些不仅是利他行善的行为，还是对自己应对挫折耐受力的很好锻炼。

此外，挫折承受力还与人格特征有关。性情急躁、心胸狭窄、意志薄弱、自我偏颇的人常常容易引起挫折感。为了提高挫折承受能力，每个人都应主动地培养自己良好的人格品质，重点培养自信乐观、自强不息、宽容豁达、开拓创新等品质。这样才能在面临挫折、困境时，不会被眼前的困难吓倒，而是能够透过表面的不利看到蕴藏在背后的希望，相信明天是美好的，从而信心十足地去战胜困难。

（二）提升解决问题的能力

问题解决的努力对于那些可控的应激源通常是有效的——即消减压力源。只要你真的想解决该问题，那么你总会找到办法的。面对不能解决的问题，我们可以接纳现状或暂时搁置，主动转移注意力是不错的方法。

最一劳永逸的有效解决办法是提升自身的能力。可以通过自学、参加培训或向榜样观察学习等途径，使自身的能力和应对心态变得成熟和老练，那么压力自然就会减少、消失。因此，压力并不是坏事，它也是动力的源泉。

（三）改变对压力的认知

当个体认为压力对人是有害的，那么压力确实会损害个体的身体健康；而如果个体认为压力是无害的，那么就不会带来任何健康的威胁，关键在于我们的认知信念。

辩证思维看问题，"塞翁失马，焉知非福"。代偿法，用自己的优势去弥补弱势；自我暗示法，有意识地接受自己或他人积极的言语和行为的影响；升华法，化悲痛为力量，变压力为动力。

（四）心理压力管理的成败在于"下决心"如何来决定

此话的意思是当压力出现时，需要拿出勇气果断决定该如何应对，而不是让压力一直繁衍下去。比如，自己犯错误之后心生愧疚一直耿耿于怀，这时需要分析、吸取教训后，从中成长自己，争取下次不再犯同样的错误。然后要"下定决心"放下错误，放下包袱重新轻松上路，这一点很重要。

（五）情绪宣泄——放松身心

及时宣泄情绪。通过说一说、写一写、哭一哭、喊一喊、唱一唱、跳一跳等方式把情绪合理表达出来。

主动进行放松练习，方法有很多，包括睡眠、饮食、冥想、谈心、抚触、音乐、运动、看剧、打游戏等，每个人会有自己喜欢的享受放松的方式。

（六）建立社会支持系统

社会支持是应对压力的重要资源，也是有效的减压方式，是他人提供的一种资源。一个成年人最可悲的不是遇到困境，而是遇到困境后连个说的人都找不到。因此，一个人生活在被爱的、被关心的、被尊重的、彼此联系且相互帮助的社会网络中，除了得到有形的支持（金钱、交通、住房等）和信息的支持（建议、个人反馈、咨询等）外，还可得到珍贵的社会情感支持。这样有社会支持做后盾的人，往往能更好地处理各种压力和问题。

因此平时要多花精力和时间建立和经营，做必要的心理支持储蓄工作。希望每位同学认识到社会支持的重要性，将此任务作为人生大事来面对。

大学里的心理成长

成长——明白很多事情无法顺着自己的意思，但是要努力用恰当的方式让事情变成最后自己要的样子。

坚强——如果最后事情实在无法实现，那么也能够接受下来，不会失控，而是冷静理智地去想下去。

宽容—— 宽容别人对你的不理解，宽容别人的缺点，宽容自己的一些力不能及，当然，之前你得尽力，而后你会看见海阔天空。

（七）懂得休闲娱乐

懂得放松、休息，享受生活，平衡生活。不少人身陷焦虑或抑郁的状态，是因为没有形成及时调整放松身心的理念。

当今社会竞争异常激烈，从小的教育都要求我们努力努力再努力，自律自律再自律，导致我们都认为应该把自己当机器人，浪费一分钟都有罪恶感。结果就是这个时代人人都有焦虑症。原因就是我们终究是人，不是机器，我们需要休息，休息就是充电，才能继续前进。

心理打假——自律的人是不需要休息的？

有同学质疑：老师你要我们学会休息，难道我们不会休息？这与成功要求的自律原则不是背道而驰吗？

老师解析

首先，未必所有人都懂得休息。及时休息是一种意识和心态，并不是成天休闲娱乐才是休息，工作学习累了去休闲娱乐是休息，工作间隙的1分钟松弛也是休息，关键在于有及时休息放松的意识。因此，一天工作12小时的人，未必是没有放松的；而一天啥事也没做的，未必心理是放松的，有可能是时刻焦虑着的。

其次，大脑需要全方位运作。一位生物神经学家和一位小提琴手合作监测练琴期间的大脑运作情况。在此期间，小提琴手一直非常刻苦地练习演奏，一段时间过后他感觉到了某种心理障碍，他无法继续自己的弹奏，感觉到无趣甚至抑郁。生物神经学家检测发现，这时的大脑很奇特，由于长时间演奏乐章，小提琴手只开发一小部分的神经元：控制手指运动的神经元以及其他一些掌管运动技能和敏感性的神经元。他大脑的其他部分都处于休眠状态。

生物神经学家于是建议小提琴手把每天的练习时间分割成几个两小时：两小时演奏小提琴，两小时不拉琴，用这段时间享受生活：做运动、见朋友、看电影或其他事情。几个星期后，他的大脑各部分的运作协调一致了，被唤醒的也不仅仅是运动机能神经元。小提琴手克服了灵感障碍，演奏出了难度最大的篇章。他的演奏更加得心应手，每天的生活也不再是枯燥的重复。他不再仅限于使用发达神经元，而是利用整个大脑进行思考和感知。

最后，懂得休息才懂得专注。休息放松才能带来健康的身体和放松的心情，才能专注投入。工作之余不妨放下所有任务，到大自然中走一走，或到户外做点运动，与朋友聚会或者加入集体活动，重要的是拓展自己的生活圈。要学会主动及时地调整自己，学会各种放松身心的方法。

延伸阅读

日常减压的10种方法

(1) 早睡早起，在你的同学醒来之前半小时起床，做好一天的准备工作。
(2) 同你的家人和同学分享喜怒哀乐。
(3) 一天中要多休息，从而使头脑保持清醒，呼吸保持通畅。
(4) 利用空闲时间锻炼身体。
(5) 不要急切地、过多地表现自己。
(6) 提醒自己任何事不可能都是尽善尽美的。
(7) 学会说"不"。
(8) 生活中的顾虑不要太多。
(9) 抽时间听听音乐放松自己。

(10) 培养豁达的心胸。

十只狐狸吃葡萄的故事

有一个古老的故事:炎炎夏日,农夫的果园里,紫红色的葡萄挂满了枝头,令人垂涎欲滴,口干舌燥的狐狸们来到了葡萄架下,顿时双眼放出了光彩。

第一只狐狸来到了葡萄架下,它发现葡萄架很高。它想了想,不愿就此放弃,机会难得啊!它忽然发现了一架梯子,回想农夫曾经用过它。因此它也学着农夫的样子爬上去,顺利地摘到了葡萄。

分析:这只狐狸面对困难和挫折采用的就是问题解决方式,它直接面对问题,没有逃避。

第二只狐狸来到了葡萄架下,它也发现无法吃到葡萄。它心里想这个葡萄肯定是酸的,吃到了也酸得掉牙,还不如不吃。转头便走。

分析:这只狐狸运用的是心理学当中的"酸葡萄效应"。"吃不到葡萄就说葡萄酸"本身是带有讽刺意味的,但在精神分析理论中是一种中性心理防御机制。在无法吃到时,若假定葡萄是甜的心理就会失衡而痛苦,若假定其为酸的内心就会安然。

第三只狐狸刚刚读过《钢铁是怎样炼成的》,深深地被主人公的精神打动。它想:我可以向上跳,只要我努力,我就一定能够得到。可是事与愿违,它跳得越来越低,最后累死在了葡萄架下,献身做了肥料。

这只狐狸的行为,在心理学上称为"固执",即反复重复某种无效的行为。它说明,不是任何事情的最佳方案都是解决问题,要看自己的能力、当时的环境等多种因素。

第四只狐狸来到了葡萄架下,一看到葡萄架比自己高,愿望落空了,便破口大骂,撕咬自己能够得到的藤,正巧被农夫发现,一铁锹把它拍死了。

这只狐狸的行为我们称它为"攻击"。于人于己都是有害无利的。

第五只狐狸来到了葡萄架下,它一看自己在葡萄架下显得如此的渺小,哇哇地大哭起来。它伤心为什么自己如此矮小,如果像大象那样,不是想吃什么就吃什么吗?

这只狐狸的表现我们在心理学上称之为"退行",即个体在遇到挫折时,从人格发展的较高阶段退到人格发展的较低阶段。

第六只狐狸来到了葡萄架下,它仰望着葡萄架,心想,既然我吃不到葡萄,别的狐狸肯定也吃不到,如果这样的话,我也没什么好遗憾的了,反正大家都一样。

这只狐狸的行为在心理学中称之为"投射",即把自己的愿望与动机归于他人,断言他人有此动机和愿望,这些东西往往都是超越自己能力范围的。

第七只狐狸站在高高的葡萄架下,心情非常不好,它在想:为什么我吃不到呢,我的命运怎么这么悲惨啊,想吃个葡萄的愿望都满足不了,我的运气怎么这么差啊?最后郁郁而终。

这只狐狸的情况是"抑郁症"的表现,即持久的心境低落状态为特征的神经性障碍。

第八只狐狸尝试着跳起来去够葡萄没有成功,只能让自己不再去想葡萄,可是它抵抗不了葡萄的诱惑,它还试了一些其他的办法,但是也没有见效。它听说有别的狐狸吃到了葡萄,心情更加郁闷,越想越气愤,最后竟然一头撞死在葡萄架下。

这只狐狸的下场是由于它心理不平衡造成的,在现实生活中我们经常会遇到类似的

"不患无,患不均"的现象。

第九只狐狸同样够不到葡萄。它心想,听说柠檬的味道和葡萄差不多,既然吃不到葡萄,何不尝一尝柠檬呢,总不能在一棵树上吊死吧!因此,它心满意足地离开去寻找柠檬了。

这只狐狸的行为在心理学上我们称为"替代",即以一种自己可以达到的方式来代替自己不能满足的愿望。

第十只狐狸来到了葡萄架下,它心想我自己吃不到葡萄,别的狐狸也吃不到,为什么我们不学习猴子捞月的合作精神呢?于是它动员所有想吃葡萄的狐狸搭成狐狸梯,最后大家当然是如愿以偿了。

这只狐狸采用的是问题指向应对策略,它能够正确分析自己和问题的关系和性质,懂得合作的道理,最终找到最佳的解决方案。双赢思维是一种比较好的应对方式。

互动活动

几种身心放松的练习方法

1. 快速眼动法

美国心理学家广泛使用的一种减压技术叫作眼球移动术(EMT),具体方法:集中思想于你感到有压力的事,直到你认为你的忧虑程度达到 6 度以上(完全无法忍受的情况为 10 度);保持头部竖直不动,飞快地在左右两个物体之间转动眼球 25 次;再评估一下你的压力程度,它至少下降了两度;再重复一次眼球运动,直到压力不再影响你的正常工作为止。

2. 肌肉放松法

方法一:逐步地放松全身的肌肉群。先尽最大力量收缩肌肉,同时辅以吸气,然后突然放松并呼气,达到全身肌肉的放松。

方法二:平躺在床上,用尽全力往前伸直双臂和双腿,坚持几秒钟,然后放松,深呼吸。重复几次,直到全身肌肉放松下来。这时会有要打哈欠的感觉,趁势多打哈欠,可以刻意地做打哈欠的动作,很多哈欠过后慢慢会彻底放松下来,然后找个舒服的姿势入睡。

单元三 你是拖延症患者吗?——时间管理

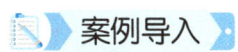

我是拖延症癌症晚期患者

我有严重的拖延问题。据统计,美国高校中 90%的人都存在不同程度的拖延,心理学家把这种拖延问题命名为"拖延症"。现在我才知道,原来我有病,我已经是拖延症癌症晚期患者。

下周就要交论文了,可是我才刚写了个头。不想写,一想它就难受,碰都不想碰和它相关的东西。知道下周就要交了,可是我就是不想写,很烦躁,干脆打游戏、上网、看剧、看网上小说……哎,又是一天过去了,明天一定要开始做了。又拖了一天,心里是很强烈的负罪感。

我从小在家里处于"主心骨"地位,是邻居们的"别人家的孩子",我知道自己在父母心目中的完美形象,而且竭力维持;在我心里面,我也塑造了一个完美的自我形象(无数次反复对自己说:要快乐,要勇敢,要坚韧,要温暖)。我的痛苦源于现实的我与设想中完美的我的差距,而且因为拖延,这差距似乎越来越大。而我为什么拖延?因为我心中对完美形象坍塌的恐惧。

我问心理医生,既然我心里有维护自己完美形象的追求,那么为什么这不会成为我奋发的动力,而会成为阻碍呢?心理医生举了个例子:一块长木板,长五米,宽半米,放在地面上时,我能轻松地走过它。假使这块长木板慢慢升高,架在两栋20层楼高的建筑间,我站在一头,另一头是我所追求的东西。对摔下去的恐惧就会让我止步不前。因为我太害怕摔下去的结果了。

而每次我拖延,其实是自己给自己制造了一个危机,也就是说,拖延着拖延着,最后期限迫近,等于在自己的身后放了一团火,来自身后的火的更急迫的威胁让我短暂战胜心理的恐惧,往前迈了几步。

可是我能一直依靠在身后放火吗?不能。总有那么个时刻,我跨不过这团火,还没摔下,就被烧着了。而且,我的心脏久而久之也无法承受所有这些焦虑、抑郁、内心挣扎、受害感,无力感。

那么该怎么办呢?心理医生说,有两种办法:
(1)慢慢降低木板的高度——逐渐放下内心的恐惧;
(2)在木板下铺好安全网——做好最坏的准备,想好退路。
在医生的帮助下,我做了以下几点的努力:
(1)既往不咎,我不会再纠结已经发生的拖延行为。
(2)我知道我在进步。虽然有反复,但我能慢慢做一些事情。
(3)每天划出特定的、充裕的时间来上网和休闲。我决定对自己宽饶一些。划出一些时间对自己努力工作的奖励。
(4)努力理解自己,好奇拖延背后的原因,不断和心理医生探讨,了解到自己的很多焦虑和恐惧,不断地面对和释放,我逐渐感到轻松和专注。

现在,我终于可以不断地突破自己的拖延,可以专注地工作了。虽然时常仍有反复,但我已经从拖延症癌症晚期康复了。

知识链接

时间对每一个人都是一样的,但每个人对时间的把握是不一样的。有研究指出,时间管理和学习有关的压力与情绪和总体健康状况高相关,其中最突出的是拖延引起的焦虑和压力。发展管理时间和资源的方法是应对压力、管理压力的策略。管理好了时间,就应对了压力,赢得了从容。

一、开始不了的痛——拖延症

卡耐基在《人性的弱点》里说道：一个人不会因为工作过于劳累而死亡，但是却会死于浪费和忧虑。不错，他会死于精力的浪费。而他之所以忧虑，是因为他没有养成良好的工作习惯，他的工作看起来似乎永远都做不完。

（一）拖延症的表现

当老师给你布置了一个任务——每个学生生活中都会经历的压力事件——你会试图尽快完成，还是打算拖到最后一分钟？研究者鉴别了学生中那些一贯的拖沓者和不拖沓者，研究结果显示，拖沓者交作业的时间平均晚于不拖沓者，而且得分也普遍偏低；由于一切都拖到最后，拖沓者比不拖沓者报告出更多的躯体症状。如果你觉得自己是一个习惯性的拖沓者，你应该考虑向学校的咨询老师咨询一下，从而改变你的行为。

（二）拖延的原因

拖延症者经常是追求完美者，希望将事情做得非常完美，而这个标准一般是超出自己的现有能力范围的，因此就很难着手去做。时刻觉得应该去做这些重要又困难的任务，但是又没办法快速达到自己的过高要求；或者是没办法让自己高效率地投入这件事，也就是急躁的心静不下来，结果只能是一拖再拖。当事情拖着的时候，心里会时刻觉得有很多件重要事情需要去做，可是没有时间或没有自我效能感去做。结果不但让人忧虑得感到焦虑和疲倦，还会使人因为忧虑而患高血压、心脏病和胃溃疡。

（三）如何改变拖延

如案例导入的主人公一样，学习了解自己拖延的原因，寻求可行的办法，以下可以供参考。

1. 接受懒惰是有机体的天性

如果我们把自己压得太紧使其快乐原则无法实现，那么本我的反弹力巨大，最终也会导致无法坚持下去。因此，适当满足本我是智慧之举。

2. 了解自己逃避害怕的是什么

拖延的我们可能都面临一个共同的问题——感觉自己不能够"对付"或者改变现状，因此产生恐惧、无助感和自我怀疑。而力不从心的根源在于他们不敢挑战完美、不敢承担失败的责任。他们感到乏力，于是放弃了自己的力量。如果得到治疗，他们就会知道，作为成年人，整个一生都充满选择和决定的机会。他们接受不完美这一事实，就会变成自由的人；如果无法接受这种事实，永远都会感到失去控制。

了解自我设限（成功焦虑），在潜意识中遏制自己成功的可能，这个过程，被称作成功焦虑。具有成功焦虑的人，常常会在生活里遏制自己成功的可能，比如，大家都认为他是潜力股，可是他往往就是会在临门一脚时出些差错，让大家都为他惋惜不已；或者他可以在独处时把一切打理得很好，但是一旦走到人前，他就会像一只被吓坏了的小兔子，把原本熟门熟路的本事忘得一干二净，就好像他自己从来都是个低能的人等。一个孩子，如果从小生活在被贬低之中，那他可能就会对自己形成一个"我不行"的自我意向，并且按照这个自我意向打造自己，不敢成功；如果成长过程中孩子不能违背父母的想法，这就意味着孩子是"不对的、无能的、不能独立思想的"等，使孩子失去探索和创造的动力，无法真正独立。再或者是嫉妒，嫉妒同伴的成功和优秀，而成功同时也是功利之心或贪得无厌的强烈愿望,自己无法面对这一强烈需求,反而通过让自己放弃拥有好的东西的可能来抵消贪婪。这样做的后果,一方面对成功者表达了攻击性,让他背负贪婪的羞耻;另一方面放弃了成功的机会,也会拉开自己与成功之间的距离。

我们需要探索潜意识造成拖延的动力究竟是什么,将之意识化,再进行一些方法训练进行矫正练习,那么我们的拖延现象会有所好转。

3. 形成良好的工作习惯

(1) 改变拖延症的要诀之一——事情一出现就做

哪怕是完成洗碗,也是完成的成就感。所以,改善拖延的方法可以从完成小事情开始,每完成一项,就给自己一个完结的肯定。

引用《人性的弱点》一书中的一个案例,著名心理治疗师威廉·桑德尔博士就采用一种简单的办法使一个病人避免了精神崩溃。这个病人是芝加哥一家大公司的高级主管,他刚去桑德尔博士的诊所就诊的时候,非常紧张不安,而且很忧虑。他知道自己可能会精神崩溃,但是他不能辞去工作。他需要别人帮助他。

"当这个人正把他的问题告诉我的时候",桑德尔博士说,"我的电话铃突然响了起来,是医院打来的电话。我没有和对方多讨论,当场就给对方做了回答——我总是尽可能当场解决问题。我刚挂上电话,铃声又响了。这次又是一件很紧迫的事情,我花了一点时间和对方讨论。第三次打来电话的是我的一个同事,他为了一个病得很重的病人来问我的意见。我和他讨论完了之后,转过身正想向我的病人道歉,可是他脸上的表情却完全变了,显得非常的开心。"

"不必道歉了,大夫,"这个人对桑德尔说,"在刚才的10分钟里,我想我已经知道我的问题出在哪里了。现在我要回我自己的办公室,改掉我的工作习惯……可是,在我走之前,你能不能让我看看你的桌子呢?"

桑德尔博士打开他办公桌的几个抽屉,里面全都是空的,只放了一些文具。"请你告诉我,"那人说,"你没有办完的事情都放在哪里?"

"都做完了。"桑德尔说。

"那你还没有回的信放在哪里呢?"

"都回了。"桑德尔告诉他。"我的原则是,信不回复绝不放下来。我一般都是马上口述回信,同时让我的秘书打出来。"

6个星期之后,那位高级主管把桑德尔博士请到他自己的办公室。他完全改变了,他的办公桌也不同以往了。他打开办公室的抽屉,里面不再有还没做完的工作。"6星期以前,"这位高级主管说,"我在两个办公室里有3张写字台。我整个人都埋在工作里,事情永远也做不完。那次我和你谈过之后,回到办公室,清理出了一大车的报表和旧文件。现在我的工作只需要一张写字台,事情一出现就立即处理。这样就不再会有堆积如山的工作等着我去做,让我焦虑和忧愁。可是,最让我意料不到的是,我完全恢复了健康,现在一点病都没有了。"

(2) 改变拖延症的要诀之———要根据事情的重要程度来安排先后

创建了分公司遍及全美的市务公司的亨瑞·杜哈提说,不论他出多少钱,都找不到一个具有两种能力的人。这两种能力是,第一,能思考;第二,能按事情的重要程度来安排做事的先后顺序。

查尔斯·卢克曼在 12 年之内,从一个默默无闻的人一跃成为大公司的董事长,年薪达 10 万美元。他说这都要归功于他具有亨瑞·杜哈提所说的几乎不可能找到的两种能力。查尔斯·卢克曼说:"就我记忆所及,我每天早上都是 5 点钟起床,因为我那时候的思想比其他时间都更清晰。那时候我可以考虑周到,计划一天的工作。我可以按事情的重要程度来决定做事的先后顺序。"

二、时间管理的方法——我的时间我掌控

有效的时间管理能大大降低压力水平,提升工作效率,实现人生价值。这里介绍几种有效的时间管理方法。

(一)合理安排课余时间

大学生的课余时间很多,课余生活也是多姿多彩:各种社团活动、学术报告、讲座等。不要盲目随大流,要有自己的主见,那些适合自己、对自己有帮助的,才去做。

(二)用 ABCD 列出优先次序,把握事情的主次。

"80/20"法则:用 80% 的时间去做最重要的 20% 的事情,用 20% 的时间去做其他不太重要的 80% 的事情。

对于重要且紧急的事情:积极回应,立即去做,做事专注投入,热情一如既往;对于重要但不紧急的事情:主动回应,挂在心上,主动求助别人,快速化解难点;对于紧急但不重要的事情:适当回应,分清主次,树立阶段目标,做好取舍;对于不紧急也不重要的事情:有效控制,不被分神。尽量不随心所欲,提高工作效率。

对于重要事情应给予自己期限。将自己每项任务都定下期限,或委托室友、好朋友帮助督促。

(三)要有自己的专属时间和空间

要专心做一件事情,就要有一个专属的时间及空间。比如,早上适合记忆,就安排记英语。每天找最合适的时间学习,养成良好的学习习惯。每天晚饭后,去安静的地方散散步,去图书馆或教室完成当天的作业,复习和预习功课。

(四)提升专注力

保证睡眠和体育锻炼的时间,充分的睡眠和运动能使精神状况、注意力及记忆力提升。不值得做的事情,一分钟都不要去做。一次只做一件事情。一般认为至少持续工作一个小时才能处理一件比较重要的事情,如果中途被打断,那么所耗费的时间至少是持续工作的 5 倍。

(五)简化工作,规范工作流程

把工作系统化、简单化,寻找更好的办法。重要原则:不要做太多的事情,只做最重要的事情;做最拿手的事情;尽量少犯错误,第一次就把事情做对,减少修改时间;利用团队的合作力量,团结处理。

规范工作流程。如 TRAF 系统:T——丢弃,把不用的档案丢进垃圾桶;R——转手,把事情转手给不同的人去处理;A——行动,马上就做;F——存档,把有用的处理完毕的档案归档,并做好记录。一个重要的原则:东西用完后要放回原处,减少寻找时间。对工作档案系统化集中放置。

> **延伸阅读**

大学生时间管理的"三随""三定""两挤"方法

"三随"：

"三随"其实就是想告诉大家不要因为学校安排好了作息时间就感觉被束缚，要根据大环境下的安排来调整自己小环境下的调动。

一随课表安排时间。

根据课程表合理安排自己预习、上课、复习、图书馆学习等活动，使学习有序进行。

二随作息安排时间。

上课和三餐时间自不必强调，时间都是统一的。但是有些比较刻苦的同学往往是晚上熄灯后还打着手电筒学习，这种学习方式其实并不可取。晚上休息不好，第二天的精神状态就不可能好，精神不好听课就不在状态，听课出现了问题，完成作业时自然就会比较艰难，从而导致晚自习时间连作业都写不完，这样下去就会形成恶性循环。

提醒同学们安排休息的时间就休息，不要背道而驰，越是休息时间越学习，反而耽误了正常的学习时间。

三随制度安排时间。

同学们都是在校的学生，对于学校纪律制度自然是不陌生的，举个例子来说，如果你选择大家午休的时间来大声朗读单词或是文言文的话，显然是不行的，先不说违反了纪律，如果这样做了肯定也打扰了大部分同学的休息。如果实在没有午休习惯的话，也可以记单词、做习题，但是前提是不要打扰别人。其实还是建议同学们午休时间休息好了，下午的听课效率才会提高。

"三定"：

要对重点课程、课程的重点、难点确立固定的时间进行攻读学习；固定时间锻炼身体；对特定时间固定安排。想一下自己能够自由支配的时间，从这些时间里面安排出自己的特定时间。一般住宿生可以支配的时间是早自习、课间、午自习、晚自习，其实细算一下自由支配的时间并不少。

"两挤"：

即充分利用、科学安排零散时间，从而达到节约时间。零散时间可以用来学习做些小事、杂事、如记外语单词。

挤课间时间，可以进行下一堂课的预习或者是上一节课程的复习，尽量不要和同学打闹，如果下课过于兴奋会导致刚一上课时精神无法集中。

挤自习课的时间，制定自习课的时间安排时不要只想到哪个时间段完成哪个科目的作业，要挤时间制定出复习和预习的时间。

住宿生的时间完全是可以自己安排的，最后祝大家成为时间的主人、学习中的成功者。

> 互动活动

"人体气球"

活动规则：

(1) 请全班学生手牵手围成一个肩并肩的圆圈。

(2) 老师说明游戏规则：①说明全班现在是一个气球；②当老师吹哨,哨音大时,即是气球在充气；哨音小时,即气球在漏气；③学生依哨音的指示行动,将圆圈扩大(充气)或缩小(漏气)；④除非不得已的状况,不可将手松开,随意松开者失去玩游戏资格。

(3) 游戏开始：老师先把圆圈充气成小气球而后再漏一点气开始玩起,到充很多气又漏很多气,最后一直充气。直到学生的手无法承受彼此的拉力而脱开为止(表示此时气球已爆破了)。在玩的过程中,老师一边将气球充气,一边引导学生联想自身承受压力时的状态犹如气球被充气一般。

(4) 老师可视情况自行变化或多玩几次。

(5) 心情分享：请学生自由分享玩"人体气球"游戏的心情感受。气球若是一直被充气会有什么状况？如何使一个过量充气的气球避免爆炸？感觉到生活有压力时说说压力来源于哪些方面？该如何缓解这些压力？

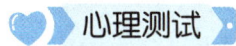 心理测试

抗挫折能力测试

阅读下列各题,请根据自己的实际情况做出选择,将选项填在括号里。

1. 在过去一年里,你认为自己遭受挫折的次数为 （ ）
　　A. 2次或2次以下　　B. 3—5次　　C. 5次以上
2. 对于每次遭受到的挫折,你通常 （ ）
　　A. 大部分能靠自己解决
　　B. 有一部分能靠自己解决
　　C. 大部分自己无法解决
3. 与周围的人相比,你对自己的能力素质 （ ）
　　A. 十分自信　　B. 比较自信　　C. 不太自信
4. 在面临困境时,你通常 （ ）
　　A. 知难而进　　B. 找人帮忙　　C. 放弃目标
5. 如果有令你很担心的事发生时,你通常 （ ）
　　A. 无法安心工作　　B. 工作照样不误　　C. 介于A、B之间
6. 碰到令人讨厌的竞争对手时,你通常 （ ）
　　A. 无法应付　　B. 应付自如　　C. 介于A、B之间
7. 面临失败时,你通常 （ ）
　　A. 破罐破摔　　B. 把失败转化为成功　　C. 介于A、B之间
8. 当工作进展太慢时,你会 （ ）
　　A. 焦躁万分　　B. 冷静地想办法　　C. 介于A、B之间

9. 碰到难题时,你通常会 （　　）
  A. 失去信心
  B. 为解决问题费尽心思
  C. 介于 A、B 之间

10. 在工作或学习中感到疲劳时,你通常会 （　　）
  A. 总是想着疲劳,脑子也变得不好使了
  B. 休息一段时间就会把疲劳淡忘
  C. 介于 A、B 之间

11. 当工作或学习条件恶劣时,你通常会 （　　）
  A. 无法干好工作
  B. 能克服困难干好工作
  C. 介于 A、B 之间

12. 当因工作或学习而产生自卑感时,你会 （　　）
  A. 不想再干了
  B. 立即振奋精神去工作或学习
  C. 介于 A、B 之间

13. 当上级交给你很难完成的任务时,你会 （　　）
  A. 竭力把任务顶回去
  B. 千方百计去干好
  C. 介于 A、B 之间

14. 当困难落到自己头上时,你往往会 （　　）
  A. 厌恶至极
  B. 认为是个锻炼的机会
  C. 介于 A、B 之间

评分标准：

第 1—4 题选 A 得 3 分,选 B 得 2 分,选 C 得 1 分;第 5—14 题选 A 得 1 分,选 B 得 3 分,选 C 得 2 分。

将各题的得分相加获得总分。

结果分析：

总分在 20 分以下:说明你抗挫折能力很弱。

总分在 21—30 分之间:说明你有一定的抗挫折能力,但对某些挫折的抵抗力较弱。

总分在 31 分以上:说明你的抗挫折能力很强。

自我反思与探索

1. 请阐述压力与绩效的关系、压力与个人发展的关系。
2. 你学会了哪些缓解压力的方法?
3. 读了文中十只狐狸摘葡萄的故事,你觉得自己最像哪一只?有何感想与启示?
4. 你是拖延症患者吗?你的拖延症形成的原因是什么?如何改善?

缓解压力

模块九

洞察数字世界——善用网络

> 网络正在改变人类的生存方式。
> ——比尔·盖茨
>
> 要善于网上学习,不浏览不良信息;要诚实友好交流,不侮辱欺诈他人;要增强自护意识,不随意约会网友;要维护网络安全,不破坏网络秩序;要有益身心健康,不沉溺虚拟时空。
> ——《全国青少年网络文明公约》

本模块学习目标

1. 了解互联网的概念及特点。
2. 了解网络成瘾的深层心理原因。
3. 掌握大学生群体网络心理障碍的表现及克服的方法。

近几年来,随着信息科学技术的发展,网络已经走进了千家万户。开放的网络世界是一个丰富的资源库,为大学生的创造性活动提供了宽广的空间,但是凡事都有利有弊。目前有不少大学生网络游戏成瘾。大学时期是人生的关键时期,对于以后的人生影响巨大,因此大学生网络游戏成瘾的现象已经得到越来越多的学校、家庭和有识之士的关注。

单元一　网络知多少？——认识网络心理

案例导入

网络相关的材料

材料一：十八大报告指出：建设下一代信息基础设施，发展现代信息技术产业体系，健全信息安全保障体系，推进信息网络技术广泛运用。加强和改进网络内容建设，唱响网上主旋律。加强网络社会管理，推进网络依法规范有序运行。

材料二：网络是21世纪的通行证，青少年问题专家孙云晓指出："21世纪，青少年要有管理知识和处理信息的能力。网络是获取这种能力的工具，计算机及其网络将成为未来社会的巨大载体，学习和掌握计算机知识，将有利于青少年未来的发展。"由于网络的快速发展，学校、教室、书本、教师已不再是学生获取知识和信息的主要渠道。网络成为他们获得知识的新源泉。在网络上，学生能找到课堂上老师讲不到、书里看不到的知识。然而，计算机网络也像其他事物一样，在产生积极影响的同时，也会产生一些消极效应。特别是青少年，当他们面对这些五光十色的外部信息时，由于正处于青春期，自制能力弱，猎奇心强，还尚未形成较为成熟的是非观，很容易受其中的一些不良信息的影响。

材料三：中国互联网络信息中心（CNNIC）在京发布第47次《中国互联网络发展状况统计报告》（以下简称《报告》）。《报告》显示，截至2020年12月，我国网民规模达9.89亿，较2020年3月增长8 540万，互联网普及率达70.4%。CNNIC主任曾宇认为，"十三五"期间，我国数字经济欣欣向荣，互联网应用百花齐放，互联网有力支撑新冠肺炎疫情防控，为我国构建以国内大循环为主体、国内国际双循环相互促进的新发展格局提供了强大支撑。截至2020年12月，我国在线教育、在线医疗用户规模分别为3.42亿、2.15亿，占网民整体的34.6%、21.7%。其中，各大在线教育平台面向学生群体推出各类免费直播课程，方便学生居家学习，用户规模迅速增长；受疫情影响，网民对在线医疗的需求量也不断增长。

材料四：2013年全国两会通过大型网络调查，广泛征求民意，互动讨论及时将众多网民的心声带到两会现场。互联网打破时空限制的双向交流，大大拓宽了两会收集民意、汇聚民智的渠道。"网络问政"渐渐成为中国民众实现知情权、参与权、表达权、监督权的新途径。从"网络问政"到"网络理政"，这是一种社会发展的必然。现在不是上不上网被动接受问政的问题，而是如何运用网络理性与当地民众沟通，从而做出正确的、适合当地发展的决策，更好地提升执政和领导能力！河南省委在今年两会提案中建议，发挥政府主导作用，通过网络、网民多方面的努力，完善网络监督机制，最大限度地发挥网络监督的积极作用，克服网络监督的消极作用，使网络反腐纳入制度化轨道。

沉迷网络的小明

小明2014年以优异成绩考入某专科院校。入学之初,他充满了抱负和希冀,但是后来才发现,理想很丰满,现实很骨感,诸多方面达不到自己预期的期望:专业课听不懂,英语基础太差,高等数学很困难;在与同学和老师的交往中,他感觉受到了冷落等。但他在网络游戏技术上进步很快,在游戏中他找到成就感和满足感,在网络中却交到了很多朋友,网络让他摆脱了现实的孤独寂寞。一段时间之后,他对网络的使用和游戏有强烈的渴求和冲动,与同学交流渐渐减少,性格变得封闭,时有自卑感,情绪低落,甚至与家长对抗。对数学、英语、专业课、体育运动和其他事物的兴趣都下降了,出现了一系列的心理问题,并经常逃课,彻夜不归。经同学和班主任劝告,他在一段时间内停止网络游戏,但出现浑身不适、心烦意乱、易激动、上课注意力不集中、睡眠障碍等,后来他再次沉迷网络和游戏,网络已经成为其逃避问题或缓解不良情绪的途径。

点评

小明这种情况已是典型的网络成瘾问题。由于现实生活受挫,因此在网络的世界里寻找精神家园,自己编织了一个虚拟的精神童话。在网络世界里,没有冷落与挫败,有的只是开放自由、有趣放松、及时奖励,使其在虚拟社会中获得心理安慰,舒缓了自己的压抑和失落。一定程度上是有益的,但网络游戏以其超出想象的刺激性和娱乐性又极易使人上瘾。长期的痴迷网络和游戏已经导致小明网络成瘾,造成其身心的问题,且严重影响了现实的学习、人际等社会功能。

知识链接

一、互联网的概念与特征

(一)互联网的含义

互联网又称网际网络或因特网,是网络之间所串连成的庞大网络,这些网络以一组通用的协定相连,形成逻辑上的单一巨大国际网络。这种将计算机网络连接在一起的方法可称作"网络互联",在这基础上发展出覆盖全世界的全球性互联网络称"互联网"。

(二)互联网的特征

互联网被称为继报纸、广播、电视三大传统媒体之后的"第四媒体"。基于互联网的网络媒体集三大传统媒体的诸多优势为一体,是跨媒体的数字化媒体。网络媒体新闻传播除具有三大传统媒体新闻传播的"共性"特点之外,还具有鲜明的"个性"特点。

1. 即时性

即时性是网络新闻传播时效性强的形象表述。

2. 海量性

网络媒体新闻传播的海量性体现在具有强大的检索功能及易复制、易存储等特点。谷歌、百度等专业搜索引擎及一些网站自有的检索工具,使网上查找新闻变得十分便捷。读者可以通过复制、粘贴、下载、收藏、打印网页等方式存储所需资料。

3. 全球性

网络媒体的传播范围远远大于报纸、广播和电视,是全球性的。

4. 互动性

网络媒体新闻传播是媒体与受众、受众之间的多向性、互动性传播。互动性又称交互性,包含"一对一、一对多、多对一、多对多"的传播方式,体现了大众传播和人际传播相结合的传播方式,是网络媒体的特性和优势。

5. 多媒体性

网络所拥有的一大特性是多媒体性,它使网络媒体有能力在技术上实现多媒体传播。

6. 新媒体性

网络媒体既具有大众传播的优势,又兼具小(窄)众化、分众化传播的特点,通过强大的信息技术把不同的媒体形态融合,体现了媒体变革最明显的特征。

互联网在现实生活中应用很广泛。在互联网上可以聊天、玩游戏、查阅东西等。更为重要的是在互联网上还可以进行广告宣传和购物。互联网给我们的现实生活带来很大的方便。在互联网上可以在数字知识库里寻找自己学业上、事业上的所需,从而帮助我们的工作与学习。

因此,互联网建构的虚拟社会为大学生的社会化提供了新的平台。即以网络为载体,学习和掌握知识、技能,理解和运用规范、价值观等社会文化行为方式,适应社会并积极作用于社会,并通过这一途径实现人与社会相互作用的过程。

二、大学生的网络心理特点与矛盾

根据有关资料显示,目前我国网民的构成中,以青年人为主体,尤其以在校大学生和青年知识分子居多。大学生所特有的心理现象在网络上表现得淋漓尽致。大学生在网络环境下的心理特点与矛盾,既有与非网络环境下有相同之处,也有不同之处。

(一) 处理知识与信息的独立心态与从众心理并存、求知趋向与猎奇心态并存

1. 信息的独立心态与从众心理并存

网络虽然有多种功能,目前最主要的功能是信息传递功能。在如何对待信息的问题上,一种是独立心理。独立心理的人,往往能冷静对待网络信息,以研究的态度决定对信息的取舍。在目前网络信息泥沙俱下的情况下,这种心态是合理并可取的。另一种是从众心理。从众心理是一种常见的人云亦云的社会心理,有时不仅仅会影响个人的认知水平,而且还可能引发事端,干扰大家的正常生活。

2. 网上求知趋向与猎奇心态并存

求知与猎奇本身就是一对孪生兄弟。通过网络满足求知与猎奇的心理应有尺度。例如,传播淫秽信息、散布计算机病毒、侵犯他人隐私、造谣中伤,这些行为不能用猎奇心理来为自己开脱,因为这些已经触犯我国法律,是要受到法律制裁的行为。

(二) 网络领域的理想自我与现实自我并存、自控与失控心理并存、自律与放任心理并存

1. 网络领域的理想自我与现实自我并存

理想自我与现实自我总是有一定的差距。当这种差距超过一定限度时,就会发生心理的冲突。这种冲突在网络心理领域有时可能更为激烈。因为有些大学生在现实世界不被他人重视,希望通过网络世界展现自己的才能,摆脱世俗的偏见,恢复自信,找回失去的

自我,实现理想自我。这些人往往期望较高,心理压力比较大,如果在网上的表现不尽如人意,则可能会进一步激化这种心理冲突。

2. 网络心理的自控与失控并存

自控与失控心理冲突在网络心理方面表现得也很突出。随着学习和生活阅历的增长,大多数大学生在现实社会中在自我控制方面有了较好的表现,但在上网时,可能发生自我失控的问题。这主要是由于"网络世界太精彩",容易引发人的兴趣,使人的情绪调整到兴奋状态,而人的理智处于被抑制状态,人的心理被兴趣与情绪所左右。网络成瘾就是由于人的失控心理长期保持所造成的不良后果。

3. 网络心理的自律与放任并存

自律与放任心理冲突,表现在网络道德方面最为明显。道德心理一般分为以下三个层次。最低层次是担心自己因不道德行为而受到社会惩罚,自律的程度与被惩罚的可能程度成正比。如果被发现的可能性越大,则被惩罚的可能性越大,对自己的约束也越强,自律程度越高。第二层次是担心自己的不道德行为遭受社会舆论的谴责。自律的程度与社会舆论的监督程度成正比。监督机制越健全,自律程度越高。最高层次是自觉。自己的道德行为完全出于自觉自愿,出于对道德规范的发自内心的高度认可。不仅可以"吾日三省吾身""见贤思齐,见不贤而内省",而且可以"君子慎其独也"。网络道德是社会道德的延伸,然而网络的环境不同于一般社会环境,所以在道德问题上的心态会发生一些变化。由于网络中人与人的交往是通过间接方式,所以被发现的可能性降低,社会舆论监督的力度不够,人的自律性心理可能下降,而放任性心理容易膨胀。

(三) 网络领域性心理的严肃性与随意性并存

大学生处于性心理走向成熟阶段,普遍产生了强烈的性意识,对异性产生好感甚至被异性吸引。有人比较严肃,有人比较随意;有人比较坦诚,有人比较文饰。在网络领域,性心理的情况就很复杂,随意性的成分更大一些。

三、大学生上网心理

从整体上了解大学生上网心理,是开展大学生网络心理健康教育的重要前提。我们从整体上将大学生上网心理分为积极的心理需求与消极的心理需求。

(一) 积极的心理需求

1. 认知的需要

大学生常常希望获取最新、最全面的信息,且又不必花费太多时间。互联网以其传递信息快、内容新、手段先进等优势极大地吸引了大学生的好奇心,引起了他们的特别关注和兴趣,激发了他们学习和掌握网络知识和应用技能的欲望。

2. 自由平等的参与意识与自我实现的需要

网络自由平等的氛围适应了当代社会中对自由、平等呼声最高的大学生群体。在网络虚拟空间里,种种现实社会的限制都消失了,只要参与进来,任何人都是互联网的"主人",都可以在网上按自己的意愿做自己想做的事。网络中的电子网站、校园网的个人主页及个人网站等为大学生提供了一个展示自我、发展个性的角色实践的虚拟环境。

3. 排解压力与情感宣泄的需要

随着社会竞争的日益激烈,社会对人才的质量要求越来越高。大学生越来越感到日益增加的压力。学习的压力、寻找工作的压力与竞争使大学生需要有一个内心宣泄的对象与空间,上网恰恰满足了当代大学生的这种心理需求。网络由于具有隐匿性、开放性、便捷性和互动性的特点,给大学生适时宣泄不良情绪提供了机会和场所。

4. 自我肯定与自我表现的需要

网络是一个开放的信息源,各种文化、思想、观念都可以在这里争鸣。这就为大学生追求开放性和多元性的文化、观念提供了平台。在现实生活中,没有机会发表自己的意见,但网络为大学生创造了条件。观点越新颖、越独特,得到的反响越大、回应越多。透过文字,大学生找到更多的自信、展现了自我。"文学青年"在网上更是如鱼得水,"网络作家"如雨后春笋般冒出来。大学生的"文学潜能"在网络中得到淋漓尽致的展现。

5. 沟通与交往的需要

随着网络的普及与发展,网络世界越来越成为大学生精神生活的一个重要方面。网络世界全新的人际互动模式及全方位、多层次的信息传输,为大学生提供了更方便且范围更广的社会交往机会,使大学生的社会性得到空前的延伸与发展,导致了一种全新的人际关系的产生。这种全新的人际关系,突破了传统交往方式中的年龄、性别、地位、身份、外貌等人际交往影响因素的限制,从而免去了彼此客套、试探、戒备和情感道义责任,有利于大学生社会适应和人际交往能力的培养。

(二) 消极的心理需求

1. 猎奇心理

互联网可以在全球范围内传播声像等图文并茂的多媒体信息,而且具有传输速度快、使用方便和难以控制的特点。因此,当它以独特的个性席卷全球时,也成为色情、暴力等不良信息的传播工具。大学生的身心介于未成年人和成年人之间,世界观、人生观、价值观尚未定型,自控力相对较弱,因此他们会出于好奇或冲动的心理去寻找一些不良信息。

2. 急功近利心理

网络信息的丰富与快捷使许多大学生把上网当作通往成功的捷径和有利条件。在他们眼里,网络就是商机,网络就是生财之道。同时,一定程度上的社会误导也使大学生对成功的理解产生了偏差。于是,成才捷径、求职之路等信息备受一部分大学生的关注。他们渴望凭借这些信息省一些力气、走一步先棋,成为网络时代的成功人士。

3. 发泄欲求

在互联网上,大学生可以比在学校、家庭更随意地发表自己的见解、表达自己的思想感情,而不必担心会受到限制或承担责任。

4. 逃避现实的解脱心理

大部分学生在大学生活中都会遇到这样或那样的挫折和危机,如学习中的、感情中的、人际关系中的。同时,复杂的社会生活也会使思想相对不成熟的大学生感到难以应对。但遗憾的是,部分大学生在现实中受挫时,往往愿意到虚幻的网络空间去倾诉,以获得一定的心理满足和心理补偿。互联网成为他们逃避现实、寻求自我解脱的一个渠道。

5. 虚拟的自我实现心理

强烈的自我意识是大学生群体的一个显著特征,虚拟的网络可以成为大学生实现自我的一个理想王国。在网络上,大学生可以享受到网络特有的平等、自由、成功的感觉,学习与就业的压力、社会与家长的希望造成的心理上的压抑与孤独,在网络上一扫而光;他们可以突破社会及他人对自己行为的匡正与评价,轻松地实现从小梦想成为的侠客、富翁,可以在模拟战争中指挥千军万马、搏杀疆场……虚拟的自我实现心理还会导致一些不道德的行为甚至犯罪。有些大学生不能很好地理解自我实现、自我价值的真实含义,往往意图在网络中"大展宏图"。他们为了展示自己的能力,制造网络病毒、盗用他人计算机信息等,给社会和他人带来严重的损失。

6. 焦虑心理

一方面,由于网络技术的迅速发展,大学生担心自己的知识更新赶不上网络的发展,被新技术淘汰而产生心理焦虑;另一方面,网络通道拥挤、传输速度慢、网上人际关系的不确定性与隐匿性,也使大学生产生焦虑。需要强调的是,过多地依赖网络,将使亲自阅读书本、亲身实践、面对面交流弱化。网络技术的高速发展使网络知识具有高度的综合性、声像多维一体化和高度图像化等特点,其结果造成人的思维能力、实践能力、表达能力、抽象能力和阅读能力下降,这对大学生的成长是不利的。

延伸阅读

根治"手机依赖症"还需"对症下药"

如今,手机俨然成为"人体新器官"。人们醒来第一件事就是摸手机,睡前最后一件事是玩手机,吃饭时拿着它,走路时拿着它,开会时也拿着它……虽然说科技让生活更美好,可过度使用手机、电脑却不一定让生活更美好。2015年5月6日,全国妇联发布调查报告称,过度使用电子产品已经影响了夫妻关系、亲子关系和个人身体健康,并发出"每天关机1小时"陪家人的倡议。

"手机依赖症"可以说在老弱妇孺中都顽固存在着。夫妻俩在家里各玩手机,缺乏交流;孩子在父母带动下,沉迷于手机上网;老人辛苦做好了饭菜,等来的却只是与手机交流的孩子;大庭广众之下,也移动着那么一群"石化"的"低头族"……"手机依赖症"已成为广泛流传的一种症状。

"低头族"们大多是"明知山有虎,偏向虎山行"之辈。他们并非不知道手机依赖症的危害。因为频繁使用手机,身体总是诚实地提醒着"手机族"的过度疲劳、眼睛干涩发酸、颈椎疼痛……在我们的身边也不乏亲人、朋友的唠叨,更有孩子们的真诚祈求:"爸爸妈妈,不要玩手机了,陪我玩玩吧……"事实证明,"手机依赖症"既是健康的顽敌,又是家庭温情的阻碍。

可以说,发出"每天关机1小时"陪家人的倡议是非常善意和中肯的。但"手机依赖症"的产生却有不同的根源,因此,要从根本上变"他律"为"自律",还需因人而异"对症下药"。

首先,提升亲情认同感根治手机感情侵蚀症。手机在一定程度上已经开始侵蚀家庭感情。网上很流行一句话:"如果有来生,我不愿做你的红颜,不愿做你的知己,不愿做你的爱人,不愿做你的任何人,我宁愿做你的手机。"这句话道出了爱人们对手机的无声控诉。而近日,有一句母亲节在网上很流行的话:"你在网上这么孝顺,你妈知道吗?"这一句话引起了大家的共鸣。而微信里孩子们的"再不陪我,我就长大了",又何尝不是对"低头族"们情感的呼唤呢?

其次,要以兴趣培养根治无聊依赖症。不少"手机族"依赖手机并没有具体的理由,而只是无聊时的习惯和心理依赖。因此,强化兴趣培养,在打发无聊的同时也能有效化解"手机依赖症"。如阅读、散步、户外骑行、打球……精神的充实是对抗"手机依赖症"的天敌。

再次,须以制度约束下猛药控制手机上瘾症。如果只是休闲时玩手机还无可厚非,而对将手机公然搬上课堂、办公室、会议室,严重影响学习和工作的人却不能止于倡议。对这种上瘾症须完善相关制度,以一剂管理"猛药"进行根治。

最后,提升安全意识根治不分场合玩手机症。生命是单程车,那些不论路上、车上都玩手机的人,发生的交通事故已不鲜见。因此,加强这些安全事例的宣传和学习,必要时可以给予一定约束,让"手机族"望而却步。

手机之所以让人沉迷,也确有其优势。手机上网增长了我们的视野,提升了我们对新闻和知识的阅读量,也用有趣的游戏为我们的生活增添了无穷乐趣。但手机还需用之有度,切不可让"手机依赖症"成为感情的"腐蚀剂"、健康的"蛀虫"和工作的"涣散剂",更不可让其成为安全的"杀手"。

互动活动

留舍最爱

活动目的:

1. 思考自己"生命中最重要的五样",通过对留与舍的决定,澄清自己的价值取向,了解自己的梦想。

2. 在交流分享中,同学之间彼此启发、学习,完成价值观的重组。

活动道具:

笔和纸

活动步骤:

1. 全班学生分成若干小组,每人发一张纸和笔。

2. 大家把自己"生命中最重要的五样东西"写下来,在小组内做一个交流。

3. 请每个人想一想,假如要从五样中划去一样,自己首先划去哪一样?划去的理由是什么?就这样依次再划去一样……直到最后只剩一样。

4. 小组交流划去的顺序和原因,分享自己做出留与舍决定时的心理感受。

注意事项:

写完自己生命中最重要的五样后进行小组交流是为了有一个相互启发、自我澄清的过程,所以交流后允许修改自己的"生命中最重要的五样"。

集思广益戒网瘾

活动目的:

1. 树立求助意识,借助他人的智慧解决自己的难题。

2. 集思广益,找到有效方法帮助自己摆脱手机依赖或网络游戏成瘾。

活动道具:

一些塑料饮料瓶(漂流瓶)、一些信封和一些白纸

活动步骤:

1. 全班分成 4—6 人的小组若干。

2. "献策"。

(1) 小组内讨论如何摆脱手机依赖或网络游戏成瘾。

(2) 有严重网络成瘾的成员选择用漂流瓶或信封将自己的问题写到纸上,并在漂流瓶或信封上做好记号,然后尽量多地把"漂流瓶"或信封传到不同的同学手上。最后,"物归原主"。每人不必拘于只献一计。

(3) 全班内把自己收获到的"计策"进行交流。

3. 请向为自己提供可行又有效的方法的同学表示你的感谢。

4. 全班同学分享感受。

单元二　网络成瘾你中招了吗？——网络心理问题

网络成瘾,你中招了吗?

　　患者,男,20 岁,大学一年级学生,幼年生长发育正常,父亲是工程师,母亲是内科医师。患者上大学前成绩一直名列第一,任班长。大学一年级后,经朋友介绍尝试游戏机的策略游戏,并逐渐产生兴趣。在各种游戏机的策略游戏中(如三国)自己可以操作一些将领、武官等,捉住、砍死强盗,追捕顽敌,沉迷于游戏中的斗智斗勇,渐感打游戏机特别有刺激。开始仅周末去打,渐渐发展到 24 小时或几天,常常打到精疲力竭。玩电子游戏后,上课渐感注意力不集中,有时听不懂,完成作业困难,感到在教师、同学心目中不再是以前大家认可的班长和好学生了。患者在玩电子游戏时结识了一些同圈子的朋友,在他们邀请之下,又沉溺到玩电子游戏中,感到振奋,唤起了激情和兴趣,渐渐不愿离开游戏机房。可以连续几天在游戏机房中度过,最长曾经连续两周不出来。自述在游戏机房里忘记了时间,不知道何时该进食,何时该睡觉,生活失去了正常的规律,两周后出来蓬头垢面。到学校上课更感困难,完全不能集中思想,不断出现想到游戏机房的冲动。患者因几门功课不及格,不得不休学一年。在父母、教师、亲友反复教育劝说下,认识到这样下去前途将毁于玩电子游戏中,多次下决心戒掉,但难以摆脱玩电子游戏的冲动,多次又陷入玩电子游戏中,不得不寻求治疗。患者表现为一旦停止电子游戏活动便注意不能集中,经常出现想打游戏机的冲动,不能从事任何有意义的事情,且感倦怠、头晕、恶心,体重下降、失眠、多梦、

记忆减退,心情烦躁、抑郁。

点评

互联网已成为人们生活中不可或缺的一部分,也是大学生了解社会的渠道之一。然而,互联网也像一把双刃剑,有利、有弊。如何善用互联网及互联网资源是值得当代大学生认真思考的问题;如何将互联网为我们所用,体现它积极的作用和价值也是大学生需要通过实践去探索的。案例中的患者深陷网络游戏世界,无法摆脱,耗费了大量时间,耽误了自己的学业。这让我们充分认识到了互联网的两面性。

知识链接

一、网络游戏成瘾

(一)网络游戏成瘾的界定

网络游戏成瘾是指对网络游戏产生依赖的现象,一般是指不可抑制地、反复且长时间地玩网络游戏,并且沉迷其中,难以自拔,极度依赖网络游戏所带来的心理和生理上的快感并可能造成个体明显的身体、心理、社会功能受损的一种上网行为。根据中国《网络成瘾临床诊断标准》:如果个人平均每天用于玩网络游戏的时间超过 6 小时,且符合以下症状标准超过 3 个月,即可诊断为网络游戏成瘾。具体表现为:

(1) 对玩网络游戏有强烈的渴求或冲动感。

(2) 减少或停止玩网络游戏时会出现周身不适、烦躁、易激动、注意力不集中、睡眠障碍等戒断反应。

同时,以下 5 条标准至少符合 1 条:①为达到满足感而不断增加玩网络游戏的时间和投入程度;②玩网络游戏的开始、结束及持续时间难以控制,经多次努力后均未成功;③固执地玩网络游戏而不顾其明显的危害性后果,即使知道玩网络游戏的危害仍难以停止;④因玩网络游戏而减少或放弃了其他兴趣、娱乐或社交活动;⑤将玩网络游戏作为一种逃避问题或缓解不良情绪的途径。

庞大的互联网用户和游戏技术的飞速发展使得网络游戏成瘾人群数量不可小觑,对个体和社会都造成了巨大危害。美国精神病协会(APA)在 2012 年出版的《精神疾病诊断与统计手册》(第 5 版)的初稿中,将网络成瘾界定为网络使用障碍(Internet Use Disorder,IUD),并将之归入物质使用和成瘾障碍亚类(Section III of Substance Use and Addictive Disorder)。虽然在 2013 年出版的正式定稿中,APA 只将 IUD 放在"有待更多研究的情况"的部分,但已充分说明国外对网络游戏成瘾研究的关注。近年来,我国手机游戏的出现让网络游戏成瘾人数的增加具备更强的物质基础,相关问题进入白热化和常态化。

(二)网络游戏成瘾者的躯体、心理和行为改变

1. 躯体方面

患者由于长时间沉溺于游戏,睡眠节律紊乱。在停止游戏时,变得倦怠、疲乏。在游戏的刺激下变得兴奋,能量过度释放以致不能维持睡眠周期。患者在戒断网络游戏活动中出现失眠、头痛、注意力不集中、消化功能不良、恶心、厌食、体重下降。

2. 心理方面

患者一旦停止玩网络游戏便会产生对网络游戏的强烈渴望，难以控制对玩网络游戏的需要或冲动，这种冲动使其不能从事任何别的活动，需要立即寻求网络游戏的活动，注意力不能集中和持久，记忆力减退；由于长期的视觉形象思维，对逻辑思维的活动迟钝，缺乏兴趣和动机。患者不仅有明显的认知活动方面的变化，且情绪低落、悲观、消极、孤独，丧失自尊、自信。回到现实中的痛苦情绪和自我否定的体验，使其再次回到网络游戏娱乐中以摆脱严酷现实的心理压力。

3. 行为方面

患者主要表现为寻求网络游戏活动的行为，这与寻求药品的行为类似。患者为了能获得网络游戏的活动，甚至可以不择手段，用掉自己的学费、生活费，到处借贷款，欺骗父母索取钱财，以达到玩网络游戏的目的，由此造成个人行为品性方面的问题。严重者与精神活性物质成瘾出现人格丧失、自尊丧失有类似之处。

（三）网络游戏成瘾的行为学习机制

1. 网络游戏成瘾的阳性强化机制

阳性强化是指行为的后果有明显的正性奖励作用使行为获益，从而使该行为的发生频率增加。操作游戏机中的角色和情景获得好的成绩、得分，得到某种奖励，行为的后果以直接的物质利益的形式得到体现。在认知和情绪水平上可以产生正性的情绪体验，精神上的胜利感、战胜对手的满足、攻击的本能以象征的方式得到满足；游戏的成功产生增强自信和自我肯定的认知和体验，因获好的成绩感到自尊、自信、个人的权力和能力也得到象征的满足。这些物质的、心理、情绪水平上的强化作用使玩游戏机制行为进一步加强，有不断地去追求这些物质奖励和积极的个人体验的冲动，使玩网络游戏的频率、时间和经济花费增加，这种短暂极度满足的状态与精神性物质使用的短暂的满足状态有类似之处。阳性强化在成瘾的初期阶段对这一病理行为的形成起到主要的作用。

2. 网络游戏成瘾行为的阴性强化机制

阴性强化是指行为的后果可以避免和减轻某种痛苦和不快。当游戏成瘾后现实的适应功能明显受损，老师、父母的责备、批评使患者感到自己丧失对生活的控制力，摆脱这一境况的最快最有效的手段就是再回到游戏中，游戏带来的刺激、兴奋和成功的体验使现实中的苦恼、无助、失去控制和无价值感一扫而光。因此，玩网络游戏进一步发展成应付应激、失败、挫折、精神痛苦和负性情绪的唯一手段。这时游戏起到阴性强化的作用。

阳性强化在成瘾行为的初期阶段起主要作用，而阴性强化在网络游戏成瘾行为的发展和维持中起了重要的作用。在网络游戏成瘾行为的发生发展过程中，这种阳性和阴性强化的双重作用使网络游戏活动成为青少年具有高度成瘾倾向的活动。

（四）游戏机成瘾的深层的心理学分析

1. 游戏作为儿童期幻想表达的残留

荣格心理学认为，无意识的内容不可能直接进入意识，而是以梦、幻想、视觉的操作及象征的方式来表达。游戏作为儿童的乐园在人格发育中具有重要意义，自我发育的幼年尚不能适应现实的社会，不能以成熟的自我与环境相互作用。游戏在自我发育中的作用包括以象征的方式学习角色的扮演和角色认同；以象征的方式释放不能良好控制的无意识的攻击冲动；儿童的自恋和全能感的象征性表达；通过操作象征的现实而树立自信，体验自我的力量使儿童在现实中自我的无助、依赖、挫败感得到补偿,使受到挫折的自我再次成长壮大。

青春期的应激或自我发育的受阻或环境因素的强大影响都可能使这一儿童期的自我满足的方式再现,通过操纵网络游戏带来的幻想的成功体验对抗现实中的挫折体验,精神上得到暂时的满足。成年后持续用幻想的方式来满足自己的愿望,并成为生活的主要方面,体现了个体在应付挫折和防御方式上的不成熟。愈是依赖于对幻想的操纵,愈是难以获得现实的成功体验。

2. 客观现实与象征现实的关系

分析心理学认为以个人体验为主的心理现实的真实性并不亚于外在的客观现实的真实性。个体不仅生活在物质的客观现实中,也生活在以个人内部体验为特征的心理现实中。外部客观现实的活动反映了个体意识领域的活动。而以想象、象征的方式体验到情绪为主要特征的心理的内部现实,反映了无意识的活动。

网络游戏常常创造出一个非客观的象征现实。在网络游戏的象征现实中,失败可以被否认和逆转,不承担任何责任。现实中被压抑的攻击和禁忌的幻想可以象征的方式得到释放和满足,在游戏的象征现实中也可以实现对权力、财富、性幻想的满足,并逐渐代替现实中的有效行为。象征的现实与客观的现实遵循着不同的原则和心理过程。象征的现象作为无意识内容的表现体现了原发性思维过程的特点,表现为时间感的消失,幻想等于现实,可逆转的关系,不存在否定、失败与责任,可接纳客观现实禁忌的规则。而客观现实遵循的继发性思维过程的原则,认知模式为时间的不可逆转,幻想不等于现实,一切事物都发生在特定时空的历史过程中,遵循逻辑的推理,存在否定、失败与责任,个体产生更多的分离和孤独的体验。原发性的思维过程是儿童的思维方式,也是无意识的心理过程,长期依赖于幻想的象征现实,逐渐脱离客观现实,也失去各种重要人际关系。对客观现实的控制就愈差,对网络游戏中的象征现实的依赖也就愈大。

3. 网络游戏成瘾者的应付、防御与客体关系

好幻想和做"白日梦"是这类患者习惯的防御方式,他们往往从小好幻想,内容涉及英雄传奇、科幻及自己的超自然力量。在白日梦中自己进入角色,沉溺于自己幻想的故事情节中。在受到批评、挫折等应激状态时无意识地以幻想作为一种摆脱痛苦情绪的方法。患者一般个性内向,较难与人建立信任的亲密的关系。青春期后对异性缺乏兴趣,难以建立与异性的亲密关系。好独处和沉溺于内部的体验,而对异性的无意识精神意象不能被分化出来,更不能投射到客观的现实中,因此常表现为难以建立正性的、信任的、支持性的人际关系,而对非人的能诱发其幻想的客体——游戏有特别的兴趣。力必多的精神能量因不能正常地以人际吸引和客观现实的有效行为的方式流向意识里,积压的力必多的能量在无意识中聚集,激活各种幻想和原始想象,产生大量幻想性体验,并以象征的方式得到释放。

(五) 网络游戏成瘾行为的精神病理意义

网络游戏成瘾行为可以是一种独立的行为综合征,也可以伴发其他的精神疾病或其他精神疾病的前驱阶段,常常见于以下情况。

1. 青少年的品行障碍

在品行障碍的临床表现中,网络游戏成瘾行为可以是较突出的行为问题之一。

2. 人格障碍者

一些分裂型人格障碍或其他人格障碍者常常表现为对网络游戏成瘾,与人格障碍者人际关系困难有关。

3. 情绪障碍

青春期的抑郁综合征可以不一定有典型的抑郁综合征表现,游戏成瘾行为与许多情绪障碍者合并精神活性物质依赖很类似。

4. 心理应激反应

一种对心理应激的反应和应付挫折的手段,以缓解应激带来的情绪紧张和自我挫败感。

5. 精神分裂症前驱期

精神分裂症前驱阶段可以表现为网络游戏成瘾伴社会功能的受损和人际关系的困难。

这些精神疾病都有一个共同的特点,就是自我人格的力量发育不良或削弱,网络游戏成瘾行为正是与这样的自我成熟水平相当的行为表现。因此,素质因素,儿童期的经历、行为学习和环境因素影响的相互综合作用与游戏成瘾行为的发生有密切的联系。

二、智能手机成瘾

(一)智能手机成瘾概念的界定

随着智能手机的普及,众多学者认为智能手机已基本取代传统手机,代表了未来发展趋势,并具有其独特特征,开始关注日益凸显的智能手机成瘾问题。

有研究者将智能手机成瘾定义为智能手机的强迫性使用,指个体必须随身携带智能手机,且在社交等重要场合频繁查看的行为,这种重复的强迫性行为会对社会和个人生活造成消极影响。也有研究者从行为后果方面将其定义为智能手机的问题性使用,指个体由于过度不良地使用智能手机,从而对其个人和社会层面造成负面影响,如冲动性使用手机或漠视周围环境,当不能使用时出现心理困扰。也有学者从类似角度出发,称其为智能手机依赖。

有研究者界定了智能手机成瘾的临床特点,即耐受性、戒断症状、凸显性、情绪改变、渴望和失控等。或其他研究者界定了智能手机成瘾的6种症状:凸显性、戒断性、冲突性、复发性与恢复性、耐受性和情绪改变。

虽然研究者们所用术语不完全相同,但总结来看均强调了共同的四个特征:①基于对智能手机的使用失去控制,例如使用频率过高或在重要场合无法控制使用手机行为;②心理上对智能手机产生依赖,过多关注手机与手机空间,忽视周围环境和现实生活;③出现戒断症状,主要是心理戒断,当个体不能使用其智能手机时,会产生焦躁不安、失落、暴躁等负面情绪;④成瘾后对个体的人际、学习、工作、身心健康等造成不良影响。

(二)智能手机成瘾与网络成瘾的联系与区别

智能手机成瘾的概念从出现之初,就由于其同属行为成瘾且和网络成瘾有类似之处,而被质疑其类属的独立性。两者既有联系又有区别,从智能手机作为网络终端之一的层面来看,智能手机成瘾可以视为网络成瘾的新型表现方式;但考虑到其成瘾内容和具体表现,智能手机成瘾又具有其独特行为特征,应将其视为独立的概念,目前国际上的一致观念也倾向于此。

二者的联系主要在于以下几个方面。第一，行为界定上，都属于行为成瘾，是对某一特定媒介过度使用并沉迷其中，并对个体心理和行为等产生负面影响。第二，概念内涵上，两者存在部分重叠，智能手机成瘾包括了部分网络成瘾的属性和特征。第三，测量工具上，二者的条目表述也有类似之处。

虽然两者存在相似之处，但二者仍属不同概念，智能手机成瘾区别于网络成瘾之处主要有如下几点。

第一，出现新的行为维度。研究者认为，新的行为模式是智能手机成瘾区别于网络成瘾的独特特征之一。有研究者进一步通过访谈，发现 App 的使用和更新可以作为其非常重要的诊断指标，是智能手机成瘾者重要的行为维度。

第二，成瘾群体及其特征有差异。据以往研究，游戏成瘾是最常见的网络成瘾亚类型；而智能手机成瘾人群中，相对手机游戏，用户更多对社交网络服务功能上瘾。且有研究发现，较于网络游戏，女生易对智能手机成瘾，男生反之。这些可能是设备与性别特性共同作用的结果，但均提示两种行为本身属性上的差异。

第三，成瘾内容具有整合性。就目前研究而言，智能手机成瘾亚类特征相对不明显，而网络成瘾有清晰的社交成瘾、游戏成瘾、信息成瘾等亚类型。

第四，成瘾可能性更大。由于智能手机在功能上的定制化和智能化特征，更能够形成与使用者心理匹配度高的个人化产品集合，个体从中得到的愉悦程度和沉浸感都较高，必然促进智能手机的使用，甚至成瘾；同时，易得性和便利性也使得个体使用智能手机的机会更多、频率更高，日常生活与手机的联系也更紧密，从而在心理上更易对其产生依赖，导致成瘾。

（三）影响智能手机成瘾的因素

智能手机成瘾受多种因素的影响，主要包括智能手机本身因素、个体因素和环境因素等。

1. 智能手机本身因素

（1）功能的集合性

智能手机除传统手机的基本功能外，还具备各种功能性 App 的安装，从而实现社交、娱乐、游戏、生活、资讯及学习等功能的高度集合。智能手机极其贴近用户的日常生活，却易导致个体对其过度使用，在心理上产生依赖，从而成瘾。

（2）内容的个性化和定制化

智能手机能提供社交、贸易、教育、娱乐和游戏等各种应用程序，用户可根据个人喜好下载安装 App，使用其偏好的功能，在多个方面实现了内容和功能的个人定制；同时，个体能动性得到极大提高，且在使用过程中能体验到较多愉悦和沉浸感，从而导致更多的手机使用行为。因此，这种主动定制和个性化的功能组合使个体不断自我强化某种行为模式，从而导致成瘾。

（3）易得性和便利性

智能手机可随身携带，且随着网络普及，智能手机用户可以在任何时间和地点进行各种活动，如查看邮件、购物或者浏览社交网站等，极大提高了使用便利。这种特性使得个体在智能手机使用过程中可以付出较少的精力就能实现提高工作和学习效率，满足感提高,从而更加增加和依赖智能手机使用,更可能导致成瘾。

2. 个体因素

(1) 人口学因素

研究发现,性别、年龄、学历等人口学变量会影响智能手机的使用。其中有研究发现,女性智能手机成瘾倾向性高于男性,但也有研究发现男性更易对智能手机成瘾或差异不显著。后者与前者不一致,主要原因在于研究所用工具信效度未得到检验,或使用传统手机成瘾量表测查智能手机成瘾,所以得出的结论不一定可靠。总体来看,考虑到智能手机成瘾的独特性特征,已有研究倾向于认为,女性智能手机成瘾倾向性要高于男性。

智能手机成瘾在年龄差异上的结果不一致。有研究发现,年龄小的个体更易智能手机成瘾,但也有研究发现高中生智能手机成瘾程度高于初中生,同时也有研究表示没有发现年龄差异。

(2) 人格因素

研究发现外倾性人格的个体更倾向于拥有和使用智能手机,且能正向预测智能手机成瘾,同时不同人格维度的影响不同,如开放性与神经质与智能手机成瘾正相关,责任性与智能手机成瘾各维度显著负相关。冲动性、感觉寻求和高冒险人格都能正向预测智能手机成瘾。

(3) 情绪体验

研究者发现沉浸体验直接影响智能手机成瘾,且在便利性和智能手机成瘾间起中介作用。个体在使用智能手机时体会到的愉快和满足感,使个体易成为智能手机的忠实粉丝,导致成瘾。研究者针对基本用户(主要使用电话和短信功能)和高级用户(主要使用相机、社交网络、音乐、视频等功能)的比较分析发现,高级用户比基本用户获得更高水平的快乐,成瘾程度也更高。同时有研究发现孤独感水平能有效预测智能手机成瘾。但也有其他研究未发现这一预测作用,目前仍存在争议。

(4) 使用动机

研究发现,有高的交流需要和社会融入动机的个体,使用应用程序多,从而增加使用智能手机的时间和频率,更易成瘾。也有研究发现,为了娱乐而使用智能手机的个体的使用时间会不自觉增多,易成瘾,单纯为了消遣使用智能手机也易导致成瘾,而信息寻求或学习则不会导致成瘾。

3. 环境因素

研究发现,智能手机成瘾与家庭等环境因素是息息相关的。父母越多偏爱、拒绝否认、干涉和保护,青少年越易对智能手机成瘾。同时,独生子女、家庭经济水平低、由祖父母抚养的青少年相对来说是较为高危的群体。同时,当周围群体都在使用智能手机或其新的功能,加上运营商推出的各种优惠套餐,有些个体可能就会沉迷其中。

三、网络成瘾的预防与矫治

(一) 网络成瘾的预防

针对网络成瘾以及过度使用的原因,在预防上可以采用如下方法。

1. 明确上网目的,形成良性上网行为习惯

对网络成瘾心理过程的研究分析表明,高职生网络成瘾往往是由于内在心理需求得不到满足,或产生异常的心理需求,而产生不良的上网动机(如从网络交友寻求安慰、从网络游戏中获得成就体验、从网络暴力中释放攻击性等),进一步产生不良上网行为,由于网络情境的强化(奖赏)而逐渐形成网络依赖,如此恶性循环,直至形成网络沉迷、网络成瘾。与之相对应的,一开始就明确上网目的,有意识地正确利用网络资源,注意采取良性上网行为,注重网络行为规范和网络道德安全,满足正常的网络心理需求,形成良性循环,这样就不至于堕入网络沉迷的陷阱。

2. 学会面对诱惑,采用隔离法避开诱惑

当无法抵制诱惑时,可以想法避开。网络成瘾程度较重的人往往是在下意识的状态下上网的,对于那些明知过度上网只会加重症状而不能自制的成瘾者,可以在家人、朋友的帮助下将其与电脑完全隔离一段时间,让他(她)在相对时间里培养其他的兴趣爱好,或者重新安排紧张有序的生活。待其网络成瘾的心理依赖减轻时,再针对性地帮助他(她)科学地安排上网时间。

3. 采取控制法,合理控制接触时间

合理控制接触时间也是减少和避免诱惑的方法之一。要科学安排上网时间,有目的地上网,上网之前应把具体要完成的工作列在纸上,有针对性地浏览信息,选择和取舍信息。谨记上网只是生活的一部分,可帮助自己有效减少在网上漫无目的地浏览或闲逛,并避免其后由于荒废时间带来的后悔和内疚等消极情绪。同时,要控制上网操作时间,一般每天上网累计时间不应超过 4 小时。由于网上诱惑太多,故可以采用设置闹钟的方式提醒自己离开网络;对自控能力差者,应设定强制关机时间,准时下网。也可以参与如豆瓣上"戒网小组"之类的活动,或者自己和同伴一起来设置"无网日"或"无网时段",在该时段里可以将手机离线或放在一边,不上 QQ、微信,不看网络视频,不玩电子游戏等,相互督促或共同参与一些其他有意思的活动。

4. 采用转移法,平衡多元生活

当出现上网的冲动并期待上网的快感时,如果没有其他活动占据自己的时间和身心,个人可能就无法控制自己越来越强的上网欲望。但如果可以投入其他活动,而这个活动一样可以带来快乐和满足感,如打球、游泳、读书、听音乐、下棋、结伴出游等,可以帮助转移注意力,那么个人上网的欲望就会降低。在生活中感到苦闷或找不到满足感的人,会更容易沉迷于网络。因此,想办法为自己创造多彩的生活,安排其他自己感兴趣的活动(如运动)来帮助自己更好地脱离网络,包括在学校多参加社团活动,都可以使虚拟空间的诱惑力大大降低。

5. 增强自己的自控力

心理学研究发现,意志力或自控能力与大脑尤其是前额叶皮层的发育有关。前额叶皮层的发育和自我抑制能力的发展要到 22 岁左右才会成熟,而即使对成年人而言,面对网络诱惑时也可能出现沉迷,包括日常的各种"手机控"。对青年学生而言,一方面要有意识地远离诱惑,另一方面也要注意锻炼自己的意志力。研究发现,坚持运动、健身、规律作息、习惯性地静坐冥想都有助于提升自控能力。当自己发现意志力不足时,也可以通过与同伴相互督促来形成一种社会支持,帮助自己更好地克服或脱离网络诱惑。

6. 及早发现、及早治疗

如果发现自己出现网络过度使用症状,不要掉以轻心,应及时求助专业的心理咨询人员或机构,仔细分析原因,做到及早发现、及早治疗。对于网络中的消极面和可能造成过度使用的诱惑,我们既要有清醒的认识,也要有有效的应对。同时,我们也可以参照以下标准,看看自己是否符合网络心理健康:①具有网络心理健康的意识和观念;②线上线下保持良好的情绪情感;③线上线下保持人格的完整、和谐和统一;④使用网络不影响正常的学习、工作和生活;⑤使用网络不影响正常的人际交往。

(二) 网络成瘾的矫治

不要把网络过度使用误认为成瘾行为。网络成瘾是个精神医学概念,首先要到专门的机构确诊,如三级甲等医院的心理科、精神科或者被政府卫生行政主管部门批准的专业网瘾治疗机构。网络成瘾的矫治手段主要是心理行为疗法。

心理行为疗法主要侧重于针对个体和家庭、学校、社会环境的复合影响,从建立作息习惯、自制能力、增强社会支持入手,进行网络成瘾的心理行为矫正。主要包括以下几种形式。

1. 认知行为疗法

认知行为疗法认为心理紊乱是由病人错误或不合理的信念和看法引起的,通过现实的评价并矫正其歪曲的或功能障碍的想法,可以达到情绪和行为上的改善。在网瘾治疗上,主要是通过改变网络认知、网络环境的设置、网络行为矫正等方面进行综合矫治,从时间控制、认知重组和集体帮助的角度提出的不同方法,强调治疗应该帮助成瘾者建立有效的应对策略,通过适当的帮助体系改变病人上网络成瘾的行为。这种疗法强调弄清病人上网的认知因素,让病人暴露在他们最敏感的刺激面前,挑战他们的不适应性认知,逐步训练他们上网的正确思考方式和行为。

2. 家庭治疗与社会支持治疗

有研究者认为,对于网络成瘾,医学治疗不是治本之策,家庭教育更重要。家庭治疗的出发点是将家庭看成一个系统,这个系统成员所表现出的行为既影响其他成员,同时也受其他成员的影响。家庭治疗可以说是心理治疗的一个种类,它是把整个家庭作为治疗对象。并且,治疗网络成瘾症光有家庭教育还不够,还需要社会、学校等各个环节共同努力,缺一不可。相关研究进一步指出,要使个体的成瘾症状完全戒断,需要其自身的努力、家庭的配合以及社会的监管多方面来形成综合作用。

3. 生理、心理、环境综合干预方法

有些研究者采用心理干预、药物干预(主要为中医治疗)、社交行为干预和环境干预为内容的综合干预疗法来治疗网瘾。其主要特点是采用中药制剂对症治疗、集体治疗、学习与治疗同步,经济易行,适合在相关医疗机构指导下在学校推广应用。

4. "五位一体"综合干预

有学者提出,应建立网络成瘾矫治的医学、心理、教育、军事化管理及社会体验"五位一体"的综合干预模式,倡导个体—家庭—团体循环干预手段,形成了静、动态相结合的特色化治疗体系。当今的青年人包括高职学生中有许多"网络达人",其中绝大多数人的网络使用状况还是属于正常范围,达不到网络成瘾的诊断标准。但是在上网过程中还应注意不要在网络上花费太多时间,更不能因为网络使用过度而影响身体健康,影响正常的学习和生活交往。

延伸阅读

一例网络成瘾心理辅导过程(节选)

个案描述

小丁,男,16岁,某重点中学高一学生。在他的母亲刘女士的带领下,来到了我的心理咨询室。据刘女士的叙述,小丁是以优异成绩考上现在所就读的省级重点中学的。但是现在,他的成绩却非常糟糕,已经下滑到班级的倒数。班主任找小丁谈过话,但是效果不大。这让刘女士担心不已,因为小丁是她全部的希望。她一直希望小丁能有一个好的前途,因此对小丁的要求十分严格。小丁是走读生,以前读初中时一回家就会自觉学习、写作业,但自从上高中迷上网络游戏后,他一回到家里就玩游戏,甚至会以不吃饭、不上学、断绝母子关系等方式来威胁母亲,最后刘女士只得妥协。刘女士曾经把电脑锁起来,小丁就跑到外面的网吧上网。由于担心儿子的安全,刘女士只得再次妥协。一次,小丁因停电无法玩游戏,表现出激动、烦躁甚至破口大骂等行为。此种状况已经持续了三个多月。现在的小丁已经完全沉溺在网络游戏的世界中无法自拔,不愿意与人交往。据班主任反映,小丁上课经常睡觉,做作业经常抄参考资料上的答案,成绩下降。

刘女士已经离婚三年,她的前夫在广东做生意,每个月定时给儿子寄来一笔不菲的生活费,却从来不过问孩子的生活和学习。

辅导过程:

第一步,建立良好关系,探寻沉溺网络游戏的原因。

小丁是和其母刘女士一起走进咨询室的,在其放松心理后,我和小丁之间的谈话开始进入主题。

了解到小丁打游戏的心理动因:"我觉得只要一进入游戏的世界,我就会忘记所有的烦恼。在游戏里,可以通过自己的努力提升自己的等级,让自己拥有更多的权限和更好的装备,这样的话,就能在游戏里所向披靡、自由翱翔,感受到游戏带来的更多快乐。而且,在游戏里,没有人会瞧不起你,不问你的出身,只要大家志同道合,就可以一起玩,成为很好的朋友……"

通过此次谈话,再结合刘女士的叙述,我初步判定小丁沉迷网络游戏的原因在于他的压力过大,加上缺乏合理的认知方式和归属感,因此选择沉迷游戏的方式应对。第一次咨询结束后,我和小丁的班主任取得联系,为下阶段的辅导做好准备。

第二步,对症下药,多管齐下。

第二次辅导,我给小丁讲了《化蛹为蝶》的故事,让小丁认识到每个人都会遭遇失败和挫折,这不是什么大不了的事;应该积极面对挫折,而不是选择逃避,因为挫折往往可以帮助我们更好地成长。

一是时间管理技术法。这是一个通过改变个体玩网络游戏的时间,来减少个体对网络游戏沉溺的方法。我和小丁共同制定了每一天的学习和上网玩游戏的时间。对于玩网络游戏的时间,采取的是每周逐渐减少次数、每次逐渐减少时间、每次确定玩游戏的具体时间的方式,达到其逐渐减少玩网络游戏时间的效果。

二是社会支持系统法。个体的社会支持是指包括家庭成员、朋友、邻居及同学、老师在内的社会关系。它可以提供广泛而多样的支持潜力,有情感支持、任务协助、沟通交流、陪伴、娱乐及归属感等。我鼓励小丁,一定要多和父母交流,让母亲降低对自己的期望。我主动联系小丁的父亲,让其明白对孩子心理情感上的关注是父亲应尽的责任,而不只是关注物质需要的满足;我联系小丁的班主任,助其开展主题为《相亲相爱的一家人》的班会课,让全班同学接纳小丁,让小丁感受到"家"的温暖。同时,我鼓励小丁的同学主动与小丁交往,并让小丁积极地参与到班级活动中,充分发挥小丁的特长,让其找到久违的自信和成就感,从而减少对网络游戏的依赖和迷恋。只要个体在现实生活中能够逐渐获得网络游戏所给予他的东西,个体自然就会慢慢地走出网络游戏的泥潭之中。

三是采用积极暗示法。暗示是一种简单而且典型的条件反射。在小丁产生玩网络游戏念头的时候,他就要用诸如"我要努力学习""我要远离游戏,等放假玩""我一定可以摆脱对网络游戏的依赖"等话语来暗示自己,打消玩游戏的念头。暗示成功后,还应该及时地肯定自己,比如告诉自己"我真棒,我可以摆脱对网络游戏的依赖"。通过积极的正面强化,从而抑制玩网络游戏的欲望。

互动活动

一分钟价值

活动目的:
1. 意识到生命是由每分每秒组成的,热爱生命就要从珍惜每一分每一秒钟开始。
2. 利用好每一分钟,在有限的时间里创造出其应有的价值。

活动道具:

秒表、白纸、笔

活动步骤:

1. 分组,每组 5—6 人,选出小组长、记录员。
2. 老师提出讨论的问题:一分钟能做多少事?
3. 小组讨论,全班交流。

注意事项:

懂得道理仅仅是第一步,把道理落实到自己的行动中才是真正懂得道理,也才有可能取得成功。

单元三　健康网络心理及行为培养——善用网络

📝 案例导入

北京《青年报》报道了这样一件事情：小朋是北京某市属大学学生，20岁，是个超级网虫，每天都要在网上泡10多个小时。他和一个17岁的女孩在网上认识半年后，两人很快就开始了"网恋"，并在某网站进行了"结婚"注册，在网上建立了自己的"家庭"——一个共同的网页。他们这个网上的"家"真的太像家了，这个用文字和图片堆砌的家不但有像模像样的家具和房间布置，而且有每日三餐的菜谱。当小朋和那个女孩"结婚"不到3个星期时，网站通知他，他的"爱人"怀孕了，小朋大喜，每天抱书痛读产妇注意事项。6个星期后网站通知他，说他们已经拥有一个可爱的小宝宝，小朋更是兴奋得睡不着觉。15个星期后，网站又告知小朋，他的"妻子""儿子"均病重，小朋于是整天愁眉苦脸、无精打采。直到第18个星期，网站宣布：因医治无效，他的妻儿双双"去世"，他的"婚姻"宣告结束！此时的小朋沉浸在痛苦之中，因为太投入，他竟然受不了打击，一病不起，每天起床要做的第一件事就是到网上的墓地去悼念他的"妻小"，然后垂头丧气，喃喃自语。

点评

网络本质上是人与人之间联系的方式，网络的出现会改变人的生活方式，也包括恋爱。大学生正处于强烈情感需求阶段，他们渴望友情和爱情，期待与同龄人的心灵交流。网络的隐匿性从一开始就给了网恋充分发展的空间，并且使网恋笼罩上了一层神秘而浪漫的面纱。网络的神秘和浪漫对于大学生有着强烈的吸引力，再加上现实人际交往中有种种问题存在，促使相当部分的大学生选择了网恋，试图给自己的大学学习生活带来轻松和快乐。案例中小朋沉溺于网恋不能自拔，把网络爱情视为生活唯一的追求。大学生要充分认识到网络世界存在的虚拟性和险恶性，对网络恋情多一分清醒、少一分沉醉，时刻保持高度警惕性。

📘 知识链接

一、大学生网络心理问题的调适

大学生网络心理问题的调适需要个体、家庭和学校共同努力。

（一）个体

1. 自我认同

研究表明，更能够认同自己的同学思维会越活跃，对新事物持开放态度，同时又用自己内在的标准去倾听和判断这些新的事物；有更清楚的自我定位和人生目标，行为方式更有计划性和目的性,专注于现阶段的学习和发展任务。因此,他们更倾向于把互联网当作一种工具,从网上获取各种学习、生活方面的信息,这种有目的性的使用极大地减少了对互联网的不当使用或滥用,减少了"网络成瘾"的可能性。相反,那些对自己的认同感不强的同学自尊和自主性都会较低,学习和生活的规划不明确,无所事事,即使上网有时也没有特定的目的和计划。大学生要增加自己的自信心,提高自我认同度,减少不正当的网络使用,即使出现了网络心理问题,也要坚信自己能够克服。

2. 人格

外向的大学生比内向的大学生更加坦率、活跃、合群、热情并且具有更多的积极情绪,拥有更多的社会支持。研究发现,越外向的大学生越有可能使用互联网社交服务,能够从互联网使用中得到更多的益处。因为外向的、善于交际的个体可以通过互联网结识他人,并且特别愿意通过互联网进行人际交流。已经拥有大量社会支持的个体可以运用互联网来加强他们与其网络支持中的他人的联系。相反,内向型大学生具有安静、保守、害羞、不爱交际、沉默寡言、羞怯的特点,他们不喜欢也不善于在现实生活中与他人交往,也很难在现实中获得更多的社会支持。对这些大学生来说,互联网为他们提供了一个与现实环境存在巨大差异的社交平台,通过这个平台,他们可以摆脱令他们紧张和焦虑的现实情景式的交往方式,从容地按照自己的兴趣和擅长的交流方式建立起属于自己的虚拟社交圈,从而获得巨大的满足感和愉悦感,进而促使其对互联网更多的投入。因此,相对比较外向的同学,内向型个体更容易产生负性情绪,当出现现实生活问题而在现实中又得不到足够的支持时,互联网上的虚拟社交圈可能成为其支持的主要来源。因此,如果我们是性格比较内向的人,也要适度扩展我们的交际圈,主动和同学、老师等进行交流。

(二) 家庭

作为家长,使用简单粗暴的方式禁止大学生上网是不理智的。对大学生使用互联网社交服务要进行正确的引导,使他们明白网络社交只是现实社交的补充。在给大学生创造温馨的家庭环境及各种支持时,还要使他们意识到如何使用这些社会支持;而且,家长在强调学业成绩的同时,也要关注大学生的人格发展及其人际关系的发展。可以鼓励他们进行现实社交的训练,让他们得到更多的来自家庭的支持,学会在现实的人际交往中体会到更多的快乐,而不是最终逃避到网络社交中去。

(三) 同伴依恋

大学生的同伴依恋是指其建立起来的、双方互有的亲密感受以及相互给予温暖和支持的关系。形成安全依恋关系的大学生具有较好的社交技巧,能够寻求朋友或情侣的支持,从而促进心理和行为健康发展。而没有亲密朋友的大学生体验到更多的孤独,更容易沮丧、焦虑,自尊水平也相对较低。没有亲密朋友和伴侣的大学生比有亲密朋友和伴侣的大学生有可能更多地依赖互联网(尤其是网络游戏)来娱乐和社交,更可能过度卷入互联网,导致"网络成瘾"。另外,善于交往的大学生喜欢利用互联网获得各种各样的信息,把互联网当作学习的辅助工具。同时,他们也喜欢通过互联网维持已有的友谊,或者通过互联网拓展自己的朋友圈子。而不善交际的大学生不愿意把自己的烦恼告诉朋友,他们害怕遭到朋友的嘲笑,感到与朋友情感隔阂,渴望增进与朋友之间的情感却又因缺乏适当的社交技巧而感到孤独无助。因此,他们更愿意在匿名的网络上写博客或者交朋友来倾诉,更容易沉溺其中而不能自拔。

（四）学校和社会

健康积极的人格、良好的社会支持、宽容的生活环境是大学生进行合理、健康的网络社交的前提。首先，学校和社会要加强网络监管，倡导网络文明。网络文明与网络道德的宣传有利于减少大学生在现实生活中的摩擦、提高大学生的社会适应。具体来说，就是要加强网络自身建设，完善网络监管体制，比如设置某些检察装置探测网络运行状况。更改某些网络服务功能，如尽量避免出现带有暴力内容的信息、游戏在互联网上传播，这样就能够从源头上减少攻击行为发生的互联网"硬件"条件；要制定规范互联网运行和发展的法律、法规，培养互联网使用者的网络伦理和道德。其次，学校和社会要进一步加强对大学生的道德认知和情感教育，提高他们的认知水平，促使其产生更积极的网络道德情感体验，培养大学生积极的网络道德意向。最后，学校应该加强大学生的道德教育，多开展集体活动和专题讨论，提高其道德认知和道德情感的积极水平，进而促使其在网络中做出理性的亲社会行为。

二、合理健康上网

大学生的健康上网行为，是指大学生对互联网的使用从外控到内控，形成有节制的上网行为，从而获得对学习、生活和身心发展有益的结果。

大学生"健康上网"概念的内容主要包括以下八点。

（1）抵制不良：不登录黄色、暴力等网站，限制浏览不良网页及信息等。

（2）不可沉迷：尤其是不沉迷游戏、不依赖、不成瘾等。

（3）不扰常规：不影响正常学习生活，不带来消极影响，或不要有害。

（4）控制时间：由家长帮忙限制、控制上网的时间。

（5）健康时限：给定一个健康上网的"健康"时间限度，自觉控制自己。

（6）放松身心：愉快身心、释放压力、调节自己。

（7）辅助学习：利用互联网，大部分用在学习上，帮助学习、拓展知识等。

（8）长远获益：从长期来看，给学习、生活和身心带来积极的影响，有益发展。

大学生健康上网行为的标准：抵制不良、不可沉迷、控制时间、放松身心、辅助学习、影响适度。以上六条中，在数量上满足五条或五条以上的行为可称为大学生的健康上网行为。

合理健康上网，需要做到以下几个方面。

（一）正确掌握并合理利用互联网

网上生活与网下生活是一个问题的两个方面。网上生活应该成为网下生活的一个强有力的工具，至少不是干扰性的工具。比如，互联网在人际沟通中发挥越来越重要的作用，但是我们要合理利用互联网，防止出现"人机热、人际冷"的现象。

（二）端正上网动机和目的

网上信息繁杂，我们要坚决抵制互联网的各方面对我们自己成长不利的诱惑，不在网上做违法乱纪之事，做一个身心健康发展、健康上网的大学生。首先，要学会合理利用网络查询资料、进行研究性学习、扩大自己的视野及感受社会生活的发展变化等。其次，要学会理性地利用互联网参与社会公共生活。合理利用互联网，学会理性利用现代媒介，参与社会公共生活，感受社会生活的发展变化，养成亲社会的行为态度。网络对公共生活中的各种社会事件经常会发出各种各样的声音,能够进行识别,不盲目地听信谣言,理性地判断是非,冷静地利用媒介来表达自己的心声,能够理性地对待网络信息。再次,有效利用互联网明确自己的职业方向与目标。互联网上有对各种职业的大量的、生动的、具体的描述以及招聘信息,我们要学会借助这些信息更深入地了解自己的职业意向,找到适合自己的职业。

(三) 积极参加学校及社会实践活动,逐渐摆脱网络依赖

积极参与学校和社会组织的各项实践活动,走出课堂、走向社会。积极地了解社会、认识国情,增长才干,不仅可以获取直接社会经验、发展社会实践能力、增强社会责任感,而且能提升自身的精神境界、道德意识和能力,使人格不断臻于完善、综合素质不断提高。这样不仅能减少过多上网的时间,而且能用直接、真实的社会活动代替网络虚拟活动,逐步摆脱对网络的依赖,回归真实生活。

延伸阅读

美国心理学家杨格提出诊断网络成瘾的 10 条标准

(1) 上网时全神贯注,下网后念念不忘"网事"。
(2) 总嫌上网时间太少而不满足。
(3) 无法控制自己的上网行为。
(4) 一旦减少上网时间就会烦躁不安。
(5) 一上网就能消除种种不愉快情绪,精神亢奋。
(6) 为了上网而荒废学业和事业。
(7) 因上网放弃重要的人际交往、工作等。
(8) 不惜支付巨额上网费用。
(9) 对亲友掩盖自己频频上网的行为。
(10) 有孤寂失落感。

杨格认为,上述 10 种情况,在一年间只要有 4 种以上,便可诊断为网络成瘾综合征。

互动活动

网络利大于弊,还是弊大于利?

活动形式:辩论赛
主题:网络利大于弊,还是弊大于利?
目的:在辩论赛中更加清晰地了解网络带来的利与弊,以便更好地认识和利用网络。
做法:
(1) 成员以抽签的方式决定正方和反方。
(2) 双方进行辩论。
(3) 讨论:怎么样面对网络的利与弊?

心理测试

手机依赖症测试

以下题目,根据自己的实际情况,符合的填"是",不符合的填"否"。

1. 出门的时候可能会忘记带钥匙和带伞,但绝对不会忘记带手机。
2. 醒来第一件事是先打开手机看有没有未读消息,然后才去洗漱、上厕所……
3. 吃饭的时候看手机,上厕所的时候看手机,看电视的时候也要看手机。
4. 在外面,手机没电、没信号或者没网的时候,觉得就像世界末日到了。
5. 睡前必玩手机,而且睡觉了手机一定放在床头,睡觉中途会醒来查看手机。
6. 因为玩手机的时间太多,被家人或朋友指责过,甚至因此吵过架。
7. 走路的时候低头玩手机,偶尔抬头看路,有撞到过前面的人或者差点撞到前面的人、电线杆之类的。
8. 只要闲着,想到的第一件事就是玩手机。
9. 手机每天至少要充两次电。
10. 经常因为玩手机耽误其他事情,至少有一次造成过不好的影响。

测试结果:

填"是"的得1分,将结果相加得总分。

1—3分:手机依赖症早期

你轻度沉迷于手机,但还比较有自控力,能在该做正事的时候放下手机。如果能再减少一些玩手机的时间,去和朋友、家人聊聊天,多出去走一走,你的生活会更明亮。

4—7分:手机依赖症中期

你每天玩手机的频率很高、时间也比较长,手机已经成了你离不开的一部分。你似乎总是忽略了身边人,却总是牵挂着屏幕里的人的喜怒哀乐。

8—10分:手机依赖症晚期

手机占去了你一天中的绝大部分时间,已经严重影响到了你的正常生活和工作。你需要让身边的人监督你,强制性地减少使用手机,不然生活很容易变得一团糟。

你到什么程度了? 手机虽然好玩,但可不要因此影响了工作和生活,特别不要忽视了身边人哦!

自我反思与探索

1. 大学生上网是为满足哪些要求?
2. 简要概括网络对大学生的积极和消极的影响。
3. 如何调适网络心理障碍?

过度依赖手机

模块十

成为会交往的人——处世智慧

> 在人的一生中,再也没有像青年时期那样强烈地渴望被理解的时期了。没有任何人会像青年那样深陷孤独之中,渴望被人接近与理解;没有任何人会像青年那样站在遥远的地方呼唤。
>
> ——斯普兰格

本模块学习目标

1. 了解人际交往对大学生身心健康与个人发展的重要性。
2. 了解大学生人际交往中常见的问题与存在的认知偏差。
3. 掌握交际与沟通的艺术,提高大学生的人际交往能力。

当今社会是一个人际交往、合作与竞争的社会,时代对大学生的人际交往能力提出了更高的要求。可以说,人际交往能力已经成为大学生最重要的素质之一。因此,掌握良好人际交往的规律和技巧、提高人际交往能力、建立良好的人际关系是大学生心理健康教育的重要内容。

单元一 人最多能承受多久孤独？——人际交往的意义

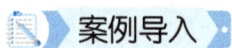
案例导入

人能承受多少孤单？

1954 年，美国做了一项实验"人能承受多少孤单"。

实验者将学生关在有防音装置的小房间里，让他们戴上半透明的保护镜以尽量减少视觉刺激。又让他们戴上木棉手套，并在其袖口处套了一个长长的圆筒。为了限制各种触觉刺激，又在其头部垫上了一个气泡胶枕。除了进餐和排泄的时间以外，实验者要求学生 24 小时都躺在床上，营造出一个所有感觉都被剥夺了的状态。

结果，尽管报酬很高，但几乎没有人能在这项孤独实验中忍耐 3 天以上。最初的 8 个小时还能撑住，之后，学生就吹起了口哨或者自言自语，烦躁不安起来。在这种状态下，即使实验结束后让他做一些简单的事情，也会频频出错，精神也集中不起来了。实验后需要 3 天以上的时间才能恢复到原来的正常状态。实验持续数日后，人会产生一些幻觉。

点评

人的身心想要正常工作就需要不断地从外界获得新刺激。到了大学，有同学会出现这样一种体验：父母的关心不再像过去那样暖融融打动心扉，反而觉得唠叨刺耳；老师在心中似乎也失去了往日的威信；就连平时挺要好的同学，也不是那么亲密无间、无话不谈了，自己一肚子的心事不知道该和谁说，感觉很孤独。

一、大学生人际交往的内涵

交往是两个以上的人为了交流有关认识与情绪评价性的信息而相互作用的过程。大学生人际交往指的是大学生之间以及与其他人之间沟通信息、交流思想、表达感情、协调行为的互动过程，具有以下特点。

（1）人际关系是在人与人的交往活动或互动过程中发生的。

（2）人际关系可以被人们真实地感受到，它是一种心理状态，而并不仅是对客观地位或身份的描述。虽然人际关系没有脱离开社会关系，但并不完全等同于社会关系。

（3）人际关系带有浓厚的感情色彩，不同的人在交往过程中，由于个体的差异会产生心理吸引或排斥的现象。

二、大学生人际交往的意义

（一）人际交往是大学生心理健康的需要

大学生的情绪困扰与心理危机，绝大多数与缺乏正常人际交往和良好人际关系相联系。在集体生活中，同伴之间的交往状况，往往决定了一个大学生对学校生活是否感到满意。生活在没有友好、合作、融洽的人际关系的宿舍中的大学生，常常表现出压抑、敏感、自我防卫和难以合作的特点，情绪的满意程度低，心理不安全；而善于交往、关系融洽的大学生，往往表现出快乐开心、注重学习与成就、乐于与人交往和帮助别人的特点。由此可见，人际交往对大学生的心理健康起着极为重要的作用。

（二）人际交往是大学生成长的需要

美国著名的心理学家马斯洛提出需求层次理论。他认为，人具有五种需求，从低到高依次是生理需求、安全需求、归属和爱的需求、尊重的需求、自我实现的需求。其中归属和爱的需求表明，个体需要将自身归属于一定的社会团体，需要得到他人的爱与尊重。大学生远离了昔日的师长同学，只身在外求学，面对完全陌生的环境，心里有种不踏实感。这一切使他们更怀念昔日的亲情、友情，这种环境增加了大学生人际交往的需求，渴望在新的环境中获得归属感和安全感。

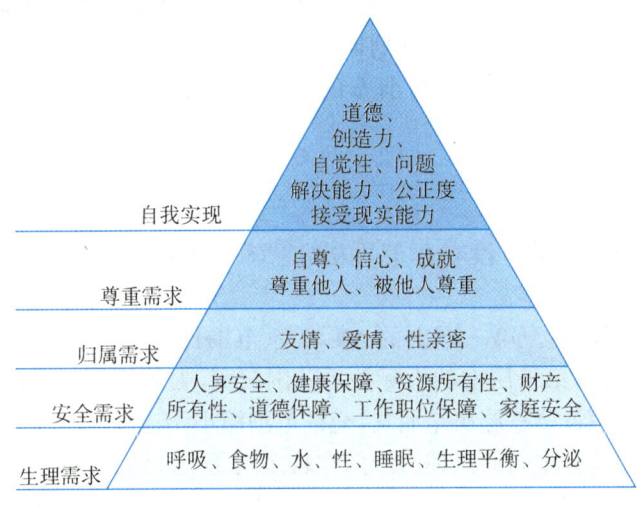

马斯洛需求层次理论

（三）人际交往是大学生自我完善的需要

卡耐基曾说："一个人事业的成功，只有15％是由于他的专业技术，另外85％要靠人际关系和处世的技巧。"大学时期是人的个性定型的关键时期，大学生在人际交往过程中逐渐学会与他人交往，学会如何评价自己和他人，逐渐理解和掌握一定的社会规范、价值观念，并且以社会公认的准则来调整自己的认知和行为方式。积极的人际交往、良好的人际关系可以使人精神愉快、情绪饱满、充满自信，保持乐观的人生态度，有助于大学生个性的发展和优化。

三、大学生人际交往的主要类型

（一）同学关系

同学关系是大学生人际关系的主要内容。同学关系又分为同宿舍、同班、同系、同学校等关系。大学校园的同学关系总体来说是和谐、友好的。同学在日常生活、学习中容易形成一种如同亲属的关系。

(二)师生关系

学校的任务是教书育人,教师担任着培育学生成长、成才的重任,是学生在校期间的主要人际关系。一方面学生要尊敬师长,另一方面,大学生在学习中不能盲从,应该敢于创新,敢于向权威挑战。师生关系的疏密,通过学生遇到问题时是否寻求老师的帮助得到印证。

(三)网络关系

随着科技和互联网技术的发展,网络人际关系成为大学生人际关系新的内容。大学生通过网络聊天、游戏、直播、博客等新媒体建立网络人际关系。这种人际关系呈现角色的虚拟性、主体的平等性、心理的隐蔽性、动机的多样性、过程的弱社会性、弱规范性等特点。学校应引导学生建立正确的网络价值观。

(四)社会关系

大学生社会人际关系包括在社会实践或者兼职、创业过程中形成的人际关系。大学生社会人际关系范围通常比较狭窄,然而社会人际关系对于大学生的求职、职业发展都有重要意义。大学生在校期间,可以有计划地认识在本专业具有一定知名度的人,或去认识自己感兴趣专业的相关人士等,在与前辈的交往中了解专业发展情况,开展职业生涯规划。

四、大学生人际交往的层次

有的大学生感慨"大学里没有真正的友谊""知音难觅",大学里真的没有真正的友谊吗?

人际关系具有层次性。第一层次的人际关系范围比较广,人数通常很多,不一定认识,也没有深入的了解;第二层次的人际关系范围较宽,人数较多,学校社团、班级同学多是这一层面的人际关系;第三层次是朋友,交往范围缩小,人数较少,朋友之间有较为深入的了解和沟通,通常具有相同的兴趣、爱好,在较多问题上能达成共识,能够提供一定的帮助,但也存在一定的差异,不能完全分享内心的想法;第四层次是挚友,人数很少,1—2个,挚友间通常有相同的价值观,能够分享内心的想法,彼此能接受对方的优缺点,可以相互信赖,愿意帮助彼此成长,彼此能够在这种人际关系中找到归属感和安全感。

延伸阅读

(一)人际交往的距离

一位心理学家做过这样一个实验。在一个刚刚开门的大阅览室里,当里面只有一位读者时,心理学家就进去拿椅子坐在他或她的旁边。试验进行了整整80个人次。结果证明,在一个只有两位读者的空旷的阅览室里,没有一个被试者能够忍受一个陌生人紧挨自己坐下。就一般而言,交往双方的人际关系以及所处情境决定着相互间自我空间的范围。美国人类学家爱德华·霍尔博士划分了四种区域或距离,各种距离都与对方的关系相称。

1. 公众距离

公众距离,其近范围为12—25英尺(约3.7—7.6米),远范围在25英尺(7.6米)之外,一般适用于演讲者与听众、彼此极为生硬的交谈及非正式的场合。这是一个几乎能容纳一切人的"门户开放"的空间。这个空间的交往大多是当众演讲之类,当演讲者试图与一个特定的听众谈话时,他必须走下讲台,使两个人的距离缩短为个人距离或社交距离,才能够实现有效沟通。

2. 社交距离

社交距离的范围为 7—12 英尺(2.1—3.7 米),表现为一种更加正式的交往关系。教授和大学生的论文答辩等,往往都要隔一张桌子或保持一定距离,这样就增加了一种庄重的气氛。在社交距离的范围内,已经没有直接的身体接触,说话时也要适当提高声音,需要更充分的目光接触。相互间的目光接触已是交谈中不可缺少的感情交流形式了。

3. 个人距离

个人距离的近范围为 1.5—2.5 英尺(46—76 厘米),正好能相互亲切握手,友好交谈。这是与熟人交往的空间,陌生人进入这个距离会构成对别人的侵犯。个人距离的远范围是 2.5—4 英尺(76—122 厘米),任何朋友和熟人都可以自由地进入这个空间。通常情况下,较为融洽的熟人之间交往时保持的距离更靠近远范围的近距离一端,而陌生人之间谈话则更靠近远范围的远距离端。

4. 亲密距离

亲密距离是人际交往中的最小间隔或几无间隔,即我们常说的"亲密无间",其近范围在 6 英寸(约 15 厘米)之内,彼此间可能肌肤相触、耳鬓厮磨,以至相互能感受到对方的体温、气味和气息。其远范围是 6—18 英寸(15—44 厘米),身体上的接触可能表现为挽臂执手或促膝谈心。一般是亲人、很熟的朋友、情侣和夫妻才会出现这种情况。

(二)青豆有点淡,需要加点盐吗?

有一家老式旅馆,餐厅很窄小,里面只有一张餐桌,所有就餐的客人都坐在一起,彼此陌生,都觉得不知所措。突然,一位先生拿起放在面前的盐罐,微笑着递给右边的女士:"我觉得青豆有点淡,您或者右边的客人需要盐吗?"女士愣了一下,但马上露出笑容,向他轻声道谢。她给自己的青豆加完盐后,便把盐罐传给了下一位客人。不知什么时候,胡椒罐和糖罐也加入了"公关"行列,餐厅里的气氛渐渐活跃起来,饭还没吃完,全桌人已经像朋友一样谈笑风生了,他们中间的冰被一只盐罐轻而易举地打破了。第二天分手的时候,他们热情地互相道别,这时,有人说:"其实昨天的青豆一点也不淡。"大家会心地笑了。有人曾慨叹人与人之间的隔膜太厚,这隔膜其实很脆弱,问题是敢于先打破它的人太少。只要每人都迈出一小步,就会发现,一个微笑、一句问候就会化解这层隔膜。人与人之间交往的意义也就在于此。

互动活动

知你识我

活动需要足够大的空间,有可以挪动的椅子。通过知你识我、连环自我介绍帮助同学们相互认识并初步了解。

活动一：知你识我

具体操作：

1. 先让团体成员在房间里自由漫步，见到其他成员，微笑着握手。

2. 给一定的时间让成员自然相遇，鼓励成员尽可能多的与其他人握手。

3. 当指导者说："停"，每个成员对面或正在握手的人就成了朋友；两人一组，拿椅子面对面坐下，各自做自我介绍。

4. 介绍的内容包括：姓名、身份、性格特点、个人兴趣爱好、家庭情况，以及个人愿意等，让对方了解的有关自我的资料。

5. 每人3分钟，然后漫谈几分钟。当对方自我介绍时，倾听者要全身心地投入，通过语言与非语言的观察，尽可能多地了解对方。

活动二：连环自我介绍

1. 活动一中自我介绍的两个组合，形成4人一组，相互介绍。

2. 每位成员将自己刚才认识的朋友向另外两位新朋友介绍，每个人2—3分钟。让更多的同学相互认识。

单元二　人际交往的障碍是什么？——人际交往的问题

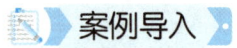
案例导入

人际僵化的小李

小李从北方来到南方一所省城大学读书，临行前在一家企业做人事主管的父亲反复告诫儿子，在大学里首先要和寝室的同学搞好关系，这样你的生活环境才会愉快，大学四年心理才能有归属感。进校后，小李时刻告诉自己父亲的话肯定有一定的道理，但是由于和同寝室一名南方同学在对爱情的看法上相差甚远，经常斗嘴，导致彼此不服气，互相看不起，矛盾时有发生。而那位南方同学用小李的话说比自己更会处理人际关系，到最后同寝室的其他同学都站到了小李的对立面，寝室同学关系开始变得紧张起来，其他人都不理解、不信任，少数同学甚至奚落小李。小李对他们也充满怨恨和不信任，进而猜疑和反感，只要有两位同学当着自己的面嘀咕几句，他就认为他们是在说自己的坏话，心里十分苦闷；而那位南方同学却好像整天都过得很开心、很快乐。看到这一切，小李感到无能为力的同时又十分伤心，心胸开始变得狭窄，一度产生退学念头。

点评

宿舍同学来自五湖四海，受到家庭背景、成长经历等多方面因素的影响，每个人的价值观、恋爱观不尽相同，存在差异是正常的。在与宿舍同学的交往中首先承认这种差异性的存在,勇敢说出自己的想法;同时,也要宽容每个人的不同,包括想法、说话方式。过度自尊、敏感的人,往往要面子,不肯低头,不屑于调节矛盾,从而导致人际交往问题。因此,应对人际关系的矛盾时应该"对事不对人",有矛盾和冲突是非常正常的,由此带来的争论和吵架也很正常,关键是不要心存芥蒂。只要小李自己不要因矛盾而自动疏远同学,事情争论过后仍然和好如初、谈笑风生,真诚表达自己并无恶意的想法和情感,那么小李就学会了弹性化解人际矛盾的技巧,其他同学也就不会介意争论吵架这事儿,人际交往就会变得轻松和谐了。缺乏修复人际关系的弹性,或许跟家庭人际交往模式有关,父母很可能也缺乏此类能力。

知识链接

一、大学生人际交往问题的类型

大学生来自五湖四海,个性、脾气、习惯千差万别,在集体中学习和生活,难免出现人际交往方面的矛盾。大学生矛盾主要表现为:学习竞争中,在学习或能力上不相上下的同学之间的竞争矛盾;还有能力不相上下,表现机会不同而产生的同学间的矛盾;与异性交往时,同性之间出现的竞争和矛盾;宿舍中因人生观、性格、家庭背景和生活方式不同引发的矛盾;学生干部与同学之间的矛盾等,具体类型概况见下表。

类型	具体表现
知音难觅型	一般均能与人正常交往,人际关系也不错,但自感缺乏能够心心相印、倾诉衷肠的知心朋友,因此有孤独感
个别不适型	与多数人交往良好,与个别人(可能是室友、同学或者父母等自己关系比较近的人)交往困难。由于与这些人相处不好,经常影响情绪,成为一块"心病"。之所以如此是由于自身的认识障碍,有许多"应该"或"不应该"的不合理信念,当别人与自己观点不一致时,总是想试图改变对方。在他们身上还存在一些人格不足,比如自卑、自我中心、易激动等
平平淡淡型	这些大学生能与他人交往,但总感到与人相处的质量不高,缺乏影响力,没有关系比较亲切的朋友,难以保持和发展良好的人际关系。这些同学往往缺乏较强的交往能力,无法深入交往
交往困难型	渴望交往,但由于交往能力有限、方法欠妥或者个性缺陷、交往心理障碍等原因,致使交往不尽如人意,很少有成功的体验,往往他们会苦恼,希望改变现状
社交恐惧型	人际交往特别敏感、害怕,极力回避与人接触,不得不交往时则紧张、恐惧、心跳加快、面红耳赤。为此,常陷入焦虑、痛苦、自卑中,严重影响身心健康和日常生活。其原因大部分是出于某种顾虑,缺少相应的知识、社交技能和经验或者遭遇某种心理创伤而产生的对自己的不信任
拒绝交往	这类学生为数较少,他们不愿意与人交往,自我封闭,孤芳自赏

二、大学生人际交往的影响因素

(一)认知因素

认知是人际关系的前提,人与人的交往过程中,通过彼此相互感知、识别、理解而建立关系。心理学研究表明,认知直接影响人际关系的性质和发展趋势。认知包括对自我的认知、对他人的认知和对交往本身的认知。

常见的认知效应有如下几种。

1. 首因效应

首因效应是指最初接触到的信息所形成的印象对我们以后的行为活动和评价的影响,实际上指的就是"第一印象"的影响。第一印象效应是一个妇孺皆知的道理,为官者总是很注意烧好上任之初的"三把火",平民百姓也深知"下马威"的妙用,每个人都力图给别人留下良好的"第一印象"。

2. 近因效应

近因效应与首因效应相反,是指在多种刺激出现的时候,印象的形成主要取决于后来出现的刺激,即交往过程中,我们对他人最近、最新的认知占了主体地位,掩盖了以往形成的对他人的评价,因此,也称为"新颖效应"。多年不见的朋友,在自己的脑海中的印象最深的,其实就是临别时的情景;一个朋友总是让你生气,可是谈起生气的原因,大概只能说上两、三条,这也是一种近因效应的表现。心理学的研究还表明,在人与人的交往过程中,交往的初期,即在延续期还生疏阶段,首因效应的影响很重要;而在交往的后期,就是在彼此已经相当熟悉的时期,近因效应的影响也同样重要。

3. 晕轮效应

晕轮效应又称光环效应,指人们对他人的认知判断首先主要是根据个人的好恶得出的,然后再从这个判断推论出认知对象的其他品质的现象。如果认知对象被标明是"好"的,他就会被"好"的光圈笼罩着,并被赋予一切好的品质;如果认知对象被标明是"坏"的,他就会被"坏"的光环笼罩着,他所有的品质都会被认为是坏的。

延伸阅读

晕 轮 效 应

美国心理学家戴恩等人曾用实验证实了晕轮效应的存在。他们给被试者看一些人的照片,这些人分别是看上去很有吸引力的人、没有吸引力的人和一般的人。然后要求被试者评定这些人的一些特点,而要评定的这些特点与有无吸引力没有丝毫关系,分别是这些人的婚姻状况、结婚幸福程度等。结果发现,有吸引力的人得到的评价最高,而没有吸引力的人得到的评价最低。戴恩的研究表明,如果一个人有魅力,那么他的其他特点往往也被认为是具有积极意义的了,这显然是由晕轮效应引起的认知偏见。中国有一句古话叫"情人眼里出西施",这也是一种晕轮效应。

4. 投射效应

投射效应是指以己度人,认为自己具有某种特性,他人也一定会有与自己相同的特性,把自己的想法、感情、意志、特性投射到他人身上并强加于人的一种认知障碍。"以小人之心度君子之腹"就是一种典型的投射效应。当别人的行为与我们不同时,我们习惯用自己的标准去衡量别人的行为,认为别人的行为违反常规;喜欢嫉妒的人常常将别人行为的动机归纳为嫉妒,如果别人对他稍不恭敬,他便觉得别人在嫉妒自己。

生活中我们可以看到，一个从容的人感受到的多是平和的眼光；一个自卑的人感受到的多是歧视的眼光；一个叛逆的人感受到的多是挑剔的眼光……由此可见投射效应在人际交往中造成非常重要的影响。由于人类有许多本质上共同的特性，因此投射效应有时能帮助人们相互理解，有利于进行自我心理调节；但每个人的生活经历的背景又是不同的，所以投射效应会带来主观猜测，常常容易造成误会和矛盾。例如，有个女生，从小被父母教育要早睡早起，她每天22点准时睡觉，到了大学宿舍，她也认为这样的规定是非常合理的，强制要求室友22点关灯睡觉，这就是典型地把自己的要求"投射"给其他室友，要求别人来认同自己的投射，而她自己丝毫没意识到是自己的问题，因为投射往往是潜意识的。

5. 刻板印象

刻板印象又称定型化效应，按照性别、种族、年龄或职业等进行社会分类而形成的关于某类人的固定印象，是关于特定群体的特征、属性和行为的一组观念或者说是对于一个社会群体及其成员相联系的特征或属性的认知表征。刻板印象也会带来很多人际障碍，如对某位同学因为某一件事而形成对该同学的成见。这是不客观的。人人都有自己的缺点，也有他们的优点，因此，不适宜因为某个非本质的缺点而将人定性，这会导致自己的人际版图越来越小，最终陷入僵局。正确的做法是以开放的心态欣赏每个人的个性，辩证客观地看待他的缺点。

（二）性格因素

1. 自卑

有自卑倾向的同学在人际交往中缺乏自信，对别人的言谈举止特别敏感，容易从他人的言行中发现对自己不利的评价，处事过分谨慎，避开人群；还有一部分自卑的同学对自己要求很高，以一种盛气凌人的姿态出现，掩盖自卑，这种孤傲心理在人际交往中容易摆出"目中无人"的姿态，对别人吹毛求疵。

2. 嫉妒

嫉妒具体表现为心胸狭窄，看不得别人比自己好，害怕别人比自己强。当别人取得成绩时，往往表现出记恨、挑剔、压制、排斥，甚至用流言蜚语或其他手段加以否定。

3. 自我为中心

自我为中心表现为很少关心别人，与他人关系疏远；固执己见，唯我独尊；自尊心过强，过度防卫，有明显嫉妒心。

4. 猜疑

猜疑是指人际交往中对别人不信任，猜测、揣度、估摸、疑惑、疑心。猜疑产生的主要原因是主观臆断、性格多疑、错觉反应。解决猜疑的方法：交往中矛盾是不可避免的，关键是要"对事不对人！"

> **延伸阅读**

皮格马利翁效应

皮格马利翁是古希腊神话里的塞浦路斯国王，他爱上了自己雕塑的一个少女像，并且真诚地期望自己的爱能被接受，这种真挚的爱情和真切的期望感动了爱神阿芙狄罗忒，就给了雕像以生命。虽然这只是一个神话传说,但它所说明的是期望对于人的行为的巨大影响。积极的期望促使人们向好的方向发展,消极的期望则使人向坏的方向发展,人们通常这样来形象地说明皮格马利翁效应:"说你行,你就行;说你不行,你就不行。"要想使一个人发展得更好,就应该给他传递积极的期望。

5. 自闭

自卑的同学通常有清高、自负等认知偏见,也有的同学自我保护意识太强。要树立与时俱进的新理念,充分认识到人际交往能力是衡量一个人是否具有适应开放社会的能力的标准之一。同时要解除思想顾虑,克服孤僻、封闭的心理定式,积极主动地与人交往,要敢于让别人了解自己。

(三) 人生观影响

人生观的某些差异导致了大学生对同一社会问题或社会现象看法不同甚至相悖,也导致同学间生活、学习、为人处事的方式不同。而青年喜欢进行热烈讨论甚至激烈的争辩,一旦观点不同,在谁也不能说服谁而又争强好胜时,就可能言辞尖刻,弄得不欢而散。其实这是一种非常让人向往的思想争论的美好场景。

(四) 缺乏沟通技巧

真诚待人、修炼自身是良好人际关系的基础,同时,人际交往也是一门艺术。人际交往和沟通需要学习和实践。有的大学生不懂得人际交往的艺术,在与人交往过程中不尊重他人,不懂得基本的人际交往礼仪,受到别人的冷落。还有的大学生在人际交往中不会倾听,不能很好地表达自己的想法。大学生可以通过学习人际交往和沟通技巧,积极参加社团和社会实践活动,在人际交往过程中提高人际交往能力。

延伸阅读

人际交往的四种模式

美国著名的心理学家爱利克·伯奈依据自己和他人所采取的基本生活态度,提出人际交往的四种心理模式。

一、我不好——你好

表现为自卑,甚至是社交恐惧,源于童年的无助感。这种态度如果没有随年龄的增长而改变,长大后就容易放弃自我或顺(崇)从他人,这些人喜欢以百倍的努力去赢得他人的赞赏。

二、我不好——你也不好

不喜欢自己也不喜欢别人,看不起自己也看不起别人,常放弃自我,极端孤独和退缩。

三、我好——你不好

以自我为中心,自以为是,总认为自己是对的而别人是错的,把人际交往中失败的责任推在他人的身上,常导致自己固执己见、唯我独尊。

四、我好——你也好

相信他人,能够接受自己和他人,并努力去改变他们能改变的事物,善于发现自己和他人的优缺点与长处,从而使自己保持一种积极、乐观、进取的心理状态,是一种成熟、健康的人际交往心理模式。

互动活动

解开千千结

活动目标:

通过身体接触和团队协作,共同想出解决问题的方法。体会团队支持对个人的意义和重要性。

活动步骤:

1. 把全体成员分为两组,每组成员手拉手,看清楚自己的左手和右手是谁。
2. 确认后松手,在圈内自由走动。
3. 指导者叫停,成员定格,位置不动,伸手拉左右手,从而形成很多结或扣。
4. 成员不能松手,但可以钻、跨、绕,要求成员设法解决难题,恢复起始状态。
5. 活动结束后,请成员分享活动的感受。

单元三 人际交往也是一门艺术!——人际交往的策略

案例导入

倾听的艺术

有一天美国知名主持人林克莱特访问一名小朋友,问他说:"你长大后想要当什么呀?"小朋友天真地回答:"嗯……我要当飞机的驾驶员!"林克莱特接着问:"如果有一天,你的飞机飞到太平洋上空所有引擎都熄火了,你会怎么办?"小朋友想了想:"我会先告诉坐在飞机上的人绑好安全带,然后我挂上我的降落伞跳出去。"当在场的观众笑得东倒西歪时,林克莱特继续注视着这孩子,想看他是不是自作聪明的家伙。没想到,接着孩子的两行热泪夺眶而出,这才使得林克莱特发觉这孩子的悲悯之心远非笔墨所能形容。于是林克莱特问他说:"为什么你要这么做?"

小孩的答案透露了他真挚的想法:"我要去拿燃料,我还要回来!"

点评

这就是"倾听的艺术"。一是听话不要听一半;二是不要把自己的想法投射到别人所说的话上面。在大学生人际交往过程中,经常会因为表达不恰当或理解有偏差导致人际关系问题。大学生要学会聆听,用心听,虚心听。

知识链接

人与人之间是存在吸引力的。真诚、热情、体谅、可信任等良好的品格能够增强人际吸引力。同时，人际交往也是一门艺术，要遵循尊重、真诚、宽容、交互、信用等原则；还要学会倾听、换位思考、赞美、拒绝等沟通技巧。学会沟通和人际交往的艺术，能让大学生更好地适应大学生活，不断成长提高。

一、大学生人际吸引

大学生人际吸引是个体与他人之间在情感上的亲密状态，是人际关系中的一种肯定形式。按吸引的程度，人际吸引可分为亲和、喜欢和爱情。大学生人际吸引的影响因素如下。

（一）熟悉与邻近

熟悉能增加吸引的程度。处于物理空间距离较近的人们，见面机会较多，容易熟悉，产生吸引力，彼此的心理空间就容易接近。常常见面也利于彼此了解，相互喜欢。但交往频率与喜欢程度关系呈倒 U 型曲线：过低与过高的交往频率都不会使彼此喜欢的程度提高；中等交往频率时，彼此喜欢程度较高。

（二）相似性与互补性

人们往往喜欢那些和自己相似的人。相似性主要包括信念、价值观及人格特征的相似；兴趣、爱好等方面的相似；社会背景、地位的相似；年龄、经验的相似。实际的相似性很重要，但更重要的是双方感知到的相似性。当双方在某些方面看起来互补时，彼此的喜欢也会增加。互补可视为相似性的特殊形式。以下三种互补关系会增加吸引和喜欢：需要的互补；社会角色的互补；人格某些特征的互补，如内向与外向。当双方的需要、角色及人格特征都呈互补关系时，所产生的吸引力是非常强大的。

（三）外貌

容貌、体态、服饰、举止、风度等个人外在因素在人际情感中的作用也是很大的。尤其是在交往的初期，好的外貌容易给人良好的第一印象，人们往往会以貌取人。外貌美能产生光环效应，即人们倾向于认为外貌美的人也具有其他的优秀品质，虽然实际上未必如此。

（四）才能

才能会增加个体的吸引力。但如果这种才能对别人构成社会比较的压力，让人感受到自己的无能和失败，那么才能不会对吸引力有帮助。研究表明，有才能的人如果犯一些"小错误"，会增加他们的吸引力。

（五）人格品质

人格品质是影响吸引力的最稳定因素，也是个体吸引力最重要的因素之一。美国学者安德森研究了影响人际关系的人格品质。排在序列最前面、喜爱程度最高的六个人格品质是真诚、诚实、理解、忠诚、真实、可信，它们或多或少、直接或间接同真诚有关；排在系列最后受喜爱水平最低的几个品质，如说谎、不老实等也都与真诚有关。安德森认为，真诚受人欢迎，不真诚则令人厌恶。

二、大学生人际交往的原则

（一）尊重原则

在马斯洛的需求层次理论中，尊重的需要是人的五大基本需要之一，它分为尊重自己与尊重他人两个方面。尊重自己就是尊重和维护自己的人格,自尊自爱;尊重他人是尊重他人的人格、工作、感情、愿望、习惯和爱好。如果交往双方缺乏相互尊重就谈不上理解,甚至会出现曲解,不利于人际交往。

(二)真诚原则

真诚待人是人际交往得以延续和发展的保证。实践证明,人们在交往中最喜欢的品质就是真诚。真诚使人在交往时有明确的可知性和预见性,而不真诚则意味着与之交往的人可能会受到蒙骗或侵害,会使人产生不安全感。

(三)宽容原则

宽容就是与人交往时在非原则问题上不斤斤计较。容人者,人容之。人们由于出身不同、经历各异、文化程度高低、气质性格存在差异,在交往中难免出现一些过错,也希望能得到对方的宽容和谅解。宽容是人际交往的"润滑剂",可以减少人际交往中不必要的摩擦和纠纷。讲究宽容,要待人以宽,充分理解人,尊重别人的优点和长处,不苛求、不挑剔;要大度,容得下别人的过失,甚至是对自己的无礼;要严于律己,发生矛盾时,多想想自己的不足,主动承担责任,诚恳进行自我批评。

(四)交互原则

社会心理学家强调,人们在人际关系的确立和维持过程中,必须遵循交互原则。"爱人者,人恒爱之;敬人者,人恒敬之。"心理学家福阿夫妇发现,任何人都有着保护自己心理平衡的倾向,都要求自身同他人的关系保持某种适当性、合理性,并根据这种适当性、合理性使自己的行为与他们的关系得到解释。

(五)信用原则

信用是建立良好人际关系的关键因素,它对确立人际关系具有决定性的作用。古人云"言必信,行必果","言必信"就是与人交往,说话一定要守信用;"行必果"就是做事要遵守诺言、实现诺言。一个讲信用的人才能做到言行一致、表里如一。"人无信,不知其可也。"人际交往中常遇到不守信的情况:爽快答应的事情,转过身去便抛在脑后,不再提起;到期该归还的物品,到时候却闭口不提等。大学生人际交往中应遵循信用原则,切忌失信于人。

三、大学生人际交往的艺术

(一)学会倾听

最有价值的人,不一定是最能说的人。善于倾听,才是成熟的人最基本的素质。倾听必须站在对方的立场,仔细地倾听他所说的每一句话,不要用自己的价值观去指责或评断对方的想法,要与对方保持共同理解的态度。当我们用心倾听对方时,自然会给对方提供心理上的最大满足和温馨,这时候我们才能集中心力去解决问题。当然,倾听也不是被动地接受,需要在倾听中给予信息反馈,如果对方一味高谈阔论那些你不感兴趣或者反感的话题,对你的暗示置之不理时,你也可以拒绝倾听。

倾听是沟通的基础。但在现实中很多人并没有真正掌握"听"的艺术。据分析,"倾听"是有层次之分的。最低是"听而不闻":如同耳边风,没有听到或完全没听进去;其次是"敷衍了事":略有反应其实是心不在焉;第三是"选择地听":只听合自己的意思或口味的,与自己意思相左的一概自动消音过滤掉;第四是"专注地听":某些沟通技巧的训练会强调

"主动式""回应式"的聆听,以复述对方的话表示确实听到,即使每句话或许都进入大脑,但是否都能听出说者的本意、真意,仍是值得怀疑;第五是"同理心地倾听":一般人聆听的目的是做出最贴切的反应,根本不是想了解对方。因此,同理心的倾听的出发点是为了"了解"而非为了"反应",也就是透过交流去了解别人的观念、感受。当我们能用同理心去倾听别人说话时,自然可以带给对方心理上的极大满足与温馨,这时你才能集中心力去解决问题或发挥影响力、领导力。

(二)学会换位思考

人际交往中的摩擦和冲突常常使我们耿耿于怀、心情烦躁,换位思考可以给人更宽阔的视野、更宽容的心态、更平和的心境。所谓"换位"就是常说的"将心比心""感同身受",即走出自我,设身处地站在别人的立场看问题。

(三)学会赞美

学会赞美别人可以比较容易地拉近人与人的距离。因为人的内心最大的需求就是被认同。你的赞美也会体现你的友善,有了他人的认同和你的友善,距离自然就近了。同时,学会赞美别人能训练自己积极的正向思维。当我们经常去看别人的长处,就会以欣赏的心态和他人相处。我们的这种心态会通过语言、语气、眼神等传递给他人,因此相处就会愉快,我们就会真正快乐。

(四)学会说不

现实生活中,我们总会遇到要拒绝别人的时候,如果不妥善采取拒绝方式就会导致人际关系的破裂,甚至会引起更大的纷争,所以如何拒绝他人是一门艺术。

(1)用和蔼可亲的方式拒绝。我们在拒绝他人的同时,也要给对方留下好的印象,所以采取和蔼可亲的方法,是首要条件。

(2)拒绝他人的时候要先倾听他人。不等听完他人的话,就急忙拒绝他人是不礼貌的行为。我们任何时候都要先倾听他人,然后委婉地拒绝。

(3)关注对方的情绪。有时候我们的拒绝会让对方很不爽,这时候我们就要客气地向对方表达自己的意思。让对方在遭受拒绝的同时,也缓解了情绪。

(4)关键时候要果断地说"不"!明白地对对方说不,让对方明白你的意思。

(5)条理清晰地向对方说明理由。

(五)沟通的艺术

沟通包括语言沟通和非语言沟通。调查研究显示,在人的沟通过程中,影响沟通效果的因素依次是身体语言、语音语调、说话的内容。人际沟通仅有一成是经由文字来进行,三成取决于语调及声音,六成是人类变化丰富的肢体语言。因此,同理心的倾听要做到下列"五到",不仅要"耳到",更要"口到"(声调)、"手到"(用肢体表达)、"眼到"(观察肢体)、"心到"(用心灵体会)。

延伸阅读

人际交往的技巧

一、人际交往的基本技巧

1. 不要批评、指责或抱怨别人。

宿舍生存指南

2. 看到别人的优点,给予真挚诚恳的赞赏。

3. 激发别人内心强烈渴望的需求。

二、让人喜欢你的六大秘诀

1. 真诚地关心别人。

2. 微笑。

3. 记住一个人的姓名。

4. 做一个善于倾听的人,鼓励别人谈论他们自己。

5. 了解对方的兴趣,就他感兴趣的话题进行交谈。

6. 使别人感到重要,并真诚地照此去做。

三、使人赞同你的十二种方法

1. 赢得辩论的方法是避免辩论。

2. 尊重别人的意见,千万不要指责别人。

3. 如果你错了,迅速坦诚地承认。

4. 用友善的方法开始。

5. 使对方立刻说"是,是"。

6. 使对方多多说话。

7. 使对方觉得那是他的主意。

8. 真诚地从对方的观点来看待事情。

9. 同情别人的想法和愿望。

10. 激发人们高尚的动机。

11. 戏剧化地表现你的想法

12. 提出一项有意义的挑战。

四、不伤感情而改变他人的九大技巧

1. 从称赞及真诚的欣赏着手。

2. 间接地提醒别人注意他的错误。

3. 在批评对方之前,先谈论你自己的错误。

4. 建议对方,而不是直接下命令。

5. 使对方保住面子。

6. 称赞最微小的进步,并称赞每一次进步。

7. 给人一个好名声,让他为此而努力奋斗。

8. 多用鼓励,使别人的错误更容易改正。

9. 使对方乐于做你所建议的事。

五、使你的家庭生活更快乐

1. 千万不要唠唠叨叨!

2. 不要根据你的意思去改变你的伴侣。

3. 不要批评。

4. 真诚地给予赞赏。

5. 对小事多加注意。

6. 要有礼貌。

互动活动

盲 人 体 验

活动目标：

通过助人与受助的体验，增加对他人的信任与接纳，使同学们从真诚的袒露中加深自我认识；从倾听他人的陈述中了解到别人对自己的看法，达到互相理解，提高人际关系的适应能力。

活动步骤：

1. 老师要先选择好盲行的路线，最好道路不是坦途，有障碍，如上楼、下坡、拐弯，室内室外结合，为每人准备蒙眼用的纱巾。

2. 团体成员两人一组，可以自由结合。其中一位做盲人，一位做帮助盲人的人。蒙上眼睛的人原地转三圈，暂时失去方向感，然后在帮助人的搀扶下，沿着老师指定的路线绕室内外练习。

3. 其间不能说话，只能用手势、动作帮助"盲人"体验各种感觉。

4. 练习结束后两人交流当"盲人"的感觉与帮助别人的感觉，并在团体内交流。然后互换角色再来一遍，再互相交流。

心理测试

大学生人际关系综合诊断量表

这是一份人际关系行为困扰的诊断表，共 28 个问题。在每个问题上，选"是"的打"√"，计 1 分；选"非"的打"×"，计 0 分。请你认真完成，然后对照后面对测验结果做出的解释，检查自己的人际关系是否和谐。

1. 关于自己的烦恼有口难言。　　　　　　　　　　　　　　　　　　（　　）
2. 和生人见面感觉不自然。　　　　　　　　　　　　　　　　　　　（　　）
3. 过分的羡慕和妒忌别人。　　　　　　　　　　　　　　　　　　　（　　）
4. 与异性交往太少。　　　　　　　　　　　　　　　　　　　　　　（　　）
5. 对连续不断的会谈感到困难。　　　　　　　　　　　　　　　　　（　　）
6. 在社交场合感到紧张。　　　　　　　　　　　　　　　　　　　　（　　）
7. 时常伤害别人。　　　　　　　　　　　　　　　　　　　　　　　（　　）
8. 与异性来往感觉不自然。　　　　　　　　　　　　　　　　　　　（　　）
9. 与一大群朋友在一起，常感到孤寂或失落。　　　　　　　　　　　（　　）
10. 极易受窘。　　　　　　　　　　　　　　　　　　　　　　　　（　　）
11. 与别人不能和睦相处。　　　　　　　　　　　　　　　　　　　（　　）
12. 不知道与异性相处如何适可而止。　　　　　　　　　　　　　　（　　）
13. 不熟悉的人对自己倾诉生平遭遇以求同情时，自己常感到不自在。（　　）
14. 担心别人对自己有什么坏印象。　　　　　　　　　　　　　　　（　　）

15. 总是尽力使别人赏识自己。　　　　　　　　　　　　（　　）
16. 暗自思慕异性。　　　　　　　　　　　　　　　　　（　　）
17. 时常避免表达自己的感受。　　　　　　　　　　　　（　　）
18. 对自己的仪表（容貌）缺乏信心。　　　　　　　　　（　　）
19. 讨厌某人或被某人所讨厌。　　　　　　　　　　　　（　　）
20. 瞧不起异性。　　　　　　　　　　　　　　　　　　（　　）
21. 不能专注地倾听。　　　　　　　　　　　　　　　　（　　）
22. 自己的烦恼无人可申诉。　　　　　　　　　　　　　（　　）
23. 受别人排斥与冷漠。　　　　　　　　　　　　　　　（　　）
24. 被异性瞧不起。　　　　　　　　　　　　　　　　　（　　）
25. 不能广泛地听取各种意见、看法。　　　　　　　　　（　　）
26. 自己常因受伤害而暗自伤心。　　　　　　　　　　　（　　）
27. 常被别人谈论、愚弄。　　　　　　　　　　　　　　（　　）
28. 与异性交往不知如何更好地相处。　　　　　　　　　（　　）

测量结果的解释：

如果你得到总分是 0—8 分，那么说明你在与朋友相处上的困扰较少。你善于交谈，性格比较开朗，主动关心别人，对你周围的朋友都比较好，愿意和他们在一起，他们也都喜欢你，你们相处得不错。而且，你能够从与朋友相处中得到许多乐趣。你的生活是比较充实而且丰富多彩的，你与异性朋友也相处得很好。一句话，你不存在或较少存在交友方面的困扰，你善于与朋友相处，人缘很好，获得许多人的好感与赞同。

如果你得到的总分是在 9—14 分，那么说明你与朋友相处存在一定程度的困扰。你的人缘很一般，换句话说，你和朋友的关系并不牢固，时好时坏，经常处在一种起伏波动的状态之中。

如果你得到的总分是在 15—28 分，那就表明你在同朋友相处上的行为困扰较严重；分数超过 20 分，则表明你的人际关系的行为困扰程度很严重，而且在心理上出现较为明显的障碍。你可能不善于交谈，也可能是一个性格孤僻的人，不开朗，或者有明显的自高自大、讨人嫌的行为。

自我反思与探索

1. 什么样的人际距离你感觉舒服？如何保持适当的人际距离？
2. 遇到人际交往问题的时候，如何调节自己的心理状态？
3. 人际交往需要什么品质或者艺术？你身边同学有哪些人际交往的经验值得借鉴？

人际关系

模块十一
解密爱情真谛——爱情心理

> "与他人的亲密关系构成了一个人生活的核心,人们都是通过这些亲密依恋来获得力量和享受生活的。" ——精神病学家约翰·鲍尔比
>
> 恋爱是一所学校,教我们重新做人! ——莫里哀
>
> 爱情是一种积极的情绪,爱本质上是给予而非获取。 ——弗洛姆

本模块学习目标

1. 什么是爱情?
2. 爱情中亲密关系的处理。
3. 如何面对分手与失恋?

"问世间情为何物,直教人生死相许。"爱情是古今中外人们关心的永恒主题之一。几乎在所有的文化中,最美丽的故事和传说都是有关爱情的。那么,爱情到底是什么?如何区分友谊与爱情?爱情与性有何关系?如何友善拒绝异性表白?如何理性面对分手?本章将带领大学生科学地走近爱情。

单元一　揭开神秘面纱——爱情概述

案例导入

网　恋

晓晓,某专科学校的学生,独生子女,家庭条件较好,父母对她宠爱有加。但是一个学期过后,宿舍的集体生活让晓晓很不适应,宿舍里有好几位女生有了男朋友,这让晓晓有了上网找安慰的想法。她有许多网友,大家都聊得很好,渐渐地,她发现和其中一个男生特别投机。一次不太在意的见面,让晓晓对这个男生更加心仪。因为她发现男孩比想象中好很多,而且还是这个城市另外一所重点大学的学生。从此,晓晓的网恋变成了现实中的恋爱。但是随着长时间的相处,晓晓发现男友不仅不是大学生,还不止她一个女朋友,他有许多从网上骗来的女友。男友一直在欺骗她,这就如晴天霹雳。骄傲的晓晓接受不了这个事实,没有心思做任何事,陷入了忧郁,茶饭不思、脾气暴躁。

点评

了解爱情的内涵,学会区分爱情与其他亲密关系,学会理性拒绝。切不可用恋爱来解决生活中的现实问题,如学校适应不良、人际交往障碍或无聊空虚等。另外,网恋须谨慎。

知识链接

一、什么是爱情？——爱情的内涵

20世纪70年代开始,心理学家鲁宾便开始对爱情进行学术研究。他认为,爱情是一个人对另一个人的某种特殊的想法和态度,是亲密关系的最深层次。它不仅包含审美、激情等心理因素,还包含生理唤起与共同生活愿望等复杂的因素。

恩格斯指出,所谓爱情就是建立在传宗接代的本能基础上的,基于一定的社会关系和共同生活理想,男女双方产生的特别强烈的肉体和精神享受的相互仰慕,并渴望对方成为自己终身伴侣的高尚感情。

二、爱情的心理成分——爱情理论

（一）拉斯韦尔和罗布森茨爱情类型理论

1980年,拉斯韦尔和罗布森茨提出了爱情类型理论。他们经过研究,把爱情分为六种类型。

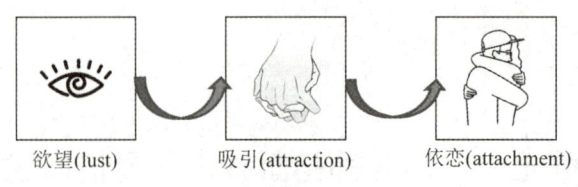

爱情的三阶段

（1）浪漫式爱情：这种爱情有强烈的情绪体验，强调形体美，追求肉体和心灵融合为一的境界。最典型的是一见钟情。

（2）占有式爱情：这种爱情的特点是，对所爱的对象倾注了极其强烈的感情，希望对方以同样的方式来回应。对爱人占有欲极强，容易妒忌。

（3）游戏式爱情：玩弄爱情就像玩游戏一样，只求个人需要的满足，对恋爱对象不肯负责任，可以轻易地变更恋爱对象。

（4）友伴式爱情：又称为友谊式爱情，这种爱情是经由友谊、共同爱好及逐步自我展露而慢慢成长起来的、令人愉快的亲密关系。其特点是温存多于热情，信任多于妒忌，平淡而深厚。

（5）奉献式爱情：这种爱情意味着无条件的关怀、付出和谅解，甘愿为爱人付出一切而不求回报。

（6）现实式爱情：这种爱情追求满足对方的基本需要，不求理想的追求，将爱情视为生活之应用。

（二）斯滕柏格爱情三角理论

斯滕柏格在1988年提出了爱情的三角理论，认为爱情由激情、亲密和承诺三个因素组成。激情是一种"强烈地渴望跟对方结合的状态"。性的需要是引起激情的主导形式，自尊、照顾、归属、支配和服从也是唤醒激情体验的源泉。亲密是两人之间感觉亲切、温馨的一种体验。亲密包含彼此互相喜欢、尊重、理解、分享、支持、帮助、沟通和珍惜。承诺由两方面组成：短期和长期。短期就是要作出爱不爱一个人的决定；长期是作出维护这一爱情关系的承诺，包括对爱情的忠诚和责任心。

依照三部分的不同组合，爱情可分为以下七种爱情形式。

（1）迷恋之爱：主要是激情，没有亲密和承诺，如初恋。

（2）友谊之爱：主要是亲密，没有激情和承诺，如友谊关系。

（3）空洞之爱：以承诺为主，缺乏激情和亲密，如纯粹为了结婚的爱情。

（4）浪漫之爱：有亲密和激情，没有承诺。

（5）伴侣之爱：有亲密和承诺，没有激情。

（6）愚蠢之爱：只有激情和承诺，没有亲密，如闪婚。

（7）完美之爱：激情、亲密和承诺三者都有，且合为一体。

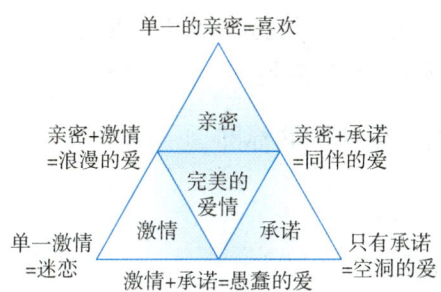

斯滕柏格爱情三角理论

> 恋爱状态情感体验：
> 生理上的冲动，希望彼此有身体上的接触；
> 美感，爱上对方时，会觉得对方最美丽；
> 亲亲感，会产生一种亲切的感觉，亲密和温馨；
> 羡慕和尊敬，欣赏对方内在和外在的条件和优点，以对方为荣；
> 赞许，喜欢夸奖对方，尤其喜欢在他人面前夸奖对方；
> 提高自尊，生活因为有了爱而更有意义，爱使人感受到无可比拟的独特性和尊重感，生命因此而富有价值；
> 占有欲，恋人常会戒备对方会被别人抢走，有独占对方的欲望；
> 行动自由，如果个人有正当的理由，其行动的自由一定要受到尊重，才不会破坏两人之间的爱情关系。
> 深厚的同情心，我们对深爱的人常会有怜惜的感情，经常会为对方考虑，如果对方受到挫折，我们会非常愿意与对方分担痛苦和挫折，把对方的苦当作自己的苦难一样，或者更胜于自己的苦难，因为我们愿意为对方而牺牲自己的利益。

延伸阅读

爱情是一种化学反应？

为什么爱情会由最初的激情转化为平淡？美国心理学家辛蒂·哈赞调查了5000对夫妻，并进行了医学测试后得出了一个结论：激情的存活期是18到30个月，在此之后，一般就不会再出现看到对方心惊肉跳、手心出汗的情况了。她的这一观点对传统的浪漫思想提出了挑战。他们指出："有证据证明，爱情是大脑中的一种'化学鸡尾酒'激发出来的，这些化学物质是多巴胺、苯乙胺和催产素。抗体与它们的分泌同时释放，23个月以后，它们便失效了。超过这段时间，男女双方要么分手，要么心平气和地一起过日子。爱情成为习惯，特别是有了孩子以后。即使双方想生更多的孩子，这三种化学物质也不再起作用了。"然而，当第三者出现，这三种化学物质还会"死灰复燃"。但是，与第三者的"纯真爱情"同样不会超过30个月。面对同一个对象，化学物质不可能分泌第二次。

科学家发现，任何外在刺激的出现都会引发脑细胞兴奋，但如果刺激持续存在，该兴奋点会疲倦。同样，当人们面对长期、无休止出现的刺激物时，周期性的疲倦将是无法避免的。由于夫妻长期的共同生活，体内就会产生类似镇静剂的内啡肽的化学物质，它能使夫妻之间平衡、安全、互相依靠，甚至不能分离，使爱深化。

三、寻找真爱——大学生的择偶标准

小测试：谁是你的那一半？

下面有一些形容词用来描写你的另一半，假定所有在场的人，都拥有100万，在这场竞拍中你最多只能花100万，每一个特征起价10万元，最高100万，谁先出到100万，谁就获得此特征，否则以出价最高者得之。

你可以先考虑一下：他（她）是一个……的人

1. 有理想
2. 能说会道
3. 宽容豁达
4. 心地善良
5. 聪明
6. 乐观
7. 负责任
8. 独立
9. 帅或靓
10. 有思想
11. 坚强
12. 温柔
13. 独立
14. 有很强的经济基础
15. 勤劳
16. 幽默
17. 谨慎

谁是你的那一半？外表？性格？还是社会地位？还是其他？

近年来有研究者调查了大学生的择偶标准。我国学者秦季飞1995年对武汉地区大学生择偶标准的调查发现，大学生在择偶时最看重的前十个因素是品性、感情、才能、相貌、学历、年龄、职业收入、贞操、家庭背景、地域。2000年，学者钱兰英对厦门大学生的择偶标准调查结果表明，大学生择偶时最看重的前十个因素为人格特征、所具备的美德、身体健康、智慧、兴趣、教育水平、外表、贞操、经济收入、家庭背景。仔细比较我们可以发现，大学生的择偶标准具有一定的跨时间稳定性和跨地域一致性。个人的性格品质总是大学生择偶考虑的首要因素，才智、外貌、学历、经济收入、家庭背景等也是重点考虑的因素。

（一）大学生择偶标准

1. 相似性

年龄、肤色、宗教、民族、社会经济地位、智力、性格特征等各方面相近的异性容易相互

吸引。一来，人们几乎都有自恋的倾向，相似的对方更符合主体的自我形象，所以容易从爱自己推广到爱与自己相似的人。二来，相似的人在兴趣爱好、价值观点、信仰等方面会有更多的一致性，因而容易形成相互肯定和支持，而几乎每个人都需要这种肯定和支持。

2. 互补性

如果一方的表现正好能满足对方的需要，也能相互吸引，即互补性。互补性不仅能使理想自我的心理需求得到满足，而且在对方身上可以学到自己所欠缺的方面，使自己更加完整。这种双方都能从这段关系中获益的关系是最稳定和长久的。而且互补的双方组成的家庭其社会功能会更加健全和稳固。

(二) 大学生爱情准备

1. 心理发展相对成熟

大学生的情绪波动比较明显，这是他们的一个显著心理特征。情绪的不稳定性、挫折承受能力弱反映出大学生不成熟的心理状态。大学生在心理发展不成熟的情况下恋爱，容易将恋爱简单化、片面化、理想化和浪漫化，并造成许多令人担忧的问题。例如，精力投入过多，影响学业；恋爱受挫时不能自拔，进退两难；恋爱中因嫉妒等心理情绪波动大，影响正常生活等。因此，心理发展相对成熟是当代大学生恋爱的必备条件。大学生爱情的心理准备包括以下几点。

(1) 正确的自我评价。不是别人接受你你就一定优秀，也不是别人不接受你你就糟糕透顶，重要的是你自己如何客观评价自己。在自我意识一章中我们已经说过，每个人要建立客观的自我评价，不要太受别人评价的影响。良好的自我同一性是建立亲密关系的基础。了解自我，才能树立信心，才能在恋爱中保持相对的独立性，在恋爱受挫时才能更好地调节自己。

(2) 了解对方的心意。实际上揣摩对方的心思几乎是本能的举动，因为对方对自己的态度几乎决定着你以后的所有行为表现。要注意的是，在实际生活中不可夸大扭曲了对方某些言语、行为的含义，把对方无心的表现误解为爱的暗示。

(3) 做好失败的心理准备。如果两人早已心意想通，只剩最后一层窗户纸没捅破，当然失败的可能性很小。但如果只是自己单相思，需要你的表白来确定一切的时候，你必须给自己打上这么一针：如果他(她)对我没意思，那也没什么。爱一个人不是什么丢人的事，相反你的表白给了对方最大的赞美。千万不要因为被拒绝带来的挫折而妄自菲薄，也不要因此而记恨对方。

2. 人生观相对稳定

人生观是人生目的、人生价值和人生态度的统一，是人对自己的人生目的和意义的根本看法和态度。人生观决定恋爱观，不稳定的人生观将导致不正确的恋爱观，容易使大学生在恋爱时对爱情与事业、爱情与集体、爱情与道德的关系等问题缺乏科学的认识，对恋爱行为要承担的社会责任、家庭义务及恋爱的道德要求等缺乏充分的思想准备和心理承受能力。因此，人生观相对稳定是大学生恋爱时机成熟的标志之一。

3. 相对扎实的学业基础

在大学里，爱情固然重要，但不可因此荒废了学业，因为学业是大学生的首要任务。很多大学生在恋爱中投入过多的时间和精力，结果却将生活、学业搞得一塌糊涂，到头来弄丢了恋爱，一无所获。是否已经具备了扎实的学业基础、能否处理好爱情和学业的关系,是大学生恋爱的前提。

(三) 大学生恋爱关系的维持

1. 依恋风格对恋爱关系的影响

哈赞等人研究发现,人们早期的依恋风格能正确预测亲密关系的质量。爱斯沃思把人类的依恋关系分为三类:一是安全型。父母对孩子的情绪和要求等方面的信息很敏感,这种感情促使他们关爱孩子,与孩子间的关系融洽。二是逃避型,逃避型的父母经常远离孩子,逃避与孩子建立亲密关系,孩子也因此学会了抑制自己的依恋需要,逃避与父母接触。三是焦虑矛盾型。父母对孩子的情感经常不稳定,有时很关心,有时却不感兴趣,这使得焦虑矛盾型的孩子在自己的情感没有得到回报时显得焦虑和暴躁。不同依恋类型的孩子长大后与异性建立亲密关系的能力也不同。研究表明,安全型的人最容易建立与异性的亲密关系,他们很容易亲近,信赖他人并不担心被抛弃;逃避型的人不容易建立亲密关系,他们不信赖他人,与他人的过分接近使他们感到不舒服、不自在;焦虑矛盾型的人也对自己的亲密关系不满,感到其他人疏远自己,不如自己期望的那样亲近,但与逃避型不同的是,他们非常在乎自己的伴侣,经常担心伴侣不愿和自己在一起。

2. 重要需要的满足

另外,还有研究显示,当一种关系能满足重要的、在任何他人那里都得不到满足的需要时,人们就比较可能保持这种关系。因此,如果你非常需要有人陪伴,这时如果有一个人能比其他人更多地陪伴你,那么即使他在其他不那么重要的方面不是你的首选,你也会倾向于维持这种亲密关系。这可以说明,为什么人们对某种关系相当不满,但仍倾向于维持这种关系。比如,有研究调查了 100 名被丈夫殴打的妇女,这些妇女依然愿意回到丈夫身边,因为她们认为自己别无选择,而其中大部分是出于经济的原因。

3. 维持恋爱关系的原则和方法

原则一:爱情的基本态度——合作。

合作,其实每个大学生都经历过,如在一个宿舍住的四位或六位同学,彼此一定需要合作。晚上别人要睡觉,在看电影的你会把电脑声音适当调低或戴上耳机以不影响别人等。恋人之间有时也需要像舍友相处一样的合作,不可以一直完全由着自己的性子要脾气,需要相互妥协。

原则二:爱情成功的唯一基础——关心对方更甚于关心自己。

如果每个配偶对于其伴侣的兴趣都高于对自己的兴趣,那么他们之间便会有真正的平等。

如果他们都很有诚意地奉献出自己,他们便不会觉得自己低声下气或受人压抑。只有男女双方都有这种态度,平等才有出现的可能。

他们两人都努力使对方的生活安适和富裕,这样,他们才会有安全感,他们会觉得自己有价值,觉得自己被需要。在此,我们可以看到恋爱、婚姻关系的基本保证以及幸福的基本意义。

这种感觉会使你觉得你是有价值的,没有人能代替你,你的配偶需要你,你的行为正确,你是一个良好的伴侣和真正的朋友。

原则三:爱情长久的秘诀——平等。

在合作的工作中,是不可以让一个伴侣接受从属的地位的。

现实的情况下,有许多男人(其实有很多女人亦是如此)相信:男人应该扮演领袖的角色,成为一家之主。这是我们为什么有这么多不愉快婚姻的原因,没有人能够心平气和地忍受卑下的地位。

伴侣必须是平等的,只有在平等时,才能找出克服共同困难的方法。

方法:爱火长燃的方法——学会正确沟通。

由最初暗恋、热恋时的心动和完美,到相恋长久以后的失望和矛盾,可能很多恋人都经历过,也有很多恋人为此苦恼过,并由此对两人的感情失望,甚至分手。很多人觉得,相爱的两人就应该是如胶似漆,共同朝着一个方向前进,不应该有矛盾和冲突。一旦出现矛盾和分歧,那就是感情出问题了或是爱情走到了尽头。其实不然,再亲密的情侣终究是来自不同成长背景的两个人。在恋爱中有摩擦、出现矛盾和冲突是在所难免的,最重要的不是一味忍让和委曲求全,而是要平等沟通,并且要注意沟通的技巧。沟通的目的是让对方知道和了解你的想法和做事风格,而不可以一味任性地发泄自己的不满情绪,造成伤害对方和破坏关系的后果。

实证研究表明:"长期逃避冲突"是预测分手最准确的指标。两人相处的最大挑战是若亲近你我就受伤,不亲近你我又孤单。美满幸福的特征是两人可以在很开放、很安全的情境下,表达思想和情绪。

延伸阅读

深度心理学对爱情产生原因的分析

1. 补偿心理

在恋爱中,人的两个基本心理需求可以同时得到满足:一是无条件被人接纳,二是在所爱的人心中居首位,特别心理愈空虚或愈不成熟的人,愈容易依赖对方来支撑自己脆弱的自我价值感。处在爱情中的人,心理上往往退化回到婴孩时期——我有什么需要,不用开口,爸妈就应该知道,而得到照顾最好的办法就是哭闹。但在成人的世界中用哭闹处罚对方,强求对方来满足你心理需求的方式是行不通的。

2. 移情作用

所谓移情作用就是把对过去生命中一些重要人物的情感转移到目前所遇到的人身上,或者曾想从一些重要人物身上获得却未能如愿的情感需求,希望从目前的关系中得到满足。很多人因为从小在某一方面心理上的匮乏,一旦得到相关的满足,不管人时地是否合宜,就掉进爱的陷阱了。

3. 广角及望远

人的心理需求很多,就像照相机有广角及望远镜头,用望远镜头对准某一对象时,此对象变大,而其他对象就变成模糊的背景。我们刚开始从爱情关系中可以得到满足,但因为我们的心理需求会随人生情况而改变,所以,两人交往或结婚以后还要不断适应,不断学习成长才好。

4. 完整之我的追寻

造成情人间强烈吸引的原因之一,是"The Quest To Be Whole"——"完整之我"的追寻。按照心理学大师杨格的理论,每个人都身具"显性"与"隐性"(或称"影子")人格。换言之,每人除了表现外在众人所见之"显性人格"外,还有个正好相反、潜藏心底的"影子人格"。"显性人格"的形成与先天因素有极大的关系,但也受到后天因素的影响。

当一个人遇见一位身具自己"影子人格"的异性时,心中常会有欢喜雀跃的感觉,因为对方彰显出自己所缺乏(或已被潜抑,消逝了)的人格特质。与自己"显性人格"整合,发展出一个较完全、较成熟人格之过程,就称为"完整之我"的追寻。

5."强迫性重复"

"强迫性重复",是许多心理辅导者从事临床治疗时常见的一个现象,意指我们在不知不觉中特别容易与某一类型的人产生深刻而强烈的互动,我们会特别地被他们吸引,不由自主地与他们发生或爱或恨的关系,很可能是因为这些人身上具有我们成长中重要人物(如父母)的心理特征。这些人在我们生命中出现时,就给了我们第二次机会,让我们借着与他们或快乐或痛苦的深度情绪互动过程,去医治过去所受的心理创伤,弥补过去的遗憾,满足小时候对自己特别重要却在父母身上未能得偿的一些心理需求。

人在回到类似第一次受伤的状态或情景时,最容易得到深入而彻底的医治。这就好像在火中被扭曲的一块钢铁,冷却之后很难再被打直,但如果回到火中,烤软之后就很容易矫正、拉直。这个被"烤"的过程可说是个"危机",但危机不见得不好,因为危机蕴藏"危险"和"机会"。不注意时可能会带来伤害,但若能好好处理,却能使生命变得更健康更丰富。

互动活动

图书推荐——弗洛姆《爱的艺术》

《爱的艺术》是美籍德裔社会心理学家埃里希·弗罗姆创作的心理学著作,首次出版于1956年。该书是一部以精神分析的方法研究和阐述爱的艺术的理论专著,被誉为爱的艺术理论专著中最著名的作品之一。

在《爱的艺术》一书中,弗罗姆认为,爱情不是一种与人的成熟程度无关,只需要投入身心的感情。如果不努力发展自己的全部人格并以此达到一种创造的倾向性,那么每种爱的试图都会失败。如果没有爱他人的能力,如果不能真正谦恭地、勇敢地、真诚地和有原则地爱他人,那么人们在自己的爱情生活中也永远得不到满足。弗罗姆进而提出爱是一门艺术,要求想要掌握这门艺术的人有这方面的知识并付出努力。该书中爱不仅仅是狭隘的男女爱情,也并非通过磨炼增进技巧即可获得。爱是人格整体的展现,要发展爱的能力,就需要努力发展自己的人格,并朝着有益的目标迈进。

单元二　学会保护自己——亲密关系与性心理

> **案例导入**

我该怎么办？

案例一：我们很相爱，约会时男友常有性冲动，我不想发生性关系，又不愿伤男友的心。男友说没有"性"的"爱"不是真爱，经不住他的一再请求，于是我答应了。可是我每日生活在自责和担忧之中，为自己的轻率行为而后悔……

案例二：小倩是一个文气内向的女孩，从小家教很严，上大学前家长明令要求大学期间不准谈恋爱。小倩看到校园里一对对甜蜜的情侣，心里也渴望爱情。偶然的机会在社团结识一个男生，是自己非常心仪的对象。小倩陷入热恋，很快发现自己怀孕了……

点评

恋爱过程中须慎重看待性行为，掌握科学的性知识，有责任和担当，有良好的意志品质，学会保护和调节自己，维护性心理健康。

> **知识链接**

一、大学生性心理的发展

进入青春期后，男性的遗精和女性的月经的出现标志着性机能的逐渐成熟，为性意识发展提供了生理基础。青春期后，性心理的进展经历了三个阶段。

（一）异性疏远期（10—13 岁）

这一时期也称为性发育早期。在这个时期内，青少年朦胧地意识到两性差异，有了不安和胆怯的心理，很怕异性注意自己的变化。于是男女彼此隔膜，就算是青梅竹马的童年伙伴也较少交往。

（二）异性吸引期（14—16 岁）

这个时期的特点是对异性产生垂青与爱慕，喜欢与异性在一起，力求成为异性眼中有吸引力的人；两性的畏惧感、陌生感消失。此时的少女喜欢妆饰自己，以引发男孩的注意；男孩则乐于在女孩面前体现能力与实力，以取得女孩的垂青与赞叹。

（三）两性恋爱期（17—20 岁）

此时，男女青年性生理完全成熟，性心理逐渐成熟，对恋爱的理解和认识也日趋深刻。他们对异性的态度逐渐客观，对恋人的寻觅也更加迫切。男女青年会尽量在异性面前展示自己的长处和才华，引起对方关注。"两性恋爱期"的男女开始从泛泛的异性爱慕过渡到钟情于某个人。

二、大学生性心理健康及维护

（一）大学生性心理健康

性心理健康是指个体具有正常的性欲，能够正确认识和理解与性有关的问题，并且具有比较强的性适应能力，能正确处理与异性交往中产生的问题，使自身免受性问题困扰；同时还能提高自身的修养和文明程度，促进自己身心的健康与发展。性心理健康的标准如下。

1. 能正确认识和接纳自己的性别

一个性心理健康的人，首先应是对自己的性别角色能够正确认识并接纳自己性别角色的人。同时能成功地扮演好自己的性别角色，对自己的性别角色有相应的自尊感和自豪感。

2. 有正常的性欲望

性欲是一个人能够获得性爱和性生活的基础和前提，所以，一个性心理健康的人必然具有性欲望，否则性心理健康就无从谈起。而且，正常的性欲望的对象是指向成熟的异性而不是同性或其他物品等替代物。

3. 与同龄人的性心理发展水平相当

性心理特征具有阶段性，一个人的性心理应该与大部分同龄人相同或者相当，否则他的性心理就可能存在一些问题。

4. 具有较强的性适应能力

性适应是个体的性活动与外界形成的一种和谐关系。性适应能力则是个体达成这种和谐关系的能力。在个体出现冲动后，知道如何排解、调控自己的性冲动，能够使自己的性行为与性活动符合社会的性规范和性要求。

5. 能与异性保持和谐的人际关系

和谐的人际关系是人类"群居"要求的体现。对青年学生来说，随着其性生理和性心理的发育成熟，渴望与异性交往并保持和谐的关系，是个体自然而正常的性要求。同时，和谐的异性人际关系对青年学生的日常生活和学习也非常重要。

（二）大学生健康性心理的维护

1. 掌握科学的性知识

作为大学生，应该对"性"有一个科学的认识。性是一门综合性的科学，它包括性生理学、性心理学、性社会学、性伦理学、性美学等，大学生们应当努力学习和掌握科学的性知识，避免性无知，消除把性仅仅看作生物本能的片面认识。

2. 认同自己的性别角色

性别角色的认同和胜任是现代人成功适应和发展的重要心理基础，是心理健康的重要标志。现代社会的大学生，应当在生物生理、社会心理和文化、经济、社会参与以及政治上，进行合乎科学、合乎道德、合乎时代要求的全面角色认同。大学生应当接纳和欣赏自己的性别角色，发展出适应时代要求的优秀个性特点。

3. 要对性行为负有社会责任

每一个成熟的大学生都应当了解个人性行为给他人、自我和社会带来的后果，要尊重他人、尊重自我,对自我的行为负起责任。大学生要增强自己的性道德和性法律意识,用道德和法律规范自己的性行为。

4. 要培养良好的意志品质

大学生自我控制性心理能力的大小,在一定意义上是由个人意志品质的强弱决定的。意志作为达到既定目的而自觉努力的一种心理状态,具有发动和抑制行为的作用。青年人有很强的性冲动,但是,人有意志力,可以抑制和调整自我的性冲动。那些放纵自己的人往往缺乏坚强的意志品质。

5. 进行自我调节

每个人都应该尊重他人的存在价值;每个人都应该以希望他人如何对待自己的方式去对待他人;每个人发展自尊与自重都应该立足于良好人格标准的基础上,即责任心、诚实、善良,并对自己的道德能力有信心。性欲是正常的和健康的,而且是可以控制的。

(1) 悦纳自己的性体像

完美的体型可通过均衡饮食、长期锻炼积极改善。增强吸引力,还要从完善内在入手,如宽容、大度、智慧、幽默等;对不可塑造部分乐观悦纳。

(2) 克服遗精恐惧和月经焦虑

①克服遗精恐惧。首先是正视遗精。遗精不但对身体没有消极影响,而且在某种程度上还有积极意义,可以缓解性驱力的紧张,使生理平衡。其次是清洁卫生。做到及时清理,并清洗内裤、床单和性器官,以保持卫生。再次是睡前情绪愉快、平静。睡前不看色情的书刊、影像,避免穿太紧的内裤、盖太重的被子等。另外要多参加文体活动,丰富自己的兴趣,减少或转移性刺激。

②克服经期焦虑。首先要了解自己经期的规律和特征,提前预备经期用品,同时,对情绪上的不稳定要有心理准备。其次要注意活动适当,经期不要参加过于激烈和容易疲劳的活动,可从事令自己高兴又运动量不大的活动,如听音乐、会朋友等。

(3) 慎施婚前性行为

①与恋人是否发生性关系要特别慎重。有学者曾对大学生初次发生性关系的原因进行了调查,有好奇心、对方吸引心理上的满足、酒精作用、孤独、为维持恋爱关系等多种原因。

②要学会拒绝。尤其是女大学生应当懂得在生活中坚守必要的原则,你没有义务去满足他人的所有要求,尤其不能满足他人那种不合法、不讲理的私欲。千万不要将"性"误解为"爱",或将"爱"缩减为"性"。

延伸阅读

性传播疾病

性传播疾病过去是指以性行为为主要传播途径的一些慢性传染病。传统所称的性病主要是梅毒、淋病、软下疳、性淋巴肉芽肿。1975 年,世界卫生组织常任理事会通过决议,用"性传播疾病"代替"性病"这一旧称。其范围扩大了,除包括因性行为引起的性器官直接接触而传染的疾病外,还包括性行为时因性器官以外的皮肤和皮肤、皮肤和黏膜、黏膜和黏膜的直接接触而传染的疾病。它的全称为"获得性免疫缺陷综合征",特点是患者的免疫功能出现严重缺陷,失去对外界感染的抵抗能力,容易引发条件性感染和罕见的恶性肿瘤。预防和控制艾滋病已成为世界性的难题。截至 2005 年 9 月底,中国内地累计报告艾滋病病毒感染者 135 630 例,其中艾滋病患者 31 143 例,累计死亡 7 773 例。预防艾滋病的一个根本性措施在于提高大众的性健康意识,养成遵循性道德、洁身自爱的生活方式。

新型婚育文化

2023 年 10 月 30 日,习近平总书记在中南海同全国妇联新一届领导班子成员集体谈话并发表重要讲话时强调,"要积极培育新型婚育文化,加强对年轻人婚恋观、生育观、家庭观的引导,促进完善和落实生育支持政策,提高人口发展质量,积极应对人口老龄化"。新型婚育文化包括以下核心内容。

1. 尊重生育,适龄婚育:强调在适当的年龄结婚和生育,尊重个人的生育选择。
2. 性别平等,文明婚礼:提倡婚礼的简朴和文明,反对大操大办,强调性别平等。
3. 优生优育,心理呵护:重视优生优育,关注母婴健康,提供心理支持和呵护。
4. 生殖健康,育儿共担:提倡生殖健康知识,强调父母双方共同承担育儿责任。
5. 尊老爱幼,家庭和谐:重视家庭成员间的和谐关系,提倡尊老爱幼的传统美德。
6. 爱国敬业,诚信友善:鼓励个人在婚育问题上体现爱国敬业精神,践行诚信友善的价值观。

新型婚育文化的意义和价值在于促进个人和社会的发展,构建和谐幸福的家庭,以及促进人口长期均衡发展。它强调个人权利与责任的平衡,提倡健康、文明、负责任的婚育行为,旨在形成积极健康的婚恋观和家庭观,提升婚育意愿。

新型婚育文化强调加强家庭家教家风宣传,激发"愿婚"的向往;加强婚恋家庭指导服务,打消"恐婚"的顾虑;加大生育政策宣传解读力度,营造"愿生"的氛围;构建儿童友好型社会,增强"善育"的能力;推动社会保障措施落实,减轻"养育"的负担。

互动活动

行为训练——处理恋爱中的冲突

不 要	要
1. 草率地道歉 2. 逃避争论,使用冷处理或者退出争吵 3. 使用你了解的对方隐私来不择手段地伤害或侮辱对方 4. 引入无关的话题 5. 假装达成一致,实则心存愤恨 6. 不将自己的感觉告诉对方 7. 通过批评对方所重视的事物来间接地攻击对方 8. 通过增强对方的不安全感或者以灾难性的后果为威胁伤害对方	1. 单独地争吵,远离他人 2. 准确地定义问题,以你自己的语言复述对方的论点 3. 让你的积极或消极的感受暴露出来 4. 愉快地接受关于你行为的反馈 5. 澄清什么是你所赞同和反对的,什么是对双方来说最关键的 6. 提问,以帮助对方找到词语来表达他/她的关注点 7. 发生冲动的情感爆发时,等待它平息,而不要以牙还牙 8. 就双方的共同改进提出积极的建议

单元三　没路时就该转弯了——学会分手和面对失恋

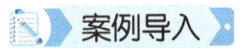 案例导入

分　手

　　菲儿和华强是一对恋人，菲儿是从小在省城长大的女孩，而华强来自边远的贫困山区。尽管华强的外表非常一般，但刚入校时自小的独立和坚强性格赢得了菲儿的喜欢。然而，随着时间的推进，华强发现自己在经济上和学习能力上与城市孩子有着明显的差距，感受到与菲儿的生活方式似乎有些距离。于是他渐渐失去学习的斗志，开始和别的学生一样混日子，出现了打游戏、逃课睡觉等行为。慢慢地菲儿感觉和华强的沟通越来越少，华强也不太听自己的劝阻，对她的关心也逐渐减少，对未来生活的看法也有不少分歧。最终，菲儿提出了分手。

异　地　恋

　　欣欣是个有主见的女孩子，眼见宿舍姐妹一个个恋爱了，她却不愿跟风，难得一个人自由自在。到上大三的时候，一次参加活动，偶遇一位成熟稳重、细心体贴的师兄，欣欣沦陷了，两人很快建立了恋爱关系，并在校外租房同居了。欣欣全身心地投入她向往的爱情之中，觉得幸福极了。可是，好景不长，很快男友毕业了，听从家长安排回到了当地就业。刚开始，欣欣和男友还每日视频聊天，周末和节假日都要见面。但是没过多久，情况发生了变化。男友总是说工作很忙，应酬很多，每天很累，为他们的未来奋斗等。然而，半年后，男友没有带来奋斗的结果，而是一个分手的请求。长时间的分离和工作压力使得两人产生了诸多隔阂，欣欣的好强也让男友觉得十分疲累。男友告诉欣欣两人不可能幸福，而且异地恋不会有结果，且他在工作中又结交了更适合自己的新女友。欣欣接受不了这样的结局，哭闹哀求均无济于事，她失恋了。活泼开朗的她变得沉默寡言，非常消沉，感觉一切都完了。

老师点评

　　恋爱是相互成长的过程，要遵循平等、合作等原则。如果在恋爱过程中发现双方在一起并不合适，应当选择适当的时机提出终止恋爱。而且，恋爱过程中须慎重看待性行为，正确面对、接受失恋。

> 知识链接

一、学会分手

感情有好有坏,坏的就会分手,这不等于是坏事。有时候分手总比结婚后再离婚所付出的代价小得多。分手常常被认为总能造成痛苦,所以有些人不惜任何代价地去避免它。当发现我们拥有的并不是内心真正需要的,那分手就成为唯一的好办法。分手需要拿出勇气。

什么时候该考虑分手?

当你发现……
开始不相信对方的想法、价值观、情感时
两个人的关系好像成为累赘时
愉快的感觉和幽默感变得难以实现时
双方开始不断地索取而非给予时
强迫对方满足自己的需要(性)
忽略对方以外的任何人或事
慢慢地忽略对方,开始不关注对方的需要
一方被另一方所控制
缺乏信任,有保留地交流
怀疑两个人的关系,并总将疑问挂在嘴边

我们需要什么样的爱情

假想分手:
我们在一起已经有段时间了,这段时间不知道你的感受是什么,我只是感到____
_____我想我们还是分手吧。

态度坚定、语气婉转。

例如,我们在一起已经有段时间了,这段时间不知道你的感受是什么,我只是感到有些疲惫,我觉得这不是我想要的感情和经历,我相信你和我都不适合对方,我们都不是真正需要对方,我不想为我们都不喜欢和接受的生活付出这样的代价。我很珍惜我们的那段时间,但是现在应该结束了。谢谢你陪我度过那段时间,也希望你能够尊重我的选择,就像当初一样。我想我们还是分手吧。

二、正确面对失恋

一般来说失恋是痛苦的,尤其是被动结束关系的那一方。失恋也就意味着缺失。恋爱时间越长,失恋带来的缺失就越大。一是生活内容的缺失。恋爱时候两人可能养成了很多的习惯,比如一起吃饭、一起自习,周末看电影,出去回来的迎送等,恋爱关系一旦结束,这些生活内容也就随之消失了。生活中熟悉的东西,拥有时未必觉得有多可贵,一旦丧失却很容易引起心理和行为的失调。二是感情寄托的丧失。恋爱时双方在感情上相互关注、相互依赖,愉快烦恼都可以向对方倾诉。关系结束后,关注可能就成为单方面的,遇事也无人可说,有人甚至会有精神支柱崩塌的感觉。三是个人价值的缺失。尤其是被动结束关系的那一方,对方提出分手可能就意味着对自身的否定,由此带来的挫折感会导致自我评价降低和自信的缺失。那么应当如何调整自己的心态,摆脱失恋的痛苦呢?

(一)预计、接受和解决冲突

预计冲突是正确了解冲突,并建设性地处理冲突,避免在冲突中付出不必要的更大代价的最有效途径。

在爱情生活中并非总是阳光明媚,男女在相恋过程中总会有分歧、矛盾,有时会出现摩擦、争吵,有时会遇到来自各方面的压力和困难,这些实际上是对爱情的一种考验。要培养无私的品格和奉献精神,培养善于处理矛盾的能力,有效地化解、消除恋爱中的矛盾纠纷,才能创造出幸福美满的爱情。要注意,如果一味地迁就对方、过分地压抑自己,只是将矛盾的爆发点往后推迟而已,这往往会导致情况更糟。有时候偶尔的争吵会转化为一种双方情感上的催化剂,使两人更加和谐相爱。所以发展爱情的关键不在于双方从不争吵,而是要理智地处理矛盾。一旦发生争吵,要注意:首先,不说过头话,不做过激行为;其次,吵架后要注意保密,切忌再在朋友或同学面前炫耀自己,满足自己好逞强的私欲;再次,要主动妥协,切忌一定要压倒对方。用一个动作或一句话表示自己认错,会使对方也心软,争吵可得以平息。许多爱情悲剧出现的原因就在于恋人之间缺乏宽容和谅解。这里要指出的是,一些女性在月经来的前后往往容易发脾气,而这在一些男性看来简直就是无理取闹,但实际上是生理原因所致。这种时候,男性就要注意呵护、体贴,避免火上浇油。

(二)明白失恋未必是坏事

由于每个人有不同的经历、自己独特的情感、理解和利益背景,因此,人与人之间出现不一致或冲突是不可避免的。失恋至少让我们多一次磨砺,会有助于我们的成长。爱别人首先要学会爱自己,有时分手也是在爱自己。在恋爱中,学会储值爱、表达爱、接受爱,还要学会拒绝爱,有一定的恋爱挫折的承受能力。

恋爱中遭遇挫折是常有的事,单相思、爱情错觉和失恋等挫折对大学生的心理承受能力是一种考验。当爱情受挫后,要用理智来驾驭感情,分析原因,总结经验教训,寻找解决问题的方法和途径,在新的追求中确认和实现自己的价值,从而提高自己的心理承受能力和思想水平。要做到失恋不失德、失恋不失态、失恋不失志。失恋不失德,即失恋后要保持恋爱道德。失恋是不幸的,但恋人做不成,还可做朋友。那种谩骂、殴打、在网上恶意攻击、造谣诬蔑或者将两个人之间的隐私公之于众的做法是极其错误的,有的还要承担法律责任。面对恋爱挫折,要冷静分析、理智处理,尊重对方的选择。失恋不失态,即恋爱受到挫折后要保持一种平和、理性的心态,不能一蹶不振,老是想着被异性拒绝的充满悲伤的情景而整天垂头丧气,把自己搞得失魂落魄。如果是这样,只会离爱情越来越远。失恋不失志,即失恋不能丢掉理想和志向,应当把人生的主要精力投入事业。对于大学生来说,尽早从痛苦中解脱出来,在追求事业中寻求新的乐趣,提高承受挫折的能力,就会使人生更加丰富、充实和有意义。

(三) 学会反思和成长

恋爱检验了人格,人格的发展也促进了恋爱的持久与新鲜感。一方面,恋爱中双方关系的协调、各种矛盾的解决,都会丰富男女的生活经验。思考是恋人有问题还是自己有问题,失恋后更要学会反思,学会站在恋人的角度去感受、去体验他为什么会有这样的言行,促使双方在心理上更趋于成熟。失恋并非失败,而是成长。另一方面,失恋后的男女更要不断完善自己,发掘潜能、升华品格,努力提高自己在异性心目中的形象,增加自己对异性的吸引力。这就要求我们走出两个人狭小的圈子,而投入更广阔的天地,去领悟更丰富的生活内涵,不断充实自己的精神世界。为了爱情之花盛开不败,请努力地去开掘人生,为社会负责,培养健康文明的恋爱心理与行为,树立正确的爱情价值观。

(四) 恰当归因

在恋爱中需要完成两项重要的心理任务。一是要更了解自己。除自我认知概念外,让两性恋爱中的自己更完整清晰地呈现出来。二是培养爱人的能力。从自小习惯被爱开始学会爱人。一段感情的成功与否,不是看是否还牵手,而是由感情品质而定。很多时候牵手不代表成功,分手不代表失败。失恋后冷静思考,关键是看在这段感情中你是否完成了两件重要的恋爱心理任务。你是否更了解自己的需求,你是否已学会疼爱别人,学会在爱中成长。

要获得美满幸福长久的爱情,需要先不断完善自己的人格,需要发自内心肯定自己的价值,散发出内心的自信,能够精彩应对自己的生活,而不是"等一个强者替自己解决问题",也不是"等别人带自己去旅行"。等来别人施舍的爱,或让别人背负太重的爱,终究不会真正人格平等,不会轻松和长久,更不会体会到成熟男女之爱的美满幸福感。

延伸阅读

是危机也是转机——苏格拉底和失恋者

苏:孩子,为什么悲伤?

失:我失恋了。

苏:哦,这很正常。如果失恋了没有悲伤,恋爱大概也就没有什么味道。可是,年轻人,我怎么发现你对失恋的投入甚至比对恋爱的投入还要倾心呢?

失:到手的葡萄给丢了,这份遗憾,这份失落,您非个中人,怎知其中的酸楚啊。

苏:丢了就丢了,何不继续向前走,鲜美的葡萄还有很多。

失:我要等到海枯石烂,直到他回心转意向我走来。

苏:但这一天也许永远不会到来。

失:那我就用自杀来表示我的诚心。

苏:如果这样,你不但失去了你的恋人,同时还失去了你自己,你会蒙受双倍的损失。

失:踩上他一脚如何?我得不到的别人也别想得到。

苏：可这只能使你离他更远，而你本来是想与他更接近的。

失：您说我该怎么办？我可真的很爱他。

苏：真的很爱？那你当然希望你所爱的人幸福？

失：那是自然。

苏：如果他认为离开你是一种幸福？

失：不会的！他曾经跟我说，只有跟我在一起的时候他才感到幸福！

苏：那时曾经，是过去，可他现在并不这么认为。

失：这就是说，他一直在骗我？

苏：不，他一直对你很忠诚。当他爱你的时候，他和你在一起，现在他不爱你，他就离去了，世界上再也没有比这更大的忠诚。如果他不再爱你，却还装得对你很有情意，甚至跟你结婚、生子，那才是真正的欺骗呢。

失：可我为她所投入的感情不是白白浪费了吗？谁来补偿我？

苏：不，你的感情从来没有浪费。因为在你付出感情的同时，他也对你付出了感情，在你给他快乐的时候，他也给了你快乐。

失：可是他现在不爱我了，我却还苦苦的爱着他，这多不公平啊！

苏：的确不公平，我是说对你所爱的那个人不公平。本来，爱他是你的权利，但爱不爱你是他的权利，而你却想在自己行使权利的时候剥夺别人行使权利的自由。这是何等的不公平！

失：可是您看得明白，现在痛苦的是我而不是他，是我在为他而痛苦！

苏：为他而痛苦？他的日子可能过得很好，不如说你为自己而痛苦吧。明明是为自己，却还打着为别人的旗号。

失：依你的说法，这一切倒成了我的错？

苏：是的，从开始你就犯了错。如果你能给他带来幸福，他是不会从你的生活中离开的。要知道，没有人会逃离幸福。

失：可他连机会都不给我，您说可不可恶？

苏：当然可恶。还好你现在已经摆脱了这个可恶的人，您应该感到高兴，孩子。

失：高兴？怎么可能呢，不管怎么说，我是被人抛弃了。

苏：被抛弃的并不就是不好的。

失：此话怎讲？

苏：有一次，我在商店看中一套名贵的西服，爱不释手，营业员问我要不要。你猜我怎么说？我说质地太差，不要！其实，我口袋里没有钱。年轻人，也许你就是这件被遗弃的西服。

失：您真会安慰人，可惜您还是不能把我从失恋的痛苦中引出。

苏：时间会抚平你心灵的创伤。

失：但愿我也有这一天，可我的第一步该从哪里做起呢？

苏：去感谢那个抛弃你的人，为他祝福。

失：为什么？

苏：因为他给了你忠诚，给了你寻找幸福的新的机会。

互动活动

如果失恋了，请你这样做

①解放心灵走出困惑
- 避免长期陷溺在幻想、自责中
- 不需在人前强颜欢笑
- 投注在有意义的事上
- 培养有益身心的兴趣
- 与人保持接触
- 适度地表达情绪
- 保持规律生活

②克服抑郁
- 每天洗澡
- 每天运动
- 增加户外活动时间
- 学会继续爱自己
- 接受专业治疗
- 取代非理性思考方式
- 锻炼知觉

③疏导怒气
- 倾诉
- 用写作、书画、听音乐等方式表达自己
- 专业辅导
- 消除负面情绪
- 勇气战胜仇恨

心理测试

恋爱观自测

请选择最符合自己心理状态的一项答案，并根据计分表统计自己的测试得分，判断自己的恋爱观。

1. 你想象的爱情是
   A. 具有令人向往的浪漫色彩
   B. 能满足自己的情欲
   C. 使人振奋向上

D. 没想过

2. 你希望同你的恋人的结识是这样开始的

A. 在工作和学习中逐渐产生感情

B. 从小青梅竹马

C. 一见钟情,难舍难分

D. 随便

3. 你对未来妻子的主要要求是

A. 别人都称赞她的美貌

B. 善于理家

C. 顺从你的意见

D. 能在多方面帮助自己

4. 你对未来丈夫的主要要求是

A. 有钱或有地位

B. 为人正直有上进心

C. 不嗜烟酒并体贴自己

D. 英俊有风度

5. 你认为完美的结合应该是

A. 门当户对

B. 郎才女貌

C. 心心相印

D. 情趣相投

6. 你认为巩固爱情最好的途径是

A. 满足对方的物质要求

B. 用甜蜜的语言讨好对方

C. 对爱人言听计从

D. 努力使自己变得更完美

7. 在下列格言中你最喜欢的是

A. 爱情的意义在于帮助对方提高,同时也提高自己

B. 有福同享,有难同当

C. 为了爱,我什么都愿意干

D. 生命诚可贵,爱情价更高

8. 你希望恋人同你在兴趣爱好上

A. 完全一致

B. 虽不一致但能互相照应

C. 服从自己的兴趣

D. 互不干涉

9. 你对恋爱中的意外曲折是这样看的

A. 最好不要出现

B. 自认倒霉

C. 想办法分手

D. 把它当作对爱情的考验

10. 你发现恋人缺点时,你的态度是

A. 无所谓

B. 嫌弃对方

C. 内心十分痛苦

D. 帮助对方改进

11. 你对未来家庭的向往是

A. 能同爱的人天天在一起

B. 人生有了归宿

C. 能享受天伦之乐

D. 激励对生活的追求

12. 当自己有了异性朋友时,你是

A. 告诉恋人,并在对方同意下继续进行交往

B. 让恋人知道,但绝对不允许对方干涉自己

C. 不告诉恋人,认为这是自己的权力

D. 可以告诉,也可以不告诉,要看恋人的气量和态度

13. 当一位比恋人条件更好的异性对自己有好感时,你是

A. 讨好对方

B. 保持友谊,但在必要时说明情况

C. 十分冷淡

D. 听之任之

14. 当你迟迟找不到理想的恋人时,你是

A. 反省自己择偶标准是否符合实际

B. 一如既往

C. 心灰意冷,对婚姻问题感到失望

D. 随便找一个算了

15. 当你爱的人不爱你时,你是

A. 愉快地与对方分手

B. 毁坏对方的名誉

C. 不知所措

D. 千方百计缠住对方

16. 你的恋人对你变心时,你是

A. 采取"你不仁,我不义"的报复手段

B. 到处评说对方的不是

C. 只怨自己瞎了眼

D. 从中吸取交友择偶的教训

17. 当你发现自己所爱的人已有恋人时，你是

A. 更加热烈地追求

B. 用一切手段拆散对方；

C. 若对方尚未确定关系，就进行合理的竞争

D. 不管对方是否确定关系，都主动退出情场

18. 你认为理想的婚礼是

A. 能留下美好而有意义的回忆

B. 有排场，为别人所羡慕

C. 亲朋满座，热闹非凡

D. 双方父母满意

题号	选项A	选项B	选项C	选项D	题号	选项A	选项B	选项C	选项D
1	2	1	3	0	10	1	0	2	3
2	3	2	1	1	11	2	1	1	3
3	1	2	1	3	12	3	2	1	1
4	0	3	2	1	13	0	3	2	1
5	1	1	3	2	14	3	1	0	1
6	1	0	2	3	15	3	0	1	1
7	2	2	1	2	16	0	1	2	3
8	1	3	1	2	17	1	0	3	2
9	1	2	0	3	18	3	0	2	1

结果解释：

总得分在46分以上，说明你的恋爱观是正确的（优良）；

总分在42—45分，说明你的恋爱观基本正确（一般）；

总分在42分以下，就说明你的恋爱观不够正确（不合格），应注意改进；

倘若这18个问题中有一半你不知道如何回答，那么说明你的恋爱观还游离不定。

自我反思与探索

1. 谈谈你如何看待大学生恋爱问题。

2. 你对婚前性行为持什么观点？为什么？

3. 如果你失恋了，你会怎么做？

模块十二
发挥生命之能——生涯规划

> 生命究竟有没有意义并非我的责任,但怎么安排此生却是我的责任。
> ——赫曼·赫赛
> 在选择职业时,我们应该遵循的主要方针是人类的幸福和我们自身的完美。
> ——卡尔·马克思

本模块学习目标

1. 了解生涯规划的内涵及其阶段性目标,掌握进行职业生涯规划的方法。
2. 了解职业兴趣对职业发展的影响、职业兴趣与选择之间的关系以及如何培养自己的职业兴趣。
3. 学会分析自己的职业能力、个性和特长,以及如何根据自身特点选择适合自己的职业。
4. 学会如何规划职业生涯,并自觉培养职业核心素质。

你说毕业遥遥无期,转眼各奔东西。一到毕业季,许许多多的高校毕业生就不得不离开校园,进入社会这所更大的学校。在二十几岁的年纪,我们面临许多人生选择,继续学习还是工作?去"北上广"还是回老家?找专业对口的工作还是为高工资而找工作?我们该做些什么?如何规划自己的未来?如何获得职业的成就?在临近毕业之际,有的人迷茫犹豫,不知道自己到底要找什么样的工作,不知道哪个岗位适合自己;有的人频遭冷遇,投递的简历都石沉大海,偶尔一两家公司通知面试,最后也是不了了之,他最终也没得到单位的青睐;有的人收获颇丰,获得很多公司的录用通知……在大学期间是否完成职业规划设计是导致这些不同情况的根本原因。

本章中,让我们一起了解什么是职业生涯,未来为什么需要规划,如何设计与规划适合自己的职业生涯。

单元一　我的未来有方向——生涯目标

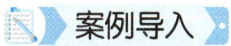案例导入

来自哈佛的调查报告

哈佛大学一个非常著名的关于目标对人生影响的跟踪调查。该项调查的对象是一群智力、学历、环境等条件都差不多的年轻人,调查结果发现:

27%的人,没有目标;

60%的人,目标模糊;

10%的人,有比较清晰的短期目标;

3%的人,有十分清晰的长期目标。

25年的跟踪调查发现,他们的生活状况十分有意思。

那3%的人,25年来几乎都不曾更改过自己的人生目标,他们始终朝着同一个方向不懈地努力。25年后,他们几乎都成了社会各界顶尖成功人士,他们中不乏白手起家的创业者、行业领袖、社会精英。

那10%的人,大都生活在社会的中上层。他们的共同特点是,那些短期目标不断地被达到,生活质量稳步上升。他们成为各行各业不可缺少的专业人士,如医生、律师、工程师、高级主管等等。

那60%的人,几乎都生活在社会的中下层。他们能安稳地生活与工作,但都没有什么特别的成绩。

剩下的27%的人,他们几乎都生活在社会的最底层,他们的生活都过得很不如意,常常失业,靠社会救济,并且常常抱怨他人,抱怨社会。

点评

目标对人生有巨大的导向作用。成功在一开始仅仅是一个选择,选择之后的长时间积累才会到达成功,而第一步是选择目标和方向。你选择什么样的目标,才会有什么样的成就,才会有什么样的人生。人生就像一次旅行,在旅途中增长见识和学问,直到终点。而旅途总是多变的,环境时而波澜壮阔,时而坎坷崎岖。有时前方一马平川,有时也会坡峰连绵、曲折起伏。旅行将到达什么地方,选择怎样的路线是我们需要认真思考的问题,这也就是我们要说的生涯规划。人生规划,就是根据自己的兴趣、爱好、个性特长和社会发展的需要,精心绘制自己的人生蓝图,挖掘自己的潜能,培育自己的核心竞争力,从而获得人生的幸福和快乐。

> **知识链接**

对于大学生来说,从大一开始筹划未来,尤其是进行职业生涯规划是重中之重。生涯规划是指贯穿一个人一生的各个阶段及其呈现的特点。随着人生阶段的变化,角色与责任的改变,生涯规划的重点也在发生改变。生涯规划并不意味着人生的发展必须按照单一路径前进,生涯规划的结果也不保证一定是成功的。生涯规划只是你在当下,结合自己的内部因素、外部环境做出的决策与长远的考虑。因此,在进行生涯规划时,需要同时注重自身的发展与对环境的适应。

从生涯发展的角度,可以把大学生分为生涯适应期、生涯探索期和生涯决定期三个阶段,每个阶段各自有生涯规划和个人成长两部分的任务。

一、生涯适应期

大学一年级是生涯适应期。大学生经历了从梦想到现实的过程,在这个阶段的主要任务是"适应",注重培养对大学的认识和未来职业的设想。具体目标包括以下几个方面。

(一) 学习方面

(1) 了解专业发展(包括如何利用资源去查找有关自己专业的信息)。
(2) 改变学习策略(制订学习计划和时间管理)。
(3) 学习使用学校资源。
(4) 社团工作(发展与人交往和团队合作的能力)。

(二) 个人成长方面

(1) 探索个人兴趣和价值观(发现自己的兴趣,同时避免在众多兴趣中迷失目标)。
(2) 自我适应(包括适应现在的生活,克服自卑情绪,正确定位,培养自理能力)。

二、生涯探索期

大学中间年级是生涯探索期。大学生在了解自己的专业和兴趣的基础上,开始对自己的职业进行思考,需要经历从学业到工作的尝试过程。大学生在这个发展阶段的目标是"尝试",注重职业生涯的实践。具体目标包括以下几个方面。

(一) 专业发展方面

(1) 专业学习(着重基本能力的培养)。
(2) 了解职业(了解职业发展需要什么样的能力)。
(3) 辅修、选修(衡量自己的兴趣和能力做出选择)。
(4) 职业目标确定与规划(探索工作和继续学习的实际需要,并与自己的兴趣特点相匹配)。
(5) 缩小与职业目标的差距(展开与职业发展相关的实践)。
(6) 兼职和实习(注重选择的质量与金钱管理)。

(二) 个人成长方面

(1) 进一步了解自我兴趣和价值观。
(2) 发展与职业生涯相关的能力(注重在活动或兼职中自己能力的发展,特别是发展责任心、团队合作、时间管理等能力)。

(3) 培养创新意识和同理心(在工作中发现自己的独特价值,自我关照并能从他人的角度考虑问题,发展对他人的信任以及亲密关系)。

三、生涯决定期

大学毕业年级是生涯决定期。在经过前两个阶段的生涯探索期基础上,大学生开始尝试迈向实战的历程,因此这个阶段的主要发展任务或目标是"理性决策"。具体表现在以下两个方面。

(一) 生涯决定方面

(1) 求职技巧(收集、使用信息,写简历,学习着装礼仪,面试准备,面试后的行动)。
(2) 了解就业相关信息(相关的求职、继续学习等)。
(3) 不同地方、行业、学校、专业可能的发展前景和利弊。
(4) 职业选择(理性选择并对选择负责)。
(5) 继续学习的准备(包括知识、心理和考试的准备)。

(二) 个人成长方面

(1) 理解工作或者深造对恋爱关系和生活的影响(学习处理事业与爱情的关系,考虑到自己多种生涯角色的平衡)。
(2) 适应工作(提高工作能力,适应工作时间)。
(3) 规划以后发展(分析此次生涯决定对下次规划的影响,再次进行自我探索、工作探索,为下一次生涯选择做准备)。

这些具体的生涯发展目标,以职业为核心,涵盖了大学生活的各个方面,你可以在具体的发展任务中找到与自己生涯愿景的结合点,并以此为参照规划自己的生涯。

延伸阅读

朝着北斗星走,就能走出沙漠

比赛尔是西撒哈拉沙漠中一颗璀璨的明珠,每年有数以万计的旅游者来到这儿。可是在肯莱文发现它之前,这里还是一个封闭而落后的地方。这儿的人没有一个走出过大沙漠,据说不是他们不愿离开这块贫瘠的土地,而是尝试过很多次都没有走出去。

肯莱文当然不相信这种说法。他用手语向这儿的人问原因,结果每个人的回答都一样:从这儿无论向哪个方向走,最后都还是转回出发的地方。为了证实这种说法,他做了一次试验,从比赛尔村向北走,结果三天半时间就走了出来。

比赛尔人为什么走不出来呢?肯莱文非常纳闷,最后只得雇一个比赛尔人,让他带路,看看到底是为什么。他们带了半个月的水和食品,牵了两匹骆驼,肯莱文收起指南针等设备,只拄一根木棍跟在后面。

十天过去了,他们走了大约八百英里的路程,第十一天的早晨,他们果然又回到了比赛尔。这一次肯莱文终于明白了,比赛尔人之所以走不出大沙漠,是因为他们根本就不认识北斗星。

在一望无际的沙漠里,一个人如果凭借着感觉往前走,他会走出许多大小不一的圆圈,最后足迹十有八九是一把卷尺的形状。比赛尔村处在浩瀚的沙漠中间,方圆上千公里没有一点参照物,若不认识北斗星又没指南针,想走出沙漠确实是不可能的。

肯莱文在离开比赛尔时,带了一位叫阿古特尔的青年,就是上次和他合作的人。他告诉这位汉子,只要你白天休息,夜晚朝着北方那颗星走,就能走出沙漠。阿古特尔照着去做,三天之后,果然来到了大漠的边缘。阿古特尔因此成为比赛尔的开拓者,他的铜像被竖在小城的中央,铜像的底座上刻着一行字:新生活是从选定方向开始的。

互动活动

目的:绘制自己的生涯彩虹图。帮助同学们明确生涯进展,促进同学们对标终身学习进行生涯规划。描绘未来的角色时,要注意规划在不同的阶段会出现哪些角色,考虑如何对这些角色进行合理安排,这样才能有助于激发自己更大的潜能。角色名称可因人而异,建议用不同的颜色表示不同的角色。颜色面积越大表示该角色投入的程度越多,空白越多表示该角色投入的程度越少。

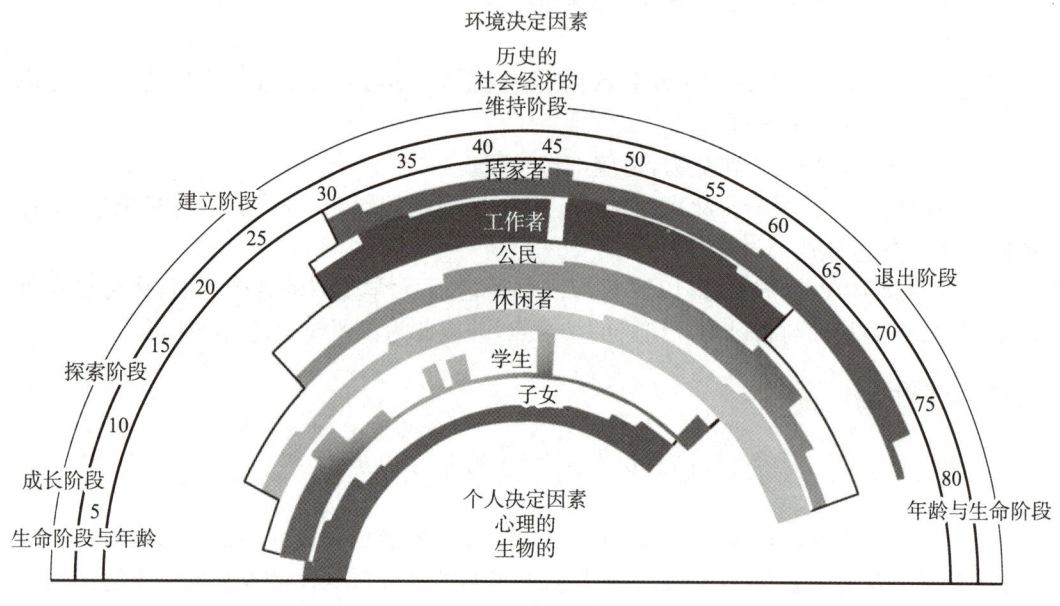

生涯彩虹图

时间:30—45分钟

地点:普通教室

准备材料:彩色笔(6支)

具体步骤:由心理老师介绍生涯彩虹图,同学们根据自己的想法,绘制自己的彩虹图。同学们完成自己的彩虹图后,请回答以下问题。

(1)看到自己的生涯彩虹图,你的感受是什么?
_____
_____

(2)看到周围同学的生涯彩虹图,你受到了什么启示?
_____
_____

单元二 找到未来路——择业准备

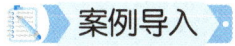
案例导入

李某的就业困境

毕业生李某,在同学和老师们眼中是全面发展、技术能力过硬,各方面条件相当优越的尖子生。在找工作的关键时期,他精心准备简历,把自己多年积累的成绩恨不得一条条、一项项都装入简历中,获得的奖励、证书也恨不得都附在简历后。新学期开始,他广泛关注校内外就业网站,马不停蹄地参加一场场校内外招聘会,对地域、行业、工作性质没太多要求的他,几乎见到一个公司就投一份简历。

事情本应按照他预想的情况发展,可一天天过去了,一周周过去了,转眼到了十月下旬,李某居然一次笔试、面试的机会都没有获得。眼看同教研室、同班的同学都早早签订了就业协议书,李某心中焦躁情绪慢慢滋生,自信心遭受严重打击,几乎到了崩溃的边缘。

小张的盲目求职

小张在同学眼中是个"百事通",他兴趣广泛,知识面也比较广。但这种性格特征也造成小张没有十分突出的长项和明显的好恶,他觉得什么都可以做,并无明确的方向。于是本着"广泛撒网、重点捕捞"的想法,小张做了多手准备:银行、本专业和公务员。虽然他收到了银行的录用通知,但是由于跟科班出身的人相比没有优势,他的工作岗位远离"核心岗位";对于本专业的对口单位,由于他没有全力准备,应聘情况不尽如人意;对于公务员考试,由于他阅历不足,面试折戟。

小张就这样忙碌了一个学期,但仍未签约满意的单位。看着周围大多同学都签了单位,小张也逐渐失去了开始的从容和斗志,并且校园招聘的高峰期已经结束,小张就这样错失了许多业内的知名企业。最终,小张与一个很普通的公司签署了就业协议。

点评

如此优秀的李同学,这么积极地找工作,为什么会接连失败?很大程度上就是因为他没有对自我进行仔细的剖析、精准的定位,导致制作简历没有针对性,参加招聘会没有选择性,自己疲于奔命却没有收益。对于张同学来说,兴趣广泛是个好事,但是兴趣不等于能力。"样样通,样样松",在工作中是完全行不通的。小张没有把自己的时间和精力放在一个确定的方向和目标上,并着力提高这方面的能力,最终导致自己"悲催"地找工作的结局。世界上工作种类成千上万,职位更是数不胜数。如果我们不做准备,而是直接投入职业世界,就会眼花缭乱、不知所措。因此,我们需要先进行自我探索,了解清楚了自己之后,再来探索职业世界,才能得到更好的匹配和发展。

系统的职业规划,包含七个步骤:自我探索、探索工作世界、决策、求职行动、再评估、觉知和承诺。自我探索是职业规划的第一步。只有自我探索后,才有高效的、有的放矢的职业探索;只有结合职业探索,自我探索才能成为照进现实的理想。自我探索包含四个维度。①价值观:价值观不是社会地位,而是意义的创造与表达;②性格:性格不是道德修养,而是基因与心智成长共同作用的产物;③兴趣:兴趣不是测验的分数,而是解决问题的意愿与动机;④能力:能力不是他人的评价,而是合适的人生发展平台。

知识链接

探索自己是职业生涯规划的起点,了解职业是职业规划的基础,大学生在进行职业生涯规划时必须对两方面的内容综合考虑。那么,可以从哪些角度来了解自己呢?职业心理学认为有四个心理维度对职业选择的影响最大,即职业价值观、职业兴趣、职业能力和职业性格。

一、职业生涯探索:职业价值观

职业价值观是一个人对职业以及自己的职业行为结果的意义、作用、效果和重要性的评价和看法。价值观一旦形成后,相对比较稳定。它作为存在于人们内心的一种评判尺度,支配着人们的态度,牵引着人们的行为,其动力作用显而易见。因此,我们在选择职业之际,澄清自我的职业价值观是非常必要的,这样可以使你真正了解自己在乎的是职业中的哪些因素。职业专家通过大量的调查,从人们的理想、信念和世界观角度把职业分为六大类职业价值观,如下表所示。

职业价值观类型与适宜职业

职业价值观类型	特点	适宜职业
自由型	不受别人指使,凭自己的能力拥有自己的小"城堡",不愿意依赖别人,不愿受人干涉,想充分施展本领	室内装饰人员、摄影师、音乐教师、作家、演员、记者、诗人、作曲家、编剧、雕刻家、漫画家等
小康型	追求虚荣,优越感较强,渴望能有社会地位和名誉,希望常常受到众人尊敬	记账员、会计、银行出纳、法庭速记员、成本估算员、税务员、核算员、打字员、办公室职员等
支配型	想成为组织的领导或能够影响别人的人,视能够支配、说服和影响别人为快乐	推销员、进货员、商品批发员、旅馆经理、饭店经理、广告宣传员、调度员、律师、政治家、零售商等
自我实现型	不关心平常的幸福,一心一意想发挥个性、追求真理。不考虑收入、地位及他人对自己的看法,尽力挖掘自己的潜力,施展自己的本领,并视此为有意义的生活	气象学者、生物学者、天文学家、药剂师、动物学者、化学家、科学报刊编辑、地质学者、植物学者、物理学者、数学家、实验员、科研人员、科技作者等

(续表)

职业价值观类型	特点	适宜职业
志愿型	富有同情心,把他人的痛苦视为自己的痛苦,不愿干表面上哗众取宠的事,把默默帮助别人视为快乐	社会学者、导游、福利机构工作者、咨询人员、社会工作者、社会科学教师、护士等
技术型	认为立足社会的根本在于一技之长,因此钻研一门技术,认为靠本事吃饭既可靠又稳当。将"成长"或进步看作技术的提高,而不是在组织中所处层次的提高	木工、农民、工程师、飞机机械师、野生动物专家、自动化技师、机械工、电工、火车司机、公共汽车司机、机械制图员等

二、职业生涯探索:职业兴趣

职业兴趣是个体力求了解某种职业或进行某种职业活动的心理倾向。当一个人对某种职业感兴趣时,他就会对该职业内容表现出肯定的态度,并积极思考、探索和追求,这种兴趣就是职业兴趣。俞文钊教授的研究表明,如果一个人对某一工作有兴趣,就能够发挥他全部才能的80%—90%,并且能较长时间保持高效率而不感到疲劳。自己感兴趣的职业是什么呢?要弄清这样的问题,首先必须了解职业兴趣的基本类型。目前,在我国影响比较大且有配套的兴趣量表的,当属美国心理学家霍兰德的职业兴趣理论。

霍兰德将人分为六大类:技能型、研究型、艺术型、社会型、经营型、常规型,职业也可以分成相应的同样名称的六大类。人的兴趣与职业的匹配是形成职业满意度、成就感的基础。各个兴趣类型的特点及较为适宜的职业如下表所示。

霍兰德职业兴趣类型与适宜职业

职业兴趣类型	特点	适宜职业
技能型	具有运动或机械活动倾向,往往身体技能及机械协调能力较强,对机械与物体的关心比较强烈。稳健、务实,喜欢从事规则明确的活动及技术性工作,甚至热衷于亲自动手创造新事物。不善言谈,对人际交往及人员管理、监督等活动不太感兴趣	木工、电器技师、工程师、营养专家、建筑师、运动员、园艺工人、城市规划员、军官、机械操作工、维修工、安装工、矿工、水电工、司机、测绘员、无线电报务员、摄影师、纺织工、飞机机械师、制图员、农牧民、渔民等、裁缝、鱼类和野生动物专家等
研究型	具有技术倾向,喜欢理论思维或偏爱数理统计工作,对于解决抽象性问题具有极大的热情。通常倾向于通过思考、分析解决难题,而不一定落实到具体操作。喜欢具有创造性、挑战性的工作,不太喜欢固定程式的任务。对于人员管理及人际交往也情非所愿,独立倾向明显	科研人员、科技工作者、实验员、科学报刊编辑、生物学家、化学家、地质学家、数学家、医学技术人员、生理学家、物理学家、心理学家、化学、冶金、电子、无线电、电视、飞机、计算机程序设计等方面的工程师、技术人员等

(续表)

职业兴趣类型	特点	适宜职业
艺术型	具有敏感、情感化、直觉和想象倾向,注重美感,对具有创造、想象及自我表现空间的工作显示出明显偏好。创造倾向明显,对结构化程度较高的任务及环境都不太喜欢,对机械性及程式化的工作了无兴趣。比较喜欢独立行事,不太合群。好自我表现,重视自己的感觉,直觉较好	雕刻家、画家、歌唱家、导演、演员、作曲家、乐队指挥、记者、舞蹈家、诗人、广告管理人员、艺术教师、作家、广播员、室内装修人员、医疗师、绘图师、音乐家、摄影师、公共关系专家、编导、教师、文学艺术评员、广播节目主持人、编辑,绘画、书法、家居、珠宝等行业的设计师等
社会型	具有理想化、乐于助人、善解人意和乐于支持的倾向,喜欢以人为对象的工作。通常言语能力优于数理能力,善于言谈,乐于与人相处,给人提供帮助,具有人道主义倾向,责任心也较强。习惯于与人商讨或调整人际关系来解决面临的问题,不太喜欢以机械和物品为对象的工作	外交人员、教师、学校管理人员、保育员、行政人员、大学教授、律师、医护人员、工作分析专家、社区工作者、社会福利工作者、社会学家、咨询人员、丧葬承办人、精神健康工作者、衣食住行服务行业的经理或管理人员及服务人员、导游、娱乐管理人员等
经营型	具有雄心、鼓动性、有活力的倾向,喜欢竞争性和有影响的活动,有实现组织目标或经济目的的强烈动机。喜欢制定新的工作计划、事业规划,以及设立新的组织,并为有效发挥组织作用而积极地进行活动;喜欢影响、管理、领导他人;自信,支配欲、冒险性强。不喜欢具体精细或需要长时间集中心智的工作	综合性企业管理人员、房地产商、业务经理、企业领导、政府官员、金融家、零售商、批发商、人寿保险代理人、采购代理人、调度员、行业部门的领导和管理者、主持人、推销员、宣传人员、制片人、投资人等
常规型	具有有规则、有效率、尽职的、坚持的、有系统的倾向,喜欢高度有序、要求明晰的工作,对于规则模糊、自由度大的工作不太适应。不喜欢主动决策,习惯于服从,一般较为忠诚、可靠,偏保守。在工作中与人交往会保持一定的距离。工作仔细、有毅力	会计、成本核算员、出纳、银行职员、速记员、鉴定人、统计员、打字员、办公室人员、秘书和文书、行政助理人员、图书管理员、风险管理者、旅游外贸职员、保管员、邮递员、审计人员、人事职员、税务人员、计算机操作人员、计价员、理发师、仓库保管员等

三、职业生涯探索:职业能力

职业能力可以分为两个层面:一是大多数职业活动所需的能力,称为通识能力;二是特定职业活动所需的能力,称为专门职业能力。通识能力主要包括学习能力、语言表达能力、计算机能力、人际沟通能力、社会适应能力、团队合作能力等。

有些职业在某些方面有较高的要求,需要特有的专门能力。例如,外科医生的手术操作能力、教师的教学设计能力、驾驶员的空间判断能力等。各专业领域的专业资格证书、学历证书等都是专业能力的外在体现,如教师资格证、心理咨询资格证等。在求职过程中,是否具有胜任岗位的专业能力也是用人单位重点考虑的因素之一。

四、职业生涯探索:职业性格

职业性格是人的一个非常稳定的态度、习惯系统。人的性格特征只有与工作、生活的环境要求一致时,人才可以感觉到环境的和谐与融洽,并充分发挥自己的才能与潜力。美国一项研究发现:98%的成功人士之所以成功,是因为他们从事的职业与他们的性格相匹配。在对职业性格进行的划分中,目前使用比较多的是美国的凯恩琳·布里格斯和她的女儿伊莎贝尔·布里格斯·迈尔斯研制的迈尔斯-布里格斯类型指标(Myers-Briggs Type Indictor,简称 MBTI)。MBTI 的人格类型分为四个维度,每个维度有两个方向,共计八个方面,即八种人格特点,如下表所示。

MBTI 的人格类型划分

按与世界相互作用的方式划分	
外向(E)	关注自己如何影响外部环境:将心理能量和注意力聚焦于外部世界和与他人的交往上。例如,聚会、讨论、聊天
内向(I)	关注外部环境的变化对自己的影响:将心理能量和注意力聚集于内部世界,注重自己的内心体验。例如,独立思考、看书、避免成为注意的中心,听的比说的多
按获取信息的方式划分	
感觉(S)	关注由感觉器官获取的具体信息:看到的、听到的、闻到的、尝到的、触摸到的事物。例如,关注细节、喜欢描述、喜欢使用和琢磨已知的技能
直觉(N)	关注事物的整体和发展变化趋势:灵感、预测、暗示,重视推理。例如,关注总体、发展态势、预测将来
按决策的方式划分	
思考(T)	重视事物之间的逻辑关系,喜欢通过客观分析做决定评价。例如,理智、客观、公正、认为圆通比坦率更重要
情感(F)	以自己和他人的感受为重,将价值观作为判断标准。例如,有同情心、善良、善解人意,考虑行为对他人情感的影响,认为圆通和坦率同样重要
按做事的方式划分	
判断(J)	喜欢做计划和决定,愿意进行管理和控制,希望生活井然有序。例如,重视结果(重点在于完成任务)、按部就班、有条理、尊重时间期限、喜欢做决定
知觉(P)	试图去理解、适应环境,倾向于留有余地,喜欢宽松自由的生活方式。例如,重视过程、随信息的变化不断调整目标,喜欢多种选择

每个人的性格都在四种维度相应分界点的这边或那边,我们称之为"偏好"。在现实生活中,每个维度的两个方面都会用到,只是其中的一个方面可能用得更加频繁、舒适,就好像每个人都会用到左手和右手,习惯用左手的人是左撇子,习惯用右手的人是右撇子。同样,你的人格类型就是你用得最频繁、最熟练的那种。四个维度各有两个方面,一共组成 16 种人格类型。

延伸阅读

认清自己比思考我们应该做什么更重要

有一个女孩,高中毕业后没考上大学,被安排在本村的小学教书。结果,上课还不到一周,女孩由于讲不清数学题,被学生轰下台,垂头丧气地回了家。母亲为她擦干眼泪,安慰地说:"满肚子的东西,有的人能倒出来,有的人倒不出来,没必要为这个伤心。找别的事,也许有更合适的事情等着你去做。"

后来,她随着本村的伙伴一起外出打工。不幸的是,她又被老板轰了出来,原因是裁剪衣服的时候,手脚太慢。母亲对女儿说:"手脚总是有快有慢的,别人已经干了好多年了,而你一直在念书,怎么快得了。"说完,便为女儿打点行装,准备让她到另一地方去试试。女儿先后当过纺织工,干过市场管理员,做过会计,但无一例外都半途而废了。然而每次女儿失败回来,母亲总是安慰她,从来没有抱怨过。

30多岁的时候,女儿凭着一点语言天赋,做了聋哑学校的一位辅导员。后来,她又开办了一家自己的残障学校。再后来,她在许多城市开办了残障人用品连锁店,成为一个拥有千万元资产的老板了。

有一天,功成名就的女儿向年迈的母亲问道:"妈,那些年我连连失败,自己都觉得前途非常渺茫,你为何对我那么有信心呢?"母亲的回答朴素而简单:"一块地,不适合种麦子,可以试试种豆子;豆子也种不好的话,可以种瓜果;瓜果也种不好的话,撒上些荞麦种子也许能开花。因为一块地,总会有一粒种子适合它,也总会有属于它的一片收成……"

听完母亲的话之后,女儿落了泪。她明白了,实际上,母亲恒久不变的信念和爱就是最坚韧的一粒种子。她的奇迹,就是这粒种子执着生长出的奇迹。

互动活动

小游戏——认识你自己

目的:帮助同学们认识自己、了解自己,发现自己的优势,直面自己的弱项。

时间:30—45分钟

地点:普通教室

具体步骤:老师引导同学们去思考自己能做什么,列出自己能做的事情。让同学花足够的时间去想想自己的长处在哪里。

你的40大强项	
列出你的强项、取得的成绩、素质和特质,至少列出40条。如果你觉得40条太多,你可能太低估自己了。在你认为自己10项最大的资本旁画上星号,在你感到最骄傲的7项上画圈。	
1.	21.
2.	22.
3.	23.

(续表)

4.	24.
5.	25.
6.	26.
7.	27.
8.	28.
9.	29.
10.	30.
11.	31.
12.	32.
13.	33.
14.	34.
15.	35.
16.	36.
17.	37.
18.	38.
19.	39.
20.	40.

如果你已经列出 40 大强项,请你快速回答。
你最擅长做哪一件事?

现在你认识到自己有这么多强项,感觉如何?

你有多少时间会置这些强项于不顾?

你有哪些强项是周围人比较认可的?

如果没有,你认为原因是什么? 比如,是因为你觉得展示自己的强项令人尴尬吗?

你周围的人懂得欣赏你吗?

如果希望自己的强项在现实中得到认可,就得靠自己。你认为可以采取什么措施改变现状?

需要改进的 7 个方面 列出最多 7 个你生活中需要改进的地方
1.
2.
3.
4.
5.
6.
7.

如果你已经完成,请你回答。
承认自己的弱项,你感觉如何?
_____

日常生活里,你如何应付或者避开自己的弱项?(例如,掩饰、找出解决方法、责怪,或寻求帮助与支持)
_____

有谁或者有什么方法可以让你改进这些弱项?
_____

单元三　生涯我做主——职场发展

上班第一天

护士资格考试结束后,张丽误打误撞,进了一家二甲医院。

第一天上班,张丽就忙得要飞起来。上午好不容易弄清了评估单,下午前辈护士长让她跟着去操作,因为毛手毛脚,挨了一顿批。

忙到晚上只吃了个面包,她又赶去给病人换点滴药液。换药要三查七对,她轻轻地问病人:"您好,您叫什么名字?"

"问什么问,都写着呢,你没长眼,不会看啊!"张丽压根儿没想到,病人会突然冲着她大叫,好一会儿才下意识地说了句"对不起",换好药就慌张地跑开了。

她后来又去掰安瓿,不小心弄碎了一支,手指流血了。她只能一个人跑到值班室,委屈地哭了。

小时候张丽就想当医生护士,因为听说医者仁心,所以她想成为一个仁慈体贴的人总是不会有错的,应该会幸福的。

她总以为世人皆和善,好心有好报,但工作后才知道,要得到陌生人的温柔相待,真的很奢侈啊!

点评

职场与我们熟悉的学校环境很不一样,这里既没有老师不厌其烦的教育和指导,也没有同学真诚无私的支持和帮助。就职前缺乏必要的准备,仅仅凭着满脑子美丽的幻想就冲进职场,极可能和案例中的张丽一样,因为"残酷"的现实而碰一鼻子灰。

小王的职场适应

小王是财经类专业的一名毕业生,经过一个学期的顶岗实习,目前已经签约了某融资租赁公司销售部,主要负责省内外优良项目的考察和投资工作。因为需要经常出差,任务繁重,工作压力较大。

毕业前实习时,小王曾经在一次出差时出现失误,导致一个项目出现问题,影响了公司的业绩。因此,平时表现良好的他被公司处罚。这对小王打击很大,他因此寻求过心理咨询师的帮助。由于那件事,现在小王一遇到有出差任务就感觉心情烦躁和痛苦,越是紧急任务,他越无法沉下心完成,出错的概率剧增。小王曾经尝试自我开导和化解,还主动加强营销技术练习,但是效果依然不明显。现在,小王一到工作现场就开始紧张,手忙脚乱,接到主管电话都会不由自主的心慌和紧张,害怕又出问题。小王这种严重的不自信,导致他开始怀疑自身的专业能力,甚至出现通过辞职来躲避这种烦恼的念头。

点评

从案例中可以看出,小王出现了职场中自信受损的问题,但深层次的原因是其职场心理素养不够好。他在社会角色转换、自身成长定位和岗位角色适应等方面存在一定的问题,对其工作和成长产生了影响。类似的问题可能会发生在每一个初入职场的毕业生身上。对于高职毕业生来说,具备良好的职业心理素质将有助于提升个人的综合素养,更好地适应职业环境,获得长远的职业发展。

知识链接

一、职场的心理适应

对于即将走上工作岗位的高职学生来说,我们可能会觉得紧张,仿佛职场处处是陷阱,风险莫测。其实不用过度担心,职场竞争虽然激烈,但还是有规则的。只要我们愿意学习、善于学习,有谦卑的态度,愿意付出,主动作为,就能迅速适应职场,开启人生新的缤纷旅程。

（一）初入职场常见的困扰

许多高职学生求职时往往雄心勃勃、心怀憧憬，入职后却很快失去热情，觉得前途迷茫。数据显示，新入职场的高校毕业生仅有 49.53% 的人对第一份工作表示满意，对薪酬不满意者占 36.46%，认为企业晋升制度不合理，对晋升空间不满意者占 49%，对企业氛围和职场人际关系不满意者占 50.75%。总体上说，初入职场常见的困扰主要表现在以下几个方面：工作压力大；缺乏工作兴趣；无法胜任工作要求；薪酬比期望低；发展空间有限；专业不对口，找不到发展方向；人际关系复杂。

（二）如何做好职场适应

职场适应是指员工接纳自己的工作和职场环境（包括环境中的人），且与工作和环境处于协调、平衡的一种良好状态。对于每一个职场人而言，如何适应职场，如何成为合格且优秀的职场人都是很重要的职场目标，但这一切要做好，都需要学会规划自己的职场生活。

1. 正确认识自己的角色

我们踏进职场，一定要迅速转变角色：原来是学生，现在是企业职工。作为职场新人，要学会从基层做起，学会尊重老职工，积极踏实地工作。不要好高骛远，应该脚踏实地地去实现自己的职场目标。

2. 学会管理自己的情绪

在职场中，学会管理情绪不仅能帮助我们缓解心理压力，还有利于提高劳动效率，改善我们的人际关系。一个成熟的职业人士，应该是一个会认识、接纳并调控自己情绪的人。

3. 建立良好的人际关系

职场压力很重要的一个来源就是职场人际关系不良。作为职场新人，我们要谦卑，要向同事学习其优点，经常自我反省，克服自身缺点；要热情开朗，乐于助人；要眼里有活，不偷奸耍滑；要相信职场还是存在基本的公平性的，做事的人最终不吃亏。

4. 合理安排时间

很多职场新人没有时间管理的意识和经验，不知道事情的轻重缓急。要养成今日事今日毕、严守任务的时间节点、不拖拉的好习惯。事情要按轻重缓急排好队，依序处理，部分简单的工作可以并行处理。

5. 建立工作和生活的边界

工作和生活是我们人生的两个组成部分，缺一不可。把工作和生活分开，建立平衡和边界，这不仅有利于提高工作效率，而且还能减轻职业倦怠感。

6. 坚持学习，勇于尝试

要想在职场获得好的发展，必须坚持学习和善于学习。勇于尝试不同的职业和工作方法，找到自己的兴趣点和特长，发掘自己的潜能，我们就有可能走上自己职业发展的光明大道。

二、如何培养良好的职业心理素质

结合高职生的心理和职业特点，要发展和提升良好的职业心理素质，应该从以下五个方面着手。

（一）培养工匠精神

一般来说，"工匠精神"的内涵非常丰富，包括敬业、精益、专注、创新等。工匠精神的养成并非一朝一夕之事，在校学习期间就可以通过以下方面逐步发展自己的"工匠精神"。

（1）坚定思想意识，确立奋斗目标和人生规划。

（2）加强自控能力和自主学习能力的提升，养成刻苦学习精神和钻研精神，建立解决困难问题的信心、决心和持之以恒的毅力。

（3）以高标准要求自己，加强知识学习和技能训练。

（4）有意识地向榜样学习，更多地感受和理解行业要求、企业文化，并在学习和生活中"见贤思齐"。

（5）充分利用假期与平时的课余时间参加实习实践，提前了解社会、认识专业、掌握技能、锻炼专业能力，用实际行动践行工匠精神，实现自我价值。

（二）形成正确的职业价值观

高职生进入职场的过程中，应有意识地建立一些与职业和工作有关的价值观，可以帮助改进工作习惯和提升工作效率。

（1）将职业发展的愿景作为行动指南。安排自己生命的每一天时，给予使命相关目标最高的优先权。

（2）注意守时。无论是在工作中还是在学校或日常生活中，守时会潜移默化地影响个人声誉。

（3）重视时间管理。重视时间的人会充分利用时间，更合理地安排时间。

（4）重视整洁、秩序和速度。

（5）聪明地工作。寻求导致好的结果的灵活方法，而非单纯地埋头苦干、蛮干。

（6）对自己负责。要在意你每天到底做了哪些工作，反思你的工作对你工作绩效和生活质量的提高有没有起到促进作用。

（7）重视休息和放松。过度工作会导致工作压力增高，甚至精力耗竭，适当地休息也有助于保障工作效率和工作质量。

（8）关注效果。将注意力放在影响工作成效的关键因素上，而非工作本身。

（三）学会目标设定和自我激励

目标的设定可以为个体带来心理上的激励。以下是常见的自我激励的技巧。

（1）寻找工作的乐趣或工作本身的价值，寻找挑战和新鲜感。

（2）获得工作绩效的反馈。反馈信息很重要，它实际上代表着一种回报，如果你知道自己的努力是有价值的，就会感到十分有成就感。

（3）注重自我行为矫正。行为矫正是一个在做对事情时给予奖励而在做错时给予惩罚的激励系统，人们可以运用这套机制来改变自己的行为，例如克服饮食障碍、烟瘾、网瘾以及无故拖延时间等。

（4）使技能提升与你的目标相联系。个体应该接受适当的培训来提高自己的技能水平，以满足工作岗位的需要。适当的培训会给个体带来出色完成工作的信心，同时也会加强个体对自我效能的认知。

（5）提升自我期望的水平。你可以对自己的期望更高一些，尽管高的自我期望和积极的心理状态需要花很长的时间来培养，但是在很多情况下，它们对你而言非常重要。

（6）培养强烈的工作道德准则。一个自我激励的高效战略就是培养强烈的工作道德准则。如果你认为大部分工作是很有意义的，并且是愉快的，那么你自然很容易受到激励。

（四）杜绝拖延行为

拖延行为本身并不是十分严重的问题，然而当拖延行为积累成习惯，进而影响到事务进展、人生发展，甚至带来其他负面的情绪时，就需要采取有效措施杜绝这种现象的不断扩大。要改正拖延习惯，首先要告诉自己，拖延不是病。我们每个人不是一个糟糕的自我，大家都可以在以下方面做出调整。

（1）学会善待自己。重新定位自我，学会自我减压，不必求全责备。

（2）学会"储蓄"时间。当身心疲惫时，不妨停一停，换一下环境，把工作能量储存起来，再回来全力奋战。

（3）自我奖励。每完成一项工作后给自己一个奖励，即使有些工作没有得到及时的回报，或者效果很难确切地看出来，也可以为完成工作而自我奖励一番。

（4）设定完工期限。为了自我约束，必须定下最后期限。最后期限是一种无形压力，以避免毫无计划的自我放任。

（5）将时间看作重要资源。时间是你的重要资源投入，是你的成本，应该更理智、科学地规划和使用时间。

（五）提升解决问题的效能。

无论多么复杂的问题，如果你遵循一个标准的问题解决步骤，通常会产生良好的效果。问题解决的步骤主要包括觉察问题、界定问题原因、寻找创新方法、权衡不同方法、做出选择、实施选择、评估选择。

三、化解职场危机与冲突

建立良好的职场人际关系也是化解职场冲突和危机的重要方法之一。在职场中，需要重点关注的人际关系主要是与上级的关系、与同事的关系和与客户（工作对象）的关系。

良好的上下级关系，可以通过取得出色的工作业绩、表现出良好的职业道德、认真对待工作、展现出可靠和诚实品质、有效处理好负面情绪、避免越级上报等策略来建立。

良好的同事关系，可以通过提高自己的修养，维持开诚布公的关系，遵守团队的行为准则，关心同事，适当地称赞别人等交际方法来建立。

良好的客户关系，可以通过成为尊重客户的好员工来建立。比如，确立客户满意的目标，并为之而努力；理解客户的需要，并把它们置于首位；以积极的态度来沟通；等等。

四、应对职业发展中的变化

职业发展过程中会经历各种各样的特殊时期（简称"特期"），我们把这些特殊时期归纳为职业发展特期和个人发展特期。职业发展特期是个人的岗位或职责变化过程中所经历的特殊阶段，包括新入职、岗位调动、晋升或晋升失败、技术岗转管理岗、承担上级责任、退休等特殊时期。每一个岗位或职责的变化都需要员工去进行适应。个人发展特期是个人在人生发展过程中所经历的特定阶段，包括恋爱、结婚、生子、孩子青春期、赡养和照顾老人、丧失亲人、进入更年期等。每个人生发展特期都对会个人的身体和心理造成一定影响。在职业发展的早期,初入职场、岗位变化、结婚生子等都可能对个体产生影响,下面针对阶段性发展变化介绍一些心理调适的策略。

(一)度过职场"蘑菇期"

"蘑菇期"就是新入职的员工最初适应的阶段。在这个时期,新员工常被冷落、被忽视,甚至会经常伴有指责的情况。因此,在这一时期要学会积极乐观地做好每一件小事,细细体味其中包含的道理和学问;按照既定的计划踏踏实实地把每个细节做好,不急于求成;以平常心对待每一个结果,保持自我的真性,不陷于盲目的贪欲和痛苦之中。

(二)应对"老员工综合征"

工作一段时间后,你就会成为组织中的老员工,在工作越来越熟练的同时,可能会患上"老员工综合征",不思进取、思维固化、拉帮结派、居功自傲,这种状态会严重影响你的心理健康和职业发展。对于老员工来说,要尽量发挥自己的年龄、经验和阅历优势,多注意更新现代知识和技术,更新自己的观念,对工作重新赋予意义,努力做一个"舒心"的老员工。

(三)岗位调整中的心理调适

对于岗位适应困难的人而言,首先应该多花时间充分了解与新任岗位有关的各种信息,从而做好履职的心理准备;在适应新岗位的过程中,合理安排时间和适时调整工作习惯;保持积极良好的工作状态,不能视新工作为包袱和压力;给自己一些时间,主动与主管沟通和交流。另外,对于开始承担上级职责的员工,还要主动学习与下级沟通的技巧,学会影响、激励和引领下级。

(四)工作与生活的平衡

人们在工作和生活中分别承担着各种角色,每种角色的履行都需要投入大量的时间和精力。当个体的时间和精力不能充分地在各个角色间进行分配时,冲突就产生了。冲突的表现可能是由于履行工作角色而不能很好地照顾家人、享受生活,也可能是由于履行生活角色影响了工作任务的完成。在现实生活中,可以通过检查冲突的原因与平衡理念的重建、提高身体素质、时间管理与规划、寻求专业心理支持、积极参与家庭活动等多种途径,以促进工作与生活的平衡。

延伸阅读

有一种工匠精神叫从年轻干起

成熟、稳重、干练,手中捧着奖杯,眼神中透着几分从容和淡定,这就是翁国栋的青春模样。

2015年9月,从小就喜欢捣鼓电子产品的翁国栋,如愿进入浙江工商职业技术学院应用电子技术专业。很快,他就在电路板上看到了一个浩瀚斑斓的"新宇宙",这是一个理论与实践交织的梦幻空间。形状各异的电容、五颜六色的电阻、大小不一的二极管,眼前的每一个零件都浸润着丰厚的知识储备和卓越的技能训练。

2018年毕业之际,翁国栋与同学一同创办了宁波鄞州星鲨电子科技有限公司,翁国栋主要承担生产管理和项目技术负责人的工作。从零干起,在一年不到的时间里便担任技术部主管,同时兼管生产部,负责公司生产流水线和技术研发。"不懂就去其他的公司学习是那时的家常便饭。有时候我们也会去一些国内外大型的展会参观,如慕尼黑国际电子展、中国电子展等展览,学习一些国际上大公司的技术和理念。"翁国栋说。

翁国栋所创办的这家公司主要从事电子产品设计、开发,电子元器件的生产销售及电路板的生产加工。企业从成立之初每月只有一些零散的客户订单,到现在每月有将近三万片电路板的订单,不仅产品销路越来越广,在翁国栋和技术团队的带领下,企业也逐步走上了一条从"制造"向"智造"转变的路子。

每天上班,翁国栋来到车间一线,和工人们待在一起。他说,能够做着自己喜欢的工作,每天的日子过得充实又满足。"现在,我最大的愿望就是希望公司发展得越来越好。我相信,只要好好干,和大伙一起努力,一定能够把产品越做越优、事业越做越大。"翁国栋和同伴们漫长的"工匠"生涯才刚刚开始,但他们和那些大国工匠一样坚信:有一种工匠精神叫作从年轻干起。

互动活动

目的:初步制订自己的职业生涯目标
时间:30分钟
操作:

根据本章的学习及前面的活动训练,大学生对自己的职业世界已经有了一定的了解,可以初步制订自己的职业生涯目标,以及达到此目标需要具备的条件。个人现阶段的条件情况,主要的难点在哪?有哪些资源可以利用?有哪些注意点?具体时间如何分配?根据以上这些信息填写一张职业生涯规划表。

职业生涯规划表

姓　　名			性别		年龄	
学　　校			专业		政治面貌	
职业生涯目标		就业	升学	出国		创业
自我认知	性格和能力					
	专业知识特长					
环境认知	国家、社会、行业方面					
	学校学习、生活方面					
对要从事职业的认知						
今后要培养的能力						
职业目标		短期目标				
		中期目标				
		长期目标				
		人生目标				

（续表）

目前的难点	
目前可利用的资源	
要注意的问题	
时间的分配	

总结：充分分析各种条件和资源，初步制订自己的职业生涯目标，以此来督促自己的学习，并在实际学习和工作中随时注意调整。

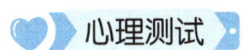 心理测试

职业兴趣测试

职业兴趣测试二维码

（注：因篇幅过长，此处测试改为二维码链接，请用微信扫码进入测试。）

自我反思与探索

26岁的王雷毕业于机电工程专业，3年的职业生涯中换了6份工作，并且每份工作的时间都呈递减趋势。第一份工作做得时间最长，在一家日资企业做工程师，干了1年2个月；第二份工作是家民营企业的技术员，做了7个月；离开这家民营企业后，他走马灯似地换了4份工作，其间他做过市场推广员、程序员、工厂电工；最后一份工作仅做了一个星期就被辞退了。现在他又回到熟悉的人才市场，重复习以为常的动作：投简历、面试、再投简历、再面试……他感到非常苦恼和迷茫，不知道自己究竟适合什么职业。

如果王雷来求助于你，你会给他怎样的建议？如何才能知道他适合什么职业呢？

生涯规划

模块十三

走出生命沼泽——异常心理

> 穿掘着灵魂的深处,使人受了精神的苦刑而得到创伤,又即从这得伤和养伤和愈合中,得到苦的涤除,而上了苏生的路。
> ——鲁迅
>
> 比如走马路,会有很多障碍,有沟、石块什么的。有的人碰到沟、石块,他非得把沟填满,把石块搬掉才肯过去,把时间和精力泡进小问题里去了。其实,只要你跨过去,绕过去,就行。
> ——钱伟长

本模块学习目标

1. 掌握异常心理的分类,了解不同心理问题的症状、治疗要点。
2. 能够判断心理问题的严重程度,学会求助。
3. 理性、乐观、包容地看待心理问题,消除病耻感。

看到这一模块的题目,你可能很兴奋。因为,这一章终于要讲电影里、网络上那些形形色色的有"心理病"的人了。这是心理健康课本无法忽视的一部分。虽然前面十章都在告诉我们,心理健康的人是什么样的,如何才能保持心理健康,但是我们不得不面对这样一个现实:有些人是心理不健康的,他们可能存在与正常人不一样的心理状态和行为表现。面对这样的异常心理,我们能做的是什么?我们首先应该正确看待它,其次采取相应的干预或治疗手段,让自己逐渐走出灰色地带。

单元一　心理健康的灰色地带——正确认识异常心理

我是不是出现了心理问题?

小娟是某高校大一的学生,可是最近不知为何,总是莫明其妙地感到孤独。问她原因,她自己也说不明白是怎么回事。据了解,小娟在班里是班长,平时的生活可以用丰富多彩来形容。但她怎么会有这种说不出来的孤独的感觉呢?尤其在朋友多的时候,感觉更孤独,每天说些言不由衷的话。小娟说:"大学的生活好像都不是我想要的,可是又不知道自己究竟想要什么。"所以,她来到心理健康中心向老师求助:"我这样是不是出现了心理问题,需要怎么样才能变好呢?"

点评

事实上,和小娟一样提出这个问题的同学,在我们身边并不少见。只是不同的同学问题不一样,小娟是觉得"孤独",有的同学是觉得"心情不好",有的同学是觉得"情绪暴躁",还有同学可能是"学习压力过大"。但是他们往往踏入心理中心以后的第一句话就是:我觉得我有问题。那么,到底他们是不是有心理问题,他们的心理是否正常呢?本模块会给大家答疑解惑。

莫因面子留祸根

小邵,男,31岁,大学毕业后在某事业单位工作,父母都是政府机关的工作人员,家庭条件优越。小邵从小生长在一个家教非常严厉的家庭,父母要求他各方面都要做到最好,因此,他学习刻苦,成绩优异,从不给大人惹事。父母以此为骄傲,经常把孩子的成绩作为炫耀的资本。但他也养成了争强好胜、孤僻、不善与人交往的性格,有什么事情也不愿与父母、老师、同学交流,父母以为孩子大了自然就好了,也没太在意。但自从上大学后,他的学习成绩不再名列前茅,自己便越来越失落,与人交往更加困难。学校曾建议家长带他去看心理医生,但未引起父母的重视。小邵大学毕业后,在家长的帮助下顺利地找到了一份不错的工作,家长以为万事大吉了。可慢慢地他们也发现了儿子的反常:不善与周围人交往,生活懒散,不修边幅,睡眠无规律,行为古怪,看人的眼神也不对了。

父母开始着急,带儿子去看心理医生。经过详细询问病史及必要的检查,医生为小邵做出了"精神分裂症"的诊断,并建议他入院系统治疗。但家长一方面没有认识到儿子病情的严重性,另一方面考虑到自己的社会地位、儿子的前途,怕儿子到"那种医院"接受治疗传出去不好听,因此没有接受医生的建议。直到后来儿子病情逐渐加重,无法正常工作,病退在家过着与世隔绝的日子。此时家长才感到他病情的严重性,强行将儿子送入当地精神卫生中心治疗,但因为病程太长,错过了最佳治疗时机,疗效不理想。如果小邵的父母能早点丢开自己的面子,早点带他接受治疗,效果会比现在好得多。

点评

精神疾病本身就是一种慢性迁延性疾病,起病隐匿,早期不易被发现,等到发现异常就诊时病程已有一段时间,给治疗增加了难度。而察觉发病后又因种种原因贻误治疗,那对患者来说更是雪上加霜。因此,建议一旦发现患者出现精神方面的异常,不要有顾虑,不要心存侥幸,更不要寄希望于求神拜佛等迷信活动,应尽快带其到心理卫生专业机构就诊,听取医生的建议,给予及时治疗。

知识链接

一、心理健康的灰色区域理论

首先,让我们来了解一下心理健康的灰色区域理论。这个理论认为人在心理健康上存在着一个广泛的灰色区域。具体来说,如果将人的精神健康比作白色,精神不正常比作黑色,那么,在白色与黑色之间存在着一个巨大的缓冲区域——灰色区,世间大多数人的精神状况都散落在这一灰色区域内。换言之,灰色区可谓人非器质性精神痛苦的总和,其中包括了人的心理不平衡、情绪障碍及变态人格。这些问题不同程度地干扰了人们的正常生活与情绪状态。灰色区又可以进一步划分为浅灰色与深灰色两区域。浅灰色区的人只有心理冲突而无人格变态,其突出表现为由诸如失恋、丧亲、夫妻纠纷、家庭不和、工作不顺心、人际关系不佳等生活矛盾而带来的心理不平衡与精神压抑。深灰色区的人则患有种种异常人格和神经症,如强迫症、恐怖症、焦虑症等症状。浅灰色区与深灰色区之间也无明确界限。人的心理健康就是这样一个动态的连续体。本模块主要对深灰和纯黑区域部分异常心理表现进行介绍。

心理健康灰色区域理论

二、心理问题的分类

虽然灰黑色部分都可以认为是心理问题,但是根据其严重程度可以分为各种由生活压力、人际关系而产生的心理冲突、人格异常与心理障碍者以及精神疾病患者等。针对不同严重程度与类型的心理问题,我们的求助方式与干预方式也存在差异。

不同心理问题的求助方式不同

	心理绝对健康	各种由生活压力、人际关系而产生的心理冲突	各种人格异常与心理障碍者	精神疾病患者
求助途径	无须	心理咨询师	心理医师、心理门诊大夫	精神科医生
干预模式	无须	咨询心理学模式	临床心理学模式	医学模式

从人类有历史记载开始，人就饱受疾病、悲痛和古怪行为的困扰。并且几乎与此同时，治疗师们就开始努力治愈它们。其中，心理障碍的分类可追溯到古埃及和希腊，起源于生物与医学。如今，心理障碍的分类遵循医学模型。世界卫生组织发布的《国际疾病分类》第11版对每种精神障碍提出了描述性定义，大致将精神疾病分为神经发育障碍、精神分裂症及其他原发性精神病性障碍、妄想性障碍、心境障碍（双相情感障碍、抑郁障碍）、焦虑与恐惧相关障碍、强迫及相关障碍、应激相关障碍、分离障碍、躯体忧虑障碍、喂食及进食障碍、排泄障碍、物质相关及成瘾障碍、冲动控制障碍、破坏性行为及品行障碍、人格障碍、性欲倒错障碍、神经认知障碍、与其他疾病相关的精神和行为障碍等。

在具体介绍常见的几种心理或精神障碍之前，必须强调，本模块内讲到的所有障碍，切不可对号入座！如果对自己的心理状况有困惑，请及时寻求专业帮助，到专科医院进行诊断。如果确诊心理或精神障碍，要及时治疗。

延伸阅读

心理打假——走出心理问题的认识误区

误区一：心理健康与心理问题是静态的，不可变的

许多人认为自己现在心理健康以后也不会有问题，心理有问题就永远也健康不了。这是一个误区。其实心理健康与心理问题二者是动态的、可逆的、可变的。现在健康不能保证以后都健康，现在有问题也不代表永远好不了。应该在日常生活中注意心理保健，努力保持健康。

误区二：心理问题只发生在少数人身上

在人一生中的不同时期都可能产生心理问题。事实上，几乎人人都有心理问题，只是程度有轻有重，或是自己没有意识到。

误区三：纪律、道德、思想问题与心理健康问题毫无关系

实际上，这些都是有密切联系的。例如，某位学生经常逃课缺勤，老师往往以为是纪律或品德问题。事实上，这有可能是学生正处于抑郁状态，精神不佳、行动力减退是其中的症状表现。

误区四：心理问题只能出现后再进行治疗

心理问题应贯彻预防为主的原则。注意心理保健，积极应对心理问题，早发现、早治疗，总是能获得很好的干预效果。而从根本上来讲，积极地预防、不断地成长才是最有效的应对方式。

误区五：心理咨询是丢人的事

很多人觉得去找心理咨询师求助是很难为情的事情，这种病耻感可能阻碍个体及时获得帮助。长期以来人们只重视身体健康而忽视了心理健康,致使人们身体有病大大方方地去看医生,但心理有问题却不好意思及时咨询与治疗,小问题也逐渐成了大问题。

误区六:一次心理咨询就可以解决所有问题

对心理咨询的不了解导致了人们过高的期望,认为通过一两次的心理咨询就可以解决所有心理问题。其实心理问题和身体疾病一样,"冰冻三尺,非一日之寒",不可期望很快就能痊愈。不同于身体疾病,心理问题的治疗需要患者和心理医生双方互动交流。这是一个磨合、沟通、建立治疗联盟的过程。因此,具体需要多少咨询时间是因人而异的。

互动活动

音乐情绪体验

活动目的:

音乐可以通过特有表达方式走进人的内心,把人带入想象的情境或意向,影响心理状态,缓解不良情绪。以悲伤为例带您体验。

活动步骤:

聆听曲子"Scent Of A Morning",在音乐中慢慢接纳自己的情绪。曲子的开头是流水一般细碎的吉他声,像是清晨里穿过湿漉漉的森林中的一缕阳光。凡是阳光所到之处,弥漫着潮湿的、生机勃勃的雾气。紧接着,出现跳动、轻柔的钢琴曲,仿佛在阳光照射下出现了一片片饱满有力的、绿油油的叶子。它们每一片都积极、努力地向上伸展着,细细的根茎向远处自然地延伸着,叶片舒展,可以看到上面清晰的纹路;叶尖轻轻地垂下,柔软而富有弹性;叶子的末梢还挂着一颗晶莹的露珠。在阳光的折射下,那一粒粒饱满的、滚动的露珠发出彩虹般的光芒,每一粒都绽放得那么美丽、自然。此时此刻让我们静静地欣赏脑海中出现的场景,体会音乐背后的生动画面带给我们的情绪反应。

(指导语:"当你沉浸于音乐中,体验你的悲伤和委屈,它们在哪里。在这个安全的、由音乐营造的画面中,体会那些一直以来,你都在回避的、忽略的悲伤和委屈的部分。我们可以敞开自己,让那些委屈和悲伤的体验有机会浮现出来,让我们以不同的视角,重新认识它们。它们可能是画面中一颗颗的晨露,抑或是一片片的新叶,也可能是穿过树林的丝丝凉风。在这里,在这个音乐构建的美丽的清晨,聆听它们传送的信息。让我们安住在这个美丽的、充满生机的清晨。体会音乐带来的平和与喜悦。")

色彩粘贴画

活动目的:

通过色彩粘贴画帮助学生明确自己的情绪,并潜移默化地把这些压力事件和负面情绪转化为正能量。

活动步骤:

老师提供各色的彩纸,让学生选择一张自己喜欢的彩纸。老师分发绘画工具:一盒24色彩色蜡笔和一盒固体胶。

(指导语:"我们每个人都有感到烦恼的时刻,是什么让你烦恼?请尽可能放松身体,专注呼吸。现在,请将让你感到不高兴、讨厌的事情,给你压力的人或事写在五颜六色的纸上,然后把这些纸片撕碎,撕得越小越好。")

学生创作烦恼卡片,并将烦恼卡片撕碎。然后用固体胶水把这些彩色碎纸片贴在 A4 白纸上,拼成一幅具有正向意义的拼贴画,也可以用蜡笔补充内容。学生分享自己的作品、感受和想法。

接下来指导学生把由拼贴画所想到的景象用蜡笔画出来。学生在团体中分享自己的作品、联想及感受。

单元二　我们不是矫情——正确认识强迫症、焦虑症、恐惧症

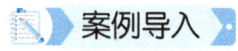
案例导入

我的神经症痊愈经历与感悟

小张是一个大学生。他一直受困于神经症。他非常在意别人的看法,很担心自己在别人眼中是否完美。他到学校报到的第一天,因为去教室的时间晚了,其他同学齐刷刷地都看向了他。他自述本来内心就有预期的焦虑和恐惧,这样一来,一下就慌了。到后来,下课一般都是坐在座位不动,除非憋得受不了。从过道穿过讲台到门口,这短短的十几米,成了令他内心异常焦灼的一段路。后来,走在教学楼和校园里,那种浑身不自在的异常感就会袭来,不敢去正视别人的眼睛,听到别人的评价就想从地缝中消失,就怕别人戳中自己内心竭力隐藏的东西。这个时候,他的身体也出现了一些问题,整个人开始变得消瘦,脸色很不好,肠胃也不好。但是去医院看了好几次,并没有查出什么异常。个人主观的感觉就是精神恍惚,内心焦虑,喜怒异常,没有真实感。

在心理咨询师的帮助下,小张尝试开始用森田疗法进行内心的疗愈。森田疗法主张"顺其自然,为所当为",接纳自己的症状,带着症状去生活。小张自述,"在我心里这是一段不平凡的岁月。'放弃一切主观的刻意努力''离开生活谈治疗,是没有意义的',这些来自森田先生的经历与研究的真知灼见和对于活出真正自己的渴望,让我即使痛苦也没有放弃,即使有疑虑,醒来也会继续,从宿舍楼到教室这条短短的路,即使很痛苦,我也没有再轻易地找理由翘课而蜷缩在宿舍里。班级演讲即使会紧张到发抖,我依然会尽力去完成自己的分享。很多时候晚上睡不好,但是依然会准点起床,洗脸,完成自己每天的课程"。一年多以后,以前那些曾让小张担惊受怕的念头偶尔还会冒出来,但是他不会执着于自己心心念念的痛苦症状的消失。他说:"依然会保留自己细腻而善感的部分,这份特质会提升我感知幸福和同理他人的能力。同时,我不会再受自己过敏倾向和疑病素质的影响,能够在生活中变得外向、坚定而又不莽撞。"

神经症是一份礼物。你怎样看待它,你就会得到什么样的答案。治愈的过程,是一个人心智成熟与心性淬炼的过程,不是治愈你的病,是治愈你的心。没有轻松的路可选,也

没有捷径可走,而且是你必须自己走。别人是你的方向,不是你的拐杖,因为你的心,本来已经拥有这份力量。

点评

　　任何人在等待重要消息,或者生活在一种不可预测和不可控制的环境中时,都会明显感到焦虑,这就是忧惧和心理紧张的一般状态。当人们处在危险和不熟悉的环境中,比如第一次蹦极或面对一只愤怒的棕熊,都会明显感觉到恐惧。从短期看,这些情绪是适当的,因为它可以帮助我们调动机体更好地应付危险,保证我们更好地应对或逃离险境。但是,有时候恐惧和焦虑与任何真实的危险却是分离的,或者甚至当危险和不确定已经过去,这些情绪仍持续存在。神经症患者就常困扰于这种情绪,他们会被毫无根据的强烈不安所折磨,但并没有意识上的障碍,他们对于现实仍有认知能力,这也是他们与精神疾病患者的不同之处。神经症患者对于使自己陷入痛苦的不安感,也觉得很奇怪,但无论如何无法摆脱。尽管神经症不像精神分裂症、抑郁症那样严重,表面上似乎也过着正常的生活,但其内心的痛苦不逊于前者。在大学生异常心理中,各种神经症是患病率最高的疾病,其临床表现不太严重。我们要学会与这些症状和平相处,带着症状也能继续生活。

知识链接

一、强迫症

　　强迫性障碍是以不能为主观意志所克制、反复出现的观念、意向和行为为临床特征的一组心理障碍,简称"强迫症"。强迫症的特点是反复的、顽固的、不期望的思维与形象(着魔、困扰)或重复的、仪式化的、刻板的行为,使当事人感到必须行动起来避免灾难(强迫性冲动)。困扰和强迫就成为一种障碍。

(一)强迫症的表现

　　最常见的强迫行为包括多次的检查核对、清洗以及计数。健全的人通常也会非常仔细地洗手或仔细确认门是否锁好,但强迫症患者的行为超过了一般人的标准。例如,小明的一个患有强迫症的同学每天都要洗手数百次。而小明只是在饭前便后仔细地清洗双手,小明的洗手行为就不是强迫性的。

　　大多数强迫症患者都不喜欢他们这种仪式动作,但如果不这么做的话,就会感到焦虑。心理分析大师弗洛伊德说,强迫症的本质就是"一个人自相搏斗"。由于自相搏斗的内在冲突不断延续,强迫症也不断扩展,形成恶性循环的怪圈,从而使患者陷入痛苦的深渊。因此,强迫症区别于强迫状态的最重要的特点,是强迫症患者明知强迫症状不对但无法控制,因为一旦控制不去做,就会出现紧张、心慌等严重的焦虑表现,为了避免焦虑的发生,患者只好去想、去做。但是,是否为强迫症一定要去正规专科医院进行诊断才能确定。

(二)应对策略

　　(1)如果怀疑自己可能有强迫症,一定要去专科医院及时诊断,如果确诊一定要及时治疗,同时进行长期的心理治疗或咨询。

　　(2)在药物治疗、心理治疗的基础上,面对强迫性心理状态,自己也可以采用以下几个方法进行心理调适。

①听其自然法。当出现强迫思维时,不要去抵抗、克制、强迫自己不去想,而是顺其自然。强迫思维出现了就出现了,不管它,由它去,采取不理、不怕、不对抗的态度,该咋办就咋办,做完就不再想它,不再评价它。经过一段时间的努力来克服由此带来的焦虑情绪,强迫症状会慢慢消除。

②宣泄疗法。说出自己的紧张情绪,如自己过去曾在某个情景或某个时候受到的心理创伤、不幸遭遇和长期的紧张、焦虑、恐惧心理等,把内心的痛苦情绪尽情地发泄出来。说出自己的恐惧,也就降低了恐惧;说出自己的紧张,也就缓解了紧张。

③满灌法。简单地说,就是一下子让你接触到最害怕的东西。比如,你有强迫性的洁癖,请你坐在一个房间里,放松,轻轻闭上双眼,让咨询师在你的手上涂上各种液体,而且努力形容你的手有多脏。这时,你要尽量忍耐。当你睁开眼,发现手并非如你想象的那么脏,对思想会是一个打击,即不能忍受只是想象出来的;若确实很脏,你洗手的冲动会大大增强,这时咨询师将禁止你洗手,你会很痛苦,但要努力坚持住,随着练习次数的增加,焦虑会逐渐消退。但此法适合意志力较强的人进行。

④系统脱敏法。先学会放松的方法,然后由易到难列出强迫性行为的次数和激怒情境,再对每种情境下的强迫行为逐渐进行放松脱敏。就洗手而言,应一步步地减少洗手时间,增加细菌的刺激量,依次执行下去。

⑤当头棒喝法。当你开始进行强迫性的思维时,对自己大声喊"停",但要注意信息要给得及时。当你在自疗的过程中遇到困难时,请别忘了向你身边的朋友或心理老师寻求帮助,内心大喊一声"我不要受'强迫'"。

二、焦虑症

在日常生活中,我们每个人都会感到焦虑、担忧和害怕。在大多数情况下,这些情绪反应是恰当的,不会对身体和心理造成损害,甚至有利于我们的生存。焦虑、担忧和害怕,作为应激情况下出现的一种正常的反应,仅在反应过分强烈或焦虑体验与事实严重不相符时,才会产生危害。例如,在荒野里遇见一只老虎时,我们会感到焦虑,体验到紧张和害怕,这种反应完全是有益的,是自我保护的本能;但如果我们在电视里看到关在铁笼里的老虎时还会产生类似的反应,那么这种反应是过分的、有害的。当焦虑情绪程度严重、持续且影响到正常的生活时,才可能是焦虑症的前兆。

虽然焦虑症以焦虑情绪为主要体验,但是相对于一般的焦虑状态来说,它表现为持续性紧张或发作性惊恐状态,且此状态并非由实际威胁所引起,或其惊恐程度与现实事件不相称。焦虑症可以分为广泛性焦虑障碍和惊恐障碍。

(一)临床特征

广泛性焦虑障碍的临床表现有如下特征。①持续性,广泛性焦虑障碍是持续存在而非发作性的,个体的病态烦恼心情至少持续6个月。②弥散性,广泛性焦虑是弥散而非集中的,焦虑体验不是来自某种具体的威胁,患者本人无法说出焦虑的合理理由。③由前两者引起的身体和心理上的持续不适,如发抖、极度不安、紧张、出汗、头晕目眩、恐惧情感、烦躁等。以下是一位患者的主诉,从中我们可以体会上述特征:"我每天总是提心吊胆,难以放松,每时每刻都感到全身酸痛、肌肉紧张,心里想的几乎都是令我担忧的事,但这些事非常零散,说不清具体指哪些。几个月来,这种状况一直缠绕着我,使我烦恼,注意力无法集中,以至于难以入睡,无法正常工作,身体健康状况也不佳。这种状况已持续了半年多,我沮丧极了,不知这种糟糕的状态何时才能结束……"

惊恐障碍是一种以反复的惊恐发作为主要原发症状的神经症。这种发作并不局限于任何特定的情境,通常是在没有任何明显诱因的情况下突然发生,具有不可预测性。以下是一个案例:小红第一次惊恐发作是在麦当劳工作的时候。当她把一个客人引向餐厅时,可怕的事情发生了。大地像在她的面前张开了口,她的心脏在剧烈地跳动,她觉得自己快要窒息了,全身大汗淋漓,并感觉自己得了心脏病马上就会死去。大约20分钟,她觉得这种感觉稍微轻了些,就颤抖地回了家。之后3个月基本没有出过门,担心再次发生类似的情况。自此之后,小红每个月有3次左右惊恐发作。她也不知道原因是什么。每次发作时,都会感觉自己要疯掉或是濒临死亡。

据估计,惊恐障碍的终身患病率为1.5%—2%,一般发病于20岁左右,多见于女性。惊恐发作是惊恐障碍的典型症状。具体表现在:患者突感不明原因的惊慌、恐惧、紧张不安,产生濒死感、窒息感、失去控制感、不真实感或大祸临头感,并伴有心悸、呼吸困难、胸闷、胸痛、喉部堵塞、头昏、头晕或失去平衡,手脚发麻或肢体异常,阵阵发冷发热,出汗、昏厥、颤抖或晃动等。惊恐发作可能持续几分钟到数小时,常常自行缓解,但可能再次发作,发作的严重程度也不同。

惊恐障碍与广泛性焦虑障碍的不同特点

惊恐障碍	广泛性焦虑障碍
突然发作	缓慢发生
焦虑或恐惧程度强烈	焦虑或恐惧程度较低
认知症状,运动性不安,自主神经活动症状明显	认知症状,运动性不安,自主神经症状较轻
持续时间短(数分钟到半小时,不超过1小时)	持续时间长(数周至数月,甚至更长)

(二)应对策略

(1)认识到焦虑症是最常见的情绪障碍,它可治疗、可预防,预后很好。

(2)遵照医嘱配合药物治疗。如有需要在精神科医生的指导下服药治疗,症状缓解后还需要坚持服用一段时间的药物,不可自行停药。结合长期心理治疗或咨询。

(3)在药物治疗、心理治疗的基础上,可以尝试进行自我放松:焦虑不安时闭上眼睛,慢慢用鼻子吸气,口鼻呼气,反复三到五次。也可以采用冥想法:即有意识地想一件开心的事情,尽量真实而具体。过度紧张、焦虑时,先轻闭双眼,全身放松,做几次均匀而有节奏的深呼吸,反复地自我暗示"不要着急""放松、放松",几分钟后,情绪就会平稳。

三、恐惧症

恐惧症是一种心理异常,它与一般的害怕或恐惧是有明显区别的,面对危险的情境,如火灾、地震、建筑物突然倒塌等,个体感到害怕并产生逃避反应是正常的、有利的;但对正常人而言,一些对象根本不可能引起恐惧或者恐惧的程度很轻,完全可以自我控制,如面对一个手拿木制玩具枪的男孩、一只小花猫、动物园笼子里的大型动物等。相对于正常的恐惧情绪而言,恐惧症患者的恐惧则显得不切实际、极度夸张,尽管患者也能从理智上认识到这种恐惧是完全没有道理的,但由于无法控制恐惧感,患者总是尽量回避引起其恐惧的对象。因此,恐惧症患者是对不该恐惧的事物过分恐惧。

(一)恐惧症分类

恐惧症被分为三种主要的类型:特定的恐惧症、场所恐惧症和社交恐惧症。

1. 特定的恐惧症

特定的恐惧症是恐惧症中最常见的一种类型,也称简单恐惧症,是患者面对特定对象或情境所产生的害怕。恐惧的对象各式各样。根据这些恐惧对象,特定的恐惧症通常又被分为三类:动物恐惧症,尤其是对狗、猫、蛇、鼠的恐惧,偶尔也有对鸟和昆虫的恐惧;伤害或疾病恐惧症,如见到血就产生莫名的惧怕等;非生物性恐惧症,如害怕登高、坐飞机、暴风、雷电、黑暗、拥挤、幽闭等。许多正常人也经常会有类似恐惧症的感受,但真正的简单恐惧症患者的反应非常极端且不合理。

2. 场所恐惧症

场所恐惧症不仅是指对公开场所产生恐惧,而且对人群集聚的地方产生不合理的恐惧,因而逃避外出,更不敢参与旅游之类的活动。患有这类恐惧症的人担心在人群聚集的地方不易离开;恐惧自己会晕倒或发生其他意外,而身边却没有亲人或朋友相助;幻想在公众场合,自己会不能自控地表现出愚昧或过激行为。因此,他们在多数情况下不愿意离开家,更不敢轻易去公共汽车站、火车站、书店、超市等人多、拥挤的场所;理发或者偶尔去看一场电影,患者也不愿坐在任何不能迅速离开的地方,即使这样,他们仍会感到焦虑不安或烦躁。

3. 社交恐惧症

社交恐惧症表现为对社交场合和与人接触的持久的强烈恐惧和回避行为,在社交场所感到害羞、局促不安、尴尬、笨拙、迟钝,进而怕进教室、会议室,怕在人前抛头露面等。社交恐惧症呈慢性波动病程,如果不治疗,会导致明显的社会或职业功能损害。

(二)应对策略

1. 遵照医嘱配合药物治疗

如有需要在精神科医生的指导下服药治疗,症状缓解后还需要坚持服用一段时间的药物,不可自行停药。结合长期心理治疗或咨询。

2. 在药物治疗、心理治疗的基础上,尝试一些自我调节的方法

(1)如果你即将遭遇或正陷入一个引发恐惧的处境(如在高速公路上行驶,进到杂货店,或是独自在家)时,恐慌症状开始加剧,则离开该处境直到恐慌消退。

(2)转移注意力。如果恐慌症状在没有任何恐惧情况下自然产生,转移自我注意力可能会有帮助。你可以用以下策略来转移注意力:和他人交谈,反复做某事(如数数,为红绿灯计时),专注于某项运动中,做些愉快的事(如做按摩,品尝零食)或是练习思维阻断法。

(3)练习深呼吸和对自己说些积极乐观的话。这些策略对许多患者来说都是非常有效的。放松和积极乐观的话语可以单独或是共同运用。

(4)系统脱敏疗法。在心理治疗师的指导下,按照恐惧等级层次,通过想象系统脱敏或现实系统脱敏,逐级想象引起恐惧的情境,或逐步进入引起恐惧的真实情境。当在某一等级的刺激情境中出现紧张反应时,治疗师会即刻让患者放松,然后再重复这一情境,直

到患者在这种情境中不伴有恐惧反应时为止，接着再进入下一等级的刺激情境。

延伸阅读

自我接纳、森田疗法与神经症

在心理学中，有一个重要的词语是"接纳"。对于神经症的人来说，接纳就更为重要了。由于网络的快速普及，"接纳"这个词慢慢频繁出现在网络上，于是一部分有悟性或者有过专业指导的人，在改变这条路上慢慢能够体会到接纳到底是什么，但是还有一部分人并不理解接纳的真正意义。

森田疗法告诉我们，"接纳"就是你可以有"症状"，但你并不会因此而停下该做的事情。

当我们把注意力越是集中在这些"症状"上，感觉越敏锐，"症状"也就越严重，形成恶性循环，森田称之为精神交互作用。在其影响下，患者陷入内心冲突状态，形成神经衰弱和发作神经症。此外，人的精神活动也存在着一种拮抗作用。比如，恐惧的时候出现"不要怕"心理；受表扬时反而涌现内疚的感情；出现对某人不敬的念头的同时会想到，这个念头是错误的而加以否定等。

事实上，与自己理性不符合的观念任何正常人都会有，只是一闪即逝不留痕迹。而有些人可能拮抗作用过强，这些观念一旦出现，便固执地重复，同时又反复控制，形成拮抗对立，引发强迫症。他们往往在欲求与现实之间、在"理应如此"和"事已如此"之间形成"思想矛盾"，并力图解决这些现实无法解决的矛盾，对客观现实采取主观强求的态度，促使症状越来越严重。

森田疗法让我们顺其自然、为所当为，学会带着症状去生活，不与之抗争，学会接纳自我，正视并接受自己的情绪和症状。

行为训练

（一）肌肉放松操

环境要求：最好配以轻松舒缓的音乐，可以选择一个舒服的坐姿。

适用范围：考生，入睡困难、梦多早醒者，自感生活压力大者。

1. 头部放松

（1）睁开双眼并提眉，尽可能使前额有很多抬头纹。使额部肌肉紧张，再紧张，更紧张。

放松，恢复原状，慢慢放松，尽量使额部肌肉放松。

（2）皱紧眉头，皱紧鼻子。

放松，恢复原状，慢慢放松，尽量使眉间肌肉放松。

（3）嘴角向上翘，使脸部肌肉紧张，再紧张，更紧张。

放松，恢复原状，慢慢放松，尽量使脸部肌肉放松。

（4）头向后仰，尽量向后仰，使颈部肌肉紧张，再紧张，更紧张。

放松，恢复原状，慢慢放松，尽量使颈部肌肉放松。

2. 四肢放松

（1）双肩高高耸起，使颈部肌肉紧张，再紧张，更紧张。

放松，恢复原状，慢慢放松，尽量使颈部肌肉放松。

（2）握紧双拳，使手部肌肉紧张，再紧张，更紧张。

放松，恢复原状，慢慢放松，尽量使手部肌肉放松。

（3）屈手臂，使肱二头肌等肌肉紧张，再紧张，更紧张。

放松，恢复原状，慢慢放松，尽量使肱二头肌等肌肉放松。

（4）尽力吸气，使胸部肌肉紧张，再紧张，更紧张。

放松，恢复原状，慢慢放松，尽量使胸部肌肉放松。

（5）抱拢双臂，使背部肌肉紧张，再紧张，更紧张。

放松，恢复原状，慢慢放松，尽量使背部肌肉放松。

（二）脱敏训练

1. 时间——想象式

以考试怯场为例：

将你每次应试的真实感受按时间顺序逐一记录下来，如开始复习时、复习期间、考试前一天、临进考场时、进入考场时、未做试题前、开始做题时等，记述当时的周围环境和内心体验，按紧张程度由弱到强排序。

然后开始运用"脱敏"训练：在充分的自我放松后，读你的第一次记录上的描述，尽量详细逼真地想象当时的情景，感到有紧张反应时，可用言语暗示"允许紧张"提升对紧张的耐受力，同时可以用深呼吸、肌肉放松术等方法适当放松。

再接下去进行第二份记录，依次逐渐训练。

最后达到在你回想起最初紧张的情景时也能够镇定对待，为所当为。

2. 空间——实物式（需有人指导）

以不敢下水游泳为例：

开始可以在海边的沙滩上行走，继而进入水淹没脚的深度，然后依次进入水能淹没膝盖、腰部、胸口、颈部的深度，直至最后全身漂浮在水面上。注意每向前迈进一步，都应该稍停一下，直到那个深度不再使你紧张为止，再试着进入更深处。

单元三 无法言说的痛——正确认识精神分裂症、抑郁症、双相情感障碍

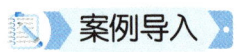 案例导入

一段精神疾病的传奇

我是一个患有慢性精神分裂症的女人,我曾经有几百天都待在精神病医院里面。以前别人认为,也许我有可能一生大部分时间都会待在医院的病房里。但是我的人生并没有这样。事实上,我成功地离开医院将近三十年了。这可能是我最自豪的成就了。但是这并不代表我没有精神上的挣扎。

我曾经写过这样的日记:史蒂夫后来告诉我,即使他多次见过我病发的时候,也还是为他当天见到的我吃惊。我有一个星期没怎么吃东西了,我很憔悴。我走路的时候,感觉自己的脚是木头做的。我感觉自己的脸是一张面具。我把所有的窗帘都拉上了。正午的时候,我的房间几乎是完全黑暗的,空气难闻,屋子凌乱。史蒂夫,作为一个律师和心理学家,治疗过很多有严重精神病的患者。直到今天,他还是会觉得这是他见过的最坏的情况了。"你好",我说。然后回到沙发上,说:"谢谢你来到摇摇欲坠的世界。"我对史蒂夫说:"我被推到坟墓里了,这处境就是坟墓。"我呻吟道,"地心引力在把我往下拉,我很害怕。"

作为一个年轻女人,我在精神病院里待过三段很长的时间。我的医生给我诊断了慢性精神分裂,给了我一个"不乐观"的预测:我只能在看护下活着,做很低下的工作。但是很幸运的是,我并没有像预测的这样。相反,我是一个南加州大学的首席法律教授、心理学教授、精神病学教授。我有很多亲近的朋友,还有一个亲爱的丈夫。

我想和你分享,作为一个精神病患者,精神分裂症怎样发生的。但是,我想说的是,这只是我的经历,因为不同的人的精神病有不同的症状。

让我们从精神分裂的定义开始吧。精神分裂是一种大脑疾病,它的主要症状是幻想,或者是与现实脱离的妄想和幻觉。比如,当我病发的时候,我总是有我用我的想法杀了几百个人的错觉。我有时候会觉得自己脑子里正要发生核爆炸。也有时候,我有幻觉有个人在我后面,高举着一把刀。这就像清醒的情况下做噩梦。

言语和思想经常变得没有头绪,简直没有任何逻辑,感觉像一个文字混在一起的"沙拉"。可能有人都看到过街上有人不修边幅,营养不良,站在外面自言自语,或者大声嚷嚷。这种人多半是有精神分裂症。

接下来,这件事发生在我上耶鲁大学法学院的第一学期的第七周。我的日记中写道,我的两个同学——勒贝尔和瓦尔,和我约星期五一起在图书馆学习,但是我们没有完成,因为我开始胡言乱语。

我告诉他们:"他们有写观点,观点就在你脑子里,帕特曾经就这么说,你杀了人吗?"

勒贝尔和瓦尔看着我,好像我在他们脸上泼了冷水一样。"你在说什么?艾琳?"

"哦,你知道的,谁是什么,什么是谁?天堂和地狱,让我们去屋顶。那是平的,那里安全。"

勒贝尔和瓦尔跟着我,问"你怎么了?"

"这就是真正的我。"我高高地挥着我的手。

然后,在星期五晚上,在法学院的楼顶上,我开始唱歌,很大声:"来到佛罗里达,阳光和灌木,你想跳舞吗?"

"你嗑药了吗?"有人问。

"咳?不可能,没有嗑药。来到佛罗里达,阳光灌木,那里有柠檬,那里有恶魔。"

回来之后,我问我的同学,他们有没有同样的胡言乱语的经历。"我觉得有人进入了我的身体。"我说,"我们要把关节装起来,我不相信关节,但是它们能把身体连起来。"最终我回到了宿舍,但是我没有办法安心。我脑子里都是噪声,到处都是橘子树和我写不出来的作业,以及那些我需要为之负责任的大规模谋杀。坐在床上,我摇来摇去,在孤独和恐惧中呻吟。这次发病让我第一次在美国住院了,前两次在英国。

我曾经觉得我不服用药物也可以维持正常。我的理念是服药越少,瑕疵就越少。我的治疗师当时劝我,坚持服药并且就这样生活下去。但是我决定要做最后一次尝试。我开始减少我的用药量。在短时间之内,我就感觉到了一些变化。在从牛津旅行回来后,我冲进了治疗师的办公室,冲向角落,蹲了下来,捂住我的脸,开始颤抖。我感觉我周围都是拿了匕首的恶魔,他们要把我切成碎片,或者让我吞下滚烫的煤球。最后,我的朋友都想说服我去继续服用药物。我再也不能否定事实了,开始正常服药。

我能走到今天有三个原因:第一,我已经有了极好的治疗了。每周四到五次的心理分析和心理治疗,这持续了几十年。同时我遵循医嘱,坚持服药。第二,我有我的家庭成员和朋友,他们都知道我的疾病。他们帮助我,在症状面前找到生活的方向。第三,我在一个极具支持力的工作环境里工作。

我想让大家知道,如果你今天啥都没听到,你也得记住这一点:这些都不是"精神分裂症"而是患有精神分裂症的人们,而这些人可能是你的配偶,也可能是你的孩子,可能是你的邻居,也可能是你的朋友,还有可能是你的同事。

——节选自艾琳·萨克斯的TED(环球会议名称)演讲

点评

上述演讲来自一个成功离开医院的精神分裂症患者,她同样可以成为一名优秀的学者。所以,精神疾病并不像想象得那么可怕,它存在动态变化。但是艾琳·萨克斯也提到,她之所以能够从精神分裂症中康复,很重要的原因就是持续性的治疗,包括遵照医嘱坚持服药。因此,精神疾病的治愈必须遵照医嘱按时服药、及时治疗,这样才有可能从深色向浅色区域移动。

精神疾病在国际、国内都有详细具体的分类,包含的类型繁多。这一单元我们主要了解几种最常见的精神疾病:精神分裂症、抑郁症、双相情感障碍。

知识链接

一、精神分裂症

精神分裂症有两类症状：活动性症状，又称阳性症状，包括对正常思维过程和行为的夸大和歪曲。之所以称这些症状为"阳性"，是因为对于正常行为来说它们是附加的。最普通的阳性症状通常包括以下几种。

（1）奇怪的妄想。如认为狗是地球外的、伪装的宠物。一些精神分裂症患者有认同妄想，他们相信自己是上帝、乔布斯。

（2）幻觉。有些人是视觉的（如在镜子里看到陌生的脸）或触觉的（如感觉有小虫爬过身体）。但是到目前为止，精神分裂症患者中最普遍的幻觉是幻听。这实际上是疾病的标志性特征。

（3）紊乱的不连贯的语言。

（4）整体上紊乱和不适当的行为。如病人可能会在三伏天穿着裘皮大衣、戴着手套，并开始收集垃圾和食物碎屑。

与上述阳性症状相对应，阴性症状包括动机的丧失、语言贫乏（由于思维的减退而不是不愿意讲话，仅能进行简单的、空洞的应答）以及非常明显的情感淡漠——面部无表情、极少的眼神交流和情感减退。有些精神分裂症患者完全退缩到自己的内心世界里，可以端坐数小时不动，进入一种所谓的紧张性木僵（也可能出现狂乱的持续数小时的无目的行为）。这些阴性症状可能在阳性症状出现前已出现数月，甚至常常持续到阳性症状缓解。

精神分裂症的发展进程很难倒转，主要是因为这种障碍的产生与多种因素有关，如遗传和生物化学障碍、注意缺陷、人际关系障碍、医疗引起的行为以及丧失自我认同而产生的潜在作用等。因此，精神分裂症必须接受药物治疗，这是精神分裂症治疗的基础。没有药物治疗，其他治疗都难以显著有效。在此基础上，也可以接受心理治疗。

个体能够从精神分裂症的活动阶段恢复的程度与许多因素有关，特别是以下几种。

（1）发病前调整。在发病前个体功能发挥得越充分，治疗效果就越好。

（2）触发事件。如果障碍是由特别的事触发的，如某个心爱的人去世，则恢复的可能性越大。

（3）突然开始。障碍发展得越快，治疗效果越好。

（4）开始年龄。症状最初出现得越晚越好。男性在 25 岁前更危险，女性在 25 岁之后更危险。

（5）表达情感的行为。焦虑和其他情感表现，包括抑郁，都是有利的信号。不伴随抑郁的绝望状态是一个坏的信号。

（6）错觉和幻觉的内容。错觉中涉及负罪感和责任感越多，则前景越好。相反，错觉和幻觉中越多地责备他人和免除自己的责任，病况越严重。

（7）精神分裂症的类型。偏执型精神分裂症这种最普遍的类型治疗前景更好，大多是因为和其他类型的障碍相比，个体的认知功能相对保持完整。

(8) 对障碍和治疗的反应。个体对使他们生病的因素越了解,对治疗的反应就越好。他们越和治疗者合作,复原的机会就越大。

(9) 家庭支持。这些个体的家庭越理解和支持,他们复原的机会就越大。

二、抑郁症

我们常常因为一些事情,心情不舒畅,变得闷闷不乐,这是抑郁情绪。如果你最近出现抑郁情绪,首先不能马上诊断为抑郁症,因为抑郁症要有一系列的诊断,包括临床症状、时间病程以及社会功能的诊断等。一般来说,如果符合以下条件就可能是抑郁症,而且是比较严重、需要治疗的抑郁症。

(1) 有一个以显著而持久的心境障碍为主要表现的明显发作期。心境障碍表现为心境低落、兴趣和愉快感丧失、精力不济或疲劳、压抑、悲伤、抑郁、情绪恶劣以及易发脾气。有些患者起病缓慢,不能确切指明发病的时间,但患病时的情绪和正常时的情绪是不同的。

了解抑郁症,用心陪伴他

(2) 下述症状至少具有 9 条:情绪低落;快乐明显减少;食欲明显下降,体重至少减轻 5%;睡眠困难、失眠、早醒或嗜睡;易激怒或情绪郁闷;精力不佳,每天疲惫不堪;无价值感、缺乏信心、有罪恶感;注意力难以集中;常想到自杀。

(3) 病期至少有两周。

如果符合(1)、(3)两点,第(2)点中有四条符合,仍有可能是抑郁症。但是,是否为抑郁症要经过医院诊断才能确定。

同时,必须指出,抑郁症的发病原因是神经系统的神经递质降低,导致积极信息传递功能障碍。抗抑郁药物的作用,就是修复这些器质病变,通过补充或调节神经递质,起到治疗作用。因此,抑郁症也必须接受药物治疗。药物治疗的特点是起效相对较快,疗效比较确定。抗抑郁药是当前治疗各种抑郁障碍的主要药物,能有效解除抑郁心境及伴随的焦虑、紧张和躯体症状,有效率约 60%—80%。

三、双相情感障碍

双相情感障碍属于心境障碍的一种类型,指既有躁狂发作又有抑郁发作的一类疾病。生物、心理与社会环境诸多方面因素参与其发病过程。双相情感障碍的临床表现按照发作特点可以分为抑郁发作、躁狂发作或混合发作。治疗应采取药物治疗、物理治疗、心理治疗和危机干预等措施的综合运用,以提高疗效、改善依从性、预防复发和自杀、改善社会功能和生活质量。由于其发作的频率高,因此应坚持长期治疗原则,运用良好的治疗方法使其维持良好社会功能、提高生活质量。

> 延伸阅读

精神疾病切不可随意停药!

抑郁症、精神分裂症都是慢性的精神疾病,需要长期控制,但是很多人觉得吃了药不见好，或干脆不吃或擅自加量，这样的做法都是不安全的。

症状消失了，药是否能停了？

其实在我们的认知里"是药三分毒"，比如平时感冒发烧只要感觉好了就会停药，但是对抑郁、精神分裂症等精神疾病患者来说，答案是否定的。

擅自停药可能会耽误治疗，很多患者吃了一两周的觉得药物没什么效果就会停药，但现实情况是，吃一两周的抗精神病药物基本起不到什么治疗的作用。精神类药物一般约2—6周起效，但每个人都存在差异性，即使同样的一种药物，在不同的患者身上也不会表现出完全相同的治疗效应和副作用。所以，如果确实觉得无效，可以找医生换适合自己的药物。

停药了，是否会导致疾病复发？

相关调查显示，抑郁症首次发病后的再发率为50%—60%，再发后第三次发病率70%—80%，而经历了第三次病，以后复发率超过90%。并且每复发一次抑郁症状还可能会加重，治疗难度也会加大，维持治疗的时间也要延长。抑郁症患者如果过早停药，复发的概率也会大大提高。

精神分裂也易复发。常规治疗下，一年复发率50%，五年复发率80%。精神分裂是一种慢性的精神疾病，如果症状没有得到很好地控制，导致病情反复发作，随着病程的进展，患者的精神功能偏离正常越远，并且每复发一次都会对患者造成损伤，治疗的难度也会加大。多次复发的精神分裂患者，很有可能难以恢复社会功能。所以，精神分裂症患者在症状消失后，需要进行长时间的维持期治疗，减少复发的可能性。

所以，精神类疾病务必在医生的指导下用药，减量和停药等都要严格按照医嘱进行。

互动活动

身心训练

活动目的：帮助同学充分觉察自己的身心状态，通过呼吸训练调节情绪和思维。

活动步骤：

一、生理气压计

如果你有一个气压计或者见过别人使用气压计，那么你应该就知道，首先轻轻地拿住它，看玻璃管里面的细线往哪个方向移动。如果细线向上升，就表明气压在升高，天气很可能会好转；而如果细线往下降，那么很可能要下雨。但是季节也会导致气压的变化，因此要预测天气是相当复杂的。

我们也可以通过相似的原理，利用身体随时随地反馈周围事物对我们的影响。

（1）首先选定身体的某个部位，比如胸部、腹部或者胸腹之间的部位，——这个部位对于压力和痛苦必须是特别敏感的。

（2）一旦你选好了某个部位，它就变成了你的"生理气压计"，你可以经常查看它，注意它的感觉——每时每刻，每一天。如果你的生活有压力，就会注意到它出现紧张或者不舒服的感觉。根据压力的大小，这些感觉可以在非常强烈和不是很强烈之间变化，并且当你注意它们的时候,也会产生变化。在你感到平静和愉悦的时候,也可以读取它的示数,你会体验到完全不同的感觉。

(3) 随着你读取生理气压计的技术不断提高,你会开始注意到一些细微的改变,从而了解到那些长久以来未曾发现却始终存在的具体情绪信息。

二、呼吸空间

当你读取自己的生理气压计时,可以做一个呼吸空间的练习,它可以帮助你处理困境的情境或者不舒服的感觉。

(一) 进入觉察

请采用一个挺拔而庄严的姿势进行练习,可以坐着也可以站着。如果可能的话,闭上你的眼睛。然后,将觉察导入你的内部经验,自问:我此时此刻的体验是什么?

有什么想法掠过脑海?尽量将这些想法看成精神事件,把它们用语言表达出来。

现在的心情如何?请留意任何情绪上的不适或者不愉快的感受,承认它们的存在。

此时此刻的身体感觉是什么?比如可以快速扫描全身去找到紧绷的感觉。

(二) 集中

然后将你的注意力集中到呼吸的生理感觉上来。

近距离地感受呼吸在腹部的感觉,感受腹壁随着吸气而鼓起的感觉,以及随着呼气而下沉的感觉。

跟随着吸气和呼气的全过程,利用呼吸将自己锚定当前的状态。

(三) 扩展

现在将觉察的范围从呼吸扩展开去,除了呼吸的感觉,还包括全身的感觉,你的姿势以及面部的表情。

如果你觉察到任何不舒服、紧张或者阻抗的感觉,请通过深度呼吸将它们消融在每一次轻柔而开放的吸气和呼气之中。如果你愿意的话,也可以在呼气的时候对自己说:"没关系……不管它是什么,既来之,则安之。"

然后,尽量将这种觉察扩展到接下来一整天的每一个时刻中去。

♥ 心理测试

以下提供两个心理测试,你可以根据自己的情况进行作答,来看看自己的焦虑与抑郁水平如何。但是,必须强调,此量表的结果仅供参考,不是诊断依据,如果对自己的心理状况有所困扰,请及时寻求专业人士的帮助,如大学生心理健康教育中心。

焦虑自评量表系统 (SAS)

焦虑是一种比较普遍的精神体验,长期存在焦虑反应的人易发展为焦虑症。本量表包含 20 个项目,分为 4 级评分。请您仔细阅读以下内容,根据您最近一周的实际感觉选择相应选项,并在 A、B、C、D 下划 "√",每题限选一个答案。

	A. 没有或很少时间	B. 小部分时间	C. 相当多时间	D. 绝大部分或全部时间
1. 我觉得平常容易紧张和着急				
2. 我无缘无故地感到害怕				
3. 我容易心里烦乱或觉得惊恐				
4. 我觉得我可能将要发疯				
5. 我觉得一切都很好				
6. 我手脚发抖打战				
7. 我因为头痛、头颈痛和背痛而苦恼				
8. 我感觉容易衰弱和疲乏				
9. 我觉得心平气和,并且容易安静坐着				
10. 我觉得心跳得很快				
11. 我因为一阵阵头晕而苦恼				
12. 我有晕倒发作或觉得要晕倒似的				
13. 我吸气呼气都感到很容易				
14. 我手脚麻木和刺痛				
15. 我因为胃痛和消化不良而苦恼				
16. 我常常要小便				
17. 我的手常常是潮湿的				
18. 我脸红发热				
19. 我容易入睡并且一夜睡得很好				
20. 我做噩梦				

计分标准:

正向计分题 A、B、C、D 按 1、2、3、4 计分;反向计分题 A、B、C、D 按 4、3、2、1 计分。反向计分题号:5、9、13、17、19。20 个项目的分数相加得出总分,再乘以 1.25 取整数,即得标准分。

低于 50 分者为正常;50—60 分者为轻度焦虑;61—70 分者为中度焦虑;70 分以上为重度焦虑。中度以上焦虑建议精神专科咨询就诊,排除焦虑症。

抑郁自评量表(SDS)

本评定量表共有 20 个题目,分别列出了有些人可能会有的问题。请仔细阅读每一条目,然后根据最近一星期内你的实际感受,选择一个与你的情况最相符合的答案。

请你不要有所顾忌,应该根据自己的真实体验和实际情况来回答,不要花费太多的时间去思考,应顺其自然,根据第一印象作出判断。

	A. 很少	B. 小部分时间	C. 相当多的时间	D. 绝大部分时间
1. 我觉得闷闷不乐,情绪低沉				
2. 我觉得一天之中早晨最好				
3. 我一阵阵哭出来或觉得想哭				
4. 我晚上睡眠不好				
5. 我吃得跟平常一样多				
6. 我与异性密切接触时和以往一样感到愉快				
7. 我发觉我的体重在下降				
8. 我有便秘的苦恼				
9. 我心跳比平时快				
10. 我无缘无故地感到疲乏				
11. 我的头脑跟平常一样清楚				
12. 我觉得经常做的事情并没有困难				
13. 我觉得不安而平静不下来				
14. 我对将来抱有希望				
15. 我比平常容易生气激动				
16. 我觉得做出决定是容易的				
17. 我觉得自己是个有用的人,有人需要我				
18. 我的生活过得很有意思				
19. 我认为如果我死了别人会生活得好些				
20. 平常感兴趣的事我仍然照样感兴趣				

计分标准:

正向计分题 A、B、C、D 按 1、2、3、4 计分;反向计分题 A、B、C、D 按 4、3、2、1 计分。反向计分题号:2、5、6、11、12、14、16、17、18、20。

总分乘以 1.25 后四舍五入取整数即得标准分,标准分分数越高,表示这方面的症状越严重。一般来说,标准分低于 50 分者为正常;标准分在 50—59 分为轻微至轻度抑郁;标准分在 60—69 分为中至重度抑郁;标准分大于等于 70 分为重度抑郁。

自我反思与探索

1. 你是否有过抑郁、焦虑等情绪,你是如何克服的?
2. 如果你身边有同学患有抑郁症、焦虑症等异常心理,你会怎么做?
3. 如何正确看待心理正常与异常?

异常心理

后 记

习近平总书记在党的二十大报告中提出:"重视心理健康和精神卫生。"这对新时代做好心理健康和精神卫生工作提出了明确要求。

心理健康和精神卫生是公共卫生的重要组成部分,也是重大的民生问题和突出的社会问题。近年来,心理健康和精神卫生工作已经纳入全面深化改革和社会综合治理范畴,设立了国家心理健康和精神卫生防治中心,开展社会心理服务体系建设试点,探索覆盖全人群的社会心理服务模式和工作机制。2018 年 7 月,教育部在《高等学校学生心理健康教育指导纲要》中指出要更好地适应和满足学生心理健康教育服务需求,引导学生正确认识义和利、群和己、成和败、得和失,培育学生自尊自信、理性平和、积极向上的健康心态,促进学生心理健康素质与思想道德素质、科学文化素质协调发展。

目前,大学生心理发展呈现出新的特点和时代要求。一方面社会发展日新月异,人们经受着前所未有的巨大冲击,大环境下的大学生群体心理上正处在从不成熟到成熟的过渡阶段,本身面临诸多人生发展的新问题,加之社会压力他们心理上会遇到新的困难和挑战;另一方面,生长在网络时代的大学生面对的多元价值取向、思想观念、人生态度、行为方式等,都显现出新的变化和特殊性。这也给高校心理健康教育提出了新的挑战。

本书正是根据大学生心理健康发展需要和高校"大学生心理健康教育"课程最新要求而编写的教材。在编写过程中,我们针对市场上同类教材所出现的偏重理论、策略而缺少实际操作方法的状况,力求贴近大学生的实际需求,力图贯彻"以价值、能力为本位,以应用为目的,以学生为主体"的原则,突出"价值观、素质和能力"的培养,凸显科学性、发展性、实用性、主体性和趣味性等,主要有以下几个特色。

1. 教材内容上,全面系统,突出"模块化"。全书共分十三大模块,分别为:阳光普照心房——心理健康、绽放生命之美——珍爱生命、共创美好生活——适应环境、探索心灵之我——认识自己、成为有魅力的人——完善人格、成为会学习的人——开发潜能、成为情绪的主人——管控情绪、成为不气馁的人——应对压力、洞察数字世界——善用网络、成为会交往的人——处世智慧、解密爱情真谛——爱情心理、发挥生命之能——生涯规划、走出生命沼泽——异常心理。

2. 教材体例上,每章节由名人名言开始,自我反思与探索结束。每单元由紧密相连的四个小模块构:案例导入、知识链接、延伸阅读、互动活动。

3. 趣味性与实用性兼顾。注重心理健康理念的启发,力图展现可操作的心理训练方法,体验性强。

4. 以人为本,以学生为主体,案例分析等叙述语气诚恳、态度亲切,展示了对困境中的学生的尊重和鼓励。

本教材主要由无锡职业技术学院从事大学生心理健康教育工作的一线老师们合作完

后记

成,在此特别感谢南京大学陈昌凯教授给予本教材的有力支持,并与无锡职业技术学院朱爱胜教授一同担任主编,完成教材的大纲和修改审校;无锡职业技术学院余新年、钱怡、刘福莲、徐悦担任副主编,余新年、徐悦、陈昌凯完成审校。具体模块分工如下:模块一、模块十二由经卫国老师完成,模块二、模块十由路晓丽老师完成,模块三、模块十一由刘福莲老师完成,模块四、模块六由林佳燕老师完成,模块五、模块十三由钱怡老师完成,模块七、模块八、模块九由余新年老师完成。

由于编者水平有限,加之时间仓促,书中的疏漏在所难免,恳请各位专家、学者以及使用本书的师生不吝批评指正。

编 者
2020 年 12 月